Videodokumentation von Unterricht

Henning Schluß • May Jehle (Hrsg.)

Videodokumentation von Unterricht

Zugänge zu einer neuen Quellengattung der Unterrichtsforschung

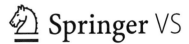 Springer VS

Herausgeber
Henning Schluß
May Jehle
Wien, Österreich

ISBN 978-3-658-02499-4   ISBN 978-3-658-02500-7 (eBook)
DOI 10.1007/978-3-658-02500-7

Die Deutsche Nationalbibliothek verzeichnet diese Publikation in der Deutschen Natio-
nalbibliografie; detaillierte bibliografische Daten sind im Internet über http://dnb.d-nb.de
abrufbar.

Springer VS
© Springer Fachmedien Wiesbaden 2013

Gedruckt auf säurefreiem und chlorfrei gebleichtem Papier

Springer VS ist eine Marke von Springer DE. Springer DE ist Teil der Fachverlagsgruppe
Springer Science+Business Media.
www.springer-vs.de

Inhalt

Einige Anmerkungen zur Geschichte des Videoeinsatzes in pädagogischen Zusammenhängen

Henning Schluß und May Jehle

Nach einer größeren Pause in den 1980er Jahren erfreut sich die videogestützte Unterrichtsforschung gegenwärtig großer Beliebtheit. Nicht nur die großen internationalen Large-Scale-Assessments haben wie selbstverständlich begleitende Videostudien im Programm, mit denen sie eine qualitative Tiefenauswertung des erhobenen Outputs an Schüler_innenleistungen vornehmen können, sondern auch in der gesamten Bandbreite der pädagogischen (Unterrichts)forschung sowie in der Praxis der Lehrer_innenausbildung hat die Videotechnik verstärkt Aufmerksamkeit erfahren. Auch in der theoretischen Auseinandersetzung mit videogestützter Forschung im Bereich der Erziehungswissenschaft und benachbarten Disziplinen ist eine deutliche Zunahme der Publikationen zu verzeichnen (vgl. dazu detailliert den Beitrag von Jehle und Schluß in diesem Band). Einen ersten Boom hatte der Einsatz des damals neuen Mediums Video in der Pädagogik in den 70er Jahren erlebt. Als Pionier der neuen Technik wird man ohne Zweifel den Medienpädagogen Alfons Schorb bezeichnen müssen, der erst in Bonn und später in München Anlagen zur Unterrichtsmitschau installierte und ständig perfektionierte. Die Hintergründe der Gründung der Mitschauanlage in Bonn durch Alfons Otto Schorb 1963 und deren Geschichte bis 2012 stellt *Susanne Kretschmer* in ihrem Beitrag dar. Der dort vorhandene Archivbestand von geschätzt mehreren hundert Aufzeichnungen ist noch kaum erschlossen, wobei vor allem die Digitalisierung der 1-Zoll-Bänder angesichts der nicht unbegrenzten Haltbarkeit des Materials eine dringliche Angelegenheit wäre. Neben einer näheren Beschreibung des Archivbestandes gibt Kretschmer einen Einblick in die mit den Unterrichtsaufzeichnungen verfolgten Absichten in der Lehrerbildung, sich dabei abzeichnende Problematiken und im Umgang damit entwickelte Strategien. Sie diskutiert Fragen der Historizität und Authentizität des Materials und zeigt an abschließend entwickelten möglichen Forschungsansätzen wie Studien zur Unterrichtskultur und Nonverbaler Kommunikation im Unterricht auf, welche Bereicherung die bildungswissenschaftliche Forschung durch das Filmmaterial im Bonner Archiv erfahren könnte.

Während Schorb, um der besseren Haltbarkeit willen (in weiser Voraussicht) die Unterrichtsmitschau auf Film – auch bei größeren technischen Schwierigkeiten (Bild-Ton-Synchronisation, Lautstärke der Filmkamera etc.) – nie ganz

aufgab, setzte sich doch schon bald die praktikablere Videotechnik durch. Freilich war auch die Videotechnik Anfang der 70er Jahre weit entfernt von ihren
gegenwärtigen Möglichkeiten, aber auch noch weit entfernt von dem in den 80er
Jahren für den Privatgebrauch üblichen VHS-Standard. Videotechnik war seinerzeit professionelle, oder mindestens semiprofessionelle Technik, die etwa im
Fernsehen eingesetzt wurde. Ihr Einsatz in der erziehungswissenschaftlichen
Forschung und pädagogischen Ausbildung stellte deshalb auch in der Bundesrepublik eine bedeutende Investition und erheblichen technischen Aufwand dar,
der nur von wenigen Pionieren auf sich genommen und von wenigen Hochschulen finanziert wurde. Die Ergebnisse dieser Forschungen und Beiträge zur Leh-
rer_innenausbildung wurden über die Grenzen der Wissenschaft hinaus von
einem pädagogisch interessierten Publikum heftig diskutiert, wie *Tilman Grammes* in diesem Band am Beispiel einer frühen Aufnahme aus dem Bereich der
politischen Bildung und deren zeitgenössischer Nutzung und Diskussion zeigen
kann . Bei der von ihm analysierten Aufzeichnung des Münchner Instituts für
Unterrichtsmitschau aus dem Schuljahr 1968/69 dürfte es sich um einen der
ältesten erhaltenen Filme aus dem Fach Sozialkunde handeln. Sehr interessant an
diesen frühen Diskussionen zum Video in der Erziehungswissenschaft und in der
pädagogischen Aus- und Fortbildung ist, dass hier bereits Muster auftauchen, die
sich über all die Jahre konstant in der Interpretation der Aufzeichnungen finden.
Schon damals, so kann Grammes zeigen, werden durch unterschiedliche mediale
Sehgewohnheiten bedingte Probleme deutlich, die auch in der aktuellen Diskussion um Unterrichtsvideographie eine Rolle spielen. Verorten lässt sich die Aufzeichnung in einer Phase der Schulreform, die von Aufbruchsstimmung und
bildungstechnologischer Euphorie dominiert ist. Unter Berücksichtigung der
Stundenskizze des unterrichtenden Pädagogen, eines Filmbegleitheftes für die
Lehrerbildung und einer Handreichung des unterrichtenden Lehrers kann die
Aufzeichnung unter den Gesichtspunkten einer Kommunikativen Didaktik, einer
emanzipatorischen Fachdidaktik und einer diskursiven Unterrichtspraxis analysiert werden. Im Lehrerkolleg Unterrichtsanalyse wird das Wortprotokoll eines
Ausschnitts zum exemplarischen Beobachtungsgegenstand für „Friktionen" im
Unterricht. In der Kritik des Einsatzes der ersten Unterrichtsaufzeichnungen in
der universitären Lehrerausbildung sowie am Format des Telekollegs werden
durch Divergenzen in den medialen Sehgewohnheiten verursachte Problematiken
und Defizite in der Beobachter-Schulung deutlich, die den Ausbau der empirischen Begleitforschung, der Archivierung und Dokumentation auch weiterhin
begleiten.

    Sehr viel schwieriger stellte sich die Situation in der DDR dar. Auch hier
gab es vereinzelte Enthusiasten, die die Möglichkeit der neuen Technik erkann-
ten, jedoch gab es nur unter größten Mühen die entsprechenden Valuta-Mittel,

um die notwendige Technik aus dem kapitalistischen Ausland zu beschaffen. Mit *Hans-Georg Heun* und *Volker Mirschel* beschreiben zwei Initiatoren der ersten Unterrichtsmitschauanlagen in der DDR an der Humboldt-Universität zu Berlin und der Akademie für Pädagogische Wissenschaften (APW) der DDR als Zeitzeugen diese oft skurril wirkenden Seiten der Materialbeschaffung. Darüber hinaus führen sie auch in die damalige inhaltliche Debatte zum Thema ein, die in vielem – z.b. in der Frage des Bemühens um Authentizität der Aufzeichnung – nahe an den bundesrepublikanischen und internationalen Debatten war, ja die gelegentlich auch international geführt werden konnte. Darüber hinaus geben beide Darstellungen detaillierte Einblicke in die Abläufe damaliger Unterrichtsaufzeichnungen und in ihre Verwendung in Forschung und Lehre sowie aktuelle Überlegungen zur Arbeit mit Videotechnik in der Lehrerbildung.

Alle diese Beiträge machen jedoch eines mehr als deutlich: Das Interesse des Videoeinsatzes in der pädagogischen Forschung und Ausbildung war ein auf die Gegenwart bezogenes. Weder in Ost noch in West gab es ein Sensorium dafür, dass mit den Videos eine neue Quellengattung der historischen Unterrichtsforschung generiert werden würde. Allenfalls das Beharren auf dem Medium Film bei Schorb, spricht für eine gewisse Ahnung der geschichtlichen Dimension der eigenen unterrichtsdokumentarischen Bemühungen. Die in allen Archiven zu beobachtende – gelinde gesagt – nachlässige Führung der Kataloge zu den Aufzeichnungen macht deutlich, wie sehr man auf die gegenwärtige Nutzung der Aufzeichnungen orientiert blieb und darauf vertrauen konnte, dass die handelnden Personen schon noch wüssten, worum es bei den jeweiligen Aufzeichnungen ging. An eine Nutzung in der ,Nachwelt' war in allen Beständen in der DDR nicht gedacht worden. Selbst da, wo eine durchaus mustergültige Katalogisierung angedacht war, wie im von der APW entwickelten Doppelblatt zur Katalogisierung (vgl. das abgebildete Beispiel im Beitrag von Mirschel in diesem Band) wurden diese oft gar nicht oder nur äußerst unvollständig ausgefüllt – wobei man sich freilich auch über Felder, die das Eintragen der jeweiligen Außentemperatur vorsahen, wundern kann.

In diesem Band nun wird das versucht, was den damaligen Pionieren der Videodokumentation von Unterricht nicht als Perspektive in den Blick kam. Ihre Unterrichtsaufzeichnungen wurden zu raren Dokumenten der Geschichte, zu Quellen der historischen Forschung. Dass trotz aller zu konstatierenden Konjunktur des Videos in der Pädagogik die Unterrichtsdokumentation auf Video erst jetzt als Quelle entdeckt wird, wird in den Beiträgen von Jehle und Schluß und in etwas anderer (und älterer) Perspektive von Schluß und Crivellari nachgezeichnet. *May Jehle* und *Henning Schluß* führen in die aktuelle Diskussion um die Bedeutung des Videos in der Erziehungswissenschaft und den Nachbardisziplinen ein. Eine Zusammenschau der gegenwärtig diskutierten Ansätze zeigt die Mannigfaltigkeit der Perspektiven und diskutiert ihre jeweiligen Zugänge. In der Auseinandersetzung mit diesen Konzepten von Videographie werden die Möglichkeiten verschiedener methodischer Zugänge in der hier angestrebten und bislang noch kaum in den Blick geratenen wissenschaftlichen Auseinandersetzung mit Videodokumentationen von Unterricht oder pädagogischen Interaktionen als Quelle historischer und vergleichender Forschung ausgeleuchtet und denkbare Forschungsperspektiven umrissen.

Für den Wiederabdruck des leicht überarbeiteten Beitrags von *Henning Schluß* und *Fabio Crivellari* aus dem Jahr 2007 entschieden wir uns, weil der Beitrag als einer der ersten systematisch der Frage nachging, welcher Wert als historischer Quelle den Unterrichtsaufzeichnungen auf Video zukommt. In der Literatur und den Beiträgen des Bandes wurde verschiedentlich auf diesen Text Bezug genommen, so dass ein Wiederabdruck im Zusammenhang dieses Buches Sinn macht, gleichwohl aber zu konstatieren ist, dass die Diskussion weiter gegangen ist, wie viele Beiträge in diesem Band exemplarisch und Jehle und Schluß systematisch belegen. Aufschlussreich bleibt, wie hier am Beispiel der ersten Stunde aus dem Fundus der Unterrichtsmitschnitte aus der DDR, der Unterrichtsstunde zur Sicherung der Staatsgrenze am 13. August 1961 von der Berliner Humboldt-Universität exemplarisch die Frage der Authentizität der Aufzeichnungen diskutiert und dabei auch auf damals zeitgenössische Debatten zu dieser Frage Bezug genommen wird.

Insgesamt zeichnet die Beiträge in diesem Band aus, dass nicht nur verschiedene Unterrichtsmitschnitte – nicht nur, aber vor allem aus dem Fundus des Medienarchivs – analysiert, sondern jeweils auch unterschiedliche methodische Zugänge zu diesen Quellen historischer Forschung vorgestellt und diskutiert werden. Der Band ist das Ergebnis einer Tagung, die im April 2012 an der Universität Wien stattfand und zu der erstmalig alle damaligen Nutzer_innen des Medienarchivs eingeladen waren und Gelegenheit hatten sich zu ihrer Arbeit mit den Unterrichtsaufzeichnungen auszutauschen. Zu danken ist an dieser Stelle der Universität Wien, die durch die großzügige Ausstattung mit Berufungsmitteln die Durchführung dieser Tagung und die Fertigstellung dieses Bandes ermöglichte. In der Tat war es schon seit der Gründung der Datenbank im Fachportal Pädagogik des DIPF mein (HS) Wunsch, die Wissenschaftler_innen, die diese seltenen Dokumente zur Forschung nutzen, zum Austausch miteinander einzuladen. Dieser Band ist der Beleg für das Gelingen dieses Vorhabens und er zeigt, dass die Pluralität der Zugänge zu der neuen Quelle wie die Quelle selbst für die pädagogische historische und vergleichende Forschung ein außerordentlicher Gewinn ist.

Das Medienarchiv in seiner Entstehung, gegenwärtigen Gestalt und künftigen Ausrichtung wird im Beitrag von *Henning Schluß und May Jehle* vorgestellt.

Den eigentlichen Kern des Bandes bilden aber die Beiträge, die an ausgewählten Unterrichtsaufzeichnungen exemplarisch verschiedenste Zugänge zum Material erproben und diskutieren.

Susanne Timm demonstriert anhand einer als Fallstudie angelegten Interpretation der Aufzeichnung einer Mathematikstunde, wie sich mithilfe der Dokumentarischen Methode das Unterrichtsgeschehen strukturierende Orientierungen, der Lehrer- wie der Schülerhabitus rekonstruieren lassen. Das methodische Vorgehen lässt sich aus einer wissenssoziologischen Perspektive heraus begründen, die davon ausgeht, dass in den Videoaufzeichnungen Strukturierungen sozialer Situationen und deren Ordnungen zur Anschauung kommen, in denen das implizite Wissen der beteiligten Akteure dokumentiert ist. Die Eigenlogik dieser die Unterrichtspraxis strukturierenden habitualisierten Orientierungen soll dabei unabhängig von Ableitungen aus der Analyse der Rahmenbedingungen des Unterrichts oder der Erinnerung Beteiligter aufgespürt werden. Der vorgenommenen Sequenzierung des Films folgend werden einzelne Fotogramme unter Rekonstruktion ihrer Planimetrie interpretiert. Herausgearbeitet werden eine ritualisiert präsentierte, von allen Beteiligten habitualisierte Dominanz der erzieherischen Dimension von Unterricht sowie ein spannungsreiches Sozialgefüge, was auch in der Erweiterung der Interpretation um die Dimension des Textes mit dessen immanenten Sinngehalt in Übereinstimmung gebracht werden kann. Ausgehend von dieser Fallstudie werden Forschungsperspektiven generiert, für die sich die Unterrichtsaufzeichnungen aus der DDR als unverzichtbar erweisen.

Mit ihrer Analyse eines Unterrichtsvideos, das im Rahmen der Geographielehrerausbildung an der Pädagogischen Hochschule Potsdam entstanden ist gehen *Alexandra Budke* und *Maik Wienecke* der Frage nach, wie die in den Lehrplänen festgelegten ideologischen Zielsetzungen für den Geographieunterricht in der praktischen Lehrerausbildung umgesetzt wurden. Die Analyse erfolgt vor dem Hintergrund der staatlichen Konzeption der ideologischen Erziehung in der DDR und des in diesem Rahmen zu leistenden fachspezifischen Beitrags des Geographieunterrichts, wie er sich an den Festlegungen in den Lehrplanzielen und den diesen entsprechenden Darstellungen in den Schulbüchern herausarbeiten lässt. Weiterhin wird die Ausbildung von Geographielehrern an der PH Potsdam, insbesondere das Fach Methodik des Geographieunterrichts und die darin zu absolvierenden schulpraktischen Übungen, in den Blick genommen. In diesem Kontext wurden vor allem von Studierenden gehaltene Unterrichtsstunden auf Video aufgezeichnet und auch die in diesem Beitrag analysierte Stunde dürfte in diesem Zusammenhang aufgezeichnet worden sein. Anhand der Analyse einzelner Unterrichtssequenzen machen Budke und Wienecke eine hohe Übereinstimmung zwischen der Zielorientierung des Unterrichts und damaligen didaktischen Vorschlägen aus. Sie vermuten einen hohen Einfluss der betreuenden

Geographiemethodikerin auf die Erstellung des Videos, das demnach idealtypische Vorstellungen von Unterrichtsgestaltung aus der Sicht der Geographiemethodik widerspiegelt. Ob diese in der späteren Berufspraxis tatsächlich umgesetzt wurden oder lediglich für Vorführstunden aktiviert wurden, müsste in weiteren Analysen geklärt werden.

Paul Walter nimmt in seinem Beitrag den Indoktrinationsbegriff in seiner Verwendung in der Transformationsforschung kritisch auf: Entsprechend seinem Einwand, dass der Begriff als quasi apriorische Interpretationsfolie für die Analyse pädagogischen bzw. unterrichtlichen Handelns nur bedingt geeignet sei, schlägt er vor, dass sich vergleichende Analysen des Unterrichts in der DDR primär – wenn auch unter Berücksichtigung zu rekonstruierender indoktrinaler Implikationen – an erziehungswissenschaftlich geprägten Konzepten und Forschungstraditionen orientieren sollten. Wie ein solcher Vergleich von Unterrichtsdokumenten verschiedener Herkunft aussehen könnte, zeigt er in seinem Beitrag, in dem er eine in der DDR aufgezeichnete Geschichtsstunde in Relation zu Unterrichtstranskripten aus dem sich unter seiner Mitarbeit im Aufbau befindlichen Bremer Archiv für Unterrichtsinteraktionen (BAUNTI) setzt. Annahmen über den Zusammenhang unterrichtlicher Basisdimensionen und möglichen Indoktrinationsversuchen folgend werden anhand formaler sprachlicher Charakteristika Clusteranalysen vorgenommen, die in der Frage nach vermuteter Indoktrination in der DDR-Geschichtsstunde zu einem ambivalenten Ergebnis führen. Ausgehend von dieser Demonstration der Bedeutung quantitativer Analysen für die künftige Untersuchung von Archivmaterialien werden Desiderata für eine differenzierte Beantwortung dieser Frage formuliert.

Der Aufgabe, die in der Videodatenbank dokumentierten Unterrichtsaufzeichnungen als Quelle für die Bildungshistoriographie zu erschließen, wendet sich *Ulrich Wiegmann* in seinem Beitrag zu. Betont wird, dass es der Forschung in der Beschäftigung mit den Videoaufzeichnungen nicht nur darum gehen kann, bereits Gewusstes wiederzuerkennen, sondern dass sich von der Hinwendung zu diesen Quellen ein originärer Erkenntnisgewinn versprochen wird. Die Limitationen des Quellenwerts werden dabei aber nicht unterschlagen. Für seine Suche nach einem geeigneten quellenkritischen Umgang, die Wiegmann nicht als methodologisch voraussetzungslose beschreibt, sondern die anschließt an bereits erprobte Verfahren verwandter und angrenzender Wissenschaften und an die nicht abgeschlossene bildungsgeschichtliche Debatte zum Bild als Quelle, unterscheidet er die methodischen Schritte der videographische Analyse, die das Dargestellte und Darstellende zu identifizieren und den Sinn und die Sinngebung der (Re-)Präsentation zu entschlüsseln sucht, und der videologischen Interpretation, die eine Einordnung der Quelle in das vorhandene bildungshistoriographische Wissen vornimmt und implizite gesellschaftliche Erziehungsverhältnisse zu explizieren sucht. Anhand der von ihm in dieser Art vorgeführten Analyse und Interpretation der Aufzeichnung einer Biologiestunde zeigt er, dass sich in dieser Stunde die Demonstration eines innovativen didaktischen Verfahrens identifizieren lässt, wobei die Ambivalenzen, die die wissenschaftliche Diskussion dieses Verfahrens begleiteten, ebenfalls in der Aufzeichnung aufzufinden sind.

Freilich ist es bedauerlich, dass in einem Buch die lebendigen Diskussionen der Tagung nicht wiedergegeben werden können, die sicher in nicht geringem Maße für die Anwesenden anregend gewirkt haben. Schade ist auch, dass Andreas Gruschka seinen Beitrag zu der mit ihm verbundenen Methode der pädagogischen Kasuistik nicht für den Band bereitgestellt hat. Wer aber die Veröffentlichungen Gruschkas zum Thema kennt, wird zu Recht vermuten, dass gerade auch sein Plädoyer für die interpretative Arbeit an der Transkription, also im eigentlichen Sinne am Text, in einem anregenden Spannungsverhältnis zu der die Tagung veranlassenden neuen Quellengattung stand. Gruschka betrachtet Videoaufzeichnungen von Unterrichtsstunden als eher hinderlich im Interpretationsprozess; Ausgangspunkt seiner Kasuistik sind die sprachlichen Ausdrucksgestalten, die der Audiographie der Unterrichtsstunde entsprechend protokolliert werden. Die Diskussion um das „mehr" der Aufzeichnung konnte so mit einem Skeptiker dieser Methode selbst geführt werden.

Dass es sich bei den erhaltenen Funden von Videoaufzeichnungen von Unterricht um einen Glücksfall handelt, zumal, wie geschildert, nach 1989 vieles aus den unterschiedlichsten Gründen „entsorgt" wurde, macht ausgerechnet ein anderer bedeutender Korpus von Unterrichtsmitschnitten deutlich. Seit der Auffindung der ersten Unterrichtsmitschauen aus der Berliner Humboldt-Universität trieb uns die Frage um, ob es nicht vergleichbare Westberliner Aufzeichnungen geben würde. Immer wieder war gerade der zeitgenössische Vergleich zu einem Gegenstand besonderen Interesses geworden. Glücklicherweise fand sich alsbald ein ungeheurer Fundus von ca. 1000 Aufzeichnungen von Unterricht, die am Ausbildungsseminar im Westberliner Schöneberg lagerten. Leider fehlten mir (HS) seinerzeit die finanziellen Mittel, um diesen ungeheuren Fundus zu überspielen und schon damals den Plan zu realisieren, das Medienarchiv um westdeutsche und Westberliner Aufzeichnungen zu erweitern. Gleichwohl blieb der Plan bestehen. Besonders für die Dissertation von May Jehle, die den Ost-West-Vergleich zum Gegenstand hat, sollte dieser Fundus eine wesentliche Grundlage sein. Leider ging der Betreuer dieser Aufzeichnungen zwischenzeitlich in den Ruhestand, das Schöneberger Ausbildungsinstitut zog um und im Zuge dieses Umzuges verschwanden alle Kartons mit den 1000 Videos. Es mutet wie eine Ironie der Geschichte an, dass die DDR-Aufzeichnungen weithin erhalten blieben und die Westberliner Aufzeichnungen durch einen Umzug verloren gingen. Wie Kisten mit 1000 Videos sich während eines Umzuges in Luft auflösen konnten, konnte nie geklärt werden. Glücklicherweise gibt es aber dennoch auch aus dem fraglichen Zeitraum noch einige Westberliner Aufzeichnungen, die Peter Massing von der FU Berlin uns dankenswerter Weise für die vergleichende Forschung zur Verfügung stellt. Auch weitere bundesdeutsche Aufzeichnungen stehen für die Erweiterung des Medienarchivs bereit, so dass in Zukunft auch der vergleichenden historischen pädagogischen Forschung Material leicht zugänglich zur Verfügung gestellt werden kann. Erste österreichische Aufzeichnungen sind bereits auch erkundet und werden in der Zukunft ebenfalls in dieses Medienarchiv eingespeist werden können. Zu wünschen wäre allerdings, dass die DFG ihre Förderpolitik überdenkt und diese wichtigen Quellen historischer Unterrichtsforschung hilft, vor dem Verfall zu bewahren.

Zu danken ist an dieser Stelle allen Teilnehmer_innen des Wiener Symposions, die in ihren pluralen Zugängen zum Thema das Potential der Quellen und des Medienarchivs haben aufleuchten lassen. Zu danken ist Anja Kahns und auch Harald Hofer, die als Studienassistenten die Tagung organisatorisch vorbereitet, bei der Durchführung unterstützt und den Band in seiner Gestaltung begleitet haben. Danken möchten wir Frau Luttenberger, die im Sekretariat alle Fragen geduldig bearbeitet und selbständig erledigt. Zu danken ist der Universität Wien, die Tagung und Band möglich gemacht hat. Zu danken ist aber auch den Drittmittelgebern, der Bundesstiftung Aufarbeitung und der DFG, die in den genannten Projekten die Rettung der Videos überhaupt erst möglich gemacht haben. Die Bundesstiftung Aufarbeitung, besonders in Person von Ulrich Mählert, hat auch die Präsentation der Eröffnung der Datenbank 2007 im Berliner Schulmuseum und ihrer Erweiterung 2012 im Leipziger Schulmuseum nicht nur materiell, sondern auch personell unterstützt. Den Leiterinnen beider Einrichtung Martina Weinland (Berlin) und Elke Urban (Leipzig) sei hier ebenfalls für die hervorragende und bereitwillige Zusammenarbeit gedankt. Zu danken ist den Kooperationspartnern, der Filmfabrik Wagner bis zum Videostudie Kühn, die die nicht einfachen Überspielungen der Bänder professionell und qualitativ so hochwertig wie möglich abwickelten, dem FWU, das die bislang einzige DVD mit Unterrichtsmitschnitten herausgegeben hat, der Leiterin der Bildstelle des Berliner Senats Frau Deharde, den Mitarbeiter_innen der Humboldt-Universität, den Universitäten Potsdam und Dresden, die die Videos für die Einstellung ins Medienarchiv zur Verfügung stellen. Zu danken ist Daniel Newiger, der als ehemaliger Schüler der Heinrich-Heine Schule die Forschung selbst unermüdlich vorantreibt, indem er sich früh für die Überspielung der Bänder einsetzte und die allererste Katalogisierung der Bänder vornahm und jetzt bei der Auswertung der Bänder entscheidendes Insiderwissen beisteuert. Zu danken ist den langjährigen Projektmitarbeitern Julia Meike (geb. Köhler) und Michael Kraitzitzek, die die ersten Jahre den Aufbau der Datenbank beim DIPF und die Überspielung der

Videos mitorganisierten. Zu danken schließlich ist der kleinen studentischen Forschergruppe hier in Wien, die im Jahr 2012 ihre Diplomarbeiten rund um das Projekt verfassten und in deren Kreis viele anregende Diskussionen zum Material und zu seiner Auswertung entstanden. Es wurde in diesem Kreis deutlich, dass die Gruppendiskussion ein unverzichtbares Mittel bei der Aufarbeitung dieser Unterrichtsmitschnitte ist. Wir danken Andrea Weinhandl, die als eine dieser Diplomand_innen und als Studentische Mitarbeiterin des DIPF den Aufbau der Datenbank von Wien aus unterstützt. Ganz besonders möchten wir an dieser Stelle dem DIPF in Frankfurt und Berlin danken, Doris Bambey, die das Projekt über lange Jahre verantwortlich begleitet, Christian Richter und Henning Hinze, die für die technische Umsetzung verantwortlich zeichnen und Thomas Schwager, der intensiv die beständige Optimierung der Datenbank vorantreibt. Wir hoffen, dass dieses Buch wie das Medienarchiv zur Arbeit mit der Unterrichtsaufzeichnung als Quelle der historischen und vergleichenden Unterrichtsforschung anregt.

I Zur Methodologie der Arbeit mit der Quellengattung „Unterrichtsdokumentation auf Video" in Beispielen

Videodokumentationen von Unterricht als Quelle der historischen und vergleichenden Unterrichtsforschung

May Jehle und Henning Schluß

Vorbemerkung

Im Rahmen des vorliegenden Bandes leistet der Beitrag einen systematisierenden Überblick über die die Vielfalt methodischer Zugänge im Umgang mit Video- aufzeichnungen von Unterricht. Zunächst wird mit dem Blick in die benachbar- ten Disziplinen die pädagogische Videographie in einen allgemeineren Kontext gestellt. Hier wird geprüft, welche Konzepte, Methoden und Systematisierungen videogestützter Forschung bereits insbesondere in den Sozialwissenschaften entwickelt wurden und wo Anschlussmöglichkeiten für die erziehungswissen- schaftliche Forschung zu finden sind. Dabei zeigt sich, dass videogestützte For- schung innerhalb der Pädagogik bislang eher einseitig wahrgenommen wird. Somit werden die Fragestellungen pädagogischer Videographie aus aktueller und historischer Perspektive diskutiert.

In einem eigenen Kapitel wird der Frage nachgegangen, inwiefern im Zu- sammenhang von Videoaufzeichnungen überhaupt von Authentizität die Rede sein kann. Durch Ausdifferenzierung des immer wieder aporetisch diskutierten Begriffs der „Inszenierung" wird eine Möglichkeit gefunden, die erlaubt, diesen über ein duales Verständnis hinauszudenken und für Interpretation fruchtbar zu machen.

In einem letzten Kapitel wird dafür plädiert, nicht nach einer einzigen Uni- versalmethode zu suchen, sondern vielmehr die Pluralität der unterschiedlichen methodischen Zugänge, die sich auch in diesem Band wiederfinden, als sich wechselseitig bereichernde Stärke wahrzunehmen, die eben unterschiedliche Fragestellungen zu bearbeiten erlauben.

1 Videodokumentation in Sozial-, Kultur- und Erziehungswissenschaften – *Just another turn?*

Die Feststellung einer gegenwärtigen Konjunktur des Einsatzes von Videogra- phie in der Unterrichtsforschung und auch in der Lehrerbildung (vgl. z. B. Auf- schnaiter/ Welzel 2001: 9, Helmke 2010: 340-341) erscheint bei einem Blick in benachbarte Disziplinen zunächst nicht überraschend. Insbesondere „vor dem

Hintergrund eines gesellschaftlichen und technologischen Wandlungsprozesses, der eine neue visuelle Kultur hervorgebracht hat" (Schnettler/ Knoblauch 2009: 272), wird die „Allgegenwart von Videos in unserer Kultur" (ebd.: 273) konstatiert. Die Rede ist von einem Florieren der „theoretische[n] Beschäftigung mit Visualität und visueller Kultur in den Geistes- und Sozialwissenschaften" (ebd., vgl. auch Knoblauch/ Tuma/ Schnettler 2010: 3) und Videoaufzeichnungen werden als eine in „nahezu allen Kulturwissenschaften […] gebräuchliche[…] Datensorte" (Knoblauch 2004: 123) bezeichnet. Beschreiben lässt sich dieses Phänomen auch als eine Abfolge verschiedener *turns* in den jeweiligen Disziplinen: Dem linguistic turn folgte ein cultural turn und dieser wiederum vereint eine „kaum mehr zu überschauende[…] Vielzahl kleinerer Ableger" (Raab 2008: 14), unter die sich auch die ein oder andere kurzlebige Mode gemischt haben mag. Festzuhalten ist jedoch eine „die unterschiedlichen Vertreter vornehmlich des *pictoral turn, visual turn, imagic turn* oder *iconic turn*"[1] (ebd., kursiv im Original) einende Betrachtungsweise, die (nicht nur) Videoaufzeichnungen in den Fokus der verschiedenen Forschungsdisziplinen rücken lässt:

> „Die Medien und ihre Bilder haben maßgeblichen Anteil an der Hervorbringung, Speicherung und Weitergabe, an der Absicherung und Veränderung menschlichen Wissens. Dabei reproduzieren, bewahren oder übertragen sie nicht einfach bereits existente Wissensbestände und Wissensformen, sondern sie modifizieren Wirklichkeiten, organisieren sie neu oder erzeugen sie sogar erst" (ebd.).

Trotz der zunehmenden Bedeutung von Videoaufzeichnungen in der qualitativen Forschung wird die methodologische Diskussion immer noch in ihren Anfängen gesehen (vgl. Knoblauch 2004: 123, Knoblauch/ Schnettler/ Raab 2009: 9, Schnettler/ Knoblauch 2009: 273, Knoblauch/ Tuma/ Schnettler 2010: 3, Reichertz/ Englert 2011: 8-9).[2] Konstatieren lässt sich eine Vielzahl verschiedener Zugänge, die ausgehend von unterschiedlichen theoretischen Prämissen, Erkenntnisinteressen und Daten verschiedenster Provenienz mindestens genauso

---

[1] Nicht unerwähnt bleiben sollte in diesem Zusammenhang der *performative turn* (vgl. z.B.: Fischer-Lichte 1998: 25-27), der in dieser vorrangig an Visualität orientierten Reihe zu Recht nicht auftaucht, der aber für die Erforschung (historischer) Videoaufzeichnungen von Unterricht unter dem Aspekt der Performativität von Unterricht sicher fruchtbare Anstöße geben könnte. Anregungen können hier die unter Leitung von Christoph Wulf durchgeführten und mittlerweile abgeschlossenen Forschungsprojekte zur Hervorbringung des Sozialen bzw. von Lernkulturen in Ritualen und Ritualisierungen (www.sfb-performativ.de/seiten/b5.html, 07.03.2013) und zur Hervorbringung kultureller Lernarrangements durch performative Praktiken (www.languages-of-emotion.de/de/schule.html, 07.03.2013) bieten (vgl. z.B. auch Wulf et al. 2007).

[2] Dabei ist aber auch von einer kontinuierlichen Weiterentwicklung der methodologischen Diskussion in den letzten Jahren auszugehen, was auch in einer steigenden Zahl nicht nur einführender Publikationen auf diesem Gebiet zum Ausdruck kommt, wobei sowohl mit Blick auf das Verständnis grundlegender Begrifflichkeiten als auch auf die jeweiligen Herangehensweisen von einigen Differenzen auszugehen ist (vgl. Knoblauch 2012: 251).

viele methodische Vorgehensweisen zur Transkription und Deutung der Videodaten anbieten. Dabei zeichnen sich verschiedene Möglichkeiten der Klassifizierung ab:

Verschiedene Ansätze der sozialwissenschaftlichen Forschung werden bei
Knoblauch, Schnettler und Raab (2009, erste Auflage 2006) diskutiert.[3] Die in
dem als grundlegend geltenden Band – dem ein „sehr gute[r] Einblick in die
methodischen und methodologischen Probleme der Videointerpretation" (Rei-
chertz/ Englert 2011: 8) bescheinigt wird – vorgestellten Zugänge lassen sich
ihrem Selbstverständnis nach der interpretativen Sozialforschung zugehörig
beschreiben, wobei vor allem Herangehensweisen aus der Ethnomethodologie
und der Konversationsanalyse eine Rolle spielen (vgl. Knoblauch/ Schnettler/
Raab 2009: 13). Die Nutzung visueller Medien in der sozialwissenschaftlichen
Forschung wird dabei nicht als neuer Trend gesehen: Der Einsatz von Fotografie
und Film bereits kurz nach ihrer Erfindung zu anthropologischen und ethnographischen Forschungszwecken gilt als frühes Beispiel; mit der Entwicklung der
Videotechnik fanden schließlich auch Videoaufzeichnungen Eingang in eine
Reihe von Forschungsfeldern (vgl. Knoblauch/ Tuma/ Schnettler 2010: 4-6,
Schnettler/ Knoblauch 2009: 273). Insbesondere in ihrer ethnomethodologischen
und konversationsanalytischen Ausrichtung gewann die Videoanalyse innerhalb
der Workplace Studies an Bedeutung, die vor allem auf die Interaktion von Men-
schen in hoch technisierten Arbeitsprozessen und deren Umgang mit diversen
Technologien fokussieren (vgl. Knoblauch/ Tuma/ Schnettler 2010: 6, Knob-
lauch/ Schnettler/ Raab 2009: 18-19, Knoblauch 2000: 159-168, auch: Jordan/
Henderson 1995: 39-40). Ausgegangen wird dabei von einer Bedeutung oder
Ordnung von Handlungen, die jeweils in einem von den Handelnden selbst kon-
struierten Kontext zu suchen ist (vgl. Knoblauch/ Schnettler/ Raab 2009: 13,
Knoblauch 2000: 166). Mit dieser Akzentuierung eines „grundlegenden *verste-
henden* Ansatz[es]" (Knoblauch/ Tuma/ Schnettler 2010: 6) wollen sich seine
Vertreter von standardisierten, deduktiv verfahrenden Methoden abgrenzen und
betonen dabei vor allem den Verzicht auf vorgängige Standardisierungen sowie
die Festlegung von Kategorien und Codierungen:

> „Interpretative Analyse […] bemüht sich darum, die relevanten Kategorien der Beobachtung
> erst in der Beobachtung und aufgrund der Handlungen der Akteure und deren Relevanz zu
> formulieren" (ebd.: 7).

Aus der dem sozialwissenschaftlichen Interesse zugeschriebenen Fokussierung
auf Interaktionen resultiert die Bezeichnung des Verfahrens als *Videointerakti-
onsanalyse.* Von *Videographie* soll für die Autoren dagegen dann die Rede sein,

---

[3] Weitergeführt wird diese Diskussion u.a. in einem „Special issue: Video-analysis and videography:
methodology and methods" in der Juni-Ausgabe aus dem Jahr 2012 der Zeitschrift Qualitative Research (URL: http://qrj.sagepub.com/content/12/3.toc, 20.03.2013).

wenn aus begleitenden (ethnographischen) Erhebungen des Kontextes zusätzliche Informationen mit einbezogen werden (vgl. ebd.: 4).[4]

Als mindestens ebenso grundlegend für die Methodenentwicklung im Umgang mit visuellen Medien gilt unbestritten die dokumentarische Methode nach Bohnsack (vgl. z.b. Reichertz/ Englert 2011: 8, Dinkelaker/ Herrle 2009: 10). Deren Verfahrensweise wird auf der Grundlage einer „praxeologischen Wissenssoziologie" (Bohnsack 2009: 17) von der „Leitdifferenz von kommunikativem und konjunktivem Sinngehalt" (ebd.: 19) bestimmt und sucht nach einem Zugang zu einem atheoretischen, handlungsleitenden Wissen. Die dokumentarische Methode umfasst ein „weites Spektrum von methodischen Zugängen und Erhebungsverfahren" (vgl. ebd.: 23); auf ihrer Grundlage möchte Bohnsack (2009) schließlich auch ein „eigenes Auswertungsverfahren" (ebd.: 117) für Filme und Videos entwickeln und begründen. Im Unterschied zu den bisher beschriebenen Herangehensweisen berücksichtigt Bohnsack dabei auch Filmdokumente als Alltagsdokumente, „die in den jeweiligen kulturellen Lebenszusammenhängen oder Milieus, welche Gegenstand der sozialwissenschaftlichen Analyse sind, *selbst* produziert worden sind" (ebd.), wozu er auch solche aus dem öffentlichen Bereich (Massenmedien) zählt, und unterscheidet diese grundsätzlich von solchen, die überhaupt erst zu Forschungszwecken produziert werden.[5] Beschränkt er sich in seiner Analyse auf den ersten Fall, so kann er doch auch auf exemplarische Analysen auf der Grundlage der dokumentarischen Methode verweisen, in denen Videoaufzeichnungen als Erhebungsinstrument zum Einsatz kamen (vgl. ebd.: 118). Die dort genannte Studie Wagner-Willis (2005), in der Videographien von Schülerinteraktionen im Klassenraum ein zentrales Element der Untersuchung bilden, dürfte im pädagogischen Bereich als einschlägig gelten.

Diese von Bohnsack als grundlegend erachtete Unterscheidung von zu Forschungszwecken oder – sei es im privaten oder öffentlichen Bereich – selbst produzierten Videos erweist sich mit Blick auf historische Videoaufzeichnungen von Unterricht, wie sie in diesem Band thematisiert werden, als unzureichend. Zwar sieht auch Bohnsack eine methodische Kontrolle der Gestaltungsleistungen der abbildenden Bildproduzent_innen in dem Fall vor, in dem diese identisch mit den Forscher_innen sind; die Kategorie, dass zu Forschungszwecken produzierte Filmdokumente auch als „Alltagsprodukte" einer Forschungskultur (historisch) gelesen werden können, berücksichtigt er dagegen nicht. Auch wenn der Begriff der Alltagsprodukte hier nicht recht treffen mag, so haben diese Aufzeichnungen

---

[4] Vgl. zu einer alternativen Auffassung des Begriffsverständnisses z.B. den Beitrag von Wiegmann in diesem Band.

[5] Vgl. hierzu auch die differenzierte Auflistung von Kriterien zur Klassifizierung des vorliegenden Materials, die aus der Relation von Aufzeichnungspraxis, aufzeichnender Akteure und aufgezeichneter Situation bestimmt werden (Knoblauch 2004: 126).

doch mit Bohnsacks Kategorie der Alltagsprodukte gemein, dass in der Interpretation gestalterische Mittel berücksichtigt und auf ihren latenten Sinngehalt befragt werden, auch wenn diese von den abbildenden Bildproduzent_innen weder reflektiert noch absichtsvoll eingesetzt wurden. Bei der Analyse mittlerweile historischer Unterrichtsaufzeichnungen können also nicht nur die Gestaltungsleistungen der abgebildeten Bildproduzent_innen von Interesse sein, sondern auch die der abbildenden Bildproduzent_innen können nicht vom Forschungsgegenstand gesondert werden. Exemplarisch durchgeführt wird eine solche Analyse in dem Beitrag von Susanne Timm in diesem Band.[6]

Der Verwendung audiovisueller Daten in der erziehungswissenschaftlichen Forschung wenden sich explizit Dinkelaker und Herrle in ihrer Einführung in die „Erziehungswissenschaftliche Videographie" (2009) zu. Ihren Zugang verstehen sie dabei in Abgrenzung von Filmanalysen, die auf das implizite (pädagogische) Wissen in sowohl von Künstlern als auch von Laien produzierten Filmen abzielen, sowie von der videogestützten Unterrichtsforschung, die insbesondere nach Effekten bestimmter Unterrichtsmerkmale auf Lehr-Lern-Prozesse fragt. Dinkelaker und Herrle verfolgen das Ziel, „die vielfältigen, die Interaktion prägenden Prozesse und Muster des Lehr-Lern-Geschehens in ihrer Komplexität zu rekonstruieren" (Dinkelaker/ Herrle 2009: 11). Während die Unterrichtsqualitätsforschung der beschriebenen Charakterisierung entsprechend quantitativ-generalisierend vorgeht, wollen sie strukturelle Zusammenhänge qualitativ-kontextualisierend erforschen. Ihre Fokussierung auf das Interaktionsgeschehen vor der Kamera kann man insofern als unzureichend kritisieren, als dass sie die Gestaltungsleistungen der abbildenden Bildproduzent_innen nicht zureichend berücksichtigt und den Informationsgehalt des Videos nicht auszuschöpfen vermag (vgl. Wiegmann in diesem Band). Vor dem Hintergrund der von Bohnsack vorgenommen Unterscheidung von Videoaufzeichnungen als Alltagsdokument oder Erhebungsinstrument kann diese Entscheidung je nach Einordnung des vorliegenden Materials und Ausrichtung der Fragestellung durchaus sinnvoll begründet sein. Generell kann man an der von Dinkelaker und Herrle anhand der Unterscheidung dieser drei Ansätze vorgenommenen Kontextualisierung der „Erziehungswissenschaftlichen Videographie" kritisieren, dass keine Diskussion der Verschiedenheit von Analysemethoden erfolgt (vgl. Knoblauch/ Tuma/ Schnettler 2010: 3). Das von den Autoren entwickelte Verfahren zur Interpretation videographischer Daten, die von Wissenschaftler_innen zu Forschungszwe-

---

[6] Mit der dokumentarische Methode zur Interpretation von Unterrichtsvideographien befassen sich auch Bettina Fritzsche und Monika Wagner-Willi: Dies. (2013): Dokumentarische Interpretation von Unterrichtsvideografien. In: Bohnsack, Ralf/ Baltruschat, Astrid/ Fritzsche, Bettina/ Wagner-Willi, Monika: Dokumentarische Video- und Filminterpretation. Methodologie und Forschungspraxis. Wiesbaden (in Vorbereitung).

cken erhoben wurden, kann mit Blick auf deutschsprachige Publikationen zu
Videoanalysen – aus im weiteren Sinne sozialwissenschaftlicher Sicht – als
grundlegend erachtet werden (vgl. Reichertz/ Englert 2011: 8), einen die gesamte
Breite des Feldes pädagogischer Videoforschung umfassenden Entwurf, wie der
Titel des Bandes nahelegt, legen sie gleichwohl nicht vor. Vielmehr erläutern sie
einem „Baukastenprinzip" (Dinkelaker/ Herrle 2009: 41) folgend verschiedene
Verfahrensweisen, die „in der Analyse miteinander kombiniert und [...] je nach
spezifischen Bedarf auch modifiziert und ergänzt werden" (ebd.) können. Dass
dabei immer nur bestimmte Aspekte eines Interaktionszusammenhangs unter
Vernachlässigung anderer einer Interpretation unterzogen werden können, ist
ihnen sehr wohl bewusst; eine sämtliche Aspekte eines Interaktionszusammenhangs berücksichtigende Analyse erscheint angesichts der (nicht nur) von ihnen
konstatierten „Überkomplexität videographischer Daten" allerdings auch schwer
denkbar.

     Bei aller Verschiedenheit teilen die bisher genannten Zugänge zu Videoauf-
zeichnungen ein Selbstverständnis, nach dem sie sich in einem rekonstruktiv
verfahrenden interpretativen Forschungsparadigma verorten (vgl. Knoblauch/
Tuma/ Schnettler 2010: 7, Bohnsack 2009: 133, Dinkelaker/ Herrle 2009: 11).
Die auf der Grundlage einer hermeneutischen Wissenssoziologie entwickelte
qualitative Videoanalyse (Reichertz/ Englert 2011) lässt sich ebenfalls hier ein-
ordnen (vgl. ähnlich Bohnsack 2009: 139). Abgegrenzt wird sich hier von Untersuchungen, die anhand vorgängiger Standardisierungen und Codierungen deduktiv verfahren (vgl. Knoblauch/ Tuma/ Schnettler 2010: 7). Mit dieser Begründung unterscheiden auch Dinkelaker und Herrle „erziehungswissenschaftliche
Videographie" von „videogestützte[r] Unterrichtsqualitätsforschung" (Dinkela-
ker/ Herrle 2009: 11); ähnlich sprechen Knoblauch, Tuma und Schnettler von
einer häufigen Nutzung von Videoaufzeichnungen in der erziehungswissenschaftlichen Forschung, die diese lediglich als „Instrument der pädagogischen
Praxis" (Knoblauch/ Tuma/ Schnettler 2010: 8) versteht oder, sofern diese als
Analyseinstrument benutzt werden, ihre Analysen anhand „implizit[er] und un-
ausgesprochen[er]" (ebd.) Kategorien vollzieht. Diese Behauptungen sollen im
Folgenden einer Prüfung unterzogen werden, in dem die Nutzung von Videos
innerhalb der Erziehungswissenschaft näher in den Blick genommen wird. Dabei
ist zu berücksichtigen, dass diese bereits über eine längere Tradition verfügt (vgl.
ebd.) – wovon ja nicht zuletzt dieser Sammelband ein Zeugnis darstellt. Im
Rahmen der Wiener Tagung zum Video als Quelle historischer und vergleichender Unterrichtsforschung 2012 war die Rede von einem „Video-Hype[, der] ja
augenscheinlich retrograd und prospektiv so stark ist" (Gruschka) – welche Erwartungen und Hoffnungen aktuell und einst mit der Möglichkeit von Videoauf-

zeichnungen von Unterricht verbunden sind und waren, soll im Folgenden diskutiert werden.

1.1 Videoaufzeichnungen von Unterricht in der aktuellen Forschung

Falls im Vorangegangenen der Eindruck entstanden sein sollte, dass die Nutzung
von Videoaufzeichnungen in der pädagogischen Forschung außerhalb der „Erziehungswissenschaftlichen Videographie" (Dinkelaker/ Herrle 2009) auf den
Bereich einer quantitativen Unterrichtsforschung beschränkt bleibt, muss dieser
im Folgenden mindestens ergänzt werden. So lassen sich mit der videogestützten
quantitativen Forschung einerseits und der qualitativen andererseits verschiedene
Foki unterscheiden (vgl. Rabenstein/ Reh 2008: 137), wobei noch zu fragen
wäre, ob diese Differenzierung mit Blick auf einzelne Forschungen jeweils mit
dieser Trennschärfe aufrecht erhalten werden kann, sehen doch beispielsweise
Helmke oder auch Klieme gerade mit der Videographie als Methode der Unterrichtsforschung die Möglichkeit einer produktiven Verbindung qualitativ-
interpretierender und quantitativ-erklärender Ansätze (vgl. Helmke 2010: 340,
Klieme 2006: 767).[7] Unter Berücksichtigung der Publikationen, die die Autoren
für ihre oben beschriebenen Abgrenzungen heranziehen, mögen diese doch eine
gewisse Berechtigung haben:
      Die in der letzten Dekade in der Unterrichtsforschung vermehrt zum Einsatz
kommenden videogestützten Beobachtungsverfahren fanden Eingang in eine
Reihe von Studien, die sich der detaillierten Analyse von Unterrichtsprozessen
widmen. Ein Fokus zahlreicher Untersuchungen ist dabei die Aufklärung des
„Wirkungszusammenhang[s] zwischen Lernangeboten und darauf bezogenen
Handlungen, Diskursen und individuellem Erleben der Beteiligten sowie der
Einfluss solcher Prozesse auf das Lernen der Schüler(innen)" (Aufschnaiter/
Welzel 2001: 8). Auffallend an dem eben zitierten Sammelband ist dabei die
ausgeprägte Dominanz von Untersuchungen aus dem Bereich der Didaktik ma-
thematisch-naturwissenschaftlicher Fächer, ohne dass dieses Ungleichgewicht
thematisiert wird, geschweige denn, dass darin eine mögliche Einschränkung in
der Reichweite der Ergebnisse gesehen wird. Demgegenüber sehen sich die Beiträge im Themenheft „Videogestützte Unterrichtsforschung" der Zeitschrift für
Pädagogik explizit „einer bestimmten Forschungsrichtung verpflichtet, die sich
im Anschluss an die internationalen TIMSS-Video-Surveys in den vergangenen

---

[7] Erwähnung finden sollte an dieser Stelle allerdings auch das Plädoyer für eine vorsichtige Verwendung des Begriffes „qualitativ" zur Kennzeichnung von Forschungsmethoden: „Eine Reihe von
angeblich qualitativen Untersuchungen scheut nämlich nicht vor einer vorgängigen Standardisierung
[...] zurück, sodass diese Studien sich in der Methodik nicht grundsätzlich von den deduktiven
Kodierungen standardisierter Forschung unterscheiden" (Knoblauch/ Tuma/ Schnettler 2010: 7).

zehn Jahren gerade im deutschsprachigen Raum etabliert hat" (Klieme 2006: 768). Zur Auswertung der Videoaufzeichnungen, die nach einem standardisierten Videoskript erfolgten, wurde in einem standardisierten, zyklischen Verfahren ein Codiersystem entwickelt, das „qualitative mit quantitativen Analyseschritten verband" (Pauli/ Reusser 2006: 776). Mit diesem Datenerhebungs- und Auswertungsverfahren können die TIMSS Videostudien (1995, 1999) durchaus als „Impulsgeber" (ebd.: 775) für diverse weitere Videostudien in der Unterrichtsforschung gelten (vgl. auch Helmke 2010: 340-341, Reusser/ Pauli/ Waldis 2010:7). Zu nennen wäre beispielsweise die IPN-Videostudie des Leibniz-Instituts für Pädagogik der Naturwissenschaften und Mathematik an der Universität Kiel, die nach Effekten bestimmter Unterrichtsmerkmale auf Lernentwicklungen der Schüler_innen im Physikunterricht fragt. Die Autor_innen der Studie erheben den Anspruch, mit ihrem Forschungsdesign über den Ansatz der TIMSS Videostudien hinauszugehen, indem zum einen die Festlegung bestimmter Themenbereiche und Schulformen möglichst konstante Bedingungen für die zu vergleichenden Unterrichtsaufzeichnungen gewährleisten soll sowie zum anderen eine systematische Verknüpfung der Analysen mit anderen Erhebungen und Datenquellen erfolgt (vgl. Seidel et al. 2006: 803). Die Datenbasis der TIMSS 1999 Video Study wurde außerdem durch eine zeitgleich stattfindende schweizerische Videostudie ergänzt und die Daten wurden in der schweizerisch-internationalen Videostudie "Mathematiklernen in unterschiedlichen Unterrichtskulturen" anhand zusätzlicher Codierungen und Rating-Fragebögen zur Unterrichtsbeurteilung ausgewertet.[8] In Kooperation mit dem Deutschen Institut für Internationale Pädagogische Forschung folgte eine binationale Videostudie „Unterrichtsqualität, Lernverhalten und mathematisches Verständnis in der Schweiz und in Deutschland" (2002-2006), die allgemein unter der dem Gegenstand einer videographierten Unterrichtseinheit entsprechenden Bezeichnung „Pythagoras" Bekanntheit erlangt hat.[9]

Im Themenheft der Zeitschrift für Pädagogik, in dem ausgewählte der bisher genannten sowie weitere ähnlich angelegte Studien vorgestellt und vor dem Hintergrund der Perspektiven und Möglichkeiten videobasierter Unterrichtsforschung und -entwicklung diskutiert werden, beschreibt Klieme die Beschränkung auf Mathematik und Naturwissenschaft als „*state of the art* der empirischen Unterrichtsforschung" (Klieme 2006: 770, kursiv im Original). Vor dem Hinter-

---

[8] Weitere Informationen zur Anlage und Ergebnisse der Studie sind auf der Homepage des Instituts für Erziehungswissenschaften der Universität Zürich dokumentiert: www.ife.uzh.ch/research/ppd/forschung/abgeschlosseneprojekte/videostudien/schweizerischinternationalevideostudie/scvs.html (31.01.2013).

[9] Nähere Informationen sind den Webseiten der beteiligten Institutionen zu entnehmen: www.ife.uzh.ch/research/ppd/forschung/abgeschlosseneprojekte/videostudien/binationalevideostudie.html (31.01.2012) und www.dipf.de/de/projekte/Pythagoras (31.01.2013).

grund der von ihm entwickelten Basisdimensionen von Unterrichtsqualität zieht er die Ergebnisse der DESI-Studie zum Leistungsstand von Schüler_innen im Englischen und in der aktiven Beherrschung der deutschen Sprache (2001-2005) heran,[10] deren Datenmaterial ebenfalls Videoaufzeichnungen von Unterricht beinhaltete, und diskutiert die Übertragbarkeit des Standes der Unterrichtsqualitätskonzepte und -prinzipien auf andere Fächergruppen. So lassen sich einige bekannte Merkmale von Unterrichtsqualität bestätigen, aber eben auch Differenzen ausmachen, die auf die hohe Bedeutung fachspezifischer Zusammenhangsmuster aufmerksam machen. So lässt sich anhand der Ergebnisse der DESI-Studie ein hoher Einfluss der Lehrperson auf Leistungszuwächse und Schülerinteresse im Fach Englisch ausmachen (vgl. ebd.: 771-772).

Dass sich Videostudien in der empirischen Unterrichtsforschung mittlerweile nicht mehr nur auf mathematisch-naturwissenschaftliche Unterrichtsfächer beschränken, zeigt auch die Schweizer Videostudie „Geschichte und Politik im Unterricht" (2002-2007).[11] Neben der Zielsetzung eines „möglichst repräsentativen Einblick[s] in die Unterrichtswirklichkeit dieser Fachbereiche [...] sollten in den Unterrichtsprozessen Merkmale und Bedingungen identifiziert werden, die sich zur Beschreibung und Beurteilung der Unterrichtsqualität eigneten" (Hodel/ Waldis 2007a: 65). Angestrebt war eine „Klassifizierung und Quantifizierung bestimmter Unterrichtsmerkmale wie Lehr-Lernmethoden, Sozialformen und Einsatz von Lernmaterialien" (ebd.: 67), wofür in einem mehrschrittigen, zyklischen Verfahren Kategorien entwickelt wurden, nach dem die Videos in mehreren Durchgängen codiert wurden (vgl. ebd.: 68-69, Waldis/ Gautschi/ Hodel/ Reusser 2006: 171-179). Wurde die Auswertung hier vor allem fokussiert auf Sichtstrukturen vollzogen (vgl. Waldis/ Gautschi/ Hodel/ Reusser 2006, Hodel/

---

[10] Nähere Informationen sind auch hier den Internetauftritten der beteiligten Institutionen zu entnehmen: www.uni-koblenz-landau.de/landau/fb8/entwicklungspsychologie/Projekte/desi (07.03.2013) und www.dipf.de/de/projekte/deutsch-englisch-schuelerleistungen-international (07.03.2013)

[11] Als eine weitere in der Reihe dieser vor allem auf Unterrichtsqualität ausgerichteten Studien, die sich nicht nur auf mathematisch-naturwissenschaftliche Fächer beschränken, kann die Grundschullängsschnitt-Studie „VERA – Gute Unterrichtspraxis" (2005-2008) angeführt werden. Zur Ergänzung der mittels Leistungstests und Fragebögen durchgeführten Erhebungen wurden auch hier Videoaufzeichnungen des Deutsch- und Mathematikunterrichts aller beteiligten 54 Klassen herangezogen (vgl. www.uni-koblenz-landau.de/landau/fb8/entwicklungspsychologie/Projekte/vera-gup,   07.03.2013, z.B. auch Helmke 2010: 341). Bereits über ein eng gefasstes, auf kognitive Prozesse beschränktes Verständnis schulischen Lernens hinausgehend untersucht die Studie PERLE die *Per*sönlichkeits- und *Ler*nentwicklung von Grundschulkindern unter Einbezug der schulischen und familiären Lebenswelt. Es wurden Fachleistungstests und Fragebogenerhebungen durchgeführt und der Unterricht in den Fächern Deutsch, Mathematik und Bildende Kunst wurde insbesondere zur Klärung der Bedeutung   unterrichtlicher   Merkmale   videographiert   (vgl.   http://perle-projekt.de/index.php?option=com_content&task=view&id=13&Itemid=28, 07.03.2013, z.B. auch Helmke 2010: 341).

Waldis 2007b),[12] nahmen Bürgler/ Hodel eine erneute Auswertung vor, die anhand einer vorgängigen, theoriegestützten Kategorienbildung auf die Identifikation von politischer Bildung in verschiedenen Unterrichtsfächern zielte (vgl. Bürgler/ Hodel 2012: 51-53).[13]

Ein Großteil der bisher vorgestellten Studien kann unter dem Oberbegriff der videogestützten Unterrichtsqualitätsforschung zusammengefasst werden, die in engem Zusammenhang mit der Feststellung einer „empirische[n] Wende" (Helmke 2010: 16) in Bildungspolitik und -forschung zu sehen ist.[14] Diese wiederum wird zurückgeführt auf die „als katastrophal bewerteten Schülerleistungen" (Rabenstein/ Reh 2007: 23) in internationalen Schulleistungsstudien wie PISA und auch TIMSS, auf die nicht nur mit einer nahezu einstimmig vorgebrachten Forderung nach Verbesserung der Unterrichtsqualität reagiert wurde, sondern mit einer Neuausrichtung der Bildungsforschung auf die „messbaren Wirkungen der Schule" (Helmke 2010: 16). Eine weitere Gemeinsamkeit der bisher erwähnten Videostudien besteht in einer vorwiegend quantitativ verfahrenden Arbeitsweise im Sinne der Anwendung standardisierter Codiersysteme.[15]

Darüber hinaus kann allerdings auch eine Reihe von Studien angeführt werden, die der videogestützten qualitativen Unterrichtsforschung zugeordnet werden können und in ihrem Selbstverständnis bisweilen auch über eine Ausrich-

---

[12] An die Erfahrungen der TIMSS-1999-Videostudie, der deutsch-schweizerischen Videostudie sowie der Physikstudie am IPN Kiel wurde dabei angeknüpft sowie man sich bereits entwickelter standardisierter Richtlinien bediente (vgl. Waldis/ Gautschi/ Hodel/ Reusser 2006: 168, Hodel/ Waldis 2007b: 91)

[13] Weitere Informationen zum Projekt „Geschichte und Politik im Unterricht" sind auf der Homepage des Instituts für Erziehungswissenschaft der Universität Zürich zu finden: www.ife.uzh.ch/research/ppd/forschung/abgeschlosseneprojekte/videostudien/geschichteundpolitiki munterricht.html (06.03.2013). Zugänglich sind die Videoaufzeichnungen über das Schweizer Videoportal www.unterrichtsvideos.ch (06.03.2013), in dem videographierte Unterrichtssequenzen aus verschiedenen Ländern, Schulstufen und Unterrichtsfächern versammelt und unter anderem auch die Aufzeichnungen der Pythagoras-Studie dokumentiert sind.

[14] Eine Verbindung zur „empirischen Wende" der erziehungswissenschaftlichen Forschung in den 1970er Jahren, die der gewählte Begriff nahelegen würde, wenn nicht gar impliziert, diskutiert Helmke jedoch nicht. Möglicherweise setzt er voraus, dass seine Leser_innen ohnehin in der Lage sind, diese Beziehung herzustellen.

[15] Dabei sehen sich Vertreter dieser Forschungsrichtung durchaus in der Lage, in ihren Studien qualitativ-interpretative und quantitativ-erklärende Ansätze zu kombinieren (vgl. Klieme 2006: 767, Pauli/ Reusser 2006: 775), was – wie bereits erwähnt (s.o.) – von Knoblauch, Tuma und Schnettler kritisch gesehen wird, sofern in diesen Studien dennoch vorgängige Standardisierungen in Form von Kategorien und Codierungen gesetzt werden (vgl. Knoblauch/ Tuma/ Schnettler 2010: 6-7). Worauf diese Kritik im Einzelnen zielt und inwiefern sie als berechtigt anzusehen ist, kann im Rahmen dieses Beitrags jedoch nicht nachvollzogen werden.

tung des Erkenntnisinteresses auf Unterrichtsqualität und -entwicklung hinaus-
reichen.[16]
    In ihrer bereits erwähnte Studie zu performativen Praktiken im schulischen
Alltag, insbesondere in Übergangssituationen, wertet Monika Wagner-Willi
neben protokollierten Gruppendiskussionen und Protokollen teilnehmender Beobachtung auch videographisches Material aus. Sie entwickelt dabei in kritischer
Auseinandersetzung mit dem von Erickson entwickelten Weg der ‚Mikroanalyse' („Microanalysis", Erickson 1992) ein Verfahren, das die methodologischen
und methodischen Prinzipien der dokumentarischen Methode in der forschungs-
praktischen Anwendung an die spezifische Qualität des Materials anzupassen
sucht und dem es gelingen soll, den Dokumentsinn sowohl der sprachlichen als
auch der nonverbalen, körperlich-expressiven Äußerungen auszuweisen (vgl.
Wagner-Willi 2005: 247-282).
    In dem unter der Leitung von Georg Breidenstein von 2001 bis 2005 am
Zentrum für Schulforschung und Fragen der Lehrerbildung der Martin-Luther-
Universität Halle-Wittenberg durchgeführten Forschungsprojekt „Jugendkultu-
ren in der Unterrichtssituation" wurde eine ethnographische Forschungsstrategie
gewählt. Die Fragehaltung, mit der man sich dem zu untersuchenden Gegenstand, der „Teilnahme am Unterricht" (Breidenstein 2006), näherte, erinnert
allerdings insofern an die dokumentarische Methode, als dass nicht nur das *was*,
sondern vor allem auch das *wie* in den Blick genommen werden soll (vgl. ebd.:
9). Wie Schüler_innen ihre Teilnahme am Unterricht gestalten und sich dabei
aufeinander beziehen, wurde mittels teilnehmender Beobachtung, Gruppendiskussionen, Einzelinterviews und Videographie erhoben. Nach dem Ansatz der
„*Kamera-Ethnographie*" (Mohn 2010: 156, kursiv im Original) wurde das von
Amann und Mohn erhobene videographische Material nicht transkribiert, sondern auf einer DVD (Mohn/ Amann 2006) dokumentiert. Das audiovisuelle Material wird per Videoschnitt sequenziert und montiert, das Resultat soll „dichtes
Zeigen" und die „dichte[...] Rezeption" (Mohn 2010: 162) differenzierter performativer Praktiken, die in den Aufzeichnungen fokussiert wurden, ermöglichen
(vgl. ebd.: 160).[17]

---

[16] Angemerkt sei an dieser Stelle, dass es sich hierbei allerdings um eine relativ unpräzise Differenzierung handelt, da je nach dem zugrunde gelegten Verständnis von „Unterrichtsqualität" auch die
darunter gefassten Aspekte, die im Zentrum der Erhebung stehen, erheblich variieren können. Dementsprechend können auch selbst dann, wenn „Unterrichtsqualität und -entwicklung" nicht explizit
als leitendes Erkenntnisinteresse benannt werden, die Ergebnisse der Erhebung gleichwohl bedeutsam für die Qualität und Entwicklung von Unterricht sein.
[17] Ebenfalls von diesen Grundannahmen geleitet entstand im Rahmen des Projektes „Lernen lernen in
der Grundschule. Handlungsroutinen und Alltagspraxen von Schülerinnen und Schülern" unter
Leitung von Jutta Wiesemann an der Universität Kassel die DVD: „Handwerk des Lernens" (vgl.

Mit ihrer Studie „Lernkulturen im Umbruch" knüpfen Wulf et al. zwar auch an das Desiderat der Verbesserung des Lernens von Kindern und Jugendlichen an, nehmen dabei allerdings nicht nur Lehr-Lern-Prozesse im Schulunterricht in den Blick, sondern erforschen Lernkulturen in den vier Sozialisationsfeldern Schule, Medien, Familie und Jugendkultur (vgl. Wulf et al. 2007: 7). Sie gehen dabei von einer hohen Bedeutung ritueller Lernpraktiken und Lernkulturen aus und wollen mit dieser Fokussierung „traditionelle Unterscheidungen zwischen affektiven, kognitiven und psychomotorischen Prozessen durch die Akzentuierung der *körperlichen Seite des Lernens*" (ebd.: 8, kursiv im Original) ergänzen, womit Lernen als „*performativer Prozess*" (ebd.: 9, kursiv im Original) ins Zentrum der Aufmerksamkeit rückt. Anhand von Videoaufzeichnungen soll der „inszenatorische[...] und de[r] Aufführungscharakter der verschiedenen Lernkulturen sowie die Selbstdarstellung der Lernenden" (ebd.: 16) untersucht werden. In ihren methodischen Überlegungen nehmen sie explizit Bezug auf die „ikonische[...] Wende in den Kultur- und Sozialwissenschaften" (ebd.) und plädieren für eine allmähliche Entwicklung einer ikonologischen Interpretation, die einer vorikonografischen Beschreibung folgt und der „Eigengesetzlichkeit und Eigenwilligkeit der Bilder" (ebd.) Rechnung zu tragen vermag.

Ähnlich gehen auch Rabenstein und Reh im Rahmen des Forschungsprojekts „Lernkultur- und Unterrichtsentwicklung in Ganztagsschulen" (LUGS) davon aus, dass spezifische Lernkulturen einer Schule in pädagogischen Praktiken hervorgebracht werden, wobei diese Lernkulturen mittels videographischer Daten rekonstruiert werden (Rabenstein/ Reh 2008: 137). In Anlehnung an Mohn und Amann entscheiden sie sich für eine fokussierte Datenerhebung; anschließend wird das Videomaterial entsprechend der Prinzipien der Sequentialität und Serialität geschnitten und es werden „Szenische Verläufe" angefertigt (ebd.: 145-146). Von diesen ausgehend werden wiederum „Szenische Beschreibungen" unter den „Beobachtungsgesichtspunkten Körper/ Körperlichkeit, Raum-Zeit-Strukturierungen, Interaktion und Artefakte" (ebd.: 147) erstellt, die als „Protokolle" (ebd.) eine analog zur Objektiven Hermeneutik verfahrende Rekonstruktion der „Sinn- und Bedeutungsstrukturen pädagogischer Praktiken" (ebd.) erlauben.

Gemeinsam ist den bisher angeführten Beispielen videogestützter qualitativer Forschung bei zu konstatierenden Differenzen in der methodologischen Auseinandersetzung mit der Visualität des Mediums, ein Fokus auf Interaktionsprozesse, der auch deren nonverbale Seite berücksichtigt, wenn nicht gar Interaktion als performative, körperliche Praxis im Mittelpunkt des Interesses steht. Verorten lässt sich hier auch die „Erziehungswissenschaftliche Videographie" nach Din-

---

www.uni-kassel.de/hrz/db4/extern/dbofa/store_faelle/mohn_wiesemann_handwerk.php (05.03.2013, Mohn 2010: 161-163).

kelaker und Herrle, sowie beispielsweise auch die empirischen Untersuchungen Hechts, der mittels einer ethnomethodologischen Konversationsanalyse videographierter Unterrichtsstunden aus Deutschland und Kanada der Frage nach Selbsttätigkeit im Unterricht nachgeht (vgl. Hecht 2010). Eine nochmals anders gelagerte Perspektive der Erforschung audiovisuellen Materials in der erziehungswissenschaftlichen Forschung, die im Folgenden jedoch außer Acht gelassen werden soll, zeigt demgegenüber Astrid Baltruschat auf, die den Zugang zum handlungsleitenden und damit auch schulische Praxis strukturierenden Wissen von Schüler_innen und Lehrer_innen über Interpretationen von Amateurvideos nach der dokumentarischen Methode sucht (vgl. Baltruschat 2010).

Mithin kann es auch im Rahmen dieser Darstellung, die ihr Interesse in erster Linie auf Videoaufzeichnungen von Unterricht richtet, nicht gelingen, die gesamte Bandbreite aktueller videogestützter Forschung abzubilden (vgl. hierzu auch den Überblick bei Dinkelaker/ Herrle 2009: 11-12 oder bei Rabenstein/ Reh 2008: 142-145).[18] Die Vielfalt der Möglichkeiten, die videographisches Material der erziehungswissenschaftlichen Forschung bietet, der möglichen unterschiedlichen Akzentuierungen des Forschungsinteresses sowie der spezifischen methodischen Zugänge und deren Begründungen dürften bis hierhin bereits deutlich geworden sein.

Mit der von Helmke beschriebenen „empirischen Wende" und dem verstärkten Forschungsinteresse an Unterrichtsqualität und -entwicklung sowie der fortschreitenden Entwicklung der Videotechnik zu einem leicht verfügbaren und praktikablen Forschungsinstrument dürften bereits einige Gründe für die Konjunktur der videogestützten Forschung in der Erziehungswissenschaft genannt sein. Welche Hoffnungen und Versprechungen aktuell mit dieser Forschung verknüpft sind und welche Grenzen in diesem Zusammenhang diskutiert werden, soll noch einmal genauer in den Blick genommen werden.

Unabhängig von der Fokussierung des Forschungsinteresses versprechen Videoaufzeichnungen die Möglichkeit detaillierter Analysen von Unterrichtsprozessen, die gegenüber der teilnehmenden Beobachtung den Vorteil haben, dass die Aufzeichnungen permanent verfügbar sind und sich beliebig oft wiederholen lassen (vgl. z.B. Reusser/ Pauli 2010: 11, Wagner-Willi 2005: 256). Für die empirische Unterrichtsforschung bietet sich hier eine Grundlage, mittels quantitativ verfahrender Studien die Differenzen von Tiefen- und Sichtstrukturen der Unterrichtsprozesse zu erforschen und in ihrer Bedeutung für unterrichtliches Lernen zu erhellen (vgl. z.B. Klieme 2006: 767). Mittels hoch-inferenter Ratings sollen

---

[18] Zur europäischen Diskussion des Dokumentarfilms als Quelle der erziehungswissenschaftlichen Forschung, die in diesem Beitrag keine Berücksichtigung findet, vgl. z.B. ein „Special Issue: Education in Motion: producing methodologies for researching documentary film on education" der Zeitschrift Paedagogica Historica 2011 (URL: www.tandfonline.com/toc/cpdh20/47/4, 20.03.2013).

Erkenntnisse über Zusammenhangsmuster zwischen einzelnen Unterrichtsmerk-
malen gewonnen werden; das komplexe Vorgehen, das eine diskursive Aushand-
lung der Deutung von Phänomenen voraussetzt, lässt hier zumindest eine gefühl-
te Nähe zu qualitativen Forschungsmethoden entstehen (vgl. ebd.) und weitere
Anknüpfungspunkte für qualitativ verfahrende Analysen werden durchaus gesehen (vgl. ebd.: 768). Diese wiederum fokussieren häufig auf Interaktionsprozesse
mit der Absicht, den in diesen Prozessen von den Beteiligten gemeinsam herge-
stellten Sinn bzw. die Bedeutung, die sie ihren Handlungen beimessen, zu rekonstruieren, wobei zumeist eine Offenlegung strukturierender Praktiken, deren Sinn
den Akteuren in der Regel nicht explizit bewusst ist, intendiert wird (vgl. z.B.:
Jordan/ Henderson 1995: 41, Rabenstein/ Reh 2008: 138-141).[19] Die Beschränkung des Interpretationsspielraums auf das Beobachtbare (vgl. Hodel/ Waldis
2007b: 91) gilt auch hier; ausgegangen wird jedoch von einer gewissen Sichtbarkeit von Kultur, Strukturierungen von Praxis oder der Ordnung von Interaktionen
(vgl. Rabenstein/ Reh 2008: 141, Jordan/ Henderson 1995: 43). Jede vorgenom-
mene Deutung muss dabei letztlich direkt am Material nachzuvollziehen und zu
begründen sein (vgl. Jordan/ Henderson 1995: 45).

   Ein weiterer Vorteil von Videoaufzeichnungen wird nicht zuletzt in diesem
Zusammenhang darin gesehen, dass sie simultan verlaufende Interaktionssequenzen erfassen und abbilden können, die der begrenzten „Aufmerksam-
keitsspannweite" (Wagner-Willi 2005: 256) des teilnehmenden Beobachters
naturgemäß entgehen, womit schließlich auch „Verschränkungen von Aktivitätssträngen analysierbar werden" (Dinkelaker 2010: 92). Allerdings führt diese
„nichtselektive Dokumentation dessen, was im Kameraausschnitt zu sehen und
zu hören ist, […] zu einer für wissenschaftliche Analysen charakteristischen
Überforderung der Interpretation" (ebd.). Die „Überkomplexität videographischer Daten" (Dinkelaker/ Herrle 2009: 41) stellt nicht nur eine methodologische
Herausforderung im Interpretationsverfahren dar (vgl. ausführlicher ebd.: 41-52,
auch Wiegmann in diesem Band), sondern führt unweigerlich zu der Frage nach
einer angemessenen, der Interpretation dienlichen Transkription, die in der poin-
tierten Formulierung von Reichertz und Englert zum Ausdruck kommt, dass „in
den nächsten Jahren ernsthaft zu diskutieren sein [wird], wie weit man die Ver-
schriftlichung von audiovisuellem Material treiben kann oder zugespitzt: treiben
darf" (Reichertz/ Englert 2011: 36).

---

[19] Unterscheiden lassen sich dabei Verfahren der hermeneutischen Sinnkonstruktion vor allem verbaler Interaktion, die sich der Videoaufzeichnung oftmals nur zur Vervollständigung des Transkriptes
bedienen oder sie höchstens ergänzend hinzuziehen, von eher ethnographisch orientierten Studien die
diese Interaktionen in ihrer „körperlich-sinnlich-räumlichen *Koordination*" (Wagner-Willi 2004: 51,
kursiv im Original) zu erfassen suchen (vgl. Rabenstein/ Reh 2008: 143-144).

Notwendigerweise kann auf diese Überkomplexität nur mit Selektivität reagiert werden. Insofern, dass jede Aufzeichnung immer nur einen durch Position, Ausrichtung und Blickwinkel der Kamera bedingten Ausschnitt des Geschehens dokumentiert (vgl. Dinkelaker 2010: 92, Wagner-Willi 2005: 257) sowie „die Analyse all dessen, was dokumentiert ist, weder sinnvoll noch realisierbar" (Dinkelaker 2010: 94) ist, spricht Dinkelaker von einer „doppelte[n] Selektivität" (ebd.: 92). Aufgrund der Möglichkeit, Videoaufzeichnungen wiederholt abspielen und Analysen unter verschiedenen Gesichtspunkten vornehmen zu können, betrachtet er diese Selektivität zwar als reversibel (vgl. ebd.: 95-96), dennoch bleibt es dabei – wie Rabenstein und Reh in berechtigter Kritik gegenüber der Rede von „Authentizität und Ganzheitlichkeit des Datenmaterials" (Pauli/ Reusser 2006: 787) festhalten –, dass es die Perspektivität der Aufnahme zu reflektieren gilt und der Videographie keine die Grenzen menschlicher Wahrnehmung transzendierende Abbildungsleistung unterstellt wird, die „eine unabhängig von der Perspektive der Forschenden bestehende ‚objektive' soziale Wirklichkeit noch eine wie auch immer geartete Totalität des Geschehens erfasst" (Rabenstein/ Reh 2008: 145).[20] Entgegen den Hoffnungen Helmkes ist diese Einschränkung auch dann aufrecht zu erhalten, wenn mit Weitwinkel-Kameras oder mehreren Kameras gearbeitet wird, wenn auch eine gewisse Entschärfung dieser Problematik nicht in Abrede gestellt werden kann (vgl. Helmke 2010: 344).

Insgesamt zeichnen sich in der Diskussion der Möglichkeiten und Grenzen videogestützter Forschung also verschiedene methodologische und methodenpraktische Fragen ab, die trotz aller Entwicklungen in den letzten Jahren noch weiterer grundlagentheoretischer Diskussionen bedürfen. Vor allem die Auseinandersetzung mit der Visualität als Spezifikum des Mediums ist noch weiter entwicklungsfähig (vgl. Rabenstein/ Reh 2008: 142, Reichertz/ Englert 2011: 7-9 oder auch Wiegmann in diesem Band), wobei die Grenzen einer möglichen Übersetzung dieser Visualität in Sprache stets eine besondere Herausforderung darstellten. Eine kreative Möglichkeit des Umgangs damit stellt die Entwicklung von „Video-Publikationen" (Mohn 2010: 162) dar, wie sie beispielsweise von Mohn/ Amann (2006) und Mohn/ Wiesemann (2007) praktiziert werden, oder die Ergänzung durch Websites (vgl. z.B. Hecht 2010: 132).

Videoaufzeichnungen von Unterricht werden jedoch nicht nur in der wissenschaftlichen Forschung genutzt, sondern sie kommen auch in der Lehreraus- und -weiterbildung zum Einsatz. Dass die Grenzen zwischen diesen Bereichen allerdings gar nicht immer trennscharf zu ziehen sind, zeigt beispielsweise das

---

[20] Zu hinterfragen ist hier allerdings die in dieser Kritik implizit hergestellte, wenn auch möglicherweise nicht beabsichtigte, Verbindung der Authentizität mit dem Anspruch einer Totalaufnahme jenseits der Perspektivität menschlicher Wahrnehmung, da weder die beobachteten Akteure noch ein/e teilnehmende/r Beobachter_in eine Interaktion in dieser Weise erfahren würde.

2004 bis 2006 an der TUM School of Education durchgeführte Projekt „Lernen aus Unterrichtsvideos" (LUV), das als „eine Erweiterung der IPN Videostudie" (Seidel et al. 2006: 816) verstanden werden kann und in dem auf der Basis des dort erhobenen Materials Zusammenhänge zwischen der Arbeit mit Unterrichtsvideos und der Entwicklung der Professionalität von Lehrkräften untersucht wurden (vgl. www.uhsf.edu.tum.de/index.php?id=27, 28.02.2013). Die Einschätzungen zur Quantität und Beliebtheit der Nutzung von Unterrichtsaufzeichnungen in der Lehreraus- und -weiterbildung differieren dabei erheblich: Bezeichnet Schwindt – Bezug nehmend auf die Münchner Studie – Videoaufzeichnungen von Unterricht als „beliebtes Medium in der Aus- und Weiterbildung von Lehrpersonen" (Schwindt 2008: 18), schreibt Helmke zwei Jahre später, „die videobasierte Unterrichtsreflexion [sei] in der Lehrerausbildung wie Lehrerfortbildung nahezu inexistent" (Helmke 2010: 343). Auch wenn bisher wenig systematisches Wissen über die Wirkung des Einsatzes von Unterrichtsvideos in der Lehrerbildung vorliegt (vgl. Schwindt 2008: 18), wird in verschiedenen Studien zunächst einmal von einem Potenzial vielfältiger Nutzungsmöglichkeiten ausgegangen, das es noch zu erschließen gilt (vgl. Pauli/ Reusser 2006: 792-793, Krammer et. al. 2010: 227, Helmke 2010: 346-347). Auffallend ist hier wiederum, dass diese Ansätze bisher vor allem auf der Grundlage der quantitativ verfahrenden Studien aus dem mathematisch-naturwissenschaftlichen Fachbereich entwickelt werden. Dabei sind die Möglichkeiten eines produktiven, sich wechselseitig bereichernden Dialogs von Wissenschaft und Lehrerbildung sicher noch nicht ausgeschöpft. Allerdings treten immer wieder einzelne Aufzeichnungen insbesondere im Bereich der Fachdidaktiken hervor, die nahezu die Rolle eines Leitmediums in der Lehrerbildung einnehmen. Im Bereich der Religionspädagogik ist dies z.B. die aus Baden-Württemberg stammende Unterrichtsaufzeichnung „Die Nacht wird hell" (Breitel 2006). Hier wurde einerseits fachdidaktisch erforscht, wie das Fach Evangelische Religion kompetenzorientiert unterrichtet werden könnte, zugleich wird das so entstandene Video bundesweit in der Lehreraus- und -weiterbildung eingesetzt.[21]

Nicht unmittelbar zur Lehreraus- und -weiterbildung, aber doch zur Identifizierung von wiederkehrenden Herausforderungen im Unterricht werden Videoaufnahmen von Unterricht von Fritz Oser und seinem Team verwendet. Oser

---

[21] Dies ist deshalb umso bemerkenswerter, weil das Baden-Württemberger Kompetenzmodell durchaus nicht mit den Kompetenzmodellen der Lehrpläne anderer Bundesländer identisch ist und insofern berechtigt gefragt werden könnte, ob hier überhaupt die „richtigen" Kompetenzen gefördert werden. Da im Bonusmaterial dieser DVD auch noch eine Unterrichtsaufzeichnung der Methode des Theologisierens mit Kindern beigegeben ist, werden die dort vorgestellten Verfahren weithin zu den leicht antizipierbaren Mustern aktuell erwarteten Lehrerhandelns. Hier wäre zu untersuchen, welche uniformierenden Effekte von solchen Unterrichtsaufzeichnungen ausgehen, die in der Lehreraus- und -weiterbildung ein quasi-Monopol einnehmen.

bestimmt die Kompetenz einer Lehrperson darüber, wie sie in spezifischen Situationen handelt, was durch die „unvollständige Performanz" (Oser 2011: 216) sichtbar wird. Unter Performanz wird die angemessene Reaktion einer Person in einer konkreten Situation verstanden. Eben diese wird in Videostudien erhoben. Damit ist auch eine Nähe zu den Anfängen der Unterrichtsaufzeichnung auf Video hergestellt, deren Anliegen es in Ost und West war, „typische Situationen" (vgl. z.B. Mirschel/ Zeisberg 1980: 23, Meyer 1966b: 12)[22] zu identifizieren. Bei aller Differenz in den Modellen der professionellen Kompetenz von Lehrpersonen werden auch im Rahmen der COACTIV-Studie Videoaufzeichnungen von Unterricht zur Erhebung von professionellen Kompetenzen von Lehrpersonen durchgeführt (Baumert/ Kunter 2011). Sie erheben so die formalen Aspekte professioneller Kompetenz von Lehrpersonen als ein Zusammenspiel von Wissen, Überzeugungen, motivationalen Orientierungen und selbstregulativen Fähigkeiten (ebd.: 29ff.).

Weder in der Forschung noch in der Lehreraus- und -weiterbildung stellt die Videographie von Unterricht nun ein völlig neues Phänomen dar, das sich als kurzlebiger Trend in Folge irgendeines weiteren beliebigen turns beschreiben lässt[23]. Angemessener erscheint die Rede von einer zweiten Konjunktur nach einem längeren „Schattendasein" (Helmke 2010: 340), das auf die geradezu euphorischen Anfänge der 1980er Jahre folgte (vgl. ebd.: 342, Klieme 2006: 766). Diese zeitliche Einordnung wird zumindest von Klieme und Helmke so vorgenommen; dabei lässt sich die Begeisterung für die Videoaufzeichnung von Unterricht bis in die 1970er, ja sogar bis ans Ende der 1960er Jahre zurückverfolgen. Gerade die Verbindung von Forschung und Lehreraus- und -weiterbildung ist auch eine der Motivationen der Videoaufzeichnung von Unterricht in den 1970er Jahren (vgl. Heun und Mirschel in diesem Band). Interessant scheint dabei, dass auf die damaligen wissenschaftlichen Arbeiten zum Thema heute kaum Bezug genommen wird, ja sie offenbar nicht wahrgenommen werden. Das gilt nicht nur für die spärlichen Veröffentlichungen der Erziehungswissenschaftler aus der DDR, sondern auch für die westdeutschen Arbeiten (vgl.

---

[22] Im Rahmen einer für die DDR erstaunlich kontroversen Debatte zur Frage einer „Konstruktiven Synthese" von Theorie und Praxis in der Fachzeitschrift Pädagogik zu Beginn der 80er Jahre, die ein Artikel Neuner ausgelöst hatte (vgl. ausführlicher Schluß/ Jehle 2013: 166-167), weist dieser in seiner „Zwischenbilanz" (Neuner 1982: 191) zwar zurück, dass es sein zentrales Anliegen gewesen sei, eine „Orientierung auf typische Situationen und Strategien" (ebd.: 195) vorzunehmen, nützt aber dennoch die Gelegenheit, Möglichkeiten einer produktiven Typisierung pädagogischer Handlungszusammenhänge zu diskutieren. Er problematisiert dabei die darin innewohnende Gefahr der „Erstarrung im Schematismus, in der Routine" (ebd.: 206) und fordert schließlich ein, auf solchen Typisierungen aufbauende Materialien so zu gestalten, dass diese „einen *Zwang zur schöpferischen Arbeit* beinhalten" (ebd.: 207, kursiv im Original).
[23] Vgl. hierzu auch den kurzen geschichtlichen Abriss der Nutzung von Videoanalysen in verschiedenen Forschungsfeldern bei Knoblauch/ Tuma/ Schnettler 2010: 4-8.

dazu Grammes in diesem Band). Sich auch auf diese Traditionen zu besinnen und damalige Diskurse trotz mancher heute absurd anmutender „technologische[r] Machbarkeitserwartungen" (Klieme 2006: 766) ernst zu nehmen, könnte auch gegenwärtige Überlegungen bereichern. Gleichwohl gilt es, die methodologischen und methodischen Diskussionen noch weiter zu führen, um Potenziale videogestützter Forschung aufspüren und unrealistische Erwartungen erden zu können. Da im Folgenden vor allem der Frage nachgegangen werden soll, welche Forschungsperspektiven sich in der Beschäftigung mit den mittlerweile als „historisch" zu beschreibenden Unterrichtsaufzeichnungen (vgl. hierzu auch den Beitrag von Kretschmer in diesem Band) entwickeln lassen, soll zunächst noch einmal der Blick zurück zu den Anfängen der „Unterrichtsmitschau" in der Bundesrepublik und der „Pädagogischen Labore" in der DDR gelenkt werden.

1.2 Historische Videoaufzeichnungen von Unterricht

Die Einrichtung der ersten Unterrichtsmitschauanlage an der damaligen Pädagogischen Hochschule in Bonn im Jahr 1963 galt ihrem Begründer Alfons Otto Schorb zufolge als „Experiment, in dem die Möglichkeit einer sogenannten Unterrichtsmitschau, d.h. einer Übertragung von Unterricht zum Zwecke der gleichzeitigen Beobachtung und Interpretation erprobt werden sollte" (Schorb 1966: 9). 1966 galt die zu erprobende Möglichkeit durch das Experiment „grundsätzlich bestätigt" (ebd.) und in der Zwischenzeit waren bereits auch an anderen Pädagogischen Hochschulen der Bundesrepublik ähnliche Anlagen entstanden, wie z.B. die hochschulinterne Fernsehanlage an der Pädagogischen Hochschule Heidelberg 1964 (vgl. Meyer 1966b), oder es bestand zumindest die Absicht, eine solche einzurichten (vgl. Schorb 1966: 9). Genutzt wurden diese Unterrichtsmitschauanlagen zunächst vor allem in der Lehrerbildung und in diesem Bereich lassen sie sich zunächst einmal als Maßnahmen verstehen, die im Lehramtsstudium vorgesehenen Unterrichtshospitationen trotz „der explosiven Entwicklung der Studentenzahlen" (Deschler 1974: 44) gewährleisten zu können (vgl. auch Kretschmer in diesem Band)[24] sowie sie sich auch als eine Reaktion auf unbefriedigende Ergebnisse der bisherigen Unterrichtshospitationen interpretieren lassen (vgl. Maier/ Pfistner 1966: 13-14, Hoof 1970). Die Perspektive der Unterrichtsforschung war bei Schorb gleichwohl immer schon mitgedacht und seine grundlegenden Überlegungen stehen hier in der Tradition der pädagogi-

---

[24] Die Unterrichtsmitschau galt damit zunächst „als Instrument zur Kompensierung eines akuten Notstandes der Pädagogischen Hochschulen" (Deschler 1970c: 9), wobei ihr auf diesem Gebiet innerhalb weniger Jahre „die überzeugendsten Leistungen" (ebd.) bescheinigt werden. Zugleich ist aber auch hier schon die Rede davon, dass die Unterrichtsmitschau inzwischen „mehr und anderes" geworden" (ebd.) sei.

schen Tatsachenforschung in Deutschland, die insbesondere mit „der wissenschaftlichen Schule Peter Petersens" (Schorb 1967: 51) verbunden ist; direkter Bezugspunkt sind die ersten Versuche mit Filmaufnahmen von Unterricht Winnefelds in den 50er Jahren (vgl. ebd.: 53, zu den Versuchen vgl. Winnefeld 1963: 47-51).

Dessen Einsichten in die Vieldimensionalität und Komplexität des pädagogischen Feldes sowie die Einmaligkeit pädagogischer Situationen, die gleichbedeutend ist mit der Unmöglichkeit, diese zu wiederholen (vgl. Winnefeld 1963: 34-37),[25] bilden dabei den Ausgangspunkt seiner Überlegungen:

> „So muß die Forschung versuchen, das Geschehen wiederholbar zu machen und die Unterrichtsabläufe für die Zwecke ihrer Erforschung ihrer Einmaligkeit zu entkleiden. Voraussetzung ist jedoch, daß dabei die Situationen in zureichender Vollständigkeit fixiert werden. Werden solche Surrogate der Wirklichkeit beliebig oft wiederholbar, so gibt dies auch die Möglichkeit, die Vieldimensionalität zu meistern. In vielen Durchläufen kann geduldig und ohne Befürchtung, daß die nicht sogleich registrierten Einzelheiten und Nuancen endgültig verloren sind, Schicht um Schicht des Ereigniskomplexes abgehoben werden" (Schorb 1967: 50-51).

Nach Abwägung verschiedener technischer Möglichkeiten zur Unterstützung der in der pädagogischen Tatsachenforschung traditionell eingesetzten Protokolltechnik, stellten sich ihm Filmaufnahmen als das geeignetste Verfahren dar (vgl. ebd. 51-54). Nach Bewältigung diverser technischer Probleme sah er sich 1967 schließlich in der Lage, „ein Projekt [zu] beginnen, das eine geschlossene Dokumentation der deutschen Schulwirklichkeit der Gegenwart zum Ziel hat" (ebd.: 46). Von einem „Durchbruch der Arbeit mit Unterrichtsdokumenten" (Deschler 1970b: 50) schreibt Deschler in seinem Bericht über den Stand des Projektes „Pädagogische Dokumentation", in dem kommentierte Unterrichtsaufzeichnungen für die Sendereihe „Lehrerkolleg" des Bayerischen Rundfunks produziert werden, im Rahmen eines „Erfahrungsaustausch-Treffens" (Schorb 1970: 8) 1969 in München. In diesem Zusammenhang berichteten u.a. Vertreter von neun Pädagogischen Hochschulen, des Fachbereichs Erziehungswissenschaft der Universität Hamburg, des Instituts für Unterrichtsmitschau und didaktische Forschung München und des Internationalen Zentralinstituts für das Jugend- und Bildungsfernsehen München über den Stand der Entwicklung und ihre Erfahrungen im Einsatz der Mitschauanlagen bzw. Dokumentationszentren (vgl. dazu auch Grammes in diesem Band).

Ein Jahr nach der Gründung der ersten Unterrichtsmitschauanlage in Bonn fand am Institut für Pädagogik der Ernst-Moritz-Arndt-Universität Greifswald ein „Symposium zu Fragen des authentischen Erfassens von Unterrichts- und Erziehungssituationen durch unbemerktes Filmen" (Schulz/ Friede 1964, vgl.

---

[25] Ausführlicher dargestellt werden diese Überlegungen auch in dem Beitrag von Schluß und Crivellari in diesem Band.

Deschler 1974: 117) statt. Nach der Einrichtung eines Beobachtungsraums am dortigen Institut für Pädagogik[26] wurde nun ein „Erfahrungsaustausch über die methodologischen, methodischen und technischen Fragen des Beobachtungsraumes und Beobachtungsfilmes in der pädagogischen Forschung" (Schulz/ Friede 1964: 1142, kursiv im Original) angestrebt; diskutiert wurde unter anderem auch die Möglichkeiten des Einsatzes dieser Beobachtungsfilme in Lehrveranstaltungen (vgl. ebd.: 1143). Ebenfalls in diesem Jahr wurde den Erinnerungen Heuns zufolge an der Sektion Pädagogik der Humboldt-Universität ein „Didaktisches Laboratorium" eingerichtet, in dem Filmaufnahmen von Unterricht stattfinden sollten. Allerdings waren zunächst wenig konkrete Vorstellung über dessen praktische Nutzung vorhanden, weshalb das Labor erst ab Beginn der 1970er Jahre tatsächlich für Unterrichtsaufzeichnungen genutzt wurde. Zum Einsatz kamen diese Aufzeichnungen zunächst auch vor allem im Rahmen von Unterrichtshospitationen und Schulpraktischer Studien in der Lehrerausbildung (vgl. Heun in diesem Band). Inzwischen wurde der Fernsehtechnik vor allem „in der Ausbildung und Erziehung von Lehrerstudenten" (Parnow/ Springer/ Kißling 1976: 5) in der DDR wachsende Bedeutung zugemessen[27], was zur Folge hatte, dass sämtliche Pädagogischen Hochschulen mit Hochschulinternem Fernsehen ausgestattet werden sollten. Die Mitschauanlagen wurden in der Regel an den den Pädagogischen Hochschulen angeschlossenen Übungsschulen – wie z.B. 1974 in Potsdam (vgl. ebd.) – oder Forschungsschulen wie an der Pädagogischen Hochschule „K.F.W. Wander" in Dresden eingerichtet (vgl. Miesch 2011). 1978 nahm schließlich auch das Pädagogische Labor in der Forschungsschule der Akademie der Pädagogischen Wissenschaften (APW), die dem Institut für Didaktik zugeordnet war, in der Verantwortung von Volker Mirschel seine Arbeit auf. Die Fernsehmitschau- und -aufzeichnungsanlage wurde in diesem For-

---

[26] Vorgeschlagen wurde eine solche Möglichkeit in ähnlicher Weise bereits auf einer „Tagung über Probleme der Unterrichtsforschung in Jena" (Schmidt 1957) im Jahr 1957. Nicht nur in räumlicher Hinsicht lassen sich hier Anknüpfungspunkte an die Tradition der Pädagogischen Tatsachenforschung finden, deren Weiterentwicklung in der DDR in den 50er Jahren kontrovers diskutiert wurde (vgl. Kath/ Manthey 1953).

[27] In Folge der von Honecker auf dem VII. Pädagogischen Kongreß 1970 in ihrem Referat – in dem sie an verschiedenen Stellen auch für einen verstärkten den Unterricht unterstützenden Einsatz des Fernsehens plädiert und einen Ausbau der Senderreihen und -formate für die Lehrerweiterbildung anregt (vgl. Honecker 1971: 60, 76-77) – geäußerten Kritik an der noch mangelhaften „Durchsetzung des Prinzips der Einheit von Theorie und Praxis" (ebd.: 81) fand zehn Tage später am Pädagogischen Institut in Magdeburg eine Konferenz statt, die sich diesem Problembereich zuwenden sollte. Mit der Absicht, die Effektivität der Hochschullehrmittel zu prüfen und damit die Effektivität des gesamten erziehungswissenschaftlichen Studiums steigern zu können, wurde vor allem mit Blick auf das hochschulinterne Fernsehen die Forderung formuliert, „die auf der Grundlage wachsender technischer Perfektionierung vielfältige[n] Anwendungsmöglichkeiten [zu] erschließen" (Fuhlrott et al. 1970: 64), was an der PH Erfurt/ Mühlhausen und am PI Magdeburg praktisch erprobt werden sollte (vgl. ebd.).

schungsfeld in erster Linie in den Dienst der wissenschaftlichen Methode der Unterrichtsbeobachtung gestellt. Zumindest implizit lässt sich eine Bezugnahme auf die Tradition der pädagogischen Tatsachenforschung annehmen, wenn Mirschel und Zeisberg, der technische Leiter des Labors, ihre Aktivitäten im Kontext der

> „international wie national seit vielen Jahren intensive[n] Bemühungen [...] [verorten, M.J./ H.S.], den zeitlich und räumlich begrenzten, in seiner Originalität nicht direkt wiederholbaren pädagogischen Akt ‚Unterrichtsstunde' technisch so festzuhalten, daß er original reproduzierbar wird" (Mirschel/ Zeisberg 1980: 4).

Im Diskurs in der Bundesrepublik wurde der Einsatz der Mitschauanlage im Rahmen der Unterrichtshospitationen als eine Möglichkeit zur Verwissenschaftlichung der Lehrerbildung gesehen[28], die auf der Grundlage einer vertiefenderen Beobachtung und Analyse aufgezeichneten Unterrichts auch zu einer wissenschaftlichen Reflexion der Grundlagen pädagogischen Handelns führen soll (vgl. z.B. Hoof 1972b: 40, Schorb 1966: 145-148, Meyer 1966c: 153, auch Kretschmer in diesem Band). Gegenüber der bisherigen Praxis der Unterrichtshospitation wurden Vorteile der Videoaufzeichnung neben der Möglichkeit der Wiederholbarkeit der Beobachtung und einer Analyse unter verschiedenen Aspekten vor allem darin gesehen, dass sowohl Beobachtung und Analyse der Studierenden Strukturierungen durch erläuternde Kommentare seitens der Dozenten erfahren können, ohne dass der Unterrichtsablauf dadurch oder auch allein durch die im Vergleich zur direkten Unterrichtshospitation große Zahl der Hospitanten, die einer Fernsehmitschau beiwohnen können, unmittelbar gestört wird (vgl. Meyer 1966c: 153, Deschler 1974: 47). Ähnliche Vorteile der Fernsehmitschau beschreiben auch Mirschel und Zeisberg (vgl. Mirschel/ Zeisberg 1980: 6), wobei sie vermutlich eher die wissenschaftliche Hospitation und nicht in erster Linie die Lehrerausbildung im Blick haben. Allerdings wird in der Zusammenarbeit mit Forschungslehrern deren Weiterbildung nicht ausgeschlossen (vgl. ebd.: 20).[29]

---

[28] Insgesamt war die Einführung der neuen Technik darüber hinaus mit einem Versprechen der Steigerung der Effektivität bei gleichzeitiger Intensivierung verbunden, was gleichermaßen für die Bereiche schulpädagogischer Forschung wie auch der Lehre gilt und sowohl in der Bundesrepublik als auch in der DDR anzutreffen ist (vgl. z.B. Hoof 1972:11, Meyer 1966c: 155, Fuhlrott et al. 1970: 64-65, Mirschel/ Zeisberg 1980: 6).

[29] Sie sehen allerdings einen grundlegenden Unterschied zwischen wissenschaftlich interessierten Unterrichtsaufzeichnungen, die den „Unterricht in seiner ganzen Komplexität" (Mirschel/ Zeisberg 1980: 22) zum Gegenstand haben, und denen mit „Hochschul-Unterrichtsmittelcharakter" (ebd.), die sich bemühen, „didaktisch-methodische und psychologische Probleme [...] in sehr deutlicher Form" (ebd.) darzustellen, wobei „andere Unterrichtsaspekte" (ebd.) in den Hintergrund geraten. Sammelbände oder Dokumentationen von Tagungen aus der Bundesrepublik (vgl. z.B. Meyer 1966a, Hoof 1972, Roth/ Petrat 1974) legen zumindest den Eindruck nahe, dass diese Differenz kaum thematisiert wird, sondern hier ein engerer Verweisungszusammenhang zwischen Forschung und Lehrerausbil-

Trotz unterschiedlicher Schwerpunktsetzungen lassen sich nur schwer diesen entsprechende Unterschiede in den jeweiligen inhaltlichen Beschreibungen der Aktivitäten in den Unterrichtsmitschauanlagen der Bundesrepublik und der Pädagogischen Labore in der DDR ausmachen. Wenn auch durchaus mit länderspezifisch unterschiedlichem Vokabular werden institutionenübergreifend ähnliche Vorhaben geschildert, die in erster Linie auf eine genauere Analyse von Unterrichtsprozessen und auf die Erhellung aktueller didaktischer Probleme auch unter Durchführung spezieller didaktischer Experimente zielen; immer wieder ist auch von der Identifizierung und Dokumentation vermeintlich typischer Unterrichtssituationen die Rede. Der Einsatz neuer Medien oder technischer Instrumente wird zu Zwecken der Evaluation dokumentiert, sowie die Aufzeichnungen auch zur Selbstbeobachtung der unterrichtenden Lehrkräfte genutzt wurden. Entwickelt und erprobt werden verschiedene Auswertungsverfahren, vor allem zur kategorialen Erfassung von Unterrichtsprozessen, die – und das finden wir bisher vor allem für die Bundesrepublik dokumentiert – durchaus kontrovers diskutiert werden (vgl. z.B. Meyer 1966b: 12, Mirschel/ Zeisberg 1980: 19-20, Roth/ Petrat 1974).[30] Es wurden dabei auch an Orten der Lehrerbildung Forschungsprojekte ins Leben gerufen (vgl. z.B. Meyer 1966a, Heun in diesem Band), aus Ausschnitten von Aufzeichnungen wurden didaktische Lehrfilme erstellt (vgl. z.B. Meyer 1966b: 12, Mirschel/ Zeisberg 1980: 20), Aufzeichnungen der Pädagogischen Hochschule München wurden in der Sendereihe „Lehrerkolleg" im Bayerischen Rundfunk ausgestrahlt (vgl. Deschler 1970b, Schorb 1974, Grammes in diesem Band); an der Pädagogischen Hochschule Heidelberg sollten die Unterrichtsaufzeichnungen in einer „Didaktischen Infothek" katalogisiert und archiviert werden (vgl. Meyer 1974).

In den Mitschauanlagen und Pädagogischen Laboren an den Hochschulen, Universitäten und Forschungsinstituten wurden Klassenräume eingerichtet und mit Kameras und Mikrofonen ausgestattet sowie mit weiteren Maßnahmen wie

---

dung zugrundgelegt wird, was freilich einer differenzierteren Untersuchung bedürfte. Der von Mirschel und Zeisberg behauptete Unterschied ließe sich darüber hinaus sowohl inhaltlich kritisch diskutieren als auch zu fragen wäre, inwieweit diese Aussage tatsächlich einen Konsens innerhalb der pädagogischen Forschung der DDR abbildet.

[30] Mit Blick auf die im DFG-Schwerpunktprogramm „Lehr-Lern-Forschung" (1976-1981) diskutierten Auswertungsverfahren von Videoaufzeichnungen von Unterricht zum Einsatz unterscheidet Klieme ethnomethodologisch begründete, interpretative Zugänge von Verfahren, die eine Auswertung nach quantitativen Merkmalen vornehmen und diese zu erhobenen Leistungsdaten in Beziehung setzen (vgl. Klieme 2006: 766). Erstaunlich bleibt, dass er von der erstmaligen Verwendung von Videoaufzeichnungen zur Dokumentation und Auswertung von Unterricht spricht und den gesamten Diskurs zu den Unterrichtsmitschauanlagen überhaupt nicht zur Kenntnis nimmt. Nachhaltiger in Erinnerung scheinen die in München durchgeführten empirischen Studien, v.a. der deutsche Beitrag zur internationalen „Classroom Environment Study" der IEA (vgl. Helmke/ Schneider/ Weinert 1986), geblieben zu sein (vgl. Klieme 2006: 766, Helmke 2010: 340).

z.B. zur Verbesserung der Akustik im Raum und für eine ausreichende Beleuchtung die technischen Voraussetzungen zunehmend ausgebaut wurden (vgl. z.B. Deschler 1974: 52-53, auch verschiedene Beiträge in diesem Band). Genutzt wurden diese in der Regel für die Direktübertragungen aus dem Unterrichtsraum in einen anderen Raum, wobei mehr und mehr dazu übergegangen wurde, die Unterrichtseinheit dabei direkt mitaufzuzeichnen (Deschler 1974: 54, Mirschel/ Zeisberg 1980: 6). Während die Auswahl für die Aufzeichnung aus den Bildern, die die verschiedenen Kameras lieferten, in der DDR live von den Regiepädagogen getroffen werden musste (vgl. dazu z.B. Mirschel und Heun in diesem Band), wurden z.B. in Bonn die Aufzeichnungen verschiedener Kameras erst nachträglich am Schneidetisch bearbeitet (vgl. Schorb 1967: 58-59, auch Kretschmer in diesem Band). Diese Aufzeichnungen konnten anschließend wie oben beschrieben auf verschiedene Weise in der Lehre und der pädagogischen Forschung eingesetzt werden und wurden für diese Zwecke auch weiter bearbeitet. In der Bundesrepublik wurde zudem mit mobilen Mitschauanlagen experimentiert, die dem Problem begegnen sollten, dass zu den Unterrichtaufzeichnungen nur Schulklassen anreisen konnten, für die dieser Aufwand vertretbar war (vgl. z.B. für die PH Heidelberg Meyer 1966: 11-12).[31] Schorb, dessen Projekt einer „nahezu lückenlose[n] Dokumentation der gegenwärtigen deutschen Schulwirklichkeit" (Schorb 1967: 62) durch diesen Umstand doch erheblich eingeschränkt wurde, stand diesen Experimenten aufgrund der mangelhaften Qualität der Aufzeichnungen jedoch skeptisch gegenüber (ebd.: 54).

Auf die Herausforderung, die Komplexität des Unterrichtsgeschehens angemessen zu erfassen, wurde mit dem Einsatz mehrerer Aufzeichnungsgeräte reagiert, wobei die technischen Möglichkeiten hierzu in der DDR und der Bundesrepublik z.T. erheblich differierten (vgl. z.B. Deschler 1974: 74, Schorb 1967: 57-59, Parnow/ Springer/ Kißling 1976: 8). Dass es sich hierbei immer auch um eine Form der „Informationsselektion" (Grubitzsch 1972: 48) handelt, wird vor allem in den Diskursen in der Bundesrepublik auf verschiedene Weise problematisiert. Schorb macht in diesem Zusammenhang deutlich, dass es zur Erstellung „wirklichkeitstreue[r] Filmdokumente von Unterricht" (Schorb 1967: 59) nicht nur die technischen Bedingungen, sondern vor allem „pädagogische Erfordernisse" (ebd.) zu berücksichtigen gelte (vgl. ähnlich auch Hoof 1972b: 29-30), was sich auch in dem an der APW entstanden Begriff des „Regiepädago-

---

[31] Die „Entwicklung einer transportablen Apparatur" (Hoof 1972c: 86) an der PH Oldenburg begründet Hoof wie folgt: „Für Studioaufzeichnungen scheidet weiterhin jeder Unterricht an Schulen aus, die nicht im engeren Umkreis des Hochschulinternen Fernsehens liegen. Auf diese Schulen zu verzichten, hieße den Horizont in Lehre und Forschung einzuengen. ‚Unterricht' ist eine zu vielschichtige Lebens- und Tatsachensphäre, als daß man seine Ausprägungen bei engagierten Kollegien und einzelnen Lehrern, in besonderen Situationen ‚draußen' auf der Insel oder irgendwo hoch im Gebirge nicht auch noch zur Kenntnis nehmen müßte" (ebd.).

gen" (Mirschel/ Zeisberg 1980: 13) spiegelt. Nichtsdestotrotz blieb die Diskussion der Repräsentativität der Aufzeichnungen, des Verhältnisses von direkter
Unterrichtshospitation und Videodokumentation, stets virulent (vgl. z.B. Maier/
Pfistner 1966: 14-18) und im Diskurs der Bundesrepublik stößt man wiederholt
auf die nachdrückliche Feststellung, dass die Unterrichtsmitschau zwar eine
bedeutende Ergänzung zur Unterrichtshospitation darstelle, diese aber sicher
nicht ersetzen könne (vgl. Vorsmann 1970: 65, Deschler 1974: 54).[32] Neben der
Problematik, dass die mit der Videoaufzeichnung technisch hergestellte Perspektivität auf den Unterricht nicht der eigenen der unmittelbaren Hospitation entspricht, sah man sich in der Praxis der Unterrichtsmitschau mit der Differenz der
eigenen gestalterischen Möglichkeiten im Vergleich zum Massenmedium Fernsehen konfrontiert (vgl. Hoof 1972b: 33), was zu Schwierigkeiten in Form zu
hoher Erwartungshaltungen führen konnte (vgl. ausführlicher dazu Grammes in
diesem Band).[33]

   Die Diskussion der Repräsentativität oder Authentizität der Unterrichtsaufzeichnungen ist jedoch nicht nur vor dem Hintergrund möglicher Verzerrungen
durch die mediale Gestaltung und technische Vermittlungsleistungen zu führen,
vielmehr verweist sie auch auf ein grundlegenderes jeder Form von beobachten-
der Forschung innewohnendes Problem. Der empirischen Untersuchung der
„Frage nach dem Effekt, den der Beobachter unter unterschiedlichen Bedingungen und speziell bei Verwendung beobachtungstechnologischer Hilfsmittel auf
die beobachteten Phänomene hat" (Deschler 1974: 24-25), wandte sich Deschler
1974 zu, bis heute ist diese Frage für die Videographie von Unterricht nicht unerheblich, was im folgenden Kapitel noch ausführlicher zur Sprache kommen
wird. Deschler bezieht sich in seiner Studie zum einen auf das bereits erwähnte
Greifswalder Symposium 1964, dem er allerdings wie auch vergleichbaren späteren Veranstaltungen der Bundesrepublik insofern ein geringes Problembe-
wusstsein bescheinigt, als dass diese sich vorrangig mit technisch-
organisatorischen Fragen beschäftigen (vgl. ebd.: 118). Zum anderen zieht er
zwei Studien heran, die Ende der 60er Jahre in den USA durchgeführt wurden,
die aufgrund der widersprüchlichen Ergebnisse und der von Deschler vorgebrachten Kritik zunächst wenig Anhaltspunkte zur Beantwortung dieser Frage

---

[32] Mit Blick auf den Einsatz der Fernsehaufzeichnungen in der Unterrichtsforschung führte man an
der APW bezüglich dieser Problematik ein Experiment durch, nach dem die Gruppe, die lediglich
unmittelbar hospitierte, zu weniger umfangreichen Aussagen in der Lage war als die Vergleichsgrup-
pen, wobei eine quantitative Überprüfung dieses Ergebnisses noch ausstand (vgl. Mirschel/ Zeisberg
1980: 21).
[33] Der Frage, inwieweit „die Wahrnehmung und damit auch die Beurteilung des Unterrichts und des
Lehrers" (Mühlen-Achs 1977: 11) durch die Gestaltung und spezifische Medialität der Unterrichtsaufzeichnung beeinflusst werde, ging die Studie „Filmsprache und Wirklichkeit" von Mühlen-Achs
1977 nach.

bieten (vgl. ebd.: 118-125). Ging er also zunächst davon aus, dass „das Problem, ob und inwieweit das Aufzeichnungssystem das manifeste Verhalten der Klasse beeinflußt, bislang ungelöst ist und dringend der Klärung bedarf" (ebd.: 98), kommt er mittels Fragebogenerhebungen zu dem Schluss, dass sich Effekte einer Beobachtung auf den Unterricht nachweisen lassen, es aber naheliegt, dass „durch geeignete Vorkehrungen, wie Eingewöhnung an den Beobachtungsraum, etc., die negativen Effekte der Beobachtung soweit reduziert werden können, daß sich annähernd authentisches Unterrichtsverhalten einstellt" (ebd.: 158). In der Praxis hatte man allerdings auch bereits schon vor dem Erscheinen dieser Studie zu einer Reihe vertrauensbildender Maßnahmen gegenüber den Schüler_innen, deren Eltern und den Lehrkräften gefunden, die bei der Aufklärung über das Vorhaben begannen und auch medienkundliche Unterweisungen in die Video-technik beinhalten sowie Vorführungen der Aufzeichnungen beinhalten konnten (vgl. Hoof 1972c: 90-98, Mirschel/ Zeisberg 1980: 24-25). Lehrkräften sicherte man zudem zu, dass Aufzeichnungen auf ihren Wunsch hin sofort wieder ge-löscht würden (vgl. Hoof 1972c: 93, Mirschel in diesem Band). Schorb schließ-lich betrachtet die Sorge um eine Verfremdung der Situation durch das Wissen um die Aufzeichnung als „unbegründet. Systematische Beobachtungen haben gezeigt, daß weder Lehrer noch Schüler, von einer kurzzeitigen anfänglichen Beeinträchtigung durch das Bewußtsein des Aufgenommenwerdens abgesehen, ein verändertes Verhalten zeigen" (Schorb 1967: 55).

Nicht zuletzt können diese Diskurse auch als ein Indiz dafür gelesen wer-den, dass man den anfänglich in das neue Medium gesetzten Hoffnungen zu-nehmend skeptischer gegenüberstand. Die Hoffnungen einer maßgeblichen Stei-gerung der Effizienz der Ausbildung und der Forschung erfüllten sich nicht, häufig fehlte es an finanziellen und personellen Ressourcen zur Umsetzung ge-planter Projekte, da der tatsächliche Aufwand im Vorfeld falsch kalkuliert wurde (vgl. Deschler 1974: 60). Studien zur Überprüfung der Leistungsfähigkeit der Unterrichtsaufzeichnung in der Lehreraus- und -weiterbildung sind insofern interpretationsbedürftig, als dass die jeweiligen Erwartungshaltungen der Teil-nehmer_innen mitzureflektieren sind (vgl. ausführlicher ebd.: 61-72). Generell lässt sich ein Trend ausmachen, der sich als eine Abwendung der Forschung von der Unterrichtsdokumentation und eine Hinwendung zu den Möglichkeiten des Einsatzes „Neuer Medien" im Unterricht beschreiben lässt (vgl. Schluß 2006: 6-7). Zu dem Zeitpunkt, den Klieme mit der 1976 erstmals in deutscher Sprache erschienenen „bahnbrechende[n] Studie J. Kounins über ‚Techniken der Klassen-führung'" (Klieme 2006: 766) und dem DFG-Schwerpunktprogramm „Lehr-Lern-Forschung" (1976-1981) als den eigentlichen Anfang der videogestützten Unterrichtsforschung im deutschsprachigen Raum beschreibt (vgl. ebd.), dürften die optimistischen Forschungsbemühungen in einzelnen Mitschauanlagen, die

Klieme in seinem historischen Rückblick nicht berücksichtigt, vermutlich bereits ihren Höhepunkt überschritten haben, auch wenn die Aufzeichnungen, wie die uns überlieferten Bänder zeigen, bis in die 80er und auch 90er Jahre fortgesetzt wurden.

Bevor nun allerdings der Frage nachgegangen werden soll, welche Möglichkeiten und Forschungsperspektiven diese historischen Aufzeichnungen der aktuellen Forschung eröffnen, soll zunächst noch einmal an den im Vorangegangenen bereits angedeuteten, bis heute relevanten Diskurs um die Authentizität von Videoaufzeichnungen zu Forschungszwecken angeschlossen werden.

2 „Doesn't filming change how people behave?"[34] – Oder: „Ist das denn echt?"[35]

Der Optimismus, der die Anfänge der Film- und Videoaufzeichnungen von Unterricht begleitete, spiegelt sich beispielsweise im Tagungsbericht zum Greifswalder Symposium 1964, in dem die Möglichkeiten des Films darin gesehen werden, „die Komplexität des pädagogischen Geschehens authentisch und reproduzierbar zu erfassen" (Schulz/ Friede 1964: 1148, kursiv im Original), oder auch in der Absicht Schorbs „wirklichkeitsgetreue Filmdokumente von Unterricht" (Schorb 1967: 59) zu gewinnen. Dennoch wurden die damit verbundenen Versprechungen von Objektivierung, Authentizität und Repräsentativität bereits in den frühen Jahren der Unterrichtsaufzeichnungen kritisch hinterfragt und diskutiert (vgl. z.B. Maier/ Pfistner 1966, Hoof 1972b: 27, Deschler 1974: 99, Mirschel/ Zeisberg 1980: 22). In der hier folgenden Diskussion des Authentizitätsanspruches des Videomaterials sollen nun nicht mehr die bereits beschriebenen an technische Bedingungen geknüpften Einschränkungen in Form von Selektivität und Perspektivität durch die Kamera (vgl. hierzu die ebenso kritisch zu lesende Kritik von Rabenstein/ Reh (2008: 145) an Pauli/ Reusser (2006: 787), s.o., v.a. FN 20) oder der Übersetzung eines im dreidimensionalen Raum ablaufenden Geschehens in eine zweidimensionale Aufzeichnung erörtert werden. Vielmehr sollen noch einmal die ebenfalls im historischen Diskurs bereits aufgekommenen und bis heute aktuellen in der Kapitelüberschrift zitierten Fragen ins Zentrum gerückt werden, wobei vor allem dem Begriff der „Inszenierung", wie er in diesem Zusammenhang auf der Wiener Tagung diskutiert wurde, besondere Aufmerksamkeit geschenkt werden soll.

Wer sich in seiner Forschung mit der Auswertung von Videoaufzeichnungen beschäftigt, scheint an den in der Überschrift zitierten Fragen nicht vorbei-

---

[34] Laurier/ Philo 2009: 181, kursiv im Original.
[35] Ladenthin 2006.

zukommen, mancher mag sie schon als Routine bezeichnen (vgl. Laurier/ Philo 2009: 186, ähnlich auch: Jordan/ Henderson 1995: 55): Stellen lassen sie sich in verschiedensten Formulierungen, im Kern bleibt es die Frage nach den Effekten der Kamera und der Authentizität der Aufzeichnungen. Verhalten sich Menschen noch authentisch, wenn sie wissen, dass sie gefilmt werden? Man mag die Frage mühsam finden und möglicherweise den Eindruck haben, sie schon zu oft beantwortet zu haben; verweisen kann man zum einen auf die Erfahrung zahlreicher Forscher, die – wie bereits die historischen Diskurse zeigten – nach relativ kurzer Zeit einen Gewöhnungseffekt beobachten sowie man zum anderen bei ausreichender Konzentration auf die Sache eine relativ geringe Ablenkung durch die Aufzeichnung annehmen darf (vgl. z.B. Helmke 2010: 344).[36] Schließen könnte man mit der Feststellung, dass mögliche Effekte durch die Aufzeichnungssituation zwar nicht einfach vernachlässigt werden können, genauso wenig allerdings von vorne herein als so schwerwiegend angesehen werden sollten, dass eine Interpretation der Aufzeichnungen nicht mehr möglich sei (vgl. Jordan/ Henderson 1995: 55-56), und die Frage damit für beantwortet halten.

Es gibt allerdings mindestens zwei gute Gründe, dies hier nicht zu tun. Zum einen wäre der Einwand, die hier in Rede stehenden Aufzeichnungen seien nicht authentisch, da der zu sehende Unterricht für die Aufzeichnungen „inszeniert" wurde. Zum anderen erscheint es lohnenswert, eben diesem Begriff der „Inszenierung" noch einmal genauer nachzugehen und ihn in einer vorzuschlagenden Differenzierung für die weiteren Interpretationen fruchtbar zu machen.

---

[36] Von einer „verblüffend" schnellen Gewöhnung berichtet Breidenstein, in dessen Studie die Videographie in einer Erhebungsphase ergänzend zum Einsatz kam (vgl. Breidenstein 2006: 32). In diesem Fall hatten die Forscher also sogar Möglichkeiten zum Vergleich mit anderen Erhebungsphasen ohne Kamera, wenn auch hier freilich genauso nach dem Einfluss des Beobachters auf die beobachtete Situation gestellt werden muss. Ein Grund dafür, dass verzerrende Effekte durch die Anwesenheit einer Videokamera eher wenig dramatisch eingeschätzt werden, liegt sicher auch daran, dass mit der Entscheidung für kleine digitale Kameras die Irritation durch die technische Ausrüstung möglichst gering gehalten werden kann. Aus ähnlichen Gründen raten Jordan und Henderson dazu, nach Möglichkeit auf den Einsatz von Kameraleuten zu verzichten: „Then the camera, rather than being interactionally alive, quickly becomes the proverbial ‚piece of furniture' that nobody pays much attention to" (Jordan/ Henderson 1995: 56).

Interessant scheint dabei allerdings auch die Beobachtung Wagner-Willis aus ihrer Studie in einer Grundschule, dass die Kinder zu Beginn der Aufzeichnungen in gewisser Weise eine Aneignung des „feldfremden Medium[s]" vollzogen, indem sie in direkte Interaktion mit der Kamera traten. Daran anschließend kann auch sie eine zunehmende Gewöhnung beobachten; die Kamera wird zwar nicht vergessen, doch zumindest toleriert (vgl. Wagner-Willi 2005: 250). Ähnliche Erfahrungen berichten auch Huhn et al. aus ihren Videostudien in Kindertagesstätten: Davon ausgehend, dass die Kinder sich vor allem dann durch die Beobachtungssituation abgelenkt werden, sofern diese ungeklärt bleibt, wählten sie die Strategie eines Unsichtbarwerdens durch Sichtbarkeit (vgl. Huhn et al. 2000: 195-197).

Der Verdacht, bei den Unterrichtsaufzeichnungen sei eigens für diese inszenier-
ter Unterricht zu sehen, kann zunächst verschiedene Formen annehmen, von
denen keine der Berechtigung entbehrt. Gemeint ist damit nicht immer die naheliegende und bereits angesprochene Frage, ob die Schüler_innen und Leh-
rer_innen sich vor der Kamera nicht anders verhielten als sonst. Sicher ist das
nicht von der Hand zu weisen und möglicherweise ist in den aufgezeichneten
Stunden von einer höheren Disziplin auszugehen. Aussagen eines ehemaligen
Schülers der Forschungsschule der APW können diese Vermutung vorerst bestätigen, ursächlich könnte hier auch das Wissen der Schüler_innen gewirkt haben,
dass die Aufzeichnungen auch bei Elternabenden gezeigt wurden. Tatsächlich
lässt sich in zahlreichen Mitschnitten eine bemerkenswerte Disziplin beobachten,
die vereinzelt aus heutiger Perspektive fast schon unnatürlich anmutet; ob dieser
Vergleich mit heutigen Unterrichtswirklichkeiten allerdings nicht selbst zum
Problem wird, wäre eine andere Frage. Von Bedeutung ist auch die Information
des damaligen Aufnahmeleiters an der Forschungsschule, dass Unterrichtsmitschnitte auf Wunsch der Lehrkraft direkt nach der Aufzeichnung wieder gelöscht
werden konnten. Dass dies eher – aus welchen Gründen auch immer – „misslungene" Unterrichtsstunden traf, ist ein naheliegender Verdacht. Festzuhalten bleibt
dennoch, dass sich in der Datenbank auch Gegenbeispiele finden lassen, wie
beispielsweise die Biologiestunde einer Studentin der Humboldt-Universität, die
sich kaum Gehör verschaffen, geschweige denn auch nur ansatzweise so etwas
wie Unterricht halten kann (Videofile 1976: Merkmale der Säugetiere). Auch
wenn es sich hierbei um ein extremes Beispiel handelt, lassen sich für alle Auf-
zeichnungsorte Videos finden, in denen Schülerkommentare und Nebenbeschäf-
tigungen das Unterrichtsgeschehen begleiten, die eher darauf schließen lassen,
dass die Beobachtung durch die Kamera die Schüler_innen jedenfalls nicht zu
mustergültiger Disziplin zwang. Mit Blick auf das Verhalten der Lehrkraft lässt
sich der Begriff der Inszenierung nun unterschiedlich auslegen. Über das Anliegen hinaus, sich selbst als möglichst kompetent zu inszenieren, können weitere
Zwecke wie die Produktion von Musterstunden für die Lehrerausbildung oder
gar für die DDR-Fernsehreihe „Von Pädagogen für Pädagogen" angenommen
werden. Tatsächlich finden sich in der Datenbank Unterrichtsaufzeichnungen, in
denen die Sprechweise der Schüler_innen (Videofile 1976: Frösche), Schüler-
handlungen, die vor der Anweisung durch die Lehrkraft ausgeführt werden (Videofile 1980) oder wiederholte Aufzeichnungen derselben Szene (Videofile
1976: Körperbau) nahelegen, dass es sich hier um „Unterricht nach vorgefertig-
tem Drehbuch" handelt. Unter der Annahme, dass hier Musterunterricht im posi-
tiven Sinne zu sehen ist, mögen solche Aufzeichnungen für die Frage nach Unterrichtswirklichkeiten weniger interessant sein; wie Unterricht nach Auffassung
der für diese Aufzeichnungen Verantwortlichen im Idealfall aussehen sollte,

ließe sich sehr wohl analysieren.[37] Insgesamt machen derartige Aufzeichnungen nur einen kleinen Anteil innerhalb der Datenbank aus.

Sieht man von dieser Ebene der Inszenierung einmal ab, könnte man – genauso wie man den Schüler_innen diszipliniertes Verhalten unterstellt – davon ausgehen, dass die aufgezeichneten Stunden von den Lehrkräften besonders gut vorbereitet und geplant wurden und somit kaum den Unterrichtsalltag der DDR abbilden. Dies mag für viele Stunden richtig sein und lässt sich auch an Dokumenten zur Unterrichtsplanung (vgl. z.B. Notizblatt Originalfilm zu Videofile: Arbeiterfamilien) wie auch an Aussagen der Lehrkräfte selbst (Videofile: Warum machen wir den Sozialismus?) belegen, auch wenn sich das Ausmaß der Vorbereitung und detaillierten Planungen zwischen den einzelnen Stunden sicher unterscheidet. Wie weit dies als Einwand trägt, wäre allerdings noch einmal zu fragen. Dass Unterricht auf ein Ziel hin geplant wird, sollte für ein Unterrichtsverständnis auf der Grundlage didaktischer und methodischer Überlegungen konstitutiv sein. Dass dies in den Aufzeichnungen möglicherweise sorgfältiger geschehen ist als das gemeinhin der Fall war, ist insofern kein Einwand, als dass nicht behauptet werden muss, dass jede Unterrichtsstunde solcher Art geplant wurde. Ähnlich wie bei den eigens zu Forschungszwecken konzipierten Stunden wird es dennoch möglich sein, anhand der sorgfältigen Planung implizite Annahmen über Unterricht, die angemessene Thematisierung bestimmter Gegenstandsbereiche, die geeignete Heranführung an diese sowie die Bearbeitung dieser und ähnliche Aspekte herauszuarbeiten. Spannend wird es nun, wenn diese die Planung leitenden Ideen mit den Aufzeichnungen direkt in ihrer Umsetzung in der Praxis nachvollzogen werden können. Dass selbst der sorgfältigst vorbereitete Unterricht nicht bis ins letzte Detail planbar ist, wird derzeit unter dem Stichwort einer „kontingenzgewärtigen Unterrichtstheorie" (Meseth/ Proske/ Radtke 2012) diskutiert und gehört damit zu den Grundbedingungen jeden schulischen Unterrichts unabhängig vom politisch-gesellschaftlichen Kontext. An

---

[37] Ein ähnlicher Einwand in dem Sinne, dass diese Aufzeichnungen keinen alltäglichen Unterricht abbilden würden, ließe sich gegen Unterrichtsmitschnitte zu Forschungszwecken vorbringen, die in Kooperation von Lehrkraft und Unterrichtsforschern sorgfältig vorbereitet wurden und auch mit neuen Herangehensweisen, Aufgabenstellungen und Unterrichtsformen experimentierten (z.B. Videofile: Warum machen wir den Sozialismus?, Videofile: Auswertung einer Unterrichtsstunde). Dass auch von Lehrkräften in einem Setting wie dem einer Forschungsschule eher reflektierteres Handeln als die Flucht in alltägliche unbewusste Routinen zu erwarten sei, sei dahingestellt. Dem Einwand kann in ähnlicher Weiser begegnet werden, indem eine andere Fragerichtung vorgeschlagen wird, die genau diese Forschungsprogramme in ihren Kontexten erforschen möchte. In diesem Zusammenhang erweisen sich die genannten Aufzeichnungen – insbesondere wenn dazugehörige Auswertungsgespräche mitaufgezeichnet wurden (z.B. Videofile: Warum machen wir den Sozialismus?, Videofile: Auswertung einer Unterrichtsstunde) – als besonders wertvoll.

diese „Bruchstellen" anhand der Analysen der Aufzeichnungen vorzudringen,[38] scheint uns eine besonders lohnenswerte Forschungsperspektive. Entgegenzuhalten ist dieser Furcht vor möglichen Verzerrungen durch die Vorbereitung der aufzuzeichnenden Unterrichtsstunden des Weiteren, dass jeder Unterricht mindestens ebenso sehr durch Routinen und automatisierte Verhaltensabläufe geprägt ist. Eingeschliffene Verhaltensweisen von Lehrkräften und Schüler_innen sowie Muster der Lehrer-Schüler-Interaktion, die selten bewusst sind, werden sich ebenso wenig kurzfristig ändern lassen wie sich die Beteiligung der Schüler_innen und deren Kenntnisstand qualitativ beeinflussen lassen (vgl. Helmke 2010: 301). Es ist also nicht zu erwarten, dass es möglich sein kann, Unterricht so zu inszenieren, dass er völlig vom Gewohnten abweicht.

Gegenüber solchen Einwänden scheint es uns lohnenswerter, den Begriff der „Inszenierung" noch einmal auf einer anderen Ebene ins Spiel zu bringen, der im Vorangegangenen bereits angeklungen ist, womit auch die Frage nach den Kameraeffekten noch einmal anders zu stellen wäre.

Es ist eben nicht davon auszugehen, dass die Ebene des gefilmten Unterrichts frei von inszenatorischen Zügen wäre. So wie jede menschliche Kommunikation von ihren Akteuren in mehr oder weniger starkem Maße bewusst geführt und gesteuert, und damit auch inszeniert wird, gilt dies in besonderem Maße für Kommunikationssituationen in einem hochgradig formalisierten Rahmen, wie der schulische Unterricht ihn darstellt.[39] Hier werden von allen Akteuren

---

[38] Aufschlussreich sind z.B. Sequenzen, an denen sich beobachten lässt, dass die Schüler_innen eine unerwartete Frage stellen, die die Lehrkraft aus dem Konzept zu bringen droht und wie diese darauf reagiert (vgl. auch Schluß/ Crivellari in diesem Band). Ähnliches Interesse gilt dem Umgang mit Disziplinproblemen oder auch mit der Verweigerung der Mitarbeit.

[39] Beschreiben lässt sich dieser Rahmen beispielsweise als eine wiederholte Aufführung ritueller Lernpraktiken und Lernkulturen, wie Wulf et al. in einer Reihe von Forschungsprojekten herausgearbeitet haben. In ihren Studien wird dabei zugleich deutlich, dass in den von ihnen untersuchten Unterrichtskulturen traditionelle Rituale durchaus Wandlungsprozessen unterliegen, die zwar zu flexibleren Ritualisierungen führen, diese aber dennoch nicht zur Auflösung bringen (vgl. Wulf et al. 2007: 17). Bezeichnend ist auch die Rede Pranges von den „Bauformen des Unterrichts" (Prange 1983/1986), „Entwürfe und Planungen" (ebd.: 89) der Lehrkräfte diskutiert er unter dem Begriff der „Partitur" (ebd.). Er geht davon aus, dass „verdeckte ‚Dramaturgie[n]'" (ebd.: 93) in unterrichtlichen Prozessen wirksam werden, explizit ist von der „Inszenierung" (ebd.: 7) von Unterricht die Rede. Ähnlich bezeichnen auch Baumert und Kunter die „Orientierungsrahmen unterrichtlichen Handelns" (Baumert/ Kunter 2006: 487) als „Inszenierungsmuster" (ebd.), die – wie sie vermuten – aufgrund ihrer Bindung an implizite, häufig erfahrungsbasierte, Theorien des Lehrens und Lernens eine relativ hohe Stabilität aufweisen. Die „Inszenierung von Unterricht" (ebd.: 473) zählen sie wie selbstverständlich zum „professionelle[n] Kompetenzprofil von Lehrkräften" (ebd.). Kritisch diskutiert wird diese konstatierte Stabilität solcher Inszenierungsmuster bereits 2001 von Edelstein und Oser, die in einem „immer wieder nach ähnlichen Skripts" (Edelstein/ Oser 2001: 155) ablaufenden Unterricht vor allem eine Einschränkung des „Reichtum[s] an Lernmöglichkeiten" (ebd.) sehen. Die Semantik bleibt jedoch ähnlich, wenn unter der Überschrift „Choreographien des Unterrichts" (ebd.) eine Reihe von Basismodellen skizziert wird, die die „Vielfalt des Lernens" (ebd. 156) abbilden. Diese bestehen

Rollen eingenommen und in Bezug auf Rollenerwartungen an den Anderen agiert. Selbst noch die Verletzung klar zugeschriebener Attribute wird dabei im Rahmen eines als normal empfundenen performativen Verhaltens (in der Regel meist als „störend") verstanden.

Wenn wir, wie in unserem Fall, von einer ohnehin hohen inszenatorischen und dramaturgischen Qualität der aufgezeichneten Situation ausgehen, kann dies sogar für einen hohen Grad an Authentizität der aufgezeichneten Stunden sprechen. Allerdings muss klar reflektiert werden, dass Authentizität nicht meinen kann, eine Unterrichtssequenz jenseits der Inszenierung abbilden zu können, sondern vielmehr Unterricht als inszeniertes Geschehen zu beobachten. Diese inszenatorischen Züge werden möglicherweise durch die Anwesenheit der Kamera verstärkt, jedoch nicht von dieser erzeugt, sondern Dramaturgie und Inszenierung sind dem Unterrichtsgeschehen wesentlich und inhärent, werden also durch die Kamera abgebildet. Authentisch können die Unterrichtsaufzeichnungen also gerade deshalb sein, weil sie die unterschiedlichen Dramaturgien und Inszenierungen der jeweiligen Akteure im Unterricht mit aufzeichnen. Eine vergleichende Analyse des Unterrichtsgeschehens muss diese Problematik angemessen berücksichtigen und den Entstehungskontext der jeweiligen ausgewählten Unterrichtsdokumentationen möglichst genau erforschen, um mögliche bewusst gestaltete Inszenierungen zu Vorführzwecken als solche erkennen zu können[40] (vgl. zu diesem Komplex: Schluß/ Crivellari in diesem Band).

Die verschiedenen Intentionen der Unterrichtsaufzeichnungen, die von der Dokumentation von Musterstunden, von Lehrproben zur Ermöglichung einer Selbstreflexion der Unterrichtenden oder auch von Unterrichtsversuchen zur anschließenden gemeinsamen Auswertung bis hin zur fokussierten Beobachtung einzelner Schüler_innen oder Kleingruppen reichen, wie sie Kretschmer in diesem Band für die Mitschauanlage in Bonn und der PH Heidelberg beschreibt, lassen sich auch für die im Medienarchiv versammelten Aufzeichnungen aus der DDR rekonstruieren. Um an dieser Stelle noch einmal den auf der Wiener Tagung kontrovers diskutierten Begriff der „Inszenierung" aufzugreifen, wird hier schließlich auch die Bedeutung der Entstehungskontexte ersichtlich, um die verschiedenen begrifflichen Ebenen möglicher Inszenierungen differenzieren zu können. Äußerte sich Deschler bereits 1974 entschieden skeptisch gegenüber dem „Anspruch, aus Unterrichtsaufzeichnungen oder gar einzelnen Sequenzen

---

jeweils „aus einer Kette ähnlicher Operationscluster" (ebd.), wobei die Reihenfolge der einzelnen Elemente nicht austauschbar ist. Die Annahme von bestimmten Unterrichtsprozessen inhärenten Ablaufmustern wird also auch hier aufrechterhalten, wenn auch die unterschiedlichen Basismodelle einen differenzierten Zugang zu diesen erlauben.

[40] Als Beispiele können die exemplarischen Interaktionsanalysen am Beispiel einer aufgezeichneten Unterrichtsstunde im Fach Geschichte zum Mauerbau (vgl. Schluß 2007, 2008) gelten.

und deren Analyse Schlußfolgerungen auf Unterricht überhaupt ziehen zu wollen" (Deschler 1974: 99), stehen auch wir jeder Form von verallgemeinernden Aussagen mit einiger Vorsicht gegenüber. Die je nach Intention unterschiedlich vorbereiteten und gestalteten Aufzeichnungen können uns jedoch sehr wohl zu Aussagen über zeitgenössische Vorstellungen von Unterricht und Möglichkeiten zu deren Realisierung führen. Filmdokumente, die allem Anschein nach vollständig nach Drehbuch inszeniert wurden – wie sich vermuten lässt z.B. für die DDR-Fernsehreihe „Von Pädagogen für Pädagogen" – (vgl. Videofile 1976: Forschungsprogramm), mögen uns vielleicht nicht mehr als ein Zerrbild einer Idealvorstellung von Unterricht liefern, als solche können sie aber für sich stehen. Zu unterscheiden sind solche Inszenierungen allerdings von Stunden, die insofern auch als „nach Drehbuch" geplant beschrieben werden können, als dass die Lehrkraft umfassend vorbereitet und der Ablauf der Stunde bis ins kleinste Detail geplant ist, mit der Differenz allerdings, dass die Rollen der Schüler_innen nicht bereits im Vorfeld wie in einem Rollenspiel mit ins Drehbuch aufgenommen wurden (vgl. Videofile 1977, ausführlicher dazu Schluß/ Crivellari in diesem Band). Dass unvorhergesehene Äußerungen oder Zwischenfälle dabei zu erwarten sind, macht solche Aufzeichnungen für die pädagogische Forschung besonders interessant. Hintergrundmaterialien in Form von Unterrichtsplanungen, nachträglicher Reflexionen oder Stundenauswertungen erweisen sich dafür als besonders wertvoll. Anders gelagert ist wiederum die von Baumert und Kunter als professionelle Kompetenz von Lehrkräften verstanden „Inszenierung von Unterricht" (Baumert/ Kunter 2006: 473). Inszenierungsmuster in diesem Sinne erlauben uns, sofern es uns gelingt, diese nachweislich am Material zu identifizieren, Rückschlüsse auf implizite, meist erfahrungsbasierte theoretische Annahmen von Lehren und Lernen. Zu unterscheiden wären diese wiederum von „Inszenierungen des Sozialen" (Thole 2010: 32), wie sie von einer empirischen pädagogischen Forschung aus ethnographischer Perspektive in den Blick genommen werden. Die Praxis und Praktiken pädagogischen Handelns werden dabei als ein von allen beteiligten Akteur_innen (Lehrpersonen und Schüler_innen) gemeinsames performatives Handeln verstanden, in dem „Prozesse der Konstituierung und Artikulation von Selbst- und Weltdeutungen" (ebd.) zum Ausdruck kommen.

Jeder dieser Inszenierungsbegriffe birgt für Analysen und Interpretation der Aufzeichnungen aus dem Medienarchiv ein je spezifisches Erkenntnispotential, womit zunächst einmal gezeigt werden sollte, dass es sicher nicht unerheblich ist, diese Differenzierungen zu kennen und sich ihrer bewusst zu sein. Zugleich zeigen diese Differenzierungen aber auch, dass der Einwand, die Unterrichtsaufzeichnungen seien inszeniert, nicht ausreicht, um mögliche Analysen und Interpretationen in Frage zu stellen. Vielmehr bieten sie ein Instrument, die verschie-

denen Ebenen möglicher Inszenierungen überhaupt erst genauer in den Blick
nehmen zu können und ihnen in ihrer Komplexität auf die Spur kommen zu
können. Wenn es gelingt, herauszuarbeiten, wie diese unterschiedlichen Formen
der Inszenierung ineinander übergehen, einander bedienen oder sich auch gegen-
läufig zueinander verhalten, dann erst können sie für weitere Analysen und Interpretationen fruchtbar gemacht werden.

3 Methodische Zugänge und Forschungsperspektiven

„Es gibt so viel zu tun, daß man nicht seine Zeit mit ‚Methodenstreit‘ vergeuden soll.“

(Lazarsfeld 1960/1975: 23)

Als Lazarsfeld dies 1960 in seinem Vorspruch zur Neuauflage der gemeinsam
mit Jahoda und Zeisel durchgeführten berühmten Studie „Die Arbeitslosen von
Marienthal" schreibt, blickt er auf ihre damaligen methodischen und methodologischen Ausgangsüberlegungen und deren Weiterentwicklungen im Lauf der
Jahre zurück. So wie sie damals weniger von einem „Widerspruch zwischen
‚Statistik‘ und phänomenologischer Reichhaltigkeit" (ebd.: 14) ausgingen, sondern gerade „die Synthese der beiden Ansatzpunkte [...] als die eigentliche Aufgabe" (ebd.) betrachteten, wendet er sich nun dem vermeintlichen – seiner Meinung nach auf einem „doppelte[m] Mißverständnis" (ebd.: 20) beruhendem –
Gegensatz der deutschen und amerikanischen Soziologie zu, um abschließend
für eine Verbindung der spezifischen Vorteile der verschiedenen Traditionen zu
plädieren.

Es mag zwar widersinnig erscheinen, ein mit „Methodische Zugänge" über-
schriebenes Kapitel mit einem solchen Zitat zu eröffnen, aber aus verschiedenen
Gründen fanden wir es nicht ungeeignet, um gegenwärtige Herausforderungen zu
charakterisieren. Wie der vorangegangene Versuch, das Forschungsfeld der Videographie von Unterricht systematisierend zu umreißen, gezeigt hat, lassen sich
auch hier verschiedene Traditionen zurückverfolgen, die gelegentlich recht un-
verbunden nebeneinanderstehen und sich bisweilen nicht einmal zur Kenntnis zu
nehmen scheinen. Wiederholt stößt man auch in jüngeren Publikationen noch auf
die Feststellung eines als unbefriedigend empfundenen Standes der methodischen, methodenpraktischen und methodologischen Diskussion. Um sich dieser
Herausforderung zu stellen und die Diskussion weiter voranbringen zu können,
erscheint es uns nun wenig fruchtbar, diese derart zu führen, als ginge es darum,
die Überlegenheit eines methodischen Zugangs gegenüber dem anderen unter
Beweis zu stellen. Fruchtbarer erscheint es uns, die verschiedenen methodischen
Zugänge so miteinander ins Gespräch zu bringen, dass sich neue Perspektiven
und Möglichkeitsräume überhaupt erst eröffnen können und diese nicht bereits
im Vorfeld durch methodische Setzungen und Engführungen zu verschließen.

Wenn hier nun noch einmal der Frage nachgegangen werden soll, welche Möglichkeiten und Forschungsperspektiven die historischen Unterrichtsaufzeichnungen aus dem Medienarchiv der aktuellen Forschung eröffnen und welche methodischen Zugänge dafür gewählt und entwickelt werden können, wird es trotzdem nötig sein, Fokussierungen vorzunehmen.

Ansätze aus der quantitativen videogestützten Unterrichtsqualitätsforschung sollen im Folgenden nicht weiter berücksichtigt werden. Ohnehin scheint es ein schwieriges, wenn überhaupt mögliches, Unterfangen, lediglich anhand der erhaltenen Unterrichtsaufzeichnungen ex post zu validen Aussagen über die Unterrichtsqualität gelangen zu wollen. So ließen sich aus dem Material zwar sicher Aussagen über bestimmte Unterrichtsmerkmale herausarbeiten, vermutete Wirkungen blieben jedoch der Spekulation überlassen; sofern keine ergänzenden Erhebungen diesbezüglich vorliegen, können diese schließlich auch nicht nachträglich durchgeführt werden. Darüber hinaus lässt sich die in der Unterrichtsforschung häufig gezogene Verbindung der Frage nach der Unterrichtsqualität mit der Frage nach Merkmalen „guten" Unterrichts (vgl. Helmke 2010: 22) zumindest dahingehend problematisieren, dass in der Folge die Begriffe zu Bestimmung dieser „Güte" in ihren Voraussetzungen und Konsequenzen oftmals erstaunlich unscharf und unreflektiert bleiben (ebd.: 17) oder Ursache-Wirkungszusammenhänge konstruiert werden, die die Komplexität unterrichtlicher Prozesse unterschlagen (ebd.: 34)[41] und somit diese „didaktische[...] Tradition der Modellierung gelingenden Unterrichts" (Breidenstein 2010: 871) der Reflexion von Unterricht nur eine vereinseitigende Perspektive bietet (vgl. ebd.). Das kann nicht nur dazu führen, dass wir außerhalb dieses Kriterienkatalogs liegende gleichwohl für den Verlauf des Unterrichtsprozesses bedeutsame Faktoren nicht wahrnehmen, sondern es wird uns nicht einmal bewusst, dass wir nur unzureichend in der Lage sind, zu explizieren, wie genau sich diese Prozesse konstituieren, „wie [...] Unterricht funktioniert" (ebd.: 870).[42] So konnten auch wir zu verschiedenen Anlässen bei der Vorstellung von Auszügen erster Analysen unseres Materials erleben, dass die anschließende Diskussion weniger an den

---

[41] So lautet einer der grundsätzlichen Einwände Gruschkas gegen die Erstellung von Kriterien „guten" Unterrichts, dass es „für die innerunterrichtliche Herstellung entsprechender Erfolgsbedingungen keine einfach zu justierenden Stellschrauben und beliebig frei einzusetzenden Rezepte [gibt, M.J./ H.S.]. Schnell wird es hier mit Empfehlungen unübersichtlich (Meyer) oder so allgemein (Helmke), dass der Adressat sich mit der Trivialität der Einsichten auf den Arm genommen fühlen kann" (Gruschka 2010: 7-8). Interessant ist hier die Bezugnahme auf Helmke, der sich in späteren Publikationen selbst von der Rede vom „guten" Unterricht distanziert (vgl. Helmke 2010: 34).
[42] Die in diesem Zusammenhang wiederholte Feststellung, „dass es an einer empirisch gehaltvollen und erklärungskräftigen Theorie schulischen Unterrichts mangelt" (Breidenstein 2010: 869) bildete schließlich auch den Ausgangspunkt des Frankfurter Projektes PAERDU, auf dessen Grundlage nach einer Reihe von aus dem Projekt hervorgegangenen Publikationen in diesem Jahr schließlich auch die angekündigte „pädagogische Theorie auf empirischer Basis" (Gruschka 2013) vorgelegt wurde.

strukturellen Unterrichtsprozessen und der Frage, wie sich diese zu möglichen didaktischen Intentionen verhalten, interessiert war, sondern die ersten Ergebnisse mit der Begründung zurückgewiesen wurden, dass hier doch nur „schlechter" Unterricht zu sehen sei.[43] Mit diesen hier formulierten Einwänden sollen jedoch nicht quantitative Zugänge als solche in ihrer Eignung zur Erforschung der historischen Videoaufzeichnungen in Frage gestellt werden, stellt doch bereits der Beitrag von Walter in diesem Band ein überzeugendes Beispiel dar, dass sich mit diesen vielfältige Fragestellungen ertragreich bearbeiten lassen.[44]

Sofern es sich im Fall der historischen Unterrichtsaufzeichnungen immer um Auswertungen bereits erhobenen Materials handelt, muss man – abgesehen von möglichen Mängeln des Materials in Bild und Ton, die entweder damaligen technischen Grenzen oder auch Bedienungsfehlern zuzuschreiben sind oder ihre Ursache auch in der jahrelangen Lagerung unter zum Teil wenig zuträglichen Bedingungen haben – auch damit rechnen, dass z.B. die gewählten Kameraeinstellungen für das formulierte Erkenntnisinteresse nur begrenzt aussagefähig sind. Ebenso muss davon ausgegangen werden, dass Hintergrundmaterialien nicht immer erhalten sind und sich die Kontexte der Aufzeichnungen nicht immer vollständig erschließen lassen. Das gilt selbstverständlich für alle hier zur Diskussion gestellten Forschungsperspektiven, die Relevanz solcher fehlender Informationen wird jedoch jeweils unterschiedlich einzuschätzen sein.

An die bereits bei Deschler formulierte Skepsis gegenüber aus solchen Aufzeichnungen abzuleitenden verallgemeinernden Aussagen über Unterricht an sich (vgl. Deschler 1974: 99) schließen wir an und wollen auch nicht behaupten, dass es mit Hilfe des Medienarchivs nun endlich ein geschlossenes Bild der Unterrichtswirklichkeit in der DDR zeichnen ließe, wie das Schorb dereinst noch für die Bundesrepublik im Sinn hatte (vgl. Schorb 1967: 46). Dennoch sehen wir, wie oben bereits erörtert, eine Forschungsperspektive darin, anhand der Aufzeichnungen im Medienarchiv, in diesen implizit enthaltene Vorstellungen und Intentionen von Unterricht herausarbeiten können und diese im Verhältnis zu den Möglichkeiten ihrer Realisierung zu diskutieren. Wenigstens in dieser Form ließe sich „Unterrichtswirklichkeit" thematisieren und die Ergebnisse könnten

---

[43] Hier könnte man durchaus nach Parallelen fragen zu den geradezu reflexhaft anmutenden Reaktionen auf die Aufzeichnung der Sozialkundestunde zur Thematik der „Studentenunruhen", die Grammes in seinem Beitrag in diesem Band beschreibt, oder den Erfahrungen, die Gruschka aus den schulpraktischen Studien „forschungsbezogenen Typs" an der Universität Frankfurt berichtet (vgl. Gruschka 2011: 28-29).

[44] In einer vergleichenden Perspektive könnte sich der Blick beispielsweise auch auf Studien zur Realisation eines kognitiv aktivierenden Unterrichts (vgl. z.B. Pauli/ Reusser 2006: 791) den mehrjährigen Forschungen an der APW zur „Erhöhung der geistigen Aktivität aller Schüler im Unterricht durch die systematische Vervollkommnung des methodischen Könnens der Lehrer" (Akademie 1987) richten.

die für einzelne Fächer wie Geographie durchgeführten Analysen von Lehrplänen, Schulbüchern und Unterrichtshilfen (Budke 2010) oder die Dokumenten-
sammlung zum Staatsbürgerkundeunterricht (Grammes/ Schluß/ Vogler 2006)
um eine weitere Perspektive bereichern. Mit den ca. 200 Unterrichtsaufzeichnungen aus über 20 unterschiedlichen Unterrichtsfächern in verschiedenen Klassenstufen und aus einem Zeitraum von über 20 Jahren lassen sich Unterrichtsprozesse in einer vielschichtigen Bandbreite – angefangen bei der Mikroebene
von Einzelstunden und dann auch in vergleichenden Fallstudien – zunächst rekonstruieren und vor dem Hintergrund weiter reichender Forschungskontexte
interpretieren. Herangezogen werden kann das in Erfahrung gebrachte Wissen
um damalige Forschungszusammenhänge und didaktische Diskussionen, die im
Hintergrund der jeweiligen Aufzeichnungen standen. Bezugspunkte können
ebenso Ergebnisse der Transformationsforschung sein (vgl. dazu auch Walter
und Kretschmer in diesem Band) sowie die Diskurse um empirisch gehaltvolle
Theorien des Unterrichtens (Gruschka 2013, Breidenstein 2010) oder die Überlegungen zu einer „kontingenzgewärtigen Unterrichtstheorie" (Meseth/ Proske/
Radtke 2012). Nicht nur für eine didaktisch fragende Perspektive bietet das traditionell als „didaktisches Dreieck" bezeichnete Modell des Zusammenhangs von
Lehrperson, SchülerIn und Sache einen zentralen Orientierungsrahmen an, der
für pädagogische Interpretationen von Unterrichtsaufzeichnungen relevant ist.
Dabei kann sichtbar werden, dass dieses didaktische Dreieck keineswegs immer
als idealtypisches gleichschenkliges gedacht wird, sondern die Winkel dieses
Dreieckes unterschiedlichste Konstellationen bilden können (vgl. Diederich
1988: 256-257).[45] Über diese binnendidaktische Fragestellungen hinaus kann
erörtert werden, in welchem Zusammenhang die mit dem didaktischen Dreieck
angezeigten Relationen mit jeweiligen institutionellen Rahmenbedingungen
stehen. Insbesondere für die Unterrichtsaufzeichnungen aus der DDR, mit einem
Volksbildungssystem mit stark erzieherisch-ideologischem Anspruch könnten
diese institutionellen Rahmungen Auswirkungen auch auf das Geschehen im
Klassenzimmer haben. Unter ganz anderen Bedingungen erinnern Baumert und
Kunter daran, dass diese institutionellen Rahmenbedingungen des Schullebens
und der Organisationskultur der Schule wiederum auch im Unterricht wirksam
werden (Baumert/ Kunter 2006: 473). Die alte Weisheit Siegfried Bernfelds,
dass „[d]ie Schule – als Institution – erzieht" (Bernfeld 1925/1973: 28), ist auch
in der Analyse von Unterrichtsaufzeichnungen mitzudenken. Über die Ebene der
Institution der Schule verweist Erickson auf weitere Dimensionen und Einflussfaktoren wie „the school building, a child's family, the school system, federal
government mandates regarding mainstreaming" (Erickson 1986: 121), die si-

---

[45] Eine kritische Auseinandersetzung mit diesem Modell und eine Reformulierung dieses Modells
nimmt Gruschka (2002: 87-134) vor.

cherlich auch noch keine abgeschlossene Reihe bilden. Erickson selbst fügt noch „wider spheres of social organizations and cultural patterning" (ebd.: 122) hinzu. Für alle diese Dimensionen und Einflussfaktoren lassen sich im Korpus der Unterrichtsaufzeichnungen Beispiele finden, in denen diese auffindbar sind, wie z.b. psychologische Explorationen, in denen familiäre Kontexte erörtert (vgl. Weinhandl 2012), oder Rollenspiele der Pionierorganisation, in denen gesellschaftliche Verhaltensweisen erprobt werden.

Um schließlich diese von der Kamera aufgezeichneten Unterrichtsprozesse in ihrem Verlauf genauer zu analysieren, bieten sich zunächst mehrere Zugänge an: Es erweist sich dabei als fruchtbar, sich von einer – wie Breidenstein es bezeichnet – „praxistheoretischen Perspektive" (Breidenstein 2006: 19) leiten zu lassen, die sich auf Theorien sozialer Praktiken stützt. Von Bedeutung ist die Materialität dieser Praktiken und das sie leitende, ihnen inhärente Wissen (vgl. ebd.: 17), die Aufmerksamkeit richtet vor allem auf die „*Performanz* des unterrichtlichen Alltags, [auf den, M.J./ H.S.] situativen und praktischen Vollzug von ‚Unterricht'" (ebd.: 19, kursiv im Original). Als „Unterricht" gerät damit das in den Blick, was von der Klasse gemeinsam als Unterricht vollzogen und konstituiert wird und nicht, was von außen herangetragene Zuschreibungen als Unterricht festlegen (vgl. ebd.: 10). Wie auch im Forschungsprojekt „LUGS", in dem der Frage nach in so verstandenen pädagogischen Praktiken hervorgebrachten Lernkulturen nachgegangen wird (vgl. Rabenstein/ Reh 2008: 137), wird eine ethnographische Forschungsstrategie gewählt. Sichtbar wird hier bereits eine Parallelität zu den Verfahren der (Video-)Interaktions-Analysen, die sich an ethnomethodologischen Forschungstraditionen orientieren.[46] Diese gehen dabei von einem „*intrinsischen Zusammenhang*" (Knoblauch/ Tuma/ Schnettler 2010: 22, kursiv im Original) der aufgezeichneten Abläufe aus, der unter den Stichworten „Methodizität", „Ordnung" und „Reflexivität" beschrieben wird: Aufgabe der Interpretation ist es, „zu rekonstruieren, wie bestimmte Handlungen als solche vollzogen werden und was ihre Spezifizität ausmacht" (ebd.: 23), wobei davon ausgegangen wird, dass von den Handelnden in ihren Handlungen eine Ordnung produziert wird – die in der Interpretation zu rekonstruieren ist – sowie im Handeln bereits immer schon Andeutungen gemacht oder Hinweise gegeben werden, wie das Handeln jeweils verstanden werden soll (vgl. ebd., Knoblauch 2004: 132, zum letzten Punkt auch Jordan/ Henderson 1995: 43). Davon ausgehend, dass der gemeinsame Sinn dabei sequentiell konstituiert wird, hat auch die Interpretation dieser Logik zu folgen und muss in der Analyse ebenso sequentiell

---

[46] So schreiben Jordan und Henderson mit Verweis auf Garfinkel: „Interaction-Analytic studies see learning as a distributed, ongoing social process, in which evidence that learning is occurring or has occurred must be found in understanding the ways in which people collaboratively do learning and do recognize learning as having occurred" (Jordan/ Henderson 1995: 42).

verfahren (vgl. Knoblauch/ Tuma/ Schnettler 2010: 23-26, Knoblauch 2004: 133, auch Rabenstein/ Reh 2008: 137-147). Je nach Ausrichtung der Fragestellung und Fokussierung des Erkenntnisinteresses kann für diese Rekonstruktion auf Verfahren der Konversationsanalyse oder der Interaktionsanalyse, wie sie beispielsweise auch in den Workplace Studies zur Anwendung kommen (vgl. Knoblauch 2004: 129), zurückgegriffen werden, die bereits genannten ethnographischen oder praxistheoretischen Verfahrensweisen kommen ebenso in Frage wie auch Analyseverfahren der dokumentarischen Methode oder auch der Objektiven Hermeneutik[47], wenn auch einige der Verfahren angesichts neuartiger aus der Spezifik audiovisueller Daten hervorgehender Problemstellungen noch einer Weiterentwicklung bedürfen (vgl. Dinkelaker/ Herrle 2009: 12-13). Die Orientierung des methodischen Vorgehens in der Interpretation am Prinzip der Sequentialität ist ihnen allen dabei gemeinsam (vgl. z.B. Knoblauch/ Schnettler/ Raab 2009: 14, Bohnsack 2009: 158-162), wobei hier unterschiedliche Akzentuierungen ausgemacht werden können. Insbesondere bei der Analyse audiovisueller Daten kommt diese Sequentialität zugleich in einer Verschränkung mit Simultaneität zum Tragen, wie sich das z.B. bei Wagner-Willi (2005: 269-271) oder auch bei Dinkelaker (2010) systematisch ausgearbeitet findet. Für Erickson ist es dabei ein zentraler Fokus seiner „Ethnographic Microanalysis", die dialektischen Beziehungen der wechselseitigen Interaktionen herauszuarbeiten (vgl. Erickson 1992: 217). In der Kombination mit semiotischen Verfahren kommt die Simultaneität des Bildlichen in der Interpretation in der Regel vor allem so zum Tragen, dass „die Bildelemente selbst als Teile von Bedeutungen ‚gelesen' werden" (vgl. Knoblauch/ Tuma/ Schnettler 2010: 32). Je nach methodologischer Ausrichtung wird bisweilen auch der Begriff der Sequenz unterschiedlich verwendet: In der Tradition der Ethnomethodologie wird davon ausgegangen, dass die handelnden Personen selbst eine zeitlich-sequentielle Organisation ihrer Handlung vornehmen, die in der Analyse am Material herausgearbeitet werden kann, wohingegen in hermeneutischen Verfahren die Sequenzierung häufig nach der Materialität der Datensorte entsprechenden Kriterien vorgenommen (ebd.: 7). Das Potential von Sequenzanalysen sehen Reichertz und Englert vor allem darin, dass mit ihnen, sofern sie strikt als „extensive[...], hermeneutische[...] Auslegung von Daten in ihrer Sequentialität" (Reichertz/ Englert 2011: 32) vollzogen werden, Verfremdungseffekte erzeugt werden können, die Selbstverständlichkeiten aus dem Alltagsverständnis der Interpreten zumindest fragwürdig werden lassen und

---

[47] Eine der größten Herausforderungen für eine nach der Objektiven Hermeneutik verfahrende Interpretation audiovisueller Daten stellt für Oevermann die Überführung der Aufzeichnungen in „eine analysefähige Notierung" (Oevermann 1993: 121) dar. Als richtungsweisend kann hier wohl die in kritischer Auseinandersetzung mit der Objektiven Hermeneutik entwickelte Methodologie Herrles (2007) gelten.

so den Horizont für neue Sinndeutungen der aufgezeichneten Praktiken zu öffnen (vgl. ebd.). Neben dem Verfahren der Sequenzanalyse im Rahmen ihrer „Erziehungs-wissenschaftlichen Videographie", das in seinem Vorgehen zahlreiche implizite Bezüge zu Vorgehensweisen der Objektiven Hermeneutik aufweist, entwickeln Dinkelaker und Herrle mit der Segmentierungsanalyse, der Konfigurationsanalyse und der Konstellationsanalyse weitere Verfahren, deren Leistungen entweder in der Rekonstruktion simultaner oder sequentieller Sinnstrukturen und das entweder mit Blick auf den gesamten Interaktionszusammenhang oder auch einzelne Momente gesehen werden. Während die sequentiellen Strukturen vor allem auf Interaktionszusammenhänge beschränkt bleiben, erlauben die beiden letztgenannten Analyseverfahren auch räumliche Dimensionen in den Blick zu nehmen (vgl. Dinkelaker/ Herrle 2009: 52-113), was vor allem für pädagogische Analysen eine gewinnbringende Perspektive sein kann.

Es versteht sich dabei von selbst, dass diese aufgezeichneten Handlungsabläufe und räumlichen Dimensionen zur Analyse und Interpretation nicht mehr unmittelbar zu Verfügung stehen, sondern immer schon zum einen durch die technischen Bedingungen ihrer Aufzeichnung gerahmt sind (vgl. Knoblauch/ Schnettler/ Raab 2010: 9-12) sowie ihnen zum anderen immer schon „die Produktions- und Handlungsästhetiken der Aufzeichnenden selbst eingeschrieben" (ebd.: 12) sind. Hier setzen z. B. die Interpretationsverfahren der dokumentarischen Methode oder die hermeneutisch-wissenssoziologisch verfahrende Fallanalyse nach Reichertz und Englert an. Gefragt wird nach den Rahmungen des Dokumentierten, die durch die Art und Weise der Dokumentation vorgegeben werden: Von Interesse sind die Zahl der verwendeten Kameras, die Position(en) der Kamera(s), gewählte Perspektiven und Kameraeinstellungen, Schnitte und Montagen u. ä. m., je nach Erkenntnisinteresse können unterstützend Verfahren der Film- und Medienwissenschaften herangezogen werden (vgl. Reichertz/ Englert 2011: 9, Bohnsack 2009: 122-123). Wie Timm in diesem Band exemplarisch demonstriert, eröffnet die dokumentarische Methode die Möglichkeit, primär an der visuellen Dimension des Materials anzusetzen und die dort aufzufindenden Strukturierungen auf darin enthaltene habitualisierte Orientierungen zu befragen. Damit muss gar nicht immer eine intentionale Absicht des Autors einhergehen, zu reflektieren sind auch die von Produktions- und Herstellungsbedingungen eröffneten Möglichkeitsräume (vgl. Reichertz/ Englert 2011: 19), die auf verschiedenen Ebenen der Interpretation zu berücksichtigen sind. Zum einen war vor allem der Spielraum der abbildenden Bildproduzent_innen der historischen Aufzeichnungen durch die Grenzen der technischen Möglichkeiten, wie z.B. in den Aufnahmeräumen fixierte Kameras mit begrenzten Einstellungsgrößen, beschränkt. Zum anderen kann bisweilen von einer komplexen Verschränkung

politischer und pädagogischer Motivlagen ausgegangen werden, die eine Interpretation, die ausschließlich an der visuellen Dimension ansetzt, zumindest problematisch erscheinen lässt. Zugestanden sei dabei selbstverständlich, dass die
dokumentarische Methode selbst diese Fokussierung auf die bildliche Ebene gar
nicht verlangt. Vielmehr bietet die dokumentarische Methode innerhalb einer
sich über ein breites Anwendungsfeld erstreckenden vielfältigen Forschungspraxis verschiedene Analyseverfahren (vgl. Bohnsack/ Nentwig-Gesemann/ Nohl
2007), die ihre Aufmerksamkeit auch auf die in Kommunikations- und Interakti-
onsprozessen dokumentierten Orientierungsrahmen richten können (vgl. Wagner-Willi 2005). In der Analyse von Unterrichtsprozessen wäre davon auszugehen, dass sich diese Orientierungsrahmen auf unterschiedlichen Ebenen rekonstruieren lassen. Einerseits könnte danach gefragt werden, inwieweit die Kom-
munikationsverläufe und Interaktionen in einen übergeordneten Orientierungsrahmen „Unterricht" eingebettet sind, der zugleich mit ihnen von den Beteiligten
erst hergestellt wird. Andererseits wäre auch die Möglichkeit denkbar, nach
fachspezifischen Orientierungsrahmen zu fragen, derer sich Lehrer_innen bei der
Vermittlung und Schüler_innen bei der Aneignung von Unterrichtsinhalten bedienen, wobei nicht davon ausgegangen werden kann, dass solche Orientierungsrahmen mit zumindest in Ansätzen vorhandenen Übereinstimmungen tatsächlich
aufzufinden sind.

Die Reflexion der Rahmungen auf visueller Ebene bleibt nichtsdestotrotz
insofern höchst bedeutsam, da diese auch unsere Wahrnehmungen als Inter-
pret_innen bestimmen, die wir als Ausgangspunkt unserer Analyse nicht aus dem
Interpretationsprozess ausklammern können. Bedeutsam wird vor diesem Hintergrund allerdings erneut das Wissen um innere und äußere Kontexte der Aufzeichnungen. Dem Plädoyer, darüber hinaus, auch „Wissen um die Welt" oder
auch das „Wissen um eine wissenschaftliche Erklärung" (Reichertz/ Englert
2010: 31, kursiv im Original) zuzulassen, wollen wir uns hier anschließen. Es
erschiene uns wenig hilfreich, leugnen zu wollen, dass wir alle in der Regel ein
Vorwissen darüber verfügen, was man sich unter einer Institution namens Schule
vorzustellen hat, und damit zumeist auch eigene Erfahrungen verbinden, sowie
darüber hinaus relativ problemlos in der Lage sind, die auf den Videos dokumentierten Interaktionen als Unterrichtsprozesse zu identifizieren.[48] Ebenso ist davon
auszugehen, dass Pädagog_innen, die Unterrichtsaufzeichnungen analysieren,
bereits über verschiedene Theorien zur Beschreibung und Erklärung von Unter-

---

[48] Deutlich wird dies z.B. auch an den dokumentierten Rollenspielen, die möglicherweise Schulungen
von Pionierfunktionieren dienten, oder auch an Aufzeichnungen, die aus anderen Kontexten stammen
und nicht dem Archiv der Unterrichtsaufzeichnungen zuzuordnen sind. Zweifelsfrei befand die
Gruppe der Forscher_innen bei der Sichtung der Aufnahmen in Übereinstimmung, dass hier *kein*
Unterricht zu sehen sei.

richt verfügen. Zu Recht erinnern Reichertz und Englert an dieser Stelle an das „‚Offenheitspostulat‘ qualitativer Forschung", das in präzisierter Form bedeutet, „dass man nicht vor der Forschungsarbeit das untersuchte Feld mit fixen Hypothesen überzieht" (Reichertz/ Englert 2011: 13) – auf die Funktion, die die Sequenzanalyse für sie in diesem Zusammenhang übernehmen kann, wurde bereits hingewiesen – und natürlich kann es ein erstrebenswertes Forschungsziel sein, die Hypothesen ausschließlich am Material zu gewinnen und zu verifizieren. Wenn dieses Postulat jedoch zum „Verdikt, kein Kontextwissen zuzulassen" (dies. 2010: 31) erhoben wird, kann das auch als eine Verwechslung von „künstliche[r] Dummheit" und „tatsächliche[r]" (dies. 2011: 13) beschrieben werden, die erst recht Gefahr läuft, in der Interpretation den eigenen Vorurteilen zu erliegen (vgl. ebd.: 14, dies. 2010: 39). Das Plädoyer „all das Wissen zu nutzen, was am Interpretationstisch verfügbar ist" (dies. 2010: 38) impliziert bereits, dass die Analysen und Interpretationen in Gruppen durchgeführt und entwickelt werden, was wir aus eigenen Erfahrungen nur als gewinnbringend bestätigen können. Es wird dabei nicht nur „Deutungswissen der Gruppe vermehrt" (ebd.: 39), sondern verschiedene Lesarten können hier zur Diskussion gestellt werden (vgl. auch Jordan/ Henderson 1995: 43). Am „tape as the final authority" (ebd.: 45) wird dabei durchaus festgehalten, die möglichen Lesarten müssen sich stets am Material begründen lassen, die Plausibilität erfährt ihre Prüfung jedoch durch die Gruppe.

Sicher wird sich nicht jede der Herausforderungen, die audiovisuelles Material mit sich bringt, so bewältigen lassen. Die Überkomplexität der Videodaten, die innerhalb der sozialwissenschaftlichen Forschung auch als die komplexeste Datensorte bezeichnet werden (vgl. Knoblauch/ Schnettler/ Tuma 2010: 9, Knoblauch/ Schnettler/ Raab 2009: 14), wird hier eher noch zu langwierigeren Diskussionen führen können, was der Qualität der Interpretation jedoch nicht abträglich sein muss. Die Komplexität selbst wird sich auch schwerlich aufheben lassen, angemessene Fokussierungen dagegen sind möglich, was auch Klarheit über das eigene Erkenntnisinteresse verlangt. Nicht nur bei der Erhebung oder Auswahl der zu analysierenden Daten, auch bei der Entscheidung für die methodischen Zugänge sowie schließlich mit Blick auf die Möglichkeit, am Material überhaupt etwas erkennen zu können, Strukturen zu identifizieren, Relevantes von Unrelevantem zu trennen bzw. zu begründeten Entscheidungen diesbezüglich in der Lage zu sein, wird es unabdingbar sein, die eigene Fragestellung zu kennen und offen zu legen (vgl. auch Reichertz/ Englert 2010: 27).[49]

---

[49] Dass diese sich im Forschungsprozess noch einmal ändern kann oder sie sogar noch einmal verworfen wird, sei dahingestellt. Ebenso wollen wir nicht bestreiten, dass es auch eine den Forschungsprozess bereichernde Erfahrung sein kann, sofern man über den Luxus der dafür nötigen Zeit verfügt, sich auch auf eher ziellose „Spielereien" mit dem Material einzulassen, wie z.B. Studien ohne Ton

Das Anliegen des hier vorliegenden Bandes ist es, die Diskussion um die Möglichkeiten, die die Unterrichtsaufzeichnungen aus dem Medienarchiv und vergleichbare Dokumente der historisch-vergleichenden erziehungswissenschaftlichen Forschung bieten, zu eröffnen.[50] Die Vielfalt möglicher Zugänge sollte in diesem Beitrag zumindest deutlich geworden sein, auch wenn sicher nicht jeder hinreichende Berücksichtigung finden konnte. Mit den hier in einzelnen Beiträgen vorgestellten Verfahren nehmen einige der hier diskutierten Überlegungen dafür konkretere Gestalt an. Auf manche der hier formulierten Fragen wird es keine allgemein- und erst recht keine endgültigen Antworten geben, da sie Entscheidungen verlangen, die von Fall zu Fall zu treffen sind. Vieles jedoch lässt sich im Diskurs entwickeln, wozu dieser Band – wie wir hoffen – ein erster Beitrag sein kann.

Quellen und Literatur

Akademie der Pädagogischen Wissenschaften der DDR, Institut für Didaktik (Hg.) (1987): Erhöhung der geistigen Aktivität aller Schüler im Unterricht durch die systematische Vervollkommnung des methodischen Könnens der Lehrer. Wissenschaftlich-praktische Konferenz zu Ergebnissen und Erfahrungen eines mehrjährigen komplexen Experiments. Berlin.

Aufschnaiter, Stefan, von/ Welzel, Manuela (Hg.) (2001): Nutzung von Videodaten zur Untersuchung von Lehr-Lern-Prozessen. Aktuelle Methoden empirischer Forschung. Münster et al.

Baltruschat, Astrid (2010): Der Interpretationsprozess nach der dokumentarischen Methode am Beispiel von Kurzfilmen über Schule. In: Corsten/ Krug/ Moritz: 241-267.

Baumert, Jürgen/ Kunter, Mareike (2006): Stichwort: Professionelle Kompetenz von Lehrkräften. In: Zeitschrift für Erziehungswissenschaft 9, 4: 469-520.

Baumert, Jürgen/ Kunter, Mareike (2011): Das Kompetenzmodell von COACTIV. In: Kunter, Mareike/ Baumert, Jürgen/ Blum, Werner/ Klusmann, Uta/ Krauss, Stefan/ Neubrand, Michael (Hg.): Professionelle Kompetenz von Lehrkräften – Ergebnisse des Forschungsprogramms COACTIV. Münster: 29-53.

Bernfeld, Siegfried (1925/1973): Sisyphos oder die Grenzen der Erziehung. Frankfurt a.M.

Bohnsack, Ralf/ Nentwig-Gesemann, Iris/ Nohl, Arnd-Michael (Hg.) (2007): Die dokumentarische Methode und ihre Forschungspraxis. Grundlagen qualitativer Sozialforschung. Zweite erweiterte und aktualisierte Auflage. Wiesbaden.

---

oder im Zeitraffer durchzuführen, oder eine zunächst ungefilterte Sichtung vorzunehmen, um sich mit dem Material vertraut zu machen. Doch selbst in diesem Fall wird es irgendwann nötig sein, Entscheidungen zu treffen und Fragen zu formulieren.

[50] Hingewiesen sei hier auf die besonderen Anforderungen, die aus forschungsethischer Perspektive mit Blick auf die Persönlichkeitsrechte der abgebildeten Personen zu berücksichtigen sind. Insbesondere Videodaten erfordern sorgfältige Abwägungsprozesse, da diese nur bedingt zu anonymisieren sind (vgl. hierzu z.B. auch Knoblauch/ Tuma/ Schnettler 2010: 14). Ein solches Bewusstsein findet sich zwar bereits auch schon in mancher frühen Publikation artikuliert (vgl. Hoof 1972c: 103), eine nachträgliche Einwilligung der abgebildeten Personen zur Verwendung der Aufzeichnungen zu aktuellen Forschungszwecken lässt sich jedoch in der Regel nicht mehr einholen. Die an der Humboldt-Universität aufgezeichnete Geschichtsstunde zum Mauerbau, die mittlerweile auf DVD veröffentlicht werden konnte (Schluß 2005), stellt bisher eine Ausnahme dar.

Bohnsack, Ralf (2009): Qualitative Bild- und Videointerpretation. Die dokumentarische Methode. Opladen, Farmington Hills.

Breidenstein, Georg (2006): Teilnahme am Unterricht. Ethnographische Studien zum Schülerjob. Wiesbaden.

Breidenstein, Georg (2010): Überlegungen zu einer Theorie des Unterrichts. In: Zeitschrift für Pädagogik 26, 6: 869-887.

Breitel, Heide (2006): Die Nacht wird hell. Kompetenzorientierter Religionsunterricht nach Bildungsstandards. Die Dokumentation einer Doppelstunde Religionsunterricht. (DVD). Berlin.

Budke, Alexandra (2010): Und der Zukunft abgewandt. Ideologische Erziehung im Geographieunterricht der DDR. Göttingen.

Bürgler, Beatrice/ Hodel, Jan (2012): Die „politische Perspektive" im Unterricht – Erkenntnisse einer Videoanalyse von Geschichts- und Politikunterricht. In: Allenspach, Dominik/ Ziegler, Béatrice (Hg.): Forschungstrends in der politischen Bildung. Beiträge zur Tagung „Politische Bildung empirisch 2010". Zürich, Chur: 51-62.

Corsten, Michael/ Krug, Melanie/ Moritz, Christine (Hg.) (2010): Videographie praktizieren. Herangehensweisen, Möglichkeiten, Grenzen. Wiesbaden.

Deschler, Hans Peter (Hg.) (1970a): Unterrichtsmitschau – Entwicklungen und Erfahrungen. Hrsg. vom Arbeitskreis zur Förderung und Pflege wissenschaftlicher Methoden des Lehrens und Lernens e.V. Heidelberg.

Deschler, Hans Peter (1970b): Tätigkeitsbericht des Instituts für Unterrichtsmitschau und didaktische Forschung. In: Deschler 1970a: 46-61.

Deschler, Hans Peter (1970c): Zur gegenwärtigen Situation. In: Deschler 1970a: 9-11.

Deschler, Hans Peter (1974): Theorie und Technik der Unterrichtsdokumentation. München.

Diederich, Jürgen (1988): Didaktisches Denken. Eine Einführung in Anspruch und Aufgabe, Möglichkeiten und Grenzen der allgemeinen Didaktik. München.

Dinkelaker, Jörg (2010): Simultane Sequntialität. Zur Verschränkung von Aktivitätssträngen in Lehr-Lernveranstaltungen und zu ihrer Analyse. In: Corsten/ Krug/ Moritz: 91-117.

Edelstein, Wolfgang/ Oser, Fritz (2001): Aspekte einer Didaktik für LER. In: Edelstein, Wolfgang/ Grözinger, Karl E./ Gruehn, Sabine/ Kirsch, Barbara/ Leschinsky, Achim/ Lott, Jürgen/ Oser, Fritz: Lebensgestaltung – Ethik – Religionskunde. Zur Grundlegung eines Schulfachs. Weinheim und Basel: 143-196.

Erickson, Frederick (1986): Qualitative Methods in Research of Teaching. In: Wittrock, Merlin C. (Hg.): Handbook of Research on Teaching. Third Edition. New York, London: 119-161.

Erickson, Frederick (1992): Ethnographic Microanalysis of Interaction. In: LeCompte, Margaret D./ Millroy, Wendy L./ Preissle, Judith (Hg.): The Handbook of Qualitative Research in Education. San Diego et al.: 201-225.

Fischer-Lichte, Erika (1998): Auf dem Wege zu einer performativen Kultur. In: Paragrana 7, 1: 13-29.

Fuhlrott, Otto/ Hallek, Dieter/ König, Hans-Joachim/ Taeger, Jürgen (1970): Zum Einsatz des internen Fernsehens in der Lehrerbildung (Erfahrungsbericht einer Arbeitsgruppe des PI Magdeburg). In: Wissenschaftliche Zeitschrift des Pädagogischen Instituts Magdeburg 7, 6: 64-94.

Grammes, Tilman/ Schluß, Henning/ Vogler, Hans-Joachim (2006): Staatsbürgerkunde in der DDR. Ein Dokumentenband. Wiesbaden.

Gruschka, Andreas (2002): Didaktik. Das Kreuz mit der Vermittlung. Elf Einsprüche gegen den didaktischen Betrieb. Wetzlar.

Gruschka, Andreas (2010): An den Grenzen des Unterrichts. Opladen, Farmington Hills.

Gruschka, Andreas (2011): Pädagogische Forschung als Erforschung der Pädagogik. Eine Grundlegung. Opladen, Berlin, Farmington Hills.

Gruschka, Andreas (2013): Unterrichten – eine pädagogische Theorie auf empirischer Basis. Opladen, Farmington Hills.

Hecht, Michael (2010): Das Heben und Senken eines Armes. Ablauf einer ethnomethodologischen Konversationsanalyse von Videos aus deutschen und kanadischen Schulen. In: Corsten/ Krug/ Moritz: 119-137.

Helmke, Andreas/ Schneider, Wolfgang/ Weinert, Franz Emanuel (1986): Quality of instruction and classroom learning outcomes: Results of the German contribution of the Classroom Environment Study of the IEA. In: Teaching & Teacher Education 2, 1: 1-18.

Helmke, Andreas (2010): Unterrichtsqualität und Lehrerprofessionalität. Diagnose, Evaluation und Verbesserung des Unterrichts. Seelze-Velber.

Herrle, Matthias (2007): Selektive Kontextvariation. Die Rekonstruktion von Interaktionen in Kontexten der Erwachsenenbildung auf der Basis audiovisueller Daten. Frankfurt a.M.

Hodel, Jan/ Waldis, Monika (2007a): Was unterscheidet Geschichtsunterricht von Politischer Bildung? Erfahrungen der Schweizer Videostudie „Geschichte und Politik im Unterricht". In: GPJE (Hg.): Wirkungsforschung zur politischen Bildung im europäischen Vergleich. Schwalbach/Ts.: 61-79.

Hodel, Jan/ Waldis, Monika (2007b): Sichtstrukturen im Geschichtsunterricht – die Ergebnisse der Videoanalyse. In: Gautschi, Peter/ Moser, Daniel V./ Reusser, Kurt/ Wiher, Pit (Hg.): Geschichtsunterricht heute. Eine empirische Analyse ausgewählter Aspekte. Bern: 91-142.

Honecker, Margot (1970): Referat des Ministers für Volksbildung. In: Ministerium für Volksbildung (Hg.): VII. Pädagogischer Kongreß der Deutschen Demokratischen Republik vom 5. bis 7. Mai 1970. Protokoll. Berlin: 35-95.

Hoof, Dieter (1970): Tätigkeitsbericht der Pädagogischen Hochschule Niedersachsen Abt. Oldenburg. In: Deschler 1970a: 73-76.

Hoof, Dieter (Hg.) (1972a): Unterrichtsstudien. Ergebnisse didaktischer Untersuchungen mit Videoaufzeichnungen. Hannover et al.

Hoof, Dieter (1972b): Die Erschließung des didaktischen Feldes durch Beobachtung und Analyse des Unterrichts. In: Hoof 1972a: 13-42.

Hoof, Dieter (1972c): Technische und pädagogische Probleme bei Aufzeichnungen im regulären Unterrichtsmilieu. In: Hoof 1972a: 85-103.

Huhn, Norbert/ Dittrich, Gisela/ Dörfler, Mechthild/ Schneider, Cornelia (2000): Videografieren als Beobachtungsmethode in der Sozialforschung am Beispiel eines Feldforschungsprojekts zum Konfliktverhalten von Kindern. In: Heinzel, Friederike (Hg.): Methoden der Kindheitsforschung, Ein Überblick über Forschungszugänge zur kindlichen Perspektive. Weinheim, München.

Jordan, Brigitte/ Henderson, Austin (1995): Interaction Analysis: Foundations and Practice. In: The Journal of the Learning Sciences 4(1): 39-103.

Kath, Werner/ Manthey, Hubert (1953): Zur Frage der „Pädagogischen Tatsachenforschung" an der Universität Jena. Eine kritische Stellungnahme. In: Pädagogik 8, 2: 144-155.

Klieme, Eckhard (2006): Empirische Unterrichtsforschung: aktuelle Entwicklungen, theoretische Grundlagen und fachspezifische Befunde. Einleitung in den Thementeil. In: Zeitschrift für Pädagogik 6, 52. Jg.: 765-773.

Knoblauch, Hubert (2000): Workplace Studies und Video. Zur Entwicklung der visuellen Ethnographie von Technologie und Arbeit. In: Götz, Irene/ Wittel, Andreas (Hg.): Arbeitskulturen im Umbruch. Zur Ethnographie von Arbeit und Organisation. Münster et al.: 159-173.

Knoblauch, Hubert (2004): Die Video-Interaktions-Analyse. In: sozialersinn 1, 2004: 123-138.

Knoblauch, Hubert/ Schnettler, Bernt/ Raab, Jürgen (2009): Video-Analysis. Methodological Aspects of Interpretive Audiovisual Analysis in Social Research. In: Knoblauch/ Schnettler/ Raab/ Soeffner: 9-26.

Knoblauch, Hubert/ Schnettler, Bernt/ Raab, Jürgen/ Soeffner, Hans-Georg (Hg.) (2009²): Video Analysis: Methodology and Methods. Qualitative Audiovisual Data Analysis in Sociology. Frankfurt a.M. et.al.:. Qualitative Audiovisual Data Analysis in Sociology. Frankfurt a. M. et al.

Knoblauch, Hubert/ Tuma, René/ Schnettler, Bernt (2010): Interpretative Videoanalysen in der Sozialforschung. In: Maschke, Sabine/ Stecher, Ludwig (Hg.): Enzyklopädie Erziehungswissenschaft online. Weinheim, München: 1-40. DOI: 10.3262/EEO07100074.

Knoblauch, Hubert (2012): Introduction to the special issue of Qualitative Research: video-analysis and videography. In: Qualitative research 12, 3: 251-254. DOI:10.1177/1468794111436144.

Krammer, Kathrin/ Schnetzler, Claudia Lena/ Pauli, Christine/ Reusser, Kurt/ Ratzka, Nadja/ Lipowsky, Frank/ Klieme, Eckhard (2010): Unterrichtsvideos in der Lehrerfortbildung. Überblick über Konzeption und Ergebnisse einer einjährigen netzgestützten Fortbildungsveranstaltung. In: Müller, Florian H./ Eichenberger, Astrid/ Lüders, Manfred/ Mayr, Johannes (Hg.): Lehrerinnen und Lehrer lernen. Konzepte und Befunde zur Lehrerfortbildung. Münster et al.

Ladenthin, Volker (2006): Ist das denn echt? – Über die Möglichkeiten, Schulklassen zu filmen. In: PF:ue 4: 253-256.

Laurier, Eric/ Philo, Chris (2009): Natural Problems of Naturalistic Video Data. In: Knoblauch/ Schnettler/ Raab/ Soeffner: 181-190.

Lazarsfeld, Paul F. (1960/1975): Vorspruch zur neuen Auflage. In: Jahoda, Marie/ Lazarsfeld, Paul F./ Zeisel, Hans (1933/1975): Die Arbeitslosen von Marienthal. Ein soziographischer Versuch über die Wirkungen langdauernder Arbeitslosigkeit. Mit einem Anhang zur Geschichte der Soziographie. Frankfurt a.M.: 11-23.

Maier, Hans/ Pfistner, Hans-Jürgen (1966): Über die Repräsentation von Unterricht und die Stellung und Aufgabe der Unterrichtsbeschreibung. In: Meyer 1966a: 13-22.

Meseth, Wolfgang/ Proske, Matthias/ Radtke, Frank-Olaf (2012): Kontrolliertes Laissez-faire. Auf dem Weg zu einer kontingenzgewärtigen Unterrichtstheorie. In: Zeitschrift für Pädagogik 58, 2. 223-241.

Meyer, Ernst (Hg.) (1966a): Fernsehen in der Lehrerbildung. Neue Forschungsansätze in Pädagogik, Didaktik und Psychologie. München.

Meyer, Ernst (1966b): Das Heidelberger Modell einer hochschulinternen Fernsehanlage. In: Meyer 1966a: 9-12.

Meyer, Ernst (1966c): Die Bedeutung des hochschulinternen Fernsehens im Studium des künftigen Lehrers. In: Meyer 1966a: 152-156.

Meyer, Ernst (1974): Audivisuelle Dokumentation von Unterricht – Verwertungsaspekte einer didaktischen Infothek in der Lehrerausbildung. In: Roth/ Petrat: 42-66.

Miesch, Christian (2011): Stichworte zum Hochschulinternen Fernsehen an der PH-Dresden. URL: www.schulunterricht-ddr.de/pdf/Miesch_Nutzung-Hochschulinternes-Fernsehen.pdf (20.02.2013).

Mirschel, Volker/ Zeisberg, Peter (1980): Fernsehmitschau und Fernsehaufzeichnung in der Unterrichtsforschung. Einige Erfahrungen ihrer Nutzung. Hrsg. von der Akademie der Pädagogischen Wissenschaften der DDR, Direktorat für Forschung und Institut für Didaktik. Berlin.

Mohn, Bina Elisabeth (2010): Dichtes Zeigen beginnt beim Drehen. Durch Kameraführung und Videoschnitt ethnographische Blicke auf Unterrichtssituationen und Bildungsprozesse entwerfen. In: Thole, Werner/ Heinzel, Friederike/ Cloos, Peter/ Köngeter, Stefan (Hg.): „Auf unsicherem Terrain". Ethnographische Forschung im Kontext des Bildungs- und Sozialwesens. Wiesbaden: 153-169.

Mohn, Elisabeth/ Amann, Klaus (2006): Lernkörper. Kamera-ethnographische Studien zum Schülerjob. (DVD). Göttingen.

Mohn, Elisabeth Bina/ Wiesmann, Jutta (2007): Handwerk des Lernens. Kamera-ethnographische Studien zur verborgenen Kreativität im Klassenzimmer. (DVD). Göttingen.

Mühlen-Achs, Brigitta (1977): Filmsprache und Wirklichkeit. Zur Wirkung von filmischen Unterrichtsdokumenten. München.

Neuner, Gerhart (1982): Pädagogische Theorie und praktisches pädagogisches Handeln. Zur Weiterführung der Diskussion über theoretische Fragen der Pädagogik. In: Pädagogik 37, 3: 191-211.

Oevermann, Ulrich (1993): Die objektive Hermeneutik als unverzichtbare methodologische Grundlage für die Analyse von Subjektivität. Zugleich eine Kritik der Tiefenhermeneutik. In: Jung, Thomas/ Müller-Doohm, Stefan (Hg.): „Wirklichkeit" im Deutungsprozeß. Verstehen und Methoden in den Kultur- und Sozialwissenschaften. Frankfurt a. M.: 106-189.

Oser, Fritz (2001): Standards: Kompetenzen von Lehrpersonen. In: Oser, Fritz/ Oelkers, Jürgen (Hg.): Die Wirksamkeit der Lehrerbildungssysteme. Von der Allrounderbildung zur Ausbildung professioneller Standards. Zürich: 215-342.

Parnow, Klaus/ Springer, Lydia/ Kißling, Rolf (1976): Fernsehtechnik als Unterrichtsmittel zur praxisnahen Ausbildung von Lehrerstudenten. In: Bild und Ton 29, 1: 5-10.

Pauli, Christine/ Reusser, Kurt (2006): Von international vergleichenden Video-Surveys zur videobasierten Unterrichtsforschung und –entwicklung. In: Zeitschrift für Pädagogik 6, 52. Jg.: 774-798.

Prange, Klaus (1983/1986): Bauformen des Unterrichts. Eine Didaktik für Lehrer. Bad Heilbrunn/Obb.

Raab, Jürgen (2008): Visuelle Wissenssoziologie. Theoretische Konzeption und materiale Analysen. Konstanz.

Rabenstein, Kerstin/ Reh, Sabine (2007): Kooperative und selbstständigkeitsfördernde Arbeitsformen im Unterricht. Forschungen und Diskurse. In: Dies. (Hg.): Kooperatives und selbstständiges Arbeiten von Schülern. Zur Qualitätsentwicklung von Unterricht. Wiesbaden: 23-38.

Rabenstein, Kerstin/ Reh, Sabine (2008): Über die Emergenz von Sinn in pädagogischen Praktiken. Möglichkeiten der Videographie im ‚Offenen Unterricht'. In: Koller, Hans-Christoph (Hg.): Sinnkonstruktion und Bildungsgang. Zur Bedeutung individueller Sinnzuschreibungen im Kontext schulischer Lehr-Lern-Prozesse. Opladen, Farmington Hills: 137-156.

Reichertz, Jo/ Englert, Carina Jasmin (2011): Einführung in die qualitative Videoanalyse. Eine hermeneutisch-wissenssoziologische Fallanalyse. Wiesbaden.

Reusser, Kurt/ Pauli, Christine (2010): Unterrichtsgestaltung und Unterrichtsqualität – Ergebnisse einer internationalen und schweizerischen Videostudie zum Mathematikunterricht: Einleitung und Überblick. In: Reusser/ Pauli/ Waldis: 9-32.

Reusser, Kurt/ Pauli, Christine/ Waldis, Monika (Hg.) (2010): Unterrichtsgestaltung und Unterrichtsqualität. Ergebnisse einer internationalen und schweizerischen Videostudie zum Mathematikunterricht. Münster et al.

Roth, Leo/ Petrat, Gerhardt (Hg.) (1974): Unterrichtsanalysen in der Diskussion. Hannover et al.

Schluß, Henning (2005): Der Mauerbau im DDR-Unterricht. Didaktische DVD, FWU München-Grünwald. Nr.: 46 02332. + Begleitheft.

Schluß, Henning (2006): Unterrichtsaufzeichnung in der DDR – Ein Schatz der Unterrichtsforschung: Vorstellung eines Forschungsvorhabens. In: MedienPädagogik: 1-16, www.medienpaed.com/2006/schluss0603.pdf (10.03.2013).

Schluß, Henning (2007): Indoktrination und Fachunterricht – Begriffsbestimmung anhand eines Exempels. In: Ders. (Hg.): Indoktrination und Erziehung - Aspekte der Rückseite der Pädagogik. Wiesbaden: 57-74.

Schluß, Henning (2008): Unterricht in der DDR – Die Geschichte einer Geschichtsstunde zum Mauerbau. In: Barkleit Gerhard/ Kwiatkowski-Celofiga, Tina (Hg.): Verfolgte Schüler – gebrochene Biographien – Zum Erziehungs- und Bildungssystem der DDR. Dresden: 43-58.

Schluß, Henning/ Jehle, May (2013): „Der Frieden war in Gefahr". Reflexionen zur eschatolgischen Dimension der Schola-Schallplatte. In: Zeitschrift für Pädagogik 59, 2: 163-179.

Schmidt, Günther (1957): Tagung über Probleme der Unterrichtsforschung in Jena. In: Pädagogik 12, 3: 196-200.

Schnettler, Bernt/ Knoblauch, Hubert (2009): Videoanalyse. In: Kühl, Stefan/ Strodtholz, Petra/ Taffertshofer, Andrea (Hg.): Handbuch Methoden der Organisationsforschung. Quantitative und Qualitative Methoden. Wiesbaden: 272-297.

Schorb, Alfons Otto et al. (1966): Die Unterrichtsmitschau in der Praxis der Lehrerbildung. Eine empirische Untersuchung zur ersten Studienphase. Bad Godesberg.

Schorb, Alfons Otto (1967): Filmdokumente in der Unterrichtsforschung. In: Paedagogica Europaea 3: 49-69.

Schorb, Alfons Otto (1970): Vorwort. In: Deschler 1970a: 7-8.

Schorb, Alfons Otto (1974): Unterrichtsanalyse. Darstellung eines angewandten Verfahrens. In: Roth/ Petrat: 22-41.

Schulz, Hermann/ Friede, Walter (1964): Symposium zu Fragen des authentischen Erfassens von Unterrichts- und Erziehungssituationen durch unbemerktes Filmen. In: Pädagogik 19, 12: 1142-1144.

Schwindt, Katharina (2008): Lehrpersonen betrachten Unterricht. Kriterien für kompetente Unterrichtswahrnehmung. Münster et al.

Seidel, Tina/ Prenzel, Manfred/ Rimmele, Rolf/ Dalehefte, Inger Marie/ Herweg, Constanze/ Kobarg, Mareike/ Schwindt, Katharina (2006): Blicke auf den Physikunterricht. Ergebnisse der IPN-Videostudie. In: Zeitschrift für Pädagogik 6, 52. Jg.: 799-821.

Thole, Werner (2010): Ethnographie des Pädagogischen. Geschichte, konzeptionelle Kontur und Validität einer erziehungswissenschaftlichen Ethnographie. In: Thole, Werner/ Heinzel, Friederike/ Cloos, Peter/ Köngeter, Stefan (Hg.): „Auf unsicherem Terrain". Ethnographische Forschung im Kontext des Bildungs- und Sozialwesens. Wiesbaden: 17-38.

Videofile: Auswertung einer Unterrichtsstunde (v_apw_065). Schluß, Henning: Quellensicherung und Zugänglichmachung von Videoaufzeichnungen von DDR-Unterricht der APW und der PH-Potsdam (2010). In: Audiovisuelle Aufzeichnungen von Schulunterricht in der DDR. Forschungsdatenzentrum Bildung am DIPF, Frankfurt, Main. DOI: 10.7477/4:2:48 .

Videofile: Das schwere Los der Arbeiterfamilien in früherer Zeit (v_apw_036_T2). Schluß, Henning: Quellensicherung und Zugänglichmachung von Videoaufzeichnungen von DDR-Unterricht der APW und der PH-Potsdam (2010). In: Audiovisuelle Aufzeichnungen von Schulunterricht in der DDR. Forschungsdatenzentrum Bildung am DIPF, Frankfurt, Main. DOI: 10.7477/4:2:2 .

Videofile: Warum machen wir den Sozialismus?; Auswertung einer Unterrichtsstunde (v_apw_034). Schluß, Henning: Quellensicherung und Zugänglichmachung von Videoaufzeichnungen von DDR-Unterricht der APW und der PH-Potsdam (2010). In: Audiovisuelle Aufzeichnungen von Schulunterricht in der DDR. Forschungsdatenzentrum Bildung am DIPF, Frankfurt, Main. DOI: 10.7477/4:2:1 .

Videofile (1976): Forschungsprogramm 'Einheitlichkeit und Differenzierung' (v_hu_02). Schluß, Henning: Rettung, Erschließung und Veröffentlichung im Internet von aufgezeichnetem Unterricht aus der DDR (2005). In: Audiovisuelle Aufzeichnungen von Schulunterricht in der DDR. Forschungsdatenzentrum Bildung am DIPF, Frankfurt, Main. DOI: 10.7477/4:1:1 .

Videofile (1976): Körperbau von Vögeln (v_hu_36). Schluß, Henning: Rettung, Erschließung und Veröffentlichung im Internet von aufgezeichnetem Unterricht aus der DDR (2005). In: Audiovisuelle Aufzeichnungen von Schulunterricht in der DDR. Forschungsdatenzentrum Bildung am DIPF, Frankfurt, Main. DOI: 10.7477/4:1:4 .

Videofile (1976): Merkmale der Säugetiere (v_hu_16). Schluß, Henning: Rettung, Erschließung und Veröffentlichung im Internet von aufgezeichnetem Unterricht aus der DDR (2005). In: Audiovisuelle Aufzeichnungen von Schulunterricht in der DDR. Forschungsdatenzentrum Bildung am DIPF, Frankfurt, Main. DOI: 10.7477/4:1:2 .

Videofile (1977): Die Sicherung der Staatsgrenze am 13.8.1961 (v_hu_54). Schluß, Henning: Rettung, Erschließung und Veröffentlichung im Internet von aufgezeichnetem Unterricht aus der DDR (2005). In: Audiovisuelle Aufzeichnungen von Schulunterricht in der DDR. Forschungsdatenzentrum Bildung am DIPF, Frankfurt, Main. DOI: 10.7477/4:1:6 .

Videofile (1980): Beschreibung eines Kiefernzweiges (v_hu_76). Schluß, Henning: Rettung, Erschließung und Veröffentlichung im Internet von aufgezeichnetem Unterricht aus der DDR (2005).

In: Audiovisuelle Aufzeichnungen von Schulunterricht in der DDR. Forschungsdatenzentrum Bildung am DIPF, Frankfurt, Main. DOI: 10.7477/4:1:69 .

Vorsmann, N. (1970): Zur Planung und Durchführung der Arbeit mit der „Unterrichtsmitschau" an der Pädagogischen Hochschule Westfalen-Lippe, Abt. Münster. In: Deschler 1970a: 65-72.

Wagner-Willi, Monika (2004): Videointerpretation als mehrdimensionale Mikroanalyse am Beispiel schulischer Alltagsszenen. In: Zeitschrift für qualitative Bildungs-, Beratungs- und Sozialforschung 1: 49-66.

Wagner-Willi, Monika (2005): Zwischen Vorder- und Hinterbühne. Rituelle Übergangspraxen bei Kindern von der Hofpause zum Unterricht. Eine empirische Analyse in einer Berliner Grundschule. Wiesbaden.

Waldis, Monika/ Gautschi, Peter/ Hodel, Jan/ Reusser, Kurt (2006): Die Erfassung von Sichtstrukturen und Qualitätsmerkmalen im Geschichtsunterricht. Methodologische Überlegungen am Beispiel der Videostudie „Geschichte und Politik im Unterricht". In: Günther-Arndt, Hilke/ Sauer, Michael (Hg.): Geschichtsdidaktik empirisch. Untersuchungen zum historischen Denken und Lernen. Berlin: 155-188.

Weinhandl, Andrea (2012): Analyse der Grundzüge der DDR-Pädagogik anhand zweier Videoaufnahmen zum schulpsychologischen Gespräch aus dem Jahre 1977. Diplomarbeit, Universität Wien, Institut für Bildungswissenschaft.

Winnefeld, Friedrich (1963^2): Pädagogischer Kontakt und pädagogisches Feld. Beiträge zur Pädagogischen Psychologie. München, Basel.

Wulf, Christoph/ Althans, Birgit/ Blaschke, Gerald/ Ferrin, Nino/ Göhlich, Michael/ Jörissen, Benjamin/ Mattig, Rupprecht/ Nentwig-Gesemann, Iris/ Schinkel, Sebastian/ Tervooren, Anja/ Wagner-Willi, Monika/ Zirfas, Jörg (2007): Lernkulturen im Umbruch. Rituelle Praktiken in Schule, Medien, Familie und Jugend. Wiesbaden.

Rechnen aus Solidarität
Eine dokumentarische Videointerpretation retrodigitalisierter DDR-Unterrichtsvideos
Susanne Timm

Was ist im Film zu sehen? Zunächst, und das scheint sehr einfach zu sein, ist die gefilmte Situation zu sehen, und da es eine Unterrichtssituation ist, wird, wenn Unterricht als soziales Geschehen verstanden wird, die soziale Praxis von Unterricht in der DDR sichtbar. Für die Aussagekraft des Sichtbaren gilt es die Relation zwischen der Einzelaufnahme des gefilmten Unterrichts und dem schulischen Alltag, wie er sich täglich republikweit ereignet hat, zu bedenken. Eine Möglichkeit, dieses Verhältnis zu konzeptionieren, soll einleitend kurz skizziert werden. Der nachfolgende, exemplarisch ausgeführte explorative Entwurf einer dokumentarischen Videointerpretation der DDR-Unterrichtsaufzeichnungen verfolgt in erster Linie heuristische Interessen. Im dritten und resümierenden Abschnitt wird es auch um die Frage gehen, um welche Perspektiven die Interpretation der DDR-Unterrichtsvideos mittels der dokumentarischen Videointerpretation die historische Bildungsforschung erweitern kann. Methodisch beziehe ich mich bei diesem Versuch auf die dokumentarische Videointerpretation (Bohnsack 2003, 2010, 2011, Baltruschat 2010). Im Umgang mit visuellem Datenmaterial ist es Bohnsacks Ziel, der Eigenlogik des Ikonischen gerecht zu werden und mit der ausgearbeiteten Methodik eine Interpretation von sozialwissenschaftlicher Relevanz vorzulegen. Hierbei bezieht er sich in erster Linie auf die Wissenssoziologie Karl Mannheims, sowie auf die ikonologischen Überlegungen der Kunsthistoriker Erwin Panofsky und Max Imdahl.

1 Einführung

Für diesen Beitrag grundlegend ist die Auffassung, dass die in den Filmen sichtbare soziale Situation und deren Ordnungen durch das implizite Wissen der beteiligten Akteure strukturiert sind. Dieses implizite Wissen entfaltet aufgrund seines habituellen Charakters seine Relevanz auch jenseits des Filmmomentes. Durch die Unterrichtsfilme hindurch können also habituelle Orientierungen, die Unterricht in der DDR strukturierten, herausgearbeitet werden – und dies gilt für alle Akteure, für die Lehrer wie für die Schüler[1]. Damit kommt Unterricht in der DDR und dessen strukturierende Orientierungen jenseits der Klärungen zur Anschauung, wie sie aus der Analyse seiner Rahmenbedingungen, etwa der politischen Vorgaben, der didaktischen Zielstellungen und der materiellen wie personellen Ressourcen oder der Erinnerung Beteiligter abgeleitet werden können. Diese wissenssoziologische Perspektive auf Unterricht geht mit der Entscheidung zur Interpretation der DDR-Unterrichtsvideos auf der methodischen Grundlage der dokumentarischen Videointerpretation einher: Die dokumentarische Interpretation zielt auf das implizite, atheoretische Wissen ab, das sich in Handlungen dokumentiert, indem sie die Eigenlogik ihrer Strukturierungen , aufspürt. Die Analyseeinstellung zielt auf habitualisierte Orientierungen ab, die die geteilte Praxis, in diesem Fall die Unterrichtspraxis, strukturieren.

Die dokumentarische Interpretation von Videos setzt primär an der visuellen Dimension des Filmmaterials an. Eine Begründung für diese Entscheidung liefert die Eigengesetzlichkeit des Visuellen gegenüber der dominanten textlichen Dimension. In einem ersten Interpretationsschritt werden auf der vorikonographischen Ebene der Filmerzählung Hauptsequenzen, Untersequenzen und eingelagerte Sequenzen identifiziert. Eine Sequenz ist aus dem Zusammenhang von Szene und Einstellung konstituiert. Nach den Kriterien der kompositorischen und der interaktiven Dichte werden sogenannte Fokussierungsmetaphern ermittelt. Innerhalb dieser verdichteten Filmabschnitte werden entsprechend ihrer Relevanz, etwa der Einstellungshäufigkeit oder den Brüchen, Fotogramme bestimmt, die das Material für den nächsten Interpretationsgang, den der formulierenden und der reflektierenden Interpretation von Einzelbildern, bilden. Nach Hampl (2010: 74) bleibt auch in der Filmanalyse die Rekonstruktion der Planimetrie von Einzelbildern ein bedeutsamer erster Schritt bei der dokumentarischen Interpretation, denn der dokumentarische Sinngehalt, der in visuellen Produkten seine Spezifität aus dem ikonischen Sinngehalt gewinnt, ist in der formalen Komposition des Visuellen verankert (Bohnsack 2003, Imdahl 1994). Die Interpretation von Einzelbildern soll deswegen den Ausgangspunkt für die hier vorgestellte Interpretation liefern. Mit dieser Entscheidung sind zwei Einschränkungen verbunden: Die Interpretation rückt eher Momente der synchronen Konstellation als die des Unterrichtsverlaufs in den Vordergrund, ausdrücklich ausgeklammert wird die Interpretation im Blick auf die abbildenden Bildproduzenten, die einen deutlicheren Ausgangspunkt von spezifisch filmischen Aspekten nehmen müssen.

---

[1] Aus Gründen der Lesbarkeit wird für Frauen wie Männer, für Mädchen wie Jungen im Plural zumeist die maskuline Form genutzt. Da es sich in dem konkret gewählten Film leicht ersichtlich um eine weibliche Lehrkraft handelt, wird deren Benennung gleichwohl im Femininum erfolgen.

Ihre weitergehende Bedeutung gewinnen die Einzelbilder in ihrer Relationierung zu weiteren Elementen der Sequenz, wie zu weiteren Einzelbildern und Sequenzen. Die Dimension Text wird zunächst ebenfalls isoliert in verschiedenen Schritten bis zur Herausarbeitung des immanenten Sinngehaltes des Textes interpretiert und schließlich zur reflektierenden Gesamtinterpretation von Bild und Text erweitert.

2 Geteilte Orientierungen im Fachunterricht

Der Film wurde für eine exemplarische Interpretation in diesem Beitrag aus dem vorliegenden Korpus der DDR-Unterrichtsvideos nach drei Kriterien ausgewählt: Das der Vollständigkeit einer Unterrichtsstunde, das der unterstellten Sachbezogenheit des Unterrichts und schließlich das der Aufnahmesituation. Das erste Kriterium zielt einerseits auf das Material, in welchem der Spannungsbogen einer Unterrichtsstunde in seiner Gesamtheit abgebildet ist. Das zweite Kriterium ist daran orientiert, Unterrichtspraxis ohne vorgängigen Ideologieverdacht in den Blick zu nehmen. Gerade der Unterricht in den Fächern, die nicht von vornherein auf gesellschaftliche und politische Fragen ausgerichtet sind, gibt den Blick auf Orientierungen frei, die die pädagogischen Ordnungen diesseits ihrer explizit politischen Rahmungen strukturieren. Das dritte Kriterium der Auswahl bezieht die räumlichen wie situativen Bedingungen ein: Das hier zur Interpretation ausgewählte Video ist im Audiovisuellen Zentrum der Humboldt-Universität entstanden.[2] Es ist ein Raum, der für Unterrichtsaufnahmen und für direkte Unterrichtsbeobachtungen in Ausbildungs- und Forschungszusammenhängen installiert wurde. Die in diesem Fall aufgenommene Schülergruppe ist keine, die regelmäßig der Aufnahmesituation ausgesetzt wurde. Es ist nicht auszuschließen, dass es sich bei der aufgenommenen Situation um eine aus diesem Anlass inszenierte oder wiederholte Unterrichtsstunde handelt. Dennoch lassen sich in Brüchen und deren Anschlüssen wie auch in den Passagen, die die Inszenierung zu überspielen vermögen, habituelle Praktiken rekonstruieren, so eine Arbeitshypothese.

Vor diesem Hintergrund wurde eine Mathematikstunde in einer Sonderschulklasse, schätzungsweise im 6. bis 7. Jahrgang ausgewählt. Beteiligt sind zehn Schüler und eine Lehrerin. Die Aufnahme ist aus den späten 1970er Jahren.[3] Die im Weiteren vorgestellte Interpretation geht von Einzelbildern bzw. Fotogrammen aus, die aus zentralen Sequenzen bzw. Untersequenzen für die Interpretation

---

[2] Nähere Einzelheiten vgl. Heun in diesem Band.
[3] Neben dem Titel „Addition zweistelliger Zahlen" (Videofile 1987) werden aus Datenschutzgründen weitere Details nicht genannt bzw. sind alle Angaben anonymisiert.

herangezogen werden. Um die Einzelbilder aus den Sequenzen auswählen zu
können, wurde zunächst der gesamte Film sequenziert.[4] Für diesen Schritt sind
zwei bildliche Elemente, die Kameraeinstellung und der Bildinhalt, ausschlagge-
bend. Für diesen Film lassen sich jenseits der rahmenden Titelbilder fünf unterrichtliche Hauptsequenzen identifizieren: Die einleitende Sequenz ist überwiegend an der Stirnseite des Klassenraums lokalisiert, wird von einem Lehrervortrag eingeleitet und von der Tafelarbeit der Schüler bestimmt. Die nachfolgende
Hauptsequenz wird inhaltlich von der Arbeit der Schüler an ihrem Sitzplatz dominiert. Ihr folgt eine Hauptsequenz, die von verschiedenen Gesprächsanord-
nungen durchzogen ist. Die vierte Hauptsequenz, umfasst mit fast 17 Minuten
annähernd die Hälfte des Filmes und bündelt in arbeitsteiliger Weise verschiedene Arbeitsformen zu einem Strang, die Tafelarbeit sowie die Einzelarbeit von
Schülern und Schülerinnen in immer kürzeren Untersequenzen: Anhand der
Sequenzierung lässt sich also von einer Beschleunigung des Unterrichts für die
zweite Stundenhälfte sprechen. Die abschließende Hauptsequenz verläuft auch in
ihren Einstellungswechseln ruhiger und ist wieder von einem Lehrervortrag
geprägt. Auswahlkriterien für die verwendeten Sequenzen sind jeweils ihre Stellung im Film, und für die Einschränkung auf die Untersequenzen die Stellung
innerhalb der jeweiligen Hauptsequenz, die Fokussierungen in den Gebärden und
schließlich die gesteigerte Dichte der Bildfolgen und Anordnungen.

2.1 Initiale Lehrerzentrierung

Dass in der Interpretation der Bilddimension einleitende Einzelbild ist der Eingangssequenz entnommen, in welcher der Unterricht auf zweifache Weise eröffnet wird: Zunächst gibt die Lehrerin eine kurze Übersicht über die Stundeninhal-
te. In einem zweiten Schritt der Eröffnung werden mathematische Aufgaben
bearbeitet: Die Lehrerin ruft hierfür einzelne Schüler auf, die an der im ersten
Bild sichtbaren Tafel einzeln die geforderten Arbeitsschritte erledigen. Einstel-
lungsvarianten auf dem vorderen Teil des Klassenraumes dominieren in ihrem
Anteil deutlich. Die den gesamten Film strukturierende vordere Partie des Raumes wird prominent eingeführt.

---

[4] Das Grundmaterial einer Interpretation ist die Transkription, die bei Filmen methodisch eine Herausforderung bereithält: Wird Bild in Text überführt, handelt es sich bereits um einen Interpretationsschritt, der zumindest als Protokoll zu bezeichnen wäre – in einem Transkript verbleibt das Bild als
Bild. Für die hier vorgelegte Interpretation dient als Grundlage das Material, das auf der Basis des
von Stefan Hampl und Algaja Przyborski entwickelten Transkritpionssystems MoViQ gewonnen
wurde (vgl. Przyborski/ Wohlrab-Sahr 2008: 169). Bild und Ton werden in diesem Verfahren konstant im gleichen Zeitrhythmus transkribiert. Hampl spricht in diesem Zusammenhang von „Partitur-
schreibweise" (Hampl 2010: 55f.).

Abb. 1: Bild 0016, Hauptsequenz „Eröffnung des Unterrichts"/ Untersequenz „Übersicht der Stirnseite" in der am häufigsten vorkommenden Einstellungsvariante (Standbild)

In der Mitte des Bildes ist die Lehrerin abgebildet, die mit locker hängenden und leicht geöffneten Händen eine entspannte Haltung einnimmt. Sie ist durch keinen der Schüler, die zwischen ihr und der Kamera sitzen, verdeckt, ihr Körper wird etwas unterhalb der Hüfte vom unteren Bildrand abgeschnitten. Hinter ihr, im Bildhintergrund, ist eine Rechentafel, die für verschiedene Operationen benutzt werden kann. Die Lehrerin wendet dieser Tafel den Rücken zu: Sie ist mit ihrem Blick und mit ihrer Ansprache in die vor ihr sitzende Klasse gerichtet. Im Bildvordergrund befinden sich zwei Schüler, die nur zu geringsten Teilen abgebildet sind.

Die Lehrerin ist in der bildlichen Anordnung mehrfach betont: Sie ist die am vollständigsten abgebildete Person, die horizontal wie zentral positioniert ist. Sie ist durch den quadratischen Rahmen des geometrischen Mittelfeldes, der multifunktionalen Tafel in ihrem Hintergrund geradezu eingerahmt. Sichtbar ist eine Anordnung eines Triptychons mit der Lehrerin als einziger abgebildeter, zentraler Figur. Dieses Bild aus der Eingangssequenz „Eröffnung des Unterrichts" ist allein an der zentralen Position der Lehrkraft ausgerichtet.

Von der planimetrischen Anlage des Bildes ausgehend lässt sich die Szenerie der Aufnahme rekonstruieren, die den Blick auf das performativ hervorgebrachte Sozialgefüge freigibt.

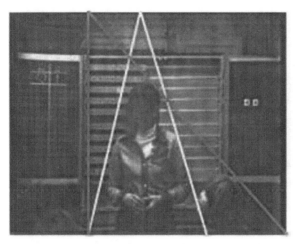

Abb.2: Bild 0016 [Bearbeitung ST] (Standbild)

Die Armaußenlinien lassen sich verlängern und mit dem unteren Bildrand als Basis nach oben spitz zulaufendes Dreieck verstehen, (hier weiß eingetragen), dessen Mittelsenkrechte sich mit der Mittelachse von Tafel, Lehrerin und Bild deckt. Innerhalb dieses Dreieckes liegt der Kopf der Lehrerin, außerhalb, die beiden Köpfe von Schülern im Vordergrund. Die Lehrerin lässt sich im Bildzentrum einzeln stellen, ohne Bezug zu den zwei Schülern, deren Kopf – zum Teil – sichtbar ist. Eine weitere Dreieckform (hier dunkelgrau eingetragen) verbindet die äußeren Kopfränder der Lehrerin mit dem des rechts sitzenden Schülers im Vordergrund.

Mit den beiden Dreieckspositionen lässt sich analog zu Imdahls Begriff des „Übergegensätzlichen" (Imdahl 1994: 312) die Gleichzeitigkeit von Einzelstellung und sozialer Bezogenheit herausarbeiten: Während für den nach schräg oben schauenden Schüler eine Blickrichtung auf die Lehrerin destilliert werden kann, ist diese mit ihrer Blickrichtung und Kopfdrehung von den beiden sichtbaren Schülern abgewendet: Die in der formalen Anordnung angeschlagene Bezugnahme der beiden – die beiden Schüler sitzen der Lehrerin sozusagen zu Füßen – wird im Bildinhalt nicht wiederholt.

Das Bild ist aus der Eingangssequenz des Unterrichtsvideos entnommen: Hier werden die folgenden 35 Minuten initialisiert. Zentral ist die Lehrerin im

Fokus des Bildes, betont in mehrfacher Weise: Durch ihre Größe, den Anteil an der Darstellung, die Mittigkeit und durch die Stellung zwischen Bildvorder- und Bildhintergrund. Im Hinblick auf soziale Konstellationen ist sie einerseits als Einzelne in ihrer Sonderstellung betont, dem nachrangig sind bildinhaltliche Beziehungen zu zwei Schülern, deren Köpfe im Bildvordergrund angeschnitten sind: Diese Beziehungen entfalten sich in gegensätzlichen Strukturen: Von dem ihr zugewandten und ihr näher sitzenden Schüler ist die Lehrerin abgewendet, ihre Blickzuwendung geht in die Richtung des zweiten Schülers, ohne erkennbar auf diesen direkt gerichtet zu sein. Eine Gleichzeitigkeit von Nähe und Distanz kann identifiziert werden.

Mit der Fokussierung auf die Lehrerin zeigt das Bild einen personalen Fokus: Material, Dinge, die mit der zu unterrichtenden Sache zu tun haben könnten, das Tableau, die Buchstaben und Rechenzeichen verbleiben im Bildhintergrund. Zunächst, eingangs zum Unterricht, den Unterricht initialisierend und herstellend, steht die Lehrerin im Mittelpunkt. Der Bildhintergrund besteht aus angeordneten Flächen, die formal die Dreiteilung eines Flügelaltars evozieren. Auch in diesem Zentrum steht die Lehrerin, die hier nicht nur zentral gerahmt wird, sondern gleichzeitig inhaltlichen Bedeutungszuwachs erfährt: An ihrer hervorgehobenen Stellung ist nicht zu zweifeln. Die Autorität einer Lehrperson wird hervorgehoben und performativ hergestellt. Die entspannte Haltung der Lehrerin (geöffnete Hände) gibt den Blick darauf frei, dass die Autorität eine ohne Anstrengung ist. Sie kann als inkorporierte verstanden werden, auf die die bildlichen Elemente lediglich verweisen. Den Zugang zur Sache gibt es in diesem Bild nur über die Person der Lehrkraft. Unterrichtsmaterialien bleiben im Hintergrund.

Anhand dieses initialen Bildes können als Arbeitshypothese für die weitere Interpretation des Films eine Zentralstellung der Lehrerin für die Initiation des Unterrichts, eine Übergegensätzlichkeit von Nähe und Distanz, und schließlich der Vorrang von Personen vor der zu unterrichtenden Sache formuliert werden.

Im Vergleich mit einem zweiten Bild aus der Eingangssequenz, das von der zweiten rückwärtigen Kamera in einem größeren Winkel aufgenommen wurde, lässt sich die Übergegensätzlichkeit in der sozialen Szenerie bestätigen.

Abb. 3: Bild 0016 [Bearbeitung ST] (Standbild)

Abb. 4: Bild 0012 [Bearbeitung ST] (Standbild)

In der rechten Bildhälfte sind die Lehrerin und die vier Schüler gruppiert, (markiert mit dem großen weißen Kreis). In der linken Bildhälfte sind drei Kinder von hinten zu sehen, die eine weitere Gruppe innerhalb der gesamten Darstellung konstituieren (markiert mit dem kleineren weißen Kreis).

Diese Kinder sind mit ihrer Kopfhaltung auf die Lehrkraft orientiert, welche selber ebenso aus ihrer Gruppe heraus auf diese mit ihrer Kopfhaltung gerichtet ist. Innerhalb der „Lehrkraftgruppe" lässt sich allenfalls von zweien der vier Kindern eine Hinwendung zur Lehrkraft vermuten. Zwei Kinder dieser Gruppe sind dagegen mit ihrer Kopfhaltung und der aus der Rückperspektive rekonstruierten Blickrichtung aus dem sozialen Bezug zur Lehrkraft hinausorientiert. Diese sich überkreuzenden Orientierungen laufen der planimetrischen Sozialordnung zuwider und sind in Abbildung 4 grau markiert. In der Übergegensetzlichkeit der Sozialbeziehungen lassen sich zwischen den beiden Einzelbildern der Eingangssequenz Homologien herausstellen. In einer weiteren Hinsicht lassen sich Homologien zwischen den beiden ausgewählten Einzelbildern herausarbeiten: Zwei Tafeln sind auf dem rechten Bild sichtbar, eine größere quer liegende in der linken Bildhälfte, und die schon bekannte multifunktionale in der rechten Bildhälfte. Wieder bilden die Tafeln und der unterrichtlich hiermit zu verbindende Sachbezug den Hintergrund des Bildes, die Lehrkraft steht demgegenüber im Vordergrund. Sie ist bei dieser breiteren Brennweite bei gleichem Standort im Raum nicht mehr im Zentrum des Bildes – allerdings enthält jede Bildhälfte ein Lehrerzentrum: In der rechten Bildhälfte wird das Lehrerzentrum durch die Lehrerin selber repräsentiert, während die linke Bildhälfte horizontal mittig vom Lehrertisch, einem hellen, nach allen Seiten verkleideten Möbelstück, dominiert ist: Er fungiert hier bildlich als dinglicher Lehrer-Stellvertreter.[5] (Vgl. Latour 2002) Wenige Materialien sind auf dem Lehrertisch abgelegt, einzelne Blätter Papier sind zu erkennen – sie heben sich kaum von der Farbgebung des Tisches ab. Der Tisch als Lehrerstellvertreter steht auch hier vor der zu unterrichtenden Sache. In der Eingangssequenz des Filmes lässt sich auf der Bildebene die Zentrierung des Unterrichtsbeginns auf die sprechende Lehrerin (1), die Vorgängigkeit der Lehrperson vor der zu unterrichtenden Sache (2) und ein spannungsreiches Sozialgefüge, das von Zugehörigkeit und Distanzierung konstituiert wird (3), herausarbeiten. Dabei kann die Lehrerin in ihrer Sonderstellung auch durch Dinge vertreten werden, eine Funktion, die in diesem Fall dem Lehrertisch zukommt.

---

[5] Im Anschluss an Bruno Latour kann auch die dingliche Ebene in ihrer sozialen Relevanz betrachtet und analysiert werden: Unterricht als soziales Geschehen findet in einer materialen Welt statt, der bei ihm eine soziale Funktion im Geflecht zugerechnet wird. Vgl. Latour 2002.

2.2 Ritualisiertes Sprechen

```
 1   Alle SuS:   Mooagn
 2   Af:            [Setzt euch bitte, (.) (so) wir wern in dieser
 3                  [[Räuspern]
 4                    [Stühle klackern]
 5   Af:          (.) Mathematikstunde, zwei Gebiete, besprechen, im
 6                ersten Teil    usnerer Stunde befassen wir uns mit dem
 7                Aufbau der natürlichen Zahlen, und, im zweiten Teil der
 8                Stunde werden wir uns wieder mit den Additions-
 9                Aufgaben; (.) befassen. (2) Komm nach vorn, und stelle
10                (.) diese Zahl dar. (2) [Räuspern] (.)
```

Transkript[6] Time Code: 00:02 – 00:26

Mit dieser gesprochenen Passage beginnt der aufgezeichnete Unterricht. Die Klasse spricht ein gedehntes „Morgen", das als verkürzter Gruß, die Unterrichtsstunde eröffnet. In dieser Kurzform ist nicht zu erkennen, an wen genau der Term als Gruß gerichtet ist. Noch in diesen unspezifischen Gruß hinein spricht die Lehrerin und eröffnet ihrerseits den Unterricht durch die kurze Bitte, Platz zu nehmen. Im kollektiven „Wir" benennt sie die zwei Arbeitsvorhaben für alle Anwesenden. In den einleitenden Sätzen wechselt die Lehrerin zweimal die Adressierung. Mit der Aufforderung, sich zu setzen, wendet sie sich an alle Schüler. Ohne größeren Übergang und noch in die Nebengeräusche hinein, die durch die Bewegungen der Schüler, Stühle rücken etc. entstehen, stellt sie die Vorhaben der Stunde vor: Hierbei spricht sie im kollektiven „Wir": Sie expliziert im Indikativ die normative Erwartung, was in den kommenden Phasen unter Beteiligung aller, inklusive ihrer selbst, stattfinden wird. In ihrer dritten, fast nahtlos vorgebrachten Äußerung, adressiert sie in einer dritten Form: Sie stellt eine Aufgabe in der 2. Person Singular: Zuvor waren alle angesprochen und es wurde von Aktivitäten gesprochen, die alle ausführen sollen – nun ist eine einzelne Person herausgehoben, die aber noch nicht direkt angesprochen ist – jede bzw. jeder kann hier als einzelne Person gemeint sein, und damit bleibt die Gruppe als Ganze, wenn auch als loser Verband Einzelner, adressiert. Tatsächlich wird erst im nächsten Schritt ein einzelner Schüler namentlich angesprochen.

Die Aufgabenformulierung ist auf der Textebene alleine nicht zu verstehen: „Stelle diese Zahl dar!" als Aufforderung rekurriert sie auf Verfahren, die sich auf der Textebene nicht erschließen lassen und die vielfältig ausfallen können. Im weiteren Fluss des Geschehens wird aber deutlich, dass die Aufgabenstellung

---

[6] Für die von mir erstellten Transkripte des im Film gesprochenen Textes findet das Transkriptionssystem, wie es von Bohnsack in [2]2011:242 dargestellt wird, Verwendung.

für die Schüler anschlussfähig ist, denn es erfolgen keine weiteren Explikationen. Vielmehr wird die Aufgabe in einer Weise erledigt, die keine weitere Erklärung oder Korrektur erfordert: Offensichtlich weiß der Schüler, auf welche Handlung sich die Aufforderung bezieht.

Mehrere Elemente dieser kurzen Textpassagen wirken in hohem Maß ritualisiert – ein Gruß, der sich an niemanden oder an alle richtet – und der nicht beantwortet wird, auch bereits die Verkürzung repräsentiert eine ritualisierte Form geregelten Soziallebens, die auf Sinnzusammenhänge verweist, ohne sie im Einzelnen darzustellen. Auf das hohe Maß an Ritualisierung dieses Unterrichtsbeginns weist zudem dessen Flüssigkeit, die im Verhältnis zu weiteren unterrichtlichen Schritten zu beobachten ist. Die Andeutung des Begrüßungsrituals führt nahtlos in den Unterricht ein. Selbst wenn der Unterricht für den Aufnahmezweck inszeniert ist, erfüllt die Kurzform der Begrüßung noch als Rudiment seine Funktion als Eröffnungsritual des Unterrichts.

Ein weiteres Moment lässt sich neben der Markierung des Unterrichtsbeginns herausarbeiten, nämlich die performativ hergestellte Machtstruktur: Eine Person wird von allen gegrüßt, diese grüßt nicht, sondern fordert zu Handlungen, sowohl durch die explizierte Aufforderung, sich zu setzen, als auch durch die Formulierung impliziter, normativer Erwartungen, die einer spezifisch-unspezifischen Arbeitsaufforderung vorangestellt ist. Im flüssigen Vollzug kooperieren die Schüler und legitimieren damit nicht nur die Erwartungen selber, sondern auch den Absender und den Vorgang der Normsetzung.

In Form des flüssigen Rituals und seiner Anschlüsse wird von der Lehrerin und den Schülern eine unterrichtliche Ordnung gemeinsam hervorgebracht, in der die Lehrerin zügig und nahtlos Arbeitsformen und -inhalte vorgibt, die reibungslos in eigene und in Handlungen auf Seiten der Schüler transformiert werden. Hierbei tritt die homologe Autoritätsorientierung wie das selbstverständliche Agieren aller Beteiligten in ihrer jeweiligen institutionellen Rolle zutage. Die Schüler spielen nicht nur solche, sondern sie agieren flüssig und ohne Verletzung der Rollenerwartung. Sie haben die ritualisierten Begrüßungselemente, die Abfolge von Unterrichtsphasen und die Erwartungen an die Schülerrolle als Lernende inkorporiert.

In der Eingangssequenz des Filmes ließ sich auf der Bildebene die Zentrierung des Unterrichtsbeginns auf die sprechende Lehrerin (1), die Vorgängigkeit der Lehrperson vor der zu unterrichtenden Sache (2) und ein spannungsreiches Sozialgefüge (3) herausarbeiten. Die Textebene weist Homologien zu diesen ersten Hypothesen auf: Der Arbeit an der Sache sind die normativen Erwartungen für die nachfolgende Unterrichtsstunde vorangestellt. Die Zentrierung des Unterrichtsbeginns auf die Lehrerin wird in ihren Redeanteilen wie den nahtlosen Wechseln zwischen verschiedenen Formen der Adressierung hervorgebracht.

Ebenso ist auch in die textliche Dimension des Films das zweideutige Sozialgefüge – die Simultaneität von Kohärenz und Distanz – eingearbeitet. Die Lehrerin
erwidert den Gruß der Klasse nicht, sondern bringt ihre eigene Autorität als Un-
terrichtsleitende sprachlich-performativ zum Ausdruck. Zudem spricht sie von
„wir", von einem Kollektiv, das sie selber umfasst, wie sie die Schülerinnen und
Schüler als Kollektiv und gleichzeitig als Einzelne anspricht.

2.3 Erziehung dominiert Unterricht

In den drei Ergebnisaspekten der bisherigen Interpretation ist die Dominanz der
erzieherischen Dimension von Unterricht eingearbeitet: Sie wird ritualisiert präsentiert, und muss nicht erarbeitet werden. Die erzieherische Dominanz des Unterrichts ist von allen Beteiligten habitualisiert. Dies kommt sowohl in den ent-
spannten und zugleich rollenförmigen Präsentationsweisen zum Ausdruck, als
auch in der strukturierten Ordnung von Interaktionsschritten. Dieser erzieherischen Dominanz gilt es in weiteren Vergleichen nachzugehen. Ein zweites, dem
zugehöriges, Element ist die Vorrangigkeit der Lehrperson vor der zu unterrichtenden Sache, ein drittes die habitualisierte Beteiligung aller Akteure an der
Herstellung der unterrichtlichen Ordnung.
Eine Zäsur des Unterrichtsverlaufs ist nach zehn Minuten anlässlich eines
Wechsels von Unterrichtsinhalt, dem Hauptort des Geschehens und den Aktivi-
tätsmodi ausfindig zu machen. Der erste Unterrichtsteil ist abgeschlossen, den
Übergang zum zweiten inhaltlichen Teil bildet ein von der Lehrerin initiiertes
Gespräch.

```
 1   Af:       So und wenn wir nun (.) ganz (.) gut unsere Aufgabn
 2             lösen wolln dann müssen wir einige Dinge beachten, wie
 3             wir sein müssen, damit wir das Ziel (.) schaffen; (2)
 4             Na; wie müssn wir wohl sein wenn wir unser Ziel schaffen
 5             wolln-Sylvia;
 6   Sf1:              [Ooarnlich sein
 7   Af:                 [Richtig; so; weiter-Kerstin
 8   Sf2:                      [Und wenn ma fertich ist
 9             dann soll ma ooarntlich sitzn
10   Sm:                       [Und schnell machen und mit
11             Melden und mitarbeiten
12   Af:                 [°Fein.° So; und wenn wir das alles
13             beachten was eben die Kinder gesagt haben dann wern wir
14             sicher am Ende der Stunde noch besser unsre
15             Additionsaufgaben lösn könn.
```

Transkript Time Code: 10:06 – 10:48

Wie sich erst im Anschluss an die erste Äußerung der Lehrerin zeigt, ist mit ihrer darstellenden und erklärenden Formulierung die Erwartung verbunden, dass sich die Schüler äußern. Nach einer kurzen Pause formuliert die Lehrerin die Aussage erneut, nun in Form einer Frage, die Antworten generiert. Alle Punkte, die nach der ersten Stockung wie in einer vorab festgelegten Reihenfolge selbstverständlich und ohne weitere Erklärungen genannt werden, sind im Film als praktizierte Schülerverhaltensweisen zu sehen: 1. Die gleiche Ausrichtung, Oberkörper- und Armhaltung der Schülerinnen – das zuerst angesprochene „ordentliche Sitzen", 2. die Einnahme einer bestimmten Sitzposition, sobald Aufgaben abgeschlossen sind, 3. das zügige Tempo – zumeist beginnen die Schüler sich zu melden, bevor eine Frage fertig formuliert ist, und keiner unter ihnen muss zweimal angesprochen werden, um eine geforderte Handlung auszuführen: Die Schüler „machen schnell". Ebenso wird die Meldung vor Redebeginn durchweg eingehalten. Diese Regelkonformität seitens der Schüler wird durch zwei performative Elemente gesteigert: Es gibt wiederholt das Armschütteln als betontes Melden, bei gleichzeitiger Redeenthaltsamkeit – und alle Schüler sprechen erst dann hörbar, wenn sie dazu aufgefordert sind. Es ist regelförmiges Verhalten, das in dieser Episode als den Unterricht strukturierendes Element expliziert wird, und gleichzeitig wird es während der 35 Minuten als inkorporiertes Verhalten des Schülerhabitus sichtbar.

2.4 Nachrangigkeit des Fachbezuges

In einem weiteren Textabschnitt des Films geht es um geschriebenen wie um gesprochenen Text: Im fachlichen Zentrum steht in dieser Passage eine in Text gekleidete Additionsaufgabe. „Wir sammeln Altstoffe. Den Erlös wollen wir auf das Solidaritätskonto überweisen. René erhielt 32 Pf. und Moni erhielt 51 Pf. Wie viel Pf. sind das insgesamt?" Der sich an ein erstes leises Lesen dieses Tafeltextes anschließende Dialog entwickelt sich wie folgt:

```
 1    Af:      Wie heißen die Kinder; (.) die in unserer (.) Aufgabe
 2             ⌊[Schnipsen]
 3             vorkommen. Bitte?
 4    Sm:      René.
 5    Af:      Ja, einmal ham wir den René, (2)
 6    Sm:      [°noch eens„] (2)
 7    Af       Und wen ham wir noch
 8    Sm:                      ⌊Moni;
 9    Af:                       ⌊°gut;° (4)
10             Beide Kinder gefalln mir ausgezeichnet; (2) stolz solche
11             Kinder in meiner Klasse zu haben; (3) Fred;
12    Sm:                              He;
13    Sm1:     Die (.) ham zwei (.) zwei (.) zwei drei
14    Af:                      ⌊Warum gefalln sie dir;
15    Sm1:     |                        ⌊Na weil se Altstoff
16             gesammelt ham; Alt-zur Solidarität
17    Af:                       ⌊°jaa,° kannst du uns auch
18             erzähln was mit diesm Geld dem (.) das Moni und (.) René
19             spenden angefangen wird;
20    Sm1:                      ⌊Ja das wird nach Länder geschickt
21             das die (.) äh (.) die (.) zum Beispiel wo die
22             Überschwemmung war, das da Spritzn un alles so
23             hergestellt wird man das kaufn kann; das die Krankheitn
24             vermeidn könn; un das die nich hungern müssn;
25    Af:      Mhm, ja Fred denkt an unsre Freunde in Vietnam; nicht,
26             die jetzt besonders Not leiden durch diese
27             Hochwasserkatastrophe, und da wolln wir jetzt besonders
28             helfen; ham wir uns ja vorgenommen; so; nun möchte ich
29             aber wissen, wieviel die Moni eigentlich (.) gespendet
30             hat.
```

Transkript Time Code 14:42 – 16:14

Die Handlung innerhalb der Textaufgabe zeigt an, dass im Unterricht die Ebene der Mathematik verlassen wird, nach kaum einer Viertelstunde bereits zum dritten Mal: Ein nicht-mathematischer Redebeitrag der Lehrerin ist ein explizit Disziplinierender, in der Form eines Unterrichtsgesprächs wird die Arbeitshaltung besprochen – und nun wird ein explizit politischer Inhalt zum Anwendungsbeispiel mathematischer Berechnungen. Ein fachfremder Unterrichtsgegenstand schiebt sich in den Vordergrund, obwohl es an diesem Zeitpunkt der Unterrichtsstunde fachlich um eine neue Stufe, die Addition zweistelliger Zahlen, geht.

Didaktisch ist abwechslungsreicher Unterricht geboten: Der Ort der Handlung hat sich zur zweiten Tafel verlagert, auch wird der innermathematische Arbeitsschritt in einer neuen Aufgabenform präsentiert, zudem integriert die Lehre eine Leseübung in den Mathematikunterricht: Die Lehrkraft forderte zum leisen Lesen auf, im Anschluss stellt sie Fragen zum Textverständnis. Im nächsten Schritt begibt sie sich in die in der Aufgabe erzählte Geschichte: Sie selber ist stolz auf die Kinder, die Namen der tatsächlich Anwesenden tragen. Die Mathematikaufgabe folgt dem Prinzip des Alltagbezuges bzw. der Orientierung an der Lebenswirklichkeit. Dieser Sprung der Bezugsebenen, von der Mathematik

zum fachunspezifischen Klassenalltag, wird in Zeile 13 von einem Schüler mit
vollzogen, indem er den Stolz der Lehrerin expliziert, und zwar ohne dass danach gefragt worden wäre: Es ist ihm selbstverständlich, dass es nun um die
Sammelaktivitäten der Schüler und deren Zweck geht, und nicht mehr um die
Addition. Der Schüler erklärt Details der von ihm humanitär verstandenen Hilfe
für Überflutungsopfer in Vietnam, er schließt nahtlos an den Stolz und das
Wohlgefallen der Lehrkraft an, indem er es für sich expliziert. Nimmt man an
dieser Passage die Bildebene hinzu – wird diese Zustimmung mittels der Pio-
nierkleidung, die dieser Schüler als einer der wenigen Anwesenden trägt, wiederholt und performativ zur Geltung gebracht.

Diese Passage zeigt erneut die Vorgängigkeit der Erziehung vor der Vermittlung von Sachinhalten, denn während die Lehrerin mit kurzen Einwürfen
fachliche Leistungen positiv bewertet (hier bspw. „gut", kaum hörbar in Zeile 9),
verwendet sie zwei Sätze auf die Expression ihrer Gefühle: Die Kinder „gefallen" ihr „ausgezeichnet". Sie ist „stolz" auf sie (beide Z. 10). Die Wiederholung
in einer anderen Formulierung betont die Emotionalität der Äußerung, sie fungiert als Einstieg in den Inhalt der Sachaufgabe, als Einstimmung in den positiv
konnotierten Zusammenhang und die normative Erwartung erfolgreichen Spen-
densammelns – und sie bietet den Anschlusspunkt für Schüler, die ohne weitere
Erklärung sich ebenfalls in die Geschichte hineinbegeben und von den guten
Taten erzählen. Die Lehrer-Schüler-Beziehung wird in dieser Mathematik ausgerechnet in der Passage emotional verdichtet, in der im Fachunterricht der Inhalt
zur politischen Instruktion verschoben wird. Die sozialistischen Praktiken, hier
das Sammeln für das Solidaritätskomitee als Teil des sozialistischen Wettbe-
werbs, sind aber nicht nur Unterrichtsgegenstand, sondern werden – wie im Zusammenhang der ordentlichen Sitzhaltung – arbeitsteilig und performativ zur
Geltung gebracht. Die Lehrerin vollzieht den Wechsel vom Fach- zum politischen Unterrichtsgegenstand geplant: Die Aufgabe wurde in dieser Formulierung
vor Unterrichtsbeginn auf die Tafel geschrieben. Die Schüler ihrerseits sind
durch den Registerwechsel der Lehrerin nicht zu erstaunen: Sie begeben sich in
ihrer aktuellen Schülerrolle in die Rolle der Geschichtenakteure, ihr selbstver-
ständlicher Handlungsraum umfasst den Unterricht wie die gesellschaftspolitischen Aktivitäten als Pioniere, deren Einbezug in den mathematischen Fachunterricht hier widerspruchslos abläuft. Der Wechsel des Gegenstandes vollzieht
sich nahtlos, in habitualisierter Weise. Dies deutet darauf hin, dass der Einbezug
politischer Gegenstände im Fachunterricht ein Teil ihrer Alltagspraxis darstellt.

2.5 Spannungsfeld Kollektivität

Über den Film hinweg ist im Blick auf die Positionierung der Schüler und Schülerinnen auffallend, dass die durch die Sitzanordnung konstituierten Zweiergruppen in körperlicher Distanz voneinander in Erscheinung treten: Sie sind abgewandt, sie blicken in entgegengesetzte Richtungen, sie sprechen nicht miteinander – es sind alles Momente der sozialen Distanzierung, die Bestandteil der unterrichtlichen Ordnung sind und von einem Großteil der Klasse performativ hervorgebracht werden: Schülersein heißt in diesem Fall, stärker auf die Rollenerwartung und das Unterrichtsgeschehen als auf die Sozialgruppe der Gleichaltrigen orientiert zu sein.

Kollektivität, eines der erklärten Erziehungsmittel und -ziele sozialistischer Pädagogik[7], wird in verschiedenen Dimensionen sichtbar. Schüler werden als Einzelne wie als Gruppe gleichzeitig angesprochen, zum Teil spricht sich die Lehrerin mit der Schülergruppe zusammen an, die sich in dieser Weise dem angesprochenen Kollektiv selber einordnet. Diese Ansprachen werden von den Schülern in Handlungen fortgesetzt, sie fühlen sich also als einzeln Agierende durchaus in diesem Modus der Gruppenadressierung angesprochen. Besonders tritt die Dialektik von Einzelnem und Gruppe aber auf der visuellen Ebene zu Tage: Zuwendungen sind in keinem Moment des Films eindeutig, sie werden in ihrer Enaktierung gebrochen durch eine simultane Gegenbewegung. Dies gilt nicht nur für die Konstellation Lehrerin-Schüler, sondern auch für die Schüler untereinander, die sich eher voneinander abwenden oder abgrenzen als eine durch die Zweiersitzordnung naheliegende Bezogenheit in der Zweierkonstellation anzusteuern. Kollektivität wird in diesem Unterricht als eine Sozialform performativ zur Geltung gebracht, die nicht nur den Einzelnen, sondern auch die Gemeinschaft verfehlt.

3 Resümee

Die in dem Unterrichtsvideo aufgezeichnete Klasse ist eine Sonderschulklasse. Sie umfasst in dieser Darstellung zehn Schüler und Schülerinnen, die ca. 10 bis 13 Jahre alt sind. Die Schüler werden in unterschiedlichem Ausmaß in sie exponierende Aktivitäten einbezogen. Ob es sich um eine inszenierte bzw. wiederholte Stunde vor der Kamera handelt, oder um eine echte Unterrichtsstunde mit einem sachbezogenen Lernziel, ist letztlich angesichts der Kohärenz der inkorporierten Rollenperformanz belanglos: Zu sehen ist flüssig verlaufender Unterricht mit den genannten Aspekten einer habitualisierten und performativ aktualisierten

---

[7] Vgl. Stichworte „Kollektiv" und „Kollektivität" in: Laabs et al. (1987): 204ff.

Unterrichtsordnung. Die Schüler dieser Klasse haben – in jeder Hinsicht – ihre Rolle gelernt.

Im ersten Interpretationsschritt wurde herausgearbeitet, dass die Lehrerin zentral gestellt ist und in ihrer Bedeutung hervorgehoben ist. Bereits in der Eingangssequenz kündigt sich die Ambivalenz der Sozialbeziehungen an: Nähe und Distanz, Zugehörigkeit und Einstellung galten gleichermaßen und gleichzeitig. In den nachfolgenden Interpretationsschritten kam die Herstellung unterrichtlicher Ordnung durch alle Akteure hinzu, wobei den Schülern die Rolle der Darbietung vorgegebener Antworten zukommt. Indem die Schüler der Autorität der Lehrerin unzweifelhafte Wirksamkeit zubilligen, wird sie von ihrer Seite mit hervorgebracht und legitimiert.

Erkennbar ist eine Dominanz des Erzieherischen. Erzieherisches ist eingelassen in die visuelle und in die textliche Dimension des Unterrichts, wird als Strukturierungsweise des Unterrichts verwendet, wird expliziert und performativ vollzogen. Die Homologien zwischen Bild- und Textebene wie für den szenischen Verlauf verweisen auf habituelle Orientierungen im Kontext von Unterricht, die von beiden Akteursgruppen geteilt werden. Lehrersein heißt in diesem Zusammenhang, die zentrale Akteursposition einzunehmen, in der Relevanz für den Unterrichtsverlauf vorgängig zur Sache, Lehrersein heißt ebenso, sich einzelnen Schülern und Schülerinnen konkret zuzuwenden bei gleichzeitiger Distanzierung von ihnen. Schülersein heißt, die Ordnung als eigenständiges Unterrichtsziel aufrecht zu erhalten, in den Interaktionen eine reaktive Rolle einzunehmen und auch innerhalb der Schülergruppe die Ambivalenz von Nähe und Distanz performativ zur Geltung zu bringen.

Das Konvolut der DDR-Video-Aufzeichnungen von Unterricht ermöglicht die Rekonstruktion der das Unterrichtsgeschehen strukturierenden Orientierungen, des Lehrer- wie des Schülerhabitus. Anlässlich des hier vorgelegten Beispiels lassen sich erste Forschungsperspektiven generieren, zu deren Beantwortung die Unterrichtsvideos einen exklusiven Quellenzugang ermöglichen:
(1) Das Kollektiv galt als zentrale Dimension der Vergesellschaftung in der DDR. Nicht jede ambivalente Gestaltung von Nähe und Distanz, wie sie generell für Unterricht konstituierend ist, spricht aber deswegen für eine Ausrichtung an diesem Leitbild. Im hier vorgelegten Beispiel werden Schüler immer als Gruppe, genauer als Einzelne, die Gruppenstellvertreter sind, angesprochen. Es ist eine Orientierung an Kollektivität erkennbar, die deutlich grundlegender ist, als es beispielsweise in der Initiierung von Gruppenarbeit auch nur angedeutet ist. Nicht die Schulklasse als Klasse und Gruppen und auch nicht die Einzelnen werden angesprochen, sondern ein Kollektiv, das durch die wechselseitige Durchdringung von Individualität und Gemeinschaftlichkeit konstituiert ist. Die Filme können aber nicht nur einen Blick darauf freigeben, wie die vorgegebene

Sozialform implementiert und realisiert wurde, vorstellbar sind auch Momente, in denen diese durch Nichtpraktizieren im Unterricht unterwandert wird und sozialer Eigensinn zur Geltung kommt.

(2) In der in dieser Fallstudie interpretierten Mathematikstunde findet emotionalisiertes Sprechen nur in Verbindung mit politischer Erziehung statt. Die sprachliche Darstellung verzichtet im Zusammenhang der Spendenaktivitäten auf die sonst durchgehaltene Distanz und stellt die größte Nähe zu den Schülern im Verlauf dieser Stunde her. Für weitere Untersuchungen bietet es sich an, dieser Prominenz von Emotionalität nachzugehen und den Fokus darauf zu richten, welche Unterrichts-, welche Bildungs- und/ oder Erziehungsinhalte durch diese Form der Emotionalisierung besonders hervorgehoben werden.

(3) Im Unterrichtsbeispiel, das die Grundlage für die hier vorgelegte Interpretation bildet, wird Verhaltenserziehung als grundlegendes Strukturmoment des Unterrichts präsentiert, und ist weiteren pädagogischen Dimensionen und inhaltlichen Zielen vorgeordnet. Bei sich anschließenden Interpretationen der DDR-Unterrichtsvideos wird eine Perspektive, die auf das Zusammenspiel verschiedener pädagogischer Dimensionen gerichtet ist, vorgeschlagen. Der bildungshistorische Textkorpus gibt zwar auch hierüber Auskunft, aber erst in den Filmen kann untersucht werden, welche bildungspolitischen und -theoretischen Vorgaben als geteilte Orientierungen in unterrichtlicher Praxis der DDR performativ zur Darstellung gebracht wurden. Welche Leitideen konnten schließlich den Status inkorporierten Wissens erreichen? In diesem Fall war es die einer politisierten Erziehung, die Rechnen zu einem Akt solidarischen Handelns werden ließ.

Quer zu diesen möglichen Forschungsperspektiven liegt allerdings die Frage, welche Momente von Eigensinn im sozialen Geschehen von alltäglichem Unterricht in der DDR zum Vorschein kamen und kommen konnten. Das Handeln lässt sich aus den Rahmenbedingungen allein nicht erklären, pädagogisches Geschehen bleibt mehr als die Umsetzung von Vorgaben, und sei es in Form individueller oder situativer Varianten. Für die Beschäftigung mit dieser Frage können die DDR-Unterrichtsvideos einen Quellenstatus beanspruchen, der sich durch kein anderes Medium und kein anderes Material substituieren lassen kann.

Quellen und Literatur

Baltruschat, Astrid (2010): Film Interpretation According to the Documentary Method. In: Bohnsack, Ralf et al.: 311-342.

Berg, Olaf (2005): Film als historische Forschung. Kritische Geschichte. In: Heigl et al.: 61-86.

Boehm, Gottfried (Hg.) (1994): Was ist ein Bild? München.

Bohnsack, Ralf (2003): Die dokumentarische Methode in der Bild- und Fotointerpretation. Film- und Fotoanalyse in der Erziehungswissenschaft. In: Ehrenspeck et al.: 87-107.

Bohnsack, Ralf (2010): Zugänge zur Eigenlogik des Visuellen und die dokumentarische Videointerpretation. In: Corsten et al.: 272-294.

Bohnsack, Ralf (2011[2]): Qualitative Bild- und Videointerpretation. Die dokumentarische Methode. Opladen, Farmington Hills.

Bohnsack, Ralf/ Pfaff, Nicolle/ Weller, Wivian (Hg.) (2010): Qualitative Analysis and Documentary Method in International Educational Research. Opladen, Farmington Hills.

Corsten, Michael/ Krug, Melanie/ Moritz, Christine (Hg.) (2010): Videographie praktizieren. Wiesbaden.

Ehrenspeck, Yvonne/ Schäffer, Burkhard (Hg.) (2003): Film- und Fotoanalyse in der Erziehungswissenschaft. Opladen.

Hampl, Stefan (2010): Videos interpretieren und darstellen. Die dokumentarische Methode. In: Corsten, Michael et al.: 53-88.

Heigl, Richard/ Naumann, Katja/ Starzel, Philip/ Ziegler (Hg.) (2005): Kritische Geschichte. Positionen und Perspektiven. Leipzig.

Imdahl, Max (1994): Ikonik. Bildung und ihre Anschauung. In: Boehm: 300-324.

Laabs, Hans-Joachim et al. (1987): Pädagogisches Wörterbuch. Berlin.

Latour, Bruno (2002): Die Hoffnung der Pandora. Untersuchungen zur Wirklichkeit der Wissenschaft. Frankfurt am Main: Suhrkamp.

Przyborski, Aglaja/ Wohlrab-Sahr, Monika (2008): Qualitative Sozialforschung. Ein Arbeitsbuch. München, Oldenburg.

Videofile (1978): Addition zweistelliger Zahlen (v_hu_17). Schluß, Henning: Rettung, Erschließung und Veröffentlichung im Internet von aufgezeichnetem Unterricht aus der DDR (2005). In: Audiovisuelle Aufzeichnungen von Schulunterricht in der DDR. Forschungsdatenzentrum Bildung am DIPF, Frankfurt, Main. DOI: 10.7477/4:1:3 .

Videoanalyse zur ideologischen Erziehung von Geographiestudierenden in der DDR

Alexandra Budke und Maik Wienecke

Vorbemerkung

In diesem Aufsatz wird ein Unterrichtsvideo analysiert, welches im Rahmen der Geographielehrerausbildung in der DDR entstanden ist. Es wird der Frage nachgegangen, wie die in den Lehrplänen definierten ideologischen Zielsetzungen für den Geographieunterricht im Rahmen der praktischen Lehrerausbildung didaktisch umgesetzt wurden. Vor der Analyse wird ein kurzer Überblick über die staatliche Konzeption der ideologischen Erziehung in der DDR im Allgemeinen und in Bezug auf den Geographieunterricht gegeben.

1 Ideologische Erziehung in der DDR

Der Marxismus-Leninismus war die Staatsideologie, Leitphilosophie und Basiswissenschaft der DDR mit dem Anspruch auf Interpretation und Handlungsanweisung für alle Lebensbereiche. Er war ein enzyklopädischer Fundus von gesellschaftstheoretischen Erkenntnissen, Behauptungen und politisch-moralischen Wertvorstellungen.

> „Die ideologische Überlagerung der politischen und alltäglichen Lebensverhältnisse in der DDR erfolgte in einem solchen Umfang und mit einer solchen Intensität, dass darin bereits ein bestimmendes Kennzeichen der politischen Kultur in der DDR erkannt werden kann" (Bachmann 1993: 19).

Der Marxismus-Leninismus war jedoch nicht nur weltanschauliche Grundlage der DDR, sondern diente der SED auch zur Rechtfertigung ihres Herrschaftsanspruchs.

Die SED vertrat in diesem Zusammenhang die Ansicht, dass das Bildungswesen ein wichtiges Machtinstrument zur Durchsetzung der Interessen der herrschenden Klasse der *Arbeiter* sei. In dem Bildungsgesetz über das „einheitliche sozialistische Bildungssystem", das von 1965 bis zur Wiedervereinigung galt, wurden von der Vorschulerziehung bis zur Erwachsenenbildung die einzelnen Stufen und Einrichtungen mit ihren Aufgaben und Funktionen beschrieben. Da man entsprechend dem sozialistischen Selbstverständnis die gesellschaftlichen Unterschiede durch bildungspolitische Steuerung aufheben wollte, versuchte man, die Bildungsverhältnisse möglichst stark zu normieren, und führte aus diesem Grund ab 1959 die Einheitsschule, die allgemein bildende Polytechnische Oberschule (POS), von zunächst acht und später zehn Jahren als Pflichtschule für alle Kinder und Jugendlichen ein (Tenorth et al. 1996: 66 ff.).

Die organisatorische, inhaltliche und pädagogische Ausgestaltung von Bildungsprozessen sollte ebenfalls auf der Grundlage des Marxismus-Leninismus erfolgen. In dem Bildungsgesetz von 1965 in § 5, Abs. 4 heißt es:

> „Den Schülern, Lehrlingen und Studenten sind gründliche Kenntnisse des Marxismus-Leninismus zu vermitteln. Sie sollen die Entwicklungsgesetze der Natur, der Gesellschaft und des menschlichen Denkens erkennen und anzuwenden verstehen und feste sozialistische Überzeugungen gewinnen. So werden sie befähigt, den Sinn des Lebens in unserer Zeit zu begreifen, sozialistisch zu denken, zu fühlen und zu handeln und für die Überwindung von Widersprüchen und Schwierigkeiten bei der Lösung von Aufgaben zu kämpfen" (zit. nach Schepp 1994: 330).

Dem Marxismus-Leninismus wird hier umfassende Erklärungskraft der natürlichen und gesellschaftlichen Grundlagen und des *menschlichen Denkens* zugeschrieben. Damit erscheint er als fundamentale Wahrheit, die durch das Bildungssystem zu vermitteln sei. Dem entspricht die Vorstellung, dass man die Menschen im Interesse des gesellschaftlichen Fortschritts und zu ihrem eigenen Glück erziehen müsse, wobei man ihnen nicht einräumen dürfe, selbst zu definieren, was gesellschaftlicher Fortschritt und individuelles Glück bedeutet. *Ideologische Erziehung* war daher für Bildungspolitiker der DDR ein positiv besetzter Begriff, der die Beeinflussung der Lernenden auf der Grundlage des Marxismus-Leninismus meinte. Gerhart Neuner, späterer Leiter der Akademie der Pädagogischen Wissenschaften, vertrat dementsprechend „die Auffassung von der Schule als einer ideologischen Institution, einer Institution, die wesentlich dazu berufen ist, die Ideologie der siegreichen Arbeiterklasse in die Köpfe und Herzen der gesamten heranwachsenden Generation zu pflanzen" (Neuner 1968: 1494). Die SED verfolgte lange Zeit das Ziel, die DDR zu einem geschlossenen Weltanschauungsstaat zu machen, in dem neben dem Marxismus-Leninismus keine konkurrierenden Denkrichtungen existieren sollten.

2 Ideologische Erziehung im Geographieunterricht

Der schulische Unterricht wurde von der DDR-Führung als wichtiges Instrument begriffen, um das *Idealbild* des Menschen, *die allseitig entwickelte sozialistische Persönlichkeit* zu schaffen. Die SchülerInnen sollten dazu erzogen werden, einen klaren *Klassenstandpunkt* einzunehmen, vom Sozialismus überzeugt zu sein sowie dem *Klassenfeind* und dem *Kapitalismus* ablehnend gegenüberzustehen. Entsprechend der *spezifischen stofflichen Möglichkeiten* jedes Faches wurde sein jeweiliger Beitrag zur *ideologischen Erziehung* definiert. Im „Zusammenwirken aller Unterrichtsfächer" sollten dann die „komplexen ideologisch-erzieherischen Zielorientierungen" erreicht werden (Neuner 1968: 1501).

„In der Tat, welche bedeutsamen Möglichkeiten zielstrebiger ideologischer Erziehung erschließen sich uns, wenn wir das ganze System moderner, sozialistischer Allgemeinbildung, die Macht, den Reiz, die Romantik moderner Wissenschaft und Technik, den weltverändernden und mobilisierenden Charakter marxistisch-leninistischer Gesellschaftswissenschaften und die menschenformende Kraft der Kunst und Literatur für die Ausbildung des sozialistischen Bewusstseins und Verhaltens voll nutzen" (Neuner 1968: 1499).

Die Geographie gehörte in der DDR neben der Staatsbürgerkunde und der Geschichte zu den gesellschaftswissenschaftlichen Fächern, welche die ideologischen Zielsetzungen in besonderem Maße umsetzen sollten. Als zentrales Interesse des Geographieunterrichts wird in den Lehrplänen (MfV 1979) das *Mensch-Natur-Thema* definiert, wie dies auch schon die klassische Länderkunde tat. Bestimmender Faktor ist jedoch nicht wie im Geodeterminismus die *Natur*, sondern die *kapitalistische* oder *sozialistische Produktionsweise*, welche die Gesellschaft formt und die Nutzung der natürlichen Ressourcen entscheidend beeinflusst. Daher sollen bei der Behandlung der physisch-geographischen Merkmale einer Region immer auch ihre Potenzen für die gesellschaftliche Nutzung charakterisiert werden und bei der Analyse der ökonomischen und politischen Kennzeichen, die natürlichen Ressourcen als ein wesentliches Strukturelement mit behandelt werden (Barth 1969). Die theoretische Grundüberzeugung, dass die natürlichen Möglichkeiten in sozialistischen Systemen besser, sozialer, effektiver und gerechter als in kapitalistischen genutzt werden, kann man auch als „sozialistischen Geopossibilismus" bezeichnen (Budke 2010). Die hieraus abgeleitete ideologische Hauptaufgabe des Geographieunterrichts war dann die generelle Überlegenheit sozialistischer Gesellschaften gegenüber den kapitalistischen bei der Nutzung der natürlichen Gegebenheiten anhand von variierenden regionalen Beispielen zu beweisen (Budke 2010). Augenfällig bei der Durchsicht der durch die Lehrpläne definierten Ziele für den Geographieunterricht, ist die sehr geringe Behandlung von gesellschaftlichen und wirtschaftlichen Problemen in *sozialistischen* Ländern und ihrer Bewertung durch die SchülerInnen. Den Lehrplänen scheint eine ideale Vorstellung der gesellschaftlichen Entwicklung im *Sozialismus* zu Grunde zu liegen. Man wollte, dass die SchülerInnen im Geographieunterricht von optimalen wirtschaftlichen Entwicklungen, umfassenden Umweltschutzmaßnahmen, bedürfnisorientierten Stadtplanungen etc. in *sozialistischen* Ländern erfuhren und blendete diejenigen Sachverhalte aus, die diesem Idealbild nicht entsprachen. Die Einsicht, dass Nutzung und Schutz der natürlichen Grundlagen im Sozialismus besser als im Kapitalismus gelingen kann, sollte dann zur Festigung des „sozialistischen Klassenstandpunktes" der SchülerInnen beitragen. Dementsprechend sollten laut Lehrplan bei der Behandlung der *sozialistischen Staaten* Ziele wie:

„Freundschaft mit der Sowjetunion und den anderen sozialistischen Bruderländern", „Stolz auf
die wirtschaftlichen Erfolge und sozialen Veränderungen", „uneigennützige Hilfe der Sowjetunion", „erfolgreiche Zusammenarbeit der sozialistischen Staaten" (RWG) (MfV 1979, Lehrplan Klasse 5: 6-11)

erreicht werden. Demgegenüber sollten bei der Behandlung der *kapitalistischen*
Länder folgende Aspekte verdeutlicht werden: „Ausbeutung der Werktätigen",
„Verschärfung der Klassengegensätze", „Gefährlichkeit des Imperialismus und
Militarismus" (MfV 1979: 36, 97). „Die Schüler sind zum Abscheu und zum
Haß gegenüber den Imperialisten zu erziehen" (MfV 1979: 99).

Entsprechend der Lehrplanziele finden sich in den Geographieschulbüchern
der DDR größtenteils einseitige Schwarz-Weiß-Darstellungen von kapitalistischen und sozialistischen Ländern. Während man durch thematische Karten,
Grafiken, Statistiken, Texte und Fotos die sozialen, ökologischen, politischen
und wirtschaftlichen Probleme der kapitalistischen Länder illustrierte, ohne auf
positive Entwicklungen einzugehen, hat man bei den sozialistischen Ländern
vorwiegend Belege für die angeblichen Erfolge präsentiert und negative Entwicklungen weggelassen (Budke 2010).

3 Historischer Kontext der Videoaufzeichnungen

Das in diesem Artikel analysierte Video ist an der Pädagogischen Hochschule
Karl-Liebknecht in Potsdam im Juli 1987 als Teil des hochschulinternen Fernsehens entstanden. Um den historischen Kontext der Videoaufzeichnung verstehen
zu können, wird im Folgenden die Ausbildung von Lehrern an diesem Standort
genauer betrachtet:

3.1 Die Studieninhalte

Neben Soziologie und Psychologie wurden erziehungswissenschaftliche Inhalte
und wesentliche Aspekte der Methodik vermittelt. Hinzu kam die fachliche Ausbildung (Mirus 1978). Zwei Besonderheiten des Lehramtsstudiums in der DDR
waren der wöchentliche Sportunterricht als Pflichtveranstaltung für alle Student-
Innen und die Lehre des Marxismus-Leninismus, die ebenfalls für alle Studierenden bei der Ausbildung im Sinne der Staatsideologie der DDR verpflichtend
war (Sektion Pädagogik/ Psychologie 1974).

3.2 Die Ausbildungsstruktur an der PH Potsdam

Die an der PH aufgenommen Lehramtsstudierenden wurden in einzelne Seminargruppen aufgeteilt, die aus ca. 25 Personen bestanden. Die an den PH's und Universitäten angenommenen Lehramtsstudierenden hatten die hundertprozentige Sicherheit, nach dem Studium eine Stelle als Lehrer in der DDR zu erhalten. Dies galt fraglos nur, solange sich keiner der Studierenden etwas zu Schulden kommen ließ. Dafür sollten nicht zuletzt die Gruppenleiter (GL) sorgen, die jeder Seminargruppe zugewiesen wurden und diese grundsätzlich für die gesamte Studienzeit von 8 Semestern betreuten. Die Funktion des Gruppenleiters übernahm einer der Dozenten der jeweiligen Sektion. Als Sektion wurde die Zusammenarbeit der Fächer beschrieben, die an einer PH oder Universität im Diplomstudiengang Lehramt studiert werden konnten. In Potsdam betraf das die Fächer Geographie und Sportwissenschaft. Jeder Ausbildungsstandort hatte eine festgelegte Sektion. Die Gruppenleiter an der PH Potsdam setzten sich demnach aus Sportwissenschafts- und Geographiedozenten zusammen. Sie hatten die Verantwortung für die Seminargruppe. Das schloss auch Vorfälle außerhalb des Lehrbetriebs ein, wie eine ehemalige Dozentin der PH Potsdam berichtete[1]. Sie führte weiterhin aus, dass die Politberichte über die Seminargruppen und die jährliche Beurteilung der Studierenden des Seminars, die für die gesamte Studienzeit von sieben Semestern diesem Seminar angehörten, ebenfalls Aufgaben der Gruppenleiter waren. Am Ende des Studiums, nach dem großen Schulpraktikum im achten Semester, führten die Gruppenleiter auch die Abschlussprüfungen durch.

Die Aufnahme der Studierenden erfolgte nach Aussage der ehemaligen Dozentin durch die Dozenten selbst: „Du hast deine Packen gekriegt und hast dann gesessen und sie durch gesehen (…) Dann hast du dir ausgesucht, wen du nimmst." Sie schließt jedoch nicht aus, dass zuvor schon eine Auswahl der BewerberInnen durch andere Institutionen, die sie in diesem Zusammenhang nicht benennt, erfolgt sein könnte, bevor die Bewerbungen bei den Dozenten eintrafen.

3.3 Die außerordentliche Ausbildung

Alle Studierenden der PHs und Universitäten der DDR mussten teils zu Beginn des Studiums oder nach den Semesterferien an Veranstaltungen teilnehmen, die keinen sichtbaren Bezug zur Berufsausbildung hatten. Da waren zum einen die Arbeit als Saisonkraft in der Landwirtschaft oder anderen Wirtschaftssektoren. Die Studierenden der PH Potsdam mussten sich, laut Aussage eines ehemaligen

---

[1] Die Interviews mit der Dozentin wurden von den Autoren im Jahr 2007 unter der Bedingung geführt, dass diese bei der Verarbeitung der Informationen nicht namentlich genannt wird.

Dozenten der Hochschule, zu Beginn ihres Studiums für insgesamt sechs Wochen bspw. an der Apfelernte beteiligen. Nach dem Ende der Semesterferien gab es eine so genannte *Rote Woche*. Der Dozent erinnert sich:

> „Da gab es keinen Unterricht, sondern nur solche Veranstaltungen, wo eben über....was weiß ich, was gerade anlag. Wenn irgendein Parteitag war, wurde der in den Mittelpunkt gestellt und so was. Und der Sinn war wahrscheinlich, dass man die Leute (…) wieder auf die richtige Schiene bringt" (Reinhard Herzig, ehemaliger Dozent an der PH Potsdam in einem von mir geführten Interview aus dem Jahre 2007).

Demnach handelte es sich um eine ergänzende Veranstaltung zur ideologischen Bildung im Sinne des Marxismus/ Leninismus als Staatsideologie. Eine paramilitärische Ausbildung der Studierenden war ebenfalls ein Bestandteil der Ausbildung an den Hochschulen des Landes. Dazu gingen die Männer für sechs Wochen in ein Wehrlager und die Frauen zu einer sechswöchigen Ausbildung in ein Lager für Zivilverteidigung. Die Gruppenleiter waren auch hier beteiligt und befehligten ihre StudentInnen in dieser Zeit (ebd.). Eine ähnliche Ausbildung, die Wehrerziehung, wurde bereits in der 9. Klasse an den Polytechnischen Oberschulen der DDR durchgeführt.

3.4 Die Methodik des Geographieunterrichts

Im Fach Methodik des Geographieunterrichts wurden die Studierenden vor allem befähigt, den Geographieunterricht zu planen, durchzuführen sowie die Ergebnisse der eigenen Arbeit kritisch einzuschätzen (Mirus 1978). Die Ausbildung vollzog sich in einer engen Verbindung von theoretisch und praktisch orientierten Lehrveranstaltungen. Die theoretische Ausbildung wurde durch einen Wechsel zwischen Seminaren und Vorlesungen vollzogen, deren Hauptanliegen darin bestand, den Studierenden die „Grundlagen für die Gestaltung des Bildungs- und Erziehungsprozesses im Geographieunterricht zu vermitteln" (ebd.: 1). Dabei wird das theoretische Wissen mit Beispielen aus der Schulpraxis unterstützt (ebd.). Ein weiterer Bestandteil der theoretischen Ausbildung sind *Lehrmittelübungen* (Lm) (siehe Abb. 1).

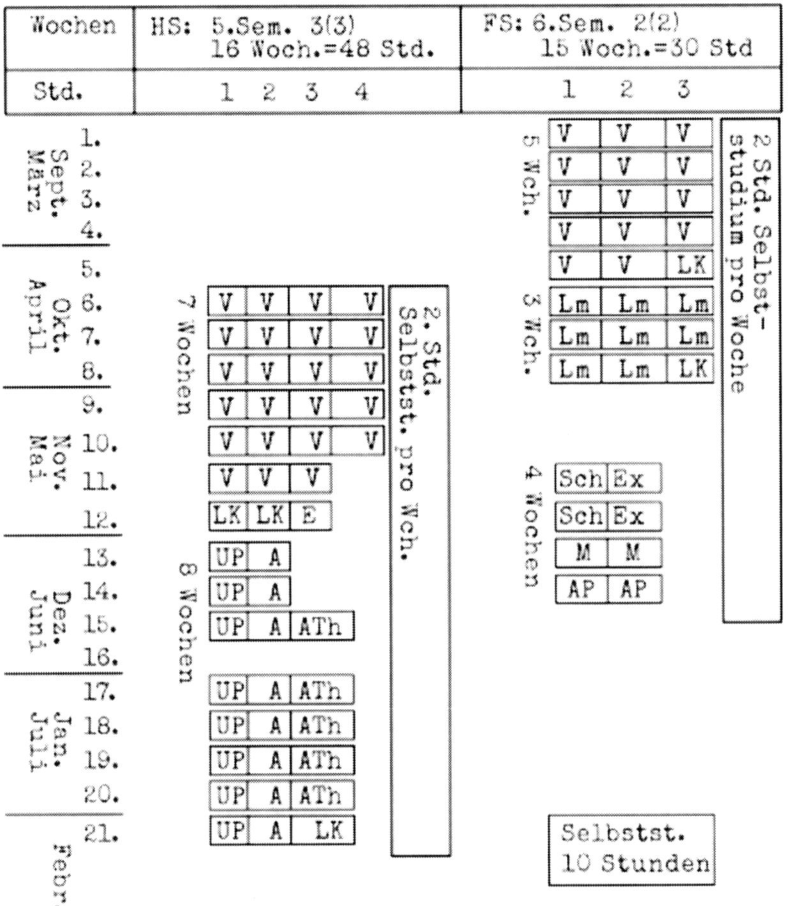

Wochen	HS: 5.Sem. 3(3) 16 Woch.=48 Std.				FS: 6.Sem. 2(2) 15 Woch.=30 Std		
Std.	1	2	3	4	1	2	3
Sept. März 1.					V	V	V
2.					V	V	V
3.					V	V	V
4.					V	V	V
Okt. April 5.					V	V	LK
6.	V	V	V	V	Lm	Lm	Lm
7.	V	V	V	V	Lm	Lm	Lm
8.	V	V	V	V	Lm	Lm	LK
9.	V	V	V	V			
Nov. Mai 10.	V	V	V	V			
11.	V	V	V		Sch	Ex	
12.	LK	LK	E		Sch	Ex	
13.	UP	A			M	M	
Dez. Juni 14.	UP	A			AP	AP	
15.	UP	A	ATh				
16.							
17.	UP	A	ATh				
Jan. Juli 18.	UP	A	ATh				
19.	UP	A	ATh				
20.	UP	A	ATh				
21.	UP	A	LK				

(HS-Seite: 7 Wochen / 8 Wochen; 2 Std. Selbstst. pro Wch.)
(FS-Seite: 5 Wch. / 3 Wch. / 4 Wochen; 2 Std. Selbststudium pro Woche)
(Selbstst. 10 Stunden)

V   = Vorlesung
LK = Leistungskontrolle
E   = Einführung in UP
UP = Unterrichtspraktikum mit LK
A   = Auswertung

ATh = Auswertung mit theoret. Inhalt
Lm= Lehrmittelübung
Sch Ex= Schülerexkursion
AP = Außerunterrichtl. Pionierarbeit
M   = Museumsbesuch
Sp = Spezialseminar

Abb. 1: Quelle: Internes Dokument der PH Potsdam

Dabei handelt es sich bspw. um den Einsatz von Unterrichtsmitteln oder Wand-
tafelzeichnungen (Mirus 1978). Eindeutig praxisorientiert waren die schulpraktischen Übungen (SPÜ) sowie das große Schulpraktikum, welches das gesamte
letzte Semester füllte. Hier mussten die StudentInnen nachweisen, dass sie in der
Lage waren, „ihr Wissen in Marxismus/ Leninismus, Pädagogik, Psychologie,
Geographie und in der Methodik im Geographieunterrichts anzuwenden" (Mirus
1978: 2).

Die Abbildung 1 zeigt beispielhaft am 5. und 6. Semester die Verteilung
und den Umfang der Lehrveranstaltungen, der leistungsbegleitenden Kontrollen
und der Zeiten des Selbststudiums im Fach *Methodik des Geographieunterrichts*
an der PH Potsdam. Bei den mit *V* gekennzeichneten Veranstaltungen handelt es
sich um Vorlesungen. Da Seminare in der Verteilung nicht explizit aufgeführt
werden, ist davon auszugehen, dass es sich dabei um die Vorlesungen handelt,
die im Wechsel mit den Seminaren stattfanden. Die als Unterrichtspraktikum mit
Leistungskontrolle (UP) benannten Veranstaltungen sind die schulpraktischen
Übungen (SPÜ), auf die im nächsten Abschnitt genauer Bezug genommen wird.

3.5 Die schulpraktischen Übungen (SPÜ)

In den SPÜ sollten die Studierenden dazu befähigt werden, „...das in den vorwiegend theoretisch orientierten Lehrveranstaltungen und im Selbststudium
erworbene Wissen und Können komplex für die Planung und Leitung des pädagogischen Prozesses anzuwenden" (Sektion Sportwissenschaft/ Geographie
1978: 23). Ein hohes Maß an Selbständigkeit und schöpferischer Umsetzung
(ebd.) sollte die Studierenden ab dem 5. Fachsemester dazu befähigen, „...das in
den Geographielehrplänen fixierte Zielsystem konkret für die jeweilige Unterrichtseinheit zu bestimmen, das geographische Bildungsgut richtig in die sozialistische Allgemeinbildung einzuordnen und auf der Grundlage der Ziele der
stofflichen Inhalte die effektivsten Methoden der Gestaltung auszuwählen"
(ebd.). Benotet wurden in diesem Rahmen die Lektionsentwürfe, die gehaltenen
Unterrichtsstunden und die Auswertung derselben. Jeder Lehramtskandidat hatte
mindestens drei Stunden zu erteilen und erhielt daraus eine Gesamtzensur für die
SPÜ (ebd.). Die Studierenden des Seminars, die nicht den Unterricht anzuleiten
hatten, erhielten die Aufgabe die Unterrichtsstunden der Kommilitonen zu beobachten und die Ergebnisse der Beobachtung zu verschriftlichen, um die hospi-
tierten Stunden fundiert analysieren zu können (N.B. 1980). Die erste Unterrichtsstunde wurde von den Mitarbeitern des Wissenschaftsbereiches gehalten
(ebd.).

3.6 Die Gestaltung von Fernsehaufzeichnungen für die Lehramtsausbildung an der PH Potsdam im Fach Methodik des Geographieunterrichts

Buder und Parnow (1987) machen darauf aufmerksam, dass in Bezug auf das Lehrfernsehen ein Mangel an Aufmerksamkeit für die theoretischen Inhalte der Anwendung dieses Mediums besteht. Unter Berücksichtigung dieses Defizits üben sie Kritik an der Beschränkung der Auswertungen des Lehrfernseheinsatzes auf Beschreibungen von Erfahrungen und fordern daher die Klärung folgender Fragen:

> „Wie muß der Lehrinhalt einer Fernsehaufzeichnung strukturiert sein? Lässt sich durch eine bestimmte Form einer Fernsehaufzeichnung der Aneignungsprozeß der Studenten vertiefen? Welche Art der Gestaltung löst schöpferisches Denken beim Studenten aus?" (Buder/ Parnow 1987: 89)

Als Grundlage dieser Fragestellungen dienen Merkmale von Unterrichtsaufzeichnungen, wie sie Kramarczyk 1983 u. a. anführt:

> „Das Wesen einer Unterrichtsaufzeichnung ist in deren Funktion als Abbildung realer stattgefundenen Unterrichts zu erfassen. (...) Unterrichtsaufzeichnungen sind Abbilder, die als Mittel des Hochschulunterrichts im Auftrag einer Lehrabsicht stehen (...) eine Parteinahme für ein Anliegen. Die Studenten sehen eine bewußt gestaltete,... eine filtriert und gewertet vermittelte Unterrichtswirklichkeit" (Kramarczyk 1983, zit. nach Buder/ Parnow 1987: 88).

Die Dissertation der beiden Autoren sollte u. a. den Versuch beinhalten, einige der Probleme bei der Gestaltung von Fernsehaufzeichnungen zu lösen. Dies erschien ihnen notwendig, „...denn erst dann ist eine Herstellung von Fernsehaufzeichnungen möglich, die mit v o r h e r s e h b a r e n Wirkungen in Lehrveranstaltungen eingesetzt werden können" (ebd.: 89). Dieses Ziel kann demnach auch bedeuten, dass bewusst methodische Fehler in die Unterrichtsaufzeichnungen eingeflossen sind, um den Studierenden als Zuschauer mögliche Gefahren und falsche Handlungen in einer Unterrichtsstunde zu verdeutlichen. Dagegen spricht jedoch die Auffassung, dass entsprechend der marxistisch-leninistischen Definition des Erkenntnisprozesses „...eine Unterrichtsaufzeichnung die vergegenständlichte Vorwegnahme der Widerspiegelung der objektiven Realität durch die Hochschullehrkraft" (ebd.: 90) ist. Als Unterstützer des o. g. Aneignungsprozesses und „...pädagogische Steuerung des Prozesses der geistigen Inbesitznahme von Unterricht im Bewußtsein der Studierenden" (ebd.), scheint die Fehlervermutung jedoch nicht abwegig zu sein. Ein weiteres dafür sprechendes Argument ist der Bezug auf Miesch/ Jaekel 1984, die argumentieren, dass

> „...die Unterrichtsaufzeichnung nicht (...) als irgendein Abbild der Unterrichtsstunde aufgefasst werden kann, sondern daß ihre Beschaffenheit ganz entschieden von der geforderten Funktionsspezifik und den daraus abgeleiteten gestalterischen Eingriffen beeinflußt wird" (zit. nach Buder/ Parnow 1987: 95).

Demnach handelt es sich bei einer Unterrichtsaufzeichnung um ein Abbild von Unterricht, welches durch eine didaktische Zielstellung bewusst herbeigeführt wurde. Dabei muss davon ausgegangen werden, dass der gefilmte Unterricht ungestört ablaufen konnte, um eine nahezu echte Unterrichtssituation abbilden zu können. Das schließt Regieanweisungen und ggf. Wiederholungen bestimmter Teile der Unterrichtsstunde aus (ebd.). Das machte eine Absprache zwischen Methodiker und Lehrer während der Konzeption der Aufzeichnung notwendig (ebd). Das führte unweigerlich auch dazu, dass der Lehrer getroffene Festlegungen vor der Kamera umsetzen musste, die ihm möglicherweise widerstrebten. Dazu schreiben Buder/ Parnow 1987: „Ist der unterrichtende Lehrer von der hohen Wirksamkeit, die eine Unterrichtsaufzeichnung in der Methodikausbildung besitzt, überzeugt, dann wird er auch ein Einsehen in die getroffenen Festlegungen haben" (ebd.:121). Als Festlegungen führen die Autoren u. a. auf:

1. Während des Lehrervortrages bleibt der Lehrer an einem Ort stehen.
2. Teile des Unterrichts, in denen die Wandkarte eine besondere Rolle spielt, werden in deren Nähe geführt.
3. Der Lehrer hält sich bei der Erarbeitung bzw. Verwendung eines Tafelbildes für größere Zeitabschnitte in dessen unmittelbaren Nähe auf.
4. Bei mündlichen Leistungskontrollen steht der Lehrer etwa in der Mitte des Klassenraumes, der Schüler blickt zur Klasse.
5. Die Schüler werden mit ihrem Namen angesprochen.
6. In Erwartung mehrerer, kurzer Schülerantworten werden Schüler aufgerufen, die nicht weit voneinander entfernt sitzen.
7. Zu beobachtende Schüler bekommen einen bestimmten Platz im Klassenraum zugewiesen und tätigen ihre Aufzeichnungen mit schwarzen Filzstiften.

Bezüglich der eingesetzten Unterrichtsmittel wird ebenso eine genaue Platzierung angestrebt wie auch eine fernsehgerechte Gestaltung.

„Experimente und Arbeiten an gegenständlichen Modellen werden an einem Ort im Klassenzimmer durchgeführt, der vor der Stunde besprochen und erprobt wird" (ebd.: 131).

Neben ganzen Unterrichtsstunden wurden auch Segmentaufzeichnungen durchgeführt. Bei diesen Segmenten handelt es sich um gefilmte Unterrichtsphasen, „...die eine in sich geschlossene didaktische Einheit darstellen" (ebd.: 133). Buder/ Parnow verstehen unter einer Segmentaufzeichnung

„...Zusammenstellungen, die aus einer oder mehreren Unterrichtsstunden stammen können. Sie zeichnet sich durch eine hohe inhaltliche Verdichtung aus, indem alle, der Aufgabenstellung des Seminars nicht entsprechenden Unterrichtsabläufe weggelassen werden" (ebd.: 137).

Es werden demnach in den Segmenten nur die wesentlichen Unterrichtssituationen abgebildet.

3.7 Die Verwendung in der Lehrerausbildung

Die angefertigten Videoaufzeichnungen sollten in den Seminarbetrieb an der PH Potsdam eingebunden werden (ebd.). Typische Leistungsanforderungen an Studierende waren in diesem Zusammenhang in erster Linie in Form von Aufgaben und Problemstellungen gegeben. Unter Aufgaben verstehen die Autoren Leistungsanforderungen, „…die alle Angaben über diejenigen Bedingungen erfassen, die zur Zielerreichung und damit zur Bewältigung der Leistungsanforderung notwendig sind" (ebd.: 145). Als Probleme werden solche Leistungsanforderungen betrachtet,

> „…die nicht alle Angaben über diejenigen Bedingungen erfassen, die zur Zielerreichung notwendig sind. Demzufolge kann (…) nicht sofort zur Realisierung des Ziels übergegangen werden. Es existiert ein Widerspruch zwischen den vorhandenen Voraussetzungen, das in den Leistungsanforderungen gestellte Ziel zu erreichen und der tatsächlichen Unmöglichkeit, dieses Ziel wirklich mit diesen Voraussetzungen zu verwirklichen" (ebd.: 153).

Bewusst gewählte Aufgaben- und Problemstellungen sind also bei der Arbeit mit Videoaufzeichnungen von wesentlicher Bedeutung. Buder und Parnow vertreten folglich die Ansicht, dass eine effektive Nutzung von Fernsehaufzeichnungen nur dann möglich ist, wenn sie der jeweils aktuellen Leistungsverfügbarkeit der Studierenden angepasst ist. Sie fühlen sich in ihren Überlegungen darin bestätigt, dass

> „Eine Vielzahl von Aufzeichnungen der von den Studenten gehaltenen Unterrichtsstunden im Rahmen der Schulpraktischen Ausbildung zeigen, daß bei entsprechender Gestaltung der Fernsehaufzeichnung und ihrer Einsatzbedingungen im Seminar methodische Positionen und Fallbeispiele nicht schematisch übernommen und kopiert, sondern schöpferisch angeeignet werden" (ebd.: 167).

Daraus folgt auch die Erkenntnis, dass es sich bei den Unterrichtsaufzeichnungen der PH Potsdam im Fach *Methodik des Geographieunterrichts* in erster Linie um von Studierenden gehaltene Unterrichtsstunden gehandelt hat.

4 Videoanalyse

Im Folgenden wird die sequenzielle Analyse eines Unterrichtsvideos (Videofile 1987) aus der DDR vorgestellt, welches in der Datenbank „Schulunterricht in der DDR" abrufbar ist. Es wird der Frage nachgegangen, wie die in den Lehrplänen definierten ideologischen Zielsetzungen für den Geographieunterricht im Rahmen der praktischen Lehrerausbildung an der PH Potsdam didaktisch umgesetzt wurden.

Rahmung

Zu Beginn des Videos finden sich Einblendungen, welche Informationen über den damaligen Entstehungs- und Nutzungsrahmen des Videos liefern. Zunächst erfahren wir, dass das Video von der *„Sektion Geographie – WB Methodik des Geographieunterrichts"* produziert wurde. Damit scheint das Video im Rahmen der Geographielehrerausbildung an der Potsdamer Hochschule oder zur dortigen geographiemethodischen Forschung erstellt worden zu sein. Auf einen außeruniversitären Einsatz gibt es keinerlei Hinweise. Interessant ist, dass als *Autor* Frau Meyer[2] angegeben wird. Diese war zur Entstehungszeit des Videos Geographiemethodikerin an der Hochschule und hatte vermutlich durch die Bezeichnung als *Autor* wichtigen Einfluss auf die Entstehung des Videos. Aufgrund ihrer Spezialisierung wird vermutet, dass sie an der didaktischen Planung des auf dem Video zu sehenden Unterrichts und an der nachträglichen Videobearbeitung, welche sich u. a. durch Einblendungen äußert, beteiligt war. Frau Meyer sagt im Interview über das damalige Forschungs- und Entwicklungsfeld der Potsdamer Geographiemethodik:

> „Wir haben z. B. zu Unterrichtsmitteln geforscht und Dresden hat den Unterrichtsprozess gemacht, Greifswald hat politische also Erziehung gemacht; was war noch? (…) und Halle hatte Karten. Also, die Wandkarten und so. (…) Arbeitsmaterialien hat auch Dresden zum großen Teil gemacht…(…) Ich hatte ein Thema, musste auch ein Thema zu Unterrichtsmittel machen. Also, da bist du eben eingebunden. (…) Ich habe Fernsehen und Computer gemacht, Hannelore Schmidt hat Arbeitsblätter gemacht – also so hatte jeder wieder so seinen Kreis gehabt" (eigenes Interview).

Es folgen die Einblendungen „Funktionsanalyse bei der Vermittlung und Aneignung ökonomisch-geographischen Stoffes" und „Unterrichtsstunde 'Industrie im Ural' Klasse 7". Diese geben Aufschluss über das didaktische Thema, das Inhaltsgebiet und die Klassenstufe, in der der Unterricht stattfand. Der Lehrplanbezug ist klar erkennbar, da dieser in der 7. Klasse die Behandlung der Sowjetunion vorsah. Die gefilmte Stunde gehörte offenbar zum Themenkomplex: „Die Entwicklung der Sowjetunion zum mächtigsten sozialistischen Industriestaat" (MfV 1979: 68). Hier sollte „das Wolgagebiet und der Ural" durchgesprochen werden (MfV 1979: 77). Es ist wahrscheinlich, dass der Unterricht aus dem Grund in einer 7. Klasse stattfand, weil sich die Forschungen der Potsdamer Methodiker auf diese Klassenstufe konzentrierten, wie dies Frau Meyer ausführt:

„und später hat dann jedes eine Klassenstufe gemacht, wir waren Klasse 7. Berlin hat 6, Dresden 5 – also so hatte dann jeder eine Klassenstufe."

---

[2] Name wurde geändert.

2. Sequenz

In der Anfangsfilmsequenz ist die Kamera auf einen jungen Lehrer fokussiert, welcher mit verschränkten Armen vor der Tafel steht. Dort steht: „*Bodenschätze und Industrie im Ural*". Man sieht die Hinterköpfe einiger SchülerInnen. Der Lehrer schaut auf das Lehrerpult und sagt:

> „Wer hat denn schon mal davon gehört, dass der Ural in der UDSSR als eine Waffenschmiede oder ein oder als ein stählernes Rückgrat der SU bezeichnet wird? Wer hat da schon mal davon gehört und was meint ihr wie kommt es zu dieser Bezeichnung, dass der Ural eine Waffenschmiede oder ein stählernes Rückgrat der SU seien könnte? Wie kommt es dazu? Das muss doch bestimmte Ursachen haben. Matthias."

Aufgrund des geringen Alters der Lehrperson, seiner unsicheren Körperhaltung, dem Blick auf das Lehrerpult, auf dem vermutlich seine Notizen liegen und der vielen gleichzeitig gestellten Fragen, kann geschlossen werden, dass es sich um eine Person mit geringer Lehrerfahrung handelt. Der Videokontext legt den Schluss nahe, dass hier ein Student die Stunde hält. Möglicherweise ist sie Teil der damaligen Praxisausbildung (*Schulpraktische Studien*) gewesen, für die u. a. Frau Meyer verantwortlich war. Diese Stunden wurden in enger Zusammenarbeit mit den Geographiemethodikern vorbereitet, wie auch Frau Meyer ausführt: „wir haben früher so viel geholfen, 5-6 Konsultationen vor so einer Stunde, ja?" Damit erhärtet sich die Vermutung, dass die Geographiemethodikerin großen Einfluss auf die Planung der gefilmten Stunde hatte. Zudem hat sich der Lehrer offenbar an didaktischen Medien wie Schulbuch und Unterrichtshilfe bei der Unterrichtsvorbereitung orientiert, da in diesen Dokumenten die für diese Sequenz zentralen Begriffe: „Waffenschmiede" und „stählernes Rückgrat" ebenfalls gebraucht werden:

• „Der Ural, das „*stählernes Rückgrat*" der Sowjetunion, ist besonders reich an Erzen" (Unterrichtshilfen 7. Klasse [Lehmann et al. 1982: 86]).
• „Während des großen Vaterländischen Krieges war der Ural die *Waffenschmiede* der Sowjetunion" (Schulbuch Klasse 7 [MfV 1982: 74]).

Der Ural wird in dieser Sequenz mit zwei Begriffen belegt, welche damals sicherlich positive Bewertungen implizierten. Durch den Begriff *stählernes Rückgrat* wird das Gebirge Ural als ein zentraler Körperteil der SU präsentiert, der besonders widerstandsfähig und hart ist. Die Bezeichnung *Waffenschmiede* soll vermutlich auf seine wichtige militärische Bedeutung hinweisen. Auch die Intonation der Begriffe durch den Lehrer lassen den Schluss zu, dass sie sehr positiv gewertet wurden. Dies entspricht den ideologischen Zielsetzungen des Lehrplans, welche u. a. vorsehen, dass der Reichtum an Bodenschätzen in der Sowjetunion, deren effizienter Abbau und ihre Bedeutung für die wirtschaftliche und militärische Macht der Sowjetunion im Unterricht herauszustellen seien

(MfV 1979: 64-67). An den Anfang des Unterrichts werden somit die in der Unterrichteinheit zu erreichenden *parteilichen Wertungen* gestellt. Die Frage „Wie kommt es dazu?" fordert die SchülerInnen dazu auf, im Verlauf der Stunde Gründe für die Existenz der „Phänomene" zu suchen. Diese Form der Zielorientierung entspricht den damaligen didaktischen Vorschlägen zur Realisierung der ideologischen Erziehung im Geographieunterricht (vgl. Budke 2010).

3. Sequenz

In dieser Sequenz wird der Klassenraum zunächst aus der Lehrerperspektive gezeigt. Einige SchülerInnen melden sich, um die vom Lehrer gestellte Frage zu beantworten. Matthias wird drangenommen und sagt: „Weil im Ural unheimlich viel Erz ist", was vom Lehrer als richtige Antwort eingestuft wird. Der Lehrer gibt in der Folge ein Stück Eisenerz herum. Anschließend wird im Unterrichtsgespräch der Prozess der Stahlherstellung besprochen. Es handelt sich hier offenbar um den Versuch, das in der sechsten Klasse vermittelte Wissen bei den SchülerInnen zu aktivieren, wie u. a. folgende Lehreräußerung zeigt: „Diesen Prozess als Ganzes hatten wir in der sechsten Klasse zum Beispiel schon als metallurgischen Prozess gekennzeichnet."

Auf den ersten Blick scheint die zweite Sequenz nur sehr lose mit der gestellten Frage nach den Gründen für die Bezeichnung des Urals als Rückgrat und Waffenschmiede der Sowjetunion verbunden zu sein. Der Schüler Matthias hat die Lehrerfrage offenbar so interpretiert, dass nicht nach den Gründen für den Akt der Bezeichnung gefragt wurde, sondern nach den Gründen für die Existenz der angesprochenen *Phänomene*. Möglicherweise wollte der Lehrer die SchülerInnen auch durch den Tafelanschrieb in ihrer Interpretation lenken. Dies hat wie gewünscht geklappt, wie das Lehrerlob „sehr schön Matthias" zeigt.

Von der Geographiemethodik der DDR wurden drei methodische Großformen als besonders wichtig angesehen: Der „darbietende Unterricht", womit der Lehrervortrag gemeint ist, der „aufgebende Unterricht" bei dem die SchülerInnen Aufgaben lösen und der „erarbeitende Unterricht", der auf dem Unterrichtsgespräch basiert (APW 1978: 138-139). In der vorliegenden Sequenz wird offenbar der „erarbeitende Unterricht" durchgeführt, bei dem jedoch eine starke Lehrerlenkung zu beobachten ist. Auch dies stimmt mit dem von einigen Geographiemethodikern vertretenen Rollenverständnis überein. So sagt Barth (1978: 120):

„Die Führung des Unterrichtsprozesses liegt beim Lehrer. Auf ihm liegt ein hohes Maß der Verantwortung; denn er plant und gestaltet bewußt den Ablauf des Unterrichts. Dabei geht er vom Lehrplan aus, indem er das Lehrplanwerk als ein in sich geschlossenes System betrachtet und fachspezifische Entscheidungen unter der Gesamtzielsetzung der Erziehung sozialistischer Persönlichkeiten fällt, Teilziele formuliert und die stofflichen Anforderungen präzisiert sowie die methodische Gestaltung des Unterrichts festlegt."

Auch im Rahmen der ideologischen Erziehung wurde die Unterrichtsführung durch die Lehrkraft als wesentlich angesehen, um die SchülerInnen möglichst stark zu beeinflussen und die angestrebten Ziele zu erreichen (vgl. Budke 2010).

4. Sequenz

In der vierten Sequenz wird das Unterrichtsgespräch zur Eisen- und Stahlerzeugung fortgesetzt. Die Kamera wechselt zwischen Aufnahmen von SchülerInnen, die sich beteiligen, und der Perspektive auf den Lehrer. Nach einer ersten mündlichen Sammlung werden die Schüleräußerungen vom Lehrer dazu genutzt, ein von ihm vorbereitetes Tafelbild, welches Schritte der Eisen- und Stahlerzeugung symbolisch darstellt, zu beschriften. Die Sequenz endet mit der Lehreräußerung:

> „Wir haben jetzt den metallurgischen Prozess allgemein wiederholt und wir wollen uns heute, wie schon gesagt, herausfinden, wieso der Ural als Waffenschmiede und als stählernes Rückgrat der SU bezeichnet wird."

Diese Aussage informiert die SchülerInnen noch einmal über den didaktischen Sinn der vergangenen Unterrichtsphase aus der Sicht des Lehrers. Diese lag in der Wiederholung bereits gelernten Unterrichtsstoffes. Es wird gleichzeitig das Ende dieser Phase deutlich gemacht und die ideologische Rahmung der gesamten Stunde wird durch die Wiederholung der Ausgangsfrage und der zentralen Begriffe erneuert.

Wiederholung der Sequenzen 2-4

Im Video werden die Sequenzen 2-4 wiederholt gezeigt, denen jetzt allerdings die folgenden Einblendungen voran gestellt sind: „Methodische Gestaltung einer Standortanalyse", „Unterrichtsstunde: „Industrie im Ural" Klasse 7, „Zielorientierung und Wiederholung".

Das Video wurde offensichtlich nachträglich intensiv bearbeitet: Es wurde geschnitten, Sequenzen wurden doppelt aufgenommen und unterschiedliche Einblendungen wurden eingefügt. Die Einblendungen wirken wie Kapitelüberschriften, welche dem jeweils folgenden Videoabschnitt einen bestimmten didaktischen Sinn geben sollen. Dies verweist noch einmal auf den Einfluss der Geographiemethodikerin an der Produktion und darauf, dass die Sequenzen vermutlich einzeln in didaktischen Veranstaltungen eingesetzt werden sollten. Vermutlich sollten an ihnen das idealtypische Vorgehen in idealtypischen Unterrichtsphasen und vielleicht auch typische *Fehler* von Studierenden im Erstunterricht in einer größeren Gruppe besprochen werden.

5. Sequenz

Diese Sequenz beginnt mit der Einblendung „Bodenschätze im Ural". Es folgt
ein kurzes Unterrichtsgespräch über den Ural. Ein Schüler zeigt den Ural an
einer Wandkarte. Der Lehrer stellt die Aufgabe, aus dem Atlas die Bodenschätze
im Ural herauszusuchen. Die SchülerInnen schlagen ihren Atlas auf und bearbeiten die Aufgabe in Einzelarbeit. Der Lehrer beendet die Arbeitsphase und sam-
melt die Namen der Bodenschätze an der Tafel. Diese werden in drei unterschiedliche Spalten einer Tabelle eingetragen. Anschließend werden die Spalten
mit Oberbegriffen versehen.

In dieser Sequenz fällt der hohe Medieneinsatz auf. Es werden Tafel, Atlas
und Wandkarte genutzt, um die räumliche Orientierung zu gewährleisten und um
die SchülerInnen im Rahmen des *aufgebenden Unterrichts* zu aktivieren. Wie
schon erwähnt, war der Medieneinsatz ein wichtiges Forschungsfeld der Potsdamer Geographiemethodik. Es ging den Methodikern in der Lehrerausbildung
allerdings weniger darum, dass die Lehramtskandidaten eigene Medien erstellen
sollten, sondern vorrangiges Ziel war der sinnvolle Einsatz der in den Schulen
vorhandenen Medien, wie dies auch Frau Meyer ausführt:

> „Aber sagen wir mal so: so kreativ waren die Studenten nicht; die haben sich zwar bemüht –
> du hast auch kein Material gekriegt. (…) Und die Studenten kamen immer schlecht an Material
> ran, durften auch keine selbst gemachten benutzen – die mussten erst theoretisch abgenommen
> werden. Insofern waren sie doch ein bisschen fester gefahren, hatten doch mehr Schwierigkei-
> ten."

Dies hatte u. a. den politischen Hintergrund, dass man den Unterricht möglichst
stark ideologisch kontrollieren wollte und dies durch den Einsatz vorgefertigter
Medien zu erreichen hoffte. So lässt sich im Großteil der im Geographieunterricht eingesetzten Medien wie Schulbücher, Karten, Diagramme und Statistiken
eine ideologische *Färbung* erkennen (vgl. Budke 2010: 75 ff.).

Da das Ziel jedoch nicht darin bestand, dass die SchülerInnen die ideologischen Vorgaben einfach wiederholten, sondern es galt, diese von deren Wahrheit
zu überzeugen, war es im Rahmen der ideologischen Erziehung sehr wichtig,
dass die SchülerInnen die ideologischen Aussagen anhand vielfältiger geogra-
phischer Daten selbsttätig belegten. Auf diese Weise sollten sie von deren Richtigkeit überzeugt werden. Das Heraussuchen von Bodenschätzen aus dem Atlas
durch die SchülerInnen im vorliegenden Video hatte in diesem Zusammenhang
vermutlich das Ziel, weitere Belege für die *richtige* Bewertung des Urals als
stählernes Rückgrat zu liefern.

6. Sequenz

Die letzte Sequenz auf dem Video beginnt mit der Einblendung: „Lehrervortrag über die Geschichte von Magnitogorsk". Im Folgenden ist der Lehrer aus Schülerperspektive aufgenommen. Er liest aus einem Buch Folgendes vor:

> „Im Jahre 1928 reiste eine Anzahl von Bergarbeitern und Bergbauleuten in den südlichen Ural. Es sollte dort einen Magneteisenberg geben, der viele Mio. Tonnen hochwertigen Eisens enthielt. Man fand diesen etwa 600m hohen Berg am Rande der unbewohnten Steppe. Die Arbeiter, die diesen Bodenschatz abbauen und verhütten wollten, bauten Baracken oder lebten in Zelten oder Erdbunkern. Im Sommer war es sehr heiß und im Winter fegten die Schneestürme über die Steppe heran, aber die Arbeiter verließen den Bauplatz nicht. Sie wussten, dass sie den Sozialismus errichten halfen. Im Frühjahr 1929 kamen weitere Arbeitskollektive und ein Jahr später kamen Zehntausende. Am ersten Juli 1930 begann der Bau des ersten Hochofens für den heutigen Metallurgieriesen. Die Ausrüstung für das Hüttenwerk stammte aus drei (?) verschiedenen Betrieben. Auf der Baustelle arbeiteten Vertreter von 36 Nationalitäten drunter erfahrene Fachleute von den Baustellen am Dnepr und des Stalingrader Traktorenwerkes. Schnell wuchsen die Metallgerüste und Betonpfeiler des neuen Hüttenwerkes in die Höhe. 1932 konnte der Abstich des ersten flüssigen Roheisens erfolgen. Soweit."

Da der Lehrer aus einem Buch vorliest, handelt es sich hier offensichtlich um keinen selbstgeschriebenen Text, sondern, er ist vermutlich einem Materialienband für den Geographieunterricht entnommen. Ein ähnlicher Text findet sich in einer Sammlung von Lehrervorträgen, die von Möbius (1984: 43) zusammengestellt wurden. Lehrervorträge hatten nach der Geographiemethodik einen festen Stellenwert im Geographieunterricht. Im Rahmen der ideologischen Erziehung hatten sie häufig die Funktion, die SchülerInnen emotional anzusprechen. Dieses Ziel wird auch durch die Unterrichtshilfe für den Geographieunterricht in der siebten Klasse propagiert: „Um diese Potenzen (ideologischen Erziehung) zu erschließen, kommt beispielsweise interessanten Problemstellungen und einer lebendigen, emotionalen und erlebnisbetonten Unterrichtsgestaltung besondere Bedeutung zu" (Lehmann 1982: 10). Im vorliegenden Text wird dies u. a. durch die Schilderung der schwierigen Arbeits- und Lebensbedingungen der ersten Bergarbeiter erreicht. Vermutlich sollte bei den SchülerInnen Bewunderung für ihr Durchhaltevermögen und ihre Leistungen erzeugt werden.

Im Rahmen der ideologischen Erziehung war es von besonderer Bedeutung, die wirtschaftlichen und sozialen Erfolge der sozialistischen Länder im Geographieunterricht hervorzuheben (vgl. Budke 2010: 69 ff.). Dazu hat man sich häufig historischer Vergleiche oder der Beschreibung positiver historischer Entwicklungen bedient. Im vorliegenden Lehrervortrag wird die Eisenherstellung im Ural als Erfolgsgeschichte präsentiert. Wichtigste Akteure sind im Sinne der damaligen Ideologie die Arbeiter, die angeblich selbstlos, vom Sozialismus überzeugt, fachkundig und hartnäckig allen Widerständen trotzten, um die Eisen- und Stahlproduktion aufzubauen. Die dortige Umweltproblematik und der schlechte Gesundheitszustand der Bevölkerung wird dagegen nicht erwähnt, da man ein rein positives Bild im Sinne der am Anfang des Unterrichts vorgegebenen Bezeichnungen *stählernes Rückgrat* und *Waffenschmiede* erzeugen wollte.

5 Fazit

Aus Lehrplan- und Schulbuchanalyse lässt sich die theoretische Konzeption der ideologischen Erziehung für den Geographieunterricht gut rekonstruieren (vgl. Budke 2010: 69 ff.). Bisher wurde jedoch nicht untersucht, inwiefern die ideologischen Zielsetzungen auch in die geographiemethodische Lehrerausbildung eingeflossen sind. In diesem Zusammenhang kann das untersuchte Video wertvolle Hinweise liefern. Wie die Analyse gezeigt hat, wurden zentrale Gestaltungsvorschläge von damaligen Geographiemethodikern zur Umsetzung und Intensivierung der ideologischen Erziehung im Geographieunterricht im gefilmten Unterricht umgesetzt. Hierzu gehören im Besonderen:

• Das Setzen von „parteilichen Wertungen" in der Anfangsphase des Unterrichts (Zielorientierung), mit starker Steuerung durch den Lehrer.

• Die selbstständige Suche der SchülerInnen nach Belegen für die vorgegebenen Bewertungen im Rahmen des „aufgebenden Unterrichts", was sie von ihrer Richtigkeit überzeugen sollte.

• Die emotionale Ansprache der SchülerInnen durch den Lehrervortag, welche zur Identifizierung mit den „Arbeitern" beitragen sollte.

• Die Durchführung von historischen Vergleichen, um die Erfolge der „sozialistischen" Länder zu betonen.

Insgesamt kann ein sehr hoher Einfluss der betreuenden Geographiemethodikerin auf die Erstellung des Videos festgestellt werden, welches demnach keine typische Unterrichtsrealität in der DDR wiederspiegelt, sondern idealtypische Vorstellungen von Unterrichtsgestaltung aus der Sicht der Geographiemethodik offenbart. Die vorliegenden Aussagen damaliger Methodiker und die verfügbaren Dokumente zur Lehrerausbildung an der PH Potsdam lassen es als wahrscheinlich erscheinen, dass die Vorstellungen zur (idealen) methodischen Gestaltung von Geographieunterricht u. a. durch Unterrichtsvideos an die Studierenden vermittelt wurden. Inwiefern diese dann wirklich als Vorbilder für Unterricht im Berufsleben dienten, oder ob das methodische Wissen zur Umsetzung der ideologischen Erziehung nur in *Vorführstunden* aktiviert wurde, muss durch weitere Analysen geklärt werden.

Quellen und Literatur

Akademie der pädagogischen Wissenschaften der DDR (Hg.) (1978): Methodik Geographieunterricht. Berlin.

Bachmann, Bert (1993): Der Wandel der politischen Kultur in der ehemaligen DDR. Berlin. (Philosophische und Soziologische Veröffentlichungen. Bd. 26).

Barth, Ludwig (1969): Zur Systematisierung von Wissen im Geographieunterricht. Berlin.

Barth, Ludwig/ Sowade, Anneliese (1978): Der Unterrichtsprozess im Fach Geographie. – In: Akademie der pädagogischen Wissenschaften der DDR (Hg.): Methodik Geographieunterricht. Berlin: 117-220.

Buder, Margret/ Parnow, Klaus (1987): Die methodische Führung des Aneignungsprozesses unter Einbeziehung von Hochschulunterrichtsmitteln - insbesondere von Fernsehaufzeichnungen – im Seminar zur Methodik des Geographieunterrichts. Potsdam.

Budke, Alexandra (2010): „und der Zukunft abgewandt..." – Ideologische Erziehung im Geographieunterricht der DDR. Göttingen.

Lehmann, Ottokar/ Mirus, Hans/ Munchow, Horst (1982): Unterrichtshilfen Geographie, Klasse 7. (7., stark bearbeitete Auflage). Berlin.

Ministerium für Volksbildung (Hg.) (1979): Lehrplan Geographie Klassen 5 bis 10. Berlin.

Ministerium für Volksbildung (Hg.) (1982): Schulbuch Geographie, Klasse 7. (2. Auflage). Berlin.

Mirus, Hans (1978): Referat „Zum Einsatz des Fernsehens im Fach Methodik des Geographieunterrichts. Potsdam.

Möbius, Siegfried (1984): Geographie erlebt 2. Berlin.

N.B. (1980): Internes Schreiben der Sektion Sportwissenschaft Geographie Wissenschaftsbereich Methodik des Geographieunterrichts. Potsdam.

Neuner, Gerhart (1968): Die Schule – eine ideologische Institution. – In: Einheit, 12: 1494-1504.

Schepp, Heinz-Hermann (1994): Fortwirkende Elemente der Marxschen Bildungskonzeption. – In: Hoffmann, Dietrich/ Neumann, Karl (Hg.): Erziehung und Erziehungswissenschaft in der BRD und der DDR. Bd. 1. Die Teilung der Pädagogik (1945-1965). Weinheim: 327-342.

Sektion Pädagogik/ Psychologie (1974): Studienanleitung Pädagogisch-psychologischer Grundkurs – Pädagogisch-schulpolitischer Teil – (Herbstsemester 1974/75). Potsdam (nur für den internen Gebrauch).

Sektion Sportwissenschaft/ Geographie Wissenschaftsbereich Methodik des Geographieunterrichts (1978): Studienanleitung zu den Seminaren und Übungen im Fach „Methodik des Geographieunterrichts". Potsdam.

Tenorth, Heinz-Elmar/ Kudella, Sonja/ Paetz, Andreas (1996): Politisierung im Schulalltag der DDR. Durchsetzung und Scheitern einer Erziehungsambition. Weinheim. (Bibliothek für Bildungsforschung 2).

Videofile (1987): Methodik des Geografieunterrichts (v_php_159). Schluß, Henning: Quellensicherung und Zugänglichmachung von Videoaufzeichnungen von DDR-Unterricht der APW und der PH-Potsdam (2010). In: Audiovisuelle Aufzeichnungen von Schulunterricht in der DDR. Forschungsdatenzentrum Bildung am DIPF, Frankfurt, Main. DOI: 10.7477/4:2:3 .

Gibt es eine Sprache der Indoktrination?

Paul Walter

Vorbemerkung

Der gewählte Titel ist als kritische Replik auf die so genannte Transformationsforschung gedacht. Dort wurde der Indoktrinationsbegriff als Ausgangspunkt,
quasi als Prämisse für eine Auseinandersetzung mit der Pädagogik der ehemaligen DDR gewählt; dieses Vorgehen ermöglicht nur relativierende statt differen-
zierende bzw. empirisch begründete Annahmen über Indoktrinationsprozesse,
was für die Untersuchung politisch-ideologischer Pamphlete des damaligen Re-
gimes ausreichend gewesen sein mochte. Nur bedingt eignet sich der Indoktrinationsbegriff als quasi apriorische Interpretationsfolie jedoch für die Analyse
pädagogischen bzw. unterrichtlichen Handelns: Bedeutete dies doch eine generelle pejorative Fremdzuschreibung, mit der damaliges pädagogisches Handeln
belegt und jegliches pädagogische Selbstverständnis der Akteure negiert würde.

Es lässt sich also nicht schon vor einer genauen wissenschaftlichen Analyse
und allenfalls bei Übergewichtung des politisch-ideologischen Kontextes von
Unterricht in der ehemaligen DDR (vgl. Demke 2007: 35f.) entscheiden, ob
unterrichtliche Handlungen von Lehrpersonen Indoktrinationsversuche darstellen
oder ob notwendige oder fragwürdige didaktische Reduktionen und Stilisierun-
gen vorliegen. Weiterhin implizierte eine Gleichsetzung von Indoktrination und
unterrichtlichem Handeln in DDR-Schulen eine Einebnung der normativen Differenz von Erziehen und Indoktrination (vgl. Schluß 2007), wobei dann darüber
hinaus Berechtigungsgrade dieser Gleichsetzung für die Unterrichtsfächer nicht
nur über den Daumen gepeilt werden dürften (vgl. Tenorth 1995).

Der Vorschlag von Annette Stroß, den Indoktrinationsbegriff als Leitbegriff
für unterrichtswissenschaftliche Untersuchungen zu verwenden (vgl. Stroß 2007)
wäre von daher mit schweren Hypotheken belastet, etwa auch durch die so erforderlich werdende, jedoch strittige – im ursprünglichen Ansatz nicht zu findende
(vgl. Goffman 1973) – Subsumtion der Institution Schule unter den Begriff der
totalen Institution. Der Vorschlag wäre zudem der Kritik ausgesetzt, wie sie
generell gegenüber (post-)strukturalistischen Ansätzen vorgetragen wird, nämlich die Handlungssubjekte bzw. deren Intentionen auszuklammern.

Aus dem Gesagten folgt, dass (vergleichende) Analysen des Unterrichts in
der damaligen DDR sich primär an erziehungswissenschaftlich geprägten Kon-

zepten und Forschungstraditionen orientieren sollten – unter Berücksichtigung zu rekonstruierender indoktrinaler Implikationen.

1 Eine explorative Studie mit quantitativ-linguistischen Indikatoren

1.1 Zielsetzung der Studie

Im Folgenden wird dargestellt, wie ein Vergleich von Unterrichtsdokumenten aus der ehemaligen DDR mit Stunden anderer Herkunft grundsätzlich aussehen könnte. Mit diesem Ziel wird die publizierte und mehrfach kommentierte Stunde über den Mauerbau (bzw. dessen Rechtfertigung aus Sicht der DDR-Führung) von 1977 in einer 10. Klasse einer Polytechnischen Oberschule in Relation zu Unterrichtsstunden aus vorliegenden Archiv-Beständen gesetzt (vgl. Schluß 2005).

Es wird hier eine überwiegend quantitative Untersuchungsmethode gewählt, mit der relativ umfangreiches Datenmaterial verarbeitet werden kann. Dieser methodologische Ansatz soll vertiefende Studien nicht ersetzen, die einer inter-pretativ-hermeneutischen Methodologie zuzurechnen sind. Durch explizite theo-retische Referenzen gestützte empirische Ergebnisse sollen jedoch belegen, dass eine quantitativ vorgehende Unterrichtsforschung subtile unterrichtliche Vor-gänge erhellen und so für Studien im *interpretativen Paradigma* aufschlussreich sein kann.

1.2 Theoretischer Hintergrund der Studie

Um allgemeine Dimensionen oder Regelhaftigkeiten pädagogischen Handelns zu bestimmen, kann auf unterschiedliche Theorietraditionen Bezug genommen werden. Bildungstheoretische Überlegungen aufgreifend, rekonstruiert bei-spielsweise Helsper (1995) in seiner Professionstheorie grundlegende Antino-mien bzw. Paradoxien pädagogischen Handelns. Zu anderen, jedoch z. T. äqui-valenten Strukturmerkmalen der Schule in der Moderne gelangen Leschinsky/ Cortina (2003) in Anlehnung an die strukturfunktionalistische Bildungssoziolo-gie.

Unterrichtliche Basisdimensionen	Unterrichtswissenschaftl. Referenzen	Bezug zu Indoktrinationsannahmen
[1] Unterricht besteht aus initiierenden (Strukturieren, Fragen …) und reagierenden Schritten (Feedback, Fortführen)	Bellack et al. (1966); Simon/ Boyer (1970)	Subjekt der Indoktrination initiiert und kontrolliert Indoktrinationsvorgang
[2] Unterrichtstypische Interaktionssequenz: Initiation-Reaktion-Evaluation (I-R-E)	Mehan (1979); Bellack et al. (1966); Petrat et al. (1977)	Kurzschrittige Sequenzen der Indoktrination
[3] Unterricht als Balance von Information und Wiederholung	Herbart (1806); Petrat et al. (1977); Diederich (1990)	Wiederholen zur Festigung der Doktrin
[4] Unterricht zw. Vermittlung und Ko-Konstruktion von Wissen	Prange (1995); Smith/ Meux (1970); Benkmann (1998)	Geringer Deutungsspielraum einer Doktrin
[5] Balance von Distanz und Nähe	Helsper (1995); Walter/ Leschinsky (2007)	Distanz zwischen Subjekt u. Objekt der Indoktrination

Tab. 1: Unterrichtliche Basisdimensionen

Die in Tabelle 1 aufgenommenen Dimensionen unterrichtlicher Interaktion widersprechen diesen Ansätzen nicht, orientieren sich aber vor allem an Ergebnissen systematischer Unterrichtsforschung, zumal diese auf einem empirischen Vorgehen fußt, das der hier präsentierten Methodologie nahe kommt. Unterricht wird danach in Analogie zur Sprache als regelgeleitetes Sprachspiel aufgefasst. Seine Regeln werden in Fortführung dieser Analogie wie syntaktische Regeln interpretiert. Folglich handelt es sich bei den Basisdimensionen eher um Annahmen über Regelmäßigkeiten, keineswegs um normative Vorstellungen über „guten" Unterricht (vgl. jedoch Brandom 2000).

Dimension 1 greift einen Sachverhalt vieler standardisierter Systeme der Unterrichtsbeobachtung auf, wie sie z.b. in der Anthologie „Mirrors of Behavior" (Simon/ Boyer 1970) berücksichtigt sind. In diesen Systemen ist die binäre Unterscheidung initiierender und reaktiver Beiträge verbreitet, in die sich unterrichtliche Interaktionen aufteilen lassen. Etwa im Verfahren von Bellack et al. (1966) werden zwei initiierende und zwei reagierende Unterrichtsschritte unterschieden.

Dimension 2 berücksichtigt den Befund Mehans (1979), dass Unterricht regelhaft einem speziellen, dreischrittigen Ablaufmuster folgt: Die von der Lehrperson initiierte Interaktion wird durch eine Schülerantwort fortgeführt und durch eine evaluative Reaktion der Lehrperson abgeschlossen. Diese Dimension betont die Eigenheit schulischen Wissenserwerbs als einen durch unmittelbare (implizite wie explizite) Rückmeldungen der Lehrperson kontrollierten Prozess. Auch in Beobachtungsstudien mit dem System von Bellack et al. (1966) und bei Petrat et al. (1977) wurden solche gehäuft auftretende dreischrittige Interaktionszyklen gefunden.

Dimension 3 umschreibt den Balanceakt jeglichen Unterrichts, nämlich sowohl der Vermittlung von Neuem (Information) als auch der Wiederholung bzw. Festigung von Bekanntem (Redundanz) zu dienen, wie das bereits in der *klassischen* Unterscheidung Herbarts (1806) von Bewegung und Ruhe des Gemüts angedacht wurde. Auch ein Vergleich des Unterrichtsverlaufs mit einem Gradierwerk bei Petrat el. (1977) und das Austarieren von Wiederholen und Weitermachen in einem Essay von Diederich (1990) könnten als Analoga dieses Unterrichtsprinzips betrachtet werden.

Dimension 4 zufolge stellt schulischer Unterricht eine Verbindung von Individuum und Kultur her. Nach Prange (1995) bringt der Lehrer dem Kind via Zeigen kulturelle Artefakte nahe. Die ungeliebt-beliebten Lehrermonologe könnten aus dieser Perspektive als ein Vorgang interpretiert werden, bei dem die Lehrperson im Allgemeinen der Kultur, im Überlieferten verbleibt. Wird kulturelle Aneignung dagegen als Ko-Konstruktionsprozess begriffen, dürfte der Elaboration und dem Austausch von Schüleräußerungen mehr Gewicht beigemessen werden.

Nach *Dimension 5* stellt Unterricht eine spezielle Interaktionsform dar, die je nach Situation und Aufgabe zwischen distanzierter Sachlichkeit und emotionaler Nähe changiert. Dieser Eigenheit pädagogischer Interaktion wird sowohl in Ansätzen geisteswissenschaftlicher Pädagogik als auch in bildungssoziologischen Überlegungen gleichermaßen Beachtung geschenkt.

In einer gesonderten Spalte von Tabelle 1 wurden Annahmen darüber aufgenommen, wie die Unterrichtsdimensionen mit Indoktrination bzw. Indoktrinationsversuchen im Zusammenhang stehen könnten. Unterscheidet man initiierende und reagierende Handlungen, ist prinzipiell noch nichts über den Hauptakteur dieser Handlungen ausgesagt. Um Indoktrination zu begünstigen, müsste eine indoktrinierende Person jedoch eine starke Kontrolle sowohl über initiierende wie bewertende Interaktionsschritte behalten und zwei- oder dreischrittige Interaktionssequenzen bevorzugen, in denen sie sowohl über die Agenda des Unterrichts als auch über die Bewertung der von den Schülerinnen und Schülern gelieferten Beiträge entscheiden könnte. Formal gesehen, dürfte sich bei Untersuchung des Ablaufs von Indoktrinationsversuchen ein ähnliches Muster ergeben, wie es für traditionellen Unterricht nach Dimension 1 und 2 zu erwarten ist. Weiterhin sollte bei Indoktrinationsvorgängen keine angemessene Balance zwischen Information und Wiederholung zu beobachten sein, vielmehr sollte ein stetiges Wiederholen derselben Inhalte stattfinden, die sich für das Objekt der Indoktrination als alternativlos bzw. selbstverständlich darstellen sollten. Es versteht sich auch beinahe von selbst, dass Indoktrination einem traditionellen Verständnis von Vermittlung folgt, da Deutungsvarianten und -spielräume, wie sie für Ko-Konstruktionsprozesse typisch sind, kontraproduktiv für das verfolgte Ziel wären. Schließlich sollte in Indoktrinationsprozessen die Distanz zwischen Subjekt und Objekt der Indoktrination unüberwindlich sein, allenfalls als taktisches Manöver kaschiert werden oder nach Zerstörung der ursprünglichen Identität des Indoktrinationsopfers in Form einer pathologisch erscheinenden Nähe vorkommen. Für Unterricht ist dagegen gerade das reversible, authentische Wechseln von Distanz und Nähe konstitutiv.

1.3 Untersuchungsmaterialien

Seit einiger Zeit arbeitet der Autor am Aufbau eines Archivs für Unterrichtsdokumente mit dem Namen BAUNTI (Bremer Archiv für Unterrichtsinteraktionen), das bisher bereits über fünfzig Unterrichtsstunden in Transkriptform aus vier Jahrzehnten beherbergt, aus technischen Gründen jedoch noch nicht öffentlich zugänglich ist. Das Archiv, das für die LehrerInnenausbildung und für die Unterrichtsforschung genutzt werden soll, zeichnet sich durch eine Besonderheit aus: Es enthält nicht nur Transkripte von Unterrichtsstunden, sondern liefert basale Statistiken über jedes Transkript und ermöglicht statistische Vergleiche der Transkripte. So werden (gemeinsam und getrennt für Lehrperson und Schülerinnen und Schüler) Worthäufigkeiten, Type-Token-Quotienten, Anzahl der Sprecherbeiträge, gesprochene Wörter ermittelt. Diese Statistiken können für weitergehende quantitative Analysen genutzt werden, können selbstverständlich aber auch als Rahmung für qualitative Analysen herangezogen werden. Aus diesem Archiv wurden im Rahmen der hier dargestellten Analyse 22 Unterrichtstranskripte ausgewählt, für die neben den in BAUNTI erhobenen zusätzliche formale sprachliche Charakteristika vorlagen, die in einem anderen Zusammenhang (Walter 2005) genutzt wurden. Um einen Vergleich zu ermöglichen, wurden alle diese sprachlichen Statistiken auch für das Transkript der „Mauerstunde" aus 1977 berechnet. Darüber hinaus wurde die „Mauerstunde" in einem Triangulationsprozess auf ihre Eigenheiten hin untersucht.[1]

1.4 Untersuchungsdesign

Konkret sollte in der Untersuchung geprüft werden, aufgrund welcher sprachlichen Merkmale sich die berücksichtigten 23 Unterrichtsstunden Gruppen (Clustern) zuordnen und wie sich die Cluster charakterisieren lassen. Zu diesem Zweck wurde auf das multivariate Verfahren der hierarchischen Clusteranalyse zurückgegriffen, das schrittweise Objekte in Gruppen zusammenfasst (vgl. Bortz 2005: 565ff.).

In einer ersten Clusteranalyse sollten schwerpunktmäßig Merkmale der Unterrichtsstunden berücksichtigt werden, die den sequenziellen Verlauf der unterrichtlichen Interaktionen erfassen (initiierende und reagierende Beiträge, unterrichtstypische Dreierschritte) und die als Indikatoren für die in Tabelle 1 aufgeführten Dimensionen 1 und 2 gelten können.

Eine zweite Clusteranalyse wurde mit derselben Stundenstichprobe durchgeführt; dabei wurden hauptsächlich sprachliche Merkmale (Wortschatz, Worthäufigkeiten) als Gruppierungskriterien herangezogen. Es handelt sich dabei um Merkmale, die das Archiv BAUNTI für jedes Unterrichtstranskript *automatisch* und ohne zusätzliche Auswertungsschritte erforderlich zu machen erzeugt. Theoretisch können diese Merkmale als Indikatoren für die Unterrichtsdimensionen 3 und 4 (Tabelle 1) gelten. Sie zeigen an, inwieweit der betreffende Unterricht auf Information oder Wiederholung setzt und wie der unterrichtliche Vermittlungsprozess konzipiert ist. In methodischer Hinsicht sollte mit der zweiten Analyse die Stabilität von clusteranalytischen Ergebnissen überprüft werden, was bei diesem eher heuristisch einzusetzenden multivariaten Verfahrens durchaus geboten erscheint.

Um auf die letzte unterrichtliche „Basisdimension" (Balance von Distanz und Nähe) Bezug zu nehmen, wurden das nonverbale Verhalten von Lehrerin

---

[1] Für die engagierte Übernahme dieser Aufgabe danke ich den beteiligten Studierenden meines „Beobachtungsseminars" im WS 2011/12 an der Universität Bremen.

und Schülerinnen und Schülern der Mauerstunde mit einer in Unterrichtsthema (*Dritte Welt*), Alter und Epoche ähnlichen Klasse aus der Bundesrepublik verglichen (vgl. Koring 1989), wobei hier nur ein kurzer Hinweis auf diesen Untersuchungsschritt gegeben werden kann.

1.5 Ergebnisse der Clusteranalyse 1

Nach der ersten Clusteranalyse lassen sich die 23 berücksichtigten Unterrichtsstunden in drei distinkte Cluster aufteilen. Dabei wird die Zugehörigkeit der Unterrichtsstunden zu bestimmten Unterrichtsfächern aufgrund der berücksichtigten sprachlichen Indikatoren erstaunlich gut reproduziert. Wie Abbildung 1 zu entnehmen ist, könnte von einem Mathematik-, einem Biologiecluster sowie einem aus nicht-naturwissenschaftlichem Unterricht gebildeten Cluster gesprochen werden, denen 16 bzw. 17 (nimmt man die „Mauerstunde" hinzu) Stunden *korrekt* zugeordnet werden. Das heißt mit anderen Worten, dass sich Fachzugehörigkeit von Unterrichtsstunden nicht nur in speziellen Themen und Inhalten zeigt, sondern sich bereits aus formalsprachlichen Merkmalen erschließen lässt. Wie das hier besonders interessierende Cluster 2 erkennen lässt, gleicht die „Mauerstunde", damals als Geschichtsunterricht (mit staatsbürgerkundlicher Thematik) konzipiert, aufgrund ihrer formalsprachlichen Eigenheiten den anderen berücksichtigten nicht-naturwissenschaftlichen Stunden, Religions- und Deutschunterricht.

Das Cluster 2 – und damit auch die Stunde aus der Polytechnischen Oberschule – zeichnet sich formalsprachlich dadurch aus, dass im Vergleich zu den Clustern 1 und 3 bewertende Verbalreaktionen der Lehrperson und der unterrichtstypische Dreierschritt *Initiierender Beitrag der Lehrperson – Schülerantwort – evaluative Reaktion der Lehrperson* gehäuft auftreten. Andererseits liegen auffordernde Beiträge der Lehrperson in Cluster 2 im mittleren Bereich (diese sind in Cluster 3, in dem durch Biologiestunden dominierten Cluster weit häufiger). Im Vergleich zu Cluster 1 liegen die initiierenden Schülerbeiträge in Cluster 2 und 3 relativ niedrig; d. h., die Schülerinnen und Schüler haben wenig Grund oder Gelegenheit, eigenständig Fragen aufzuwerfen oder zu diskutieren. In Bezug auf den schülerspezifischen Wortschatz und den Redeanteil der Lehrperson unterscheidet sich zwar Cluster 2 von den beiden anderen Clustern; hier ist allerdings eher eine Affinität der „Mauerstunde" zu den anderen als zu Cluster 2 gegeben. Dieser Umstand lässt bereits vermuten, dass die Clusterzugehörigkeiten variieren könnten, wenn andere formalsprachliche Merkmale berücksichtigt werden.

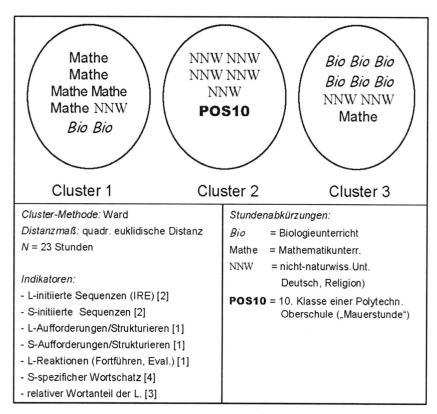

Abb. 1: Clusterlösung der ersten Clusteranalyse

1.6 Ergebnisse der Clusteranalyse 2

Für die Durchführung der zweiten Clusteranalyse bei den analysierten 23 Unter-
wurden – wie oben erwähnt – zum Teil andere sprachliche Merkmale berücksichtigt, nämlich ausschließlich die Worthäufigkeiten und die Wortwahl betreffende Indikatoren. Die Ergebnisse sind in Abbildung 2 dargestellt.

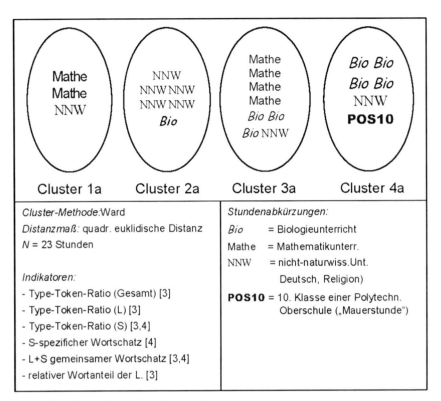

Abb. 2: Clusterlösung der zweiten Clusteranalyse

Es lassen sich nach dieser zweiten Analyse vier Stundencluster unterscheiden. Trifft man wieder die Unterscheidung der Stunden nach ihrer Fächerzugehörigkeit, fällt das Ergebnis etwas weniger eindeutig aus als in der ersten Clusteranalyse aus. Auch hier gibt es ein Cluster mit schwerpunktmäßig nicht-naturwissenschaftlichem Unterricht (Cluster 2a). Die Mathematikstunden finden sich nun jedoch in zwei fachlich ziemlich *durchmischten* Clustern (Cl. 1a und 3a). Die Biologiestunden sind ebenfalls nicht eindeutig einem Cluster zuzurechnen. Im vorliegenden Zusammenhang besonders interessant ist die Veränderung für die „Mauerstunde". Gehörte sie nach der ersten Clusteranalyse zu den Stunden aus nicht-naturwissenschaftlichen Fächern, wird sie nach der zweiten Analyse in ein Cluster mit vier Biologiestunden (aus einem Gymnasium) und einer Religionsstunde (aus einer Hauptschule) eingruppiert (Cluster 4a). Sie hat demnach mehr

Gemeinsamkeiten mit naturwissenschaftlichem Lernen als mit Stunden aus der eigenen Fächergruppe.

Bei den berücksichtigten Indikatoren hebt sich Cluster 4a und damit auch die „Mauerstunde" von den übrigen Clustern zum einen dadurch ab, dass die sog. Type-Token-Ratio (genauer: die doppelt logarithmierte Version dieses Quotienten) erhöht ist, was sowohl auf die Quotienten der Schülerinnen und Schüler als auch auf die Quotienten der Lehrperson zutrifft. Die Lehrperson pflegt danach einen durch viele (Fach-)Begriffe gesättigten Sprachstil, der relativ wenig Redundanz enthält. In dieser Hinsicht verhält sich aber auch Cluster 1a (drei Gymnasialstunden) ähnlich *begriffslastig*. Anders bei der Schülerseite: Nur in Cluster 4a ist von einem Begriffsreichtum der Schülersprache auszugehen.

Auffällig ist außerdem, dass in Cluster 4a sowohl der spezielle Wortschatz der Schülerinnen und Schüler als auch der von Lehrperson und Schülerinnen und Schülern in der Stunde geteilte Wortschatz relativ zu den anderen Clustern niedrig ist. Diese beiden Indikatoren deuten darauf hin, dass die Schülerinnen und Schüler in den Stunden von Cluster 4a relativ selten zu Wort kommen, was sich auch im hohen Wortanteil der jeweiligen Lehrperson in den Stunden des Clusters 4a bestätigt.

1.7 Zum nonverbalen Verhalten der Lehrperson in der „Mauerstunde"

Zusätzlich zu der multivariaten Analyse wurden Mimik, Gestik und Köperhaltung der Lehrperson in der „Mauerstunde" näher analysiert, wobei hier nur auf deren Ausdruckverhalten zu Beginn der Stunde eingegangen wird.

Die Lehrerin steht, die Schülerinnen und Schüler sitzen, wie das vielfach im Unterricht geschieht und strukturell die katechetische Funktion der Lehrperson betont (vgl. Walter 1987). Neben dieser die unterrichtlichen Rollen abgrenzenden Haltung ist an der Körperhaltung der Lehrerin bemerkenswert, dass sie die Hände hängen lässt und hinter dem Rücken verschränkt, während sie in selten im Unterricht zu beobachtendem geschliffenem Deutsch in die Stunde einführt. Die hinten verschränkten Hände sind nach meiner Erfahrung für Unterricht eher untypisch. In vielen populärwissenschaftlichen Ratgebern (meist für Bewerbungsgespräche o.ä.) wird diese Haltung als ungünstig eingestuft, als Versuch gewertet, affektive Regungen (Aggression, Unsicherheit) zu verbergen. Im Unterricht wirkt diese Haltung auf den Betrachter eher als lässig bis unengagiert. Jedenfalls begibt sich die Lehrerin so der Möglichkeit, ihre Aussagen gestisch zu illustrieren oder zu regulieren und ein persönliches Kolorit zu geben. Erkennbar ist zudem, dass die Lehrerin seitlich an den Schülerinnen und Schülern vorbeischaut, möglicherweise in Richtung Kamera blickt (ohne allerdings diese zu fokussieren). Eine ähnliche Blickhaltung findet sich bei einer Lehrerin, deren

Unterrichtsstunde Koring (1989) ausführlich beschrieben hat. Zu Beginn der Unterrichtsstunde, so kann für beide Stunden festgestellt werden, stehen nicht die Schülerinnen und Schüler im Fokus der Wahrnehmung der Lehrperson. Es könnte gemutmaßt werden, dass in den siebziger und frühen achtziger Jahren eine Videoaufnahme des Unterrichts für Lehrpersonen durchaus etwas Ungewöhnliches war und besondere Reaktionen nicht nur bei Schülerinnen und Schülern, sondern auch bei der aufgenommenen Lehrperson hervorgerufen haben könnte. Mithin ist es nicht auszuschließen, dass im Verhalten der Lehrerin andere Situationsdefinitionen mitschwingen als die vom ‚normalen Unterricht halten'. Im genannten, von Koring analysierten Fall proklamierte jedenfalls die Lehrerin an einer Stelle, anderen Unterricht halten zu wollen, als den die Schülerinnen und Schüler „normalerweise erwarten" (ohne dies dann letztlich unter Beweis stellen zu können). Zu dieser Frage wie zu der aktuellen, was aus Unterrichtsvideos gelernt werden kann, besteht im Übrigen noch ziemlicher Bedarf an methodologischen Studien quantitativer oder qualitativer Art (vgl. Krammer/ Reusser 2005).

2 Diskussionen der Ergebnisse

Die folgende Diskussion der Ergebnisse der explorativen Studie beschränkt sich auf die Aspekte, die relevant sein können für vergleichende Analysen weiterer Unterrichtsstunden aus der DDR-Datenbank. Dementsprechend stehen die Eigenheiten der „Mauerstunde" im Vordergrund, wenngleich das hierzu Bemerkte in der einen oder anderen Form auch für die anderen analysierten Unterrichtsstunden zutreffen mag.

2.1 Besonderheiten der „Mauerstunde"

Vergleicht man die Ergebnisse der durchgeführten Clusteranalysen, fällt der Clusterwechsel der „Mauerstunde" auf, abhängig von den sprachlichen Merkmalen, die für die Clusterbildung herangezogen werden. Werden die langen Ausführungen der Lehrperson und ihre starke Steuerung des Unterrichts durch unmittelbare evaluative Reaktionen auf Schülerbeiträge berücksichtigt, ähnelt diese Unterrichtsstunde den anderen in der Clusteranalyse mit berücksichtigten Deutsch- und Religionsstunden. Die Stunde entspricht damit Regeln (die Dimensionen 1 und 2 von Tabelle 1), wie sie die Unterrichtsforschung mit systematischen und qualitativen Beobachtungsmethoden der 1960er und 1970er Jahre für den überwiegend lehrerzentrierten Unterricht festgestellt hat. Insofern zeigt die „Mauerstunde" das typische Profil einer Stunde, die nach traditionellem didaktischem

Muster abläuft. Genauere Analysen müssten klären, wieso die in der Studie berücksichtigten Biologie- und Mathematikstunden diesem Muster weniger entsprechen. Eine einfache Durchsicht der Stunden lässt vermuten, dass es sich bei
diesen beiden anderen Unterrichtsfächern um graduelle Unterschiede im didaktischen Konzept, nicht um eine andere Unterrichtsform handelte.

Wählt man hingegen sprachliche Indikatoren in der Clusteranalyse, die auf
die Relation von neuer (begrifflich gefasster) Information und Wiederholung
setzen und die sprachliche Übereinkunft von Beiträgen der Lehrperson und der
Schülerinnen und Schüler prüfen (vgl. Dimensionen 3 und 4 in Tabelle 1), wird
die „Mauerstunde" einem von Biologiestunden dominierten Cluster zugeordnet.
Dieses Ergebnis könnte dafür sprechen, dass in der „Mauerstunde" mit einer
neuen, für die Schülerinnen und Schüler ungewohnten Terminologie operiert
wird, die funktional äquivalent ist zu einem *theorielastigen* Unterricht, in dem
die Schülerinnen und Schüler mit der Begrifflichkeit einer Naturwissenschaft
konfrontiert werden. Es ist jedoch zu vermuten, dass die festgestellte Affinität
der „Mauerstunde" zu einem naturwissenschaftlichen Unterricht nicht für einen
kompetent nach dem didaktischen Prinzip forschenden Lernens organisierten
Unterricht gelten würde.

Die wenig ko-konstruktive Atmosphäre, die für die „Mauerstunde" auf-
grund verbaler Indikatoren festzustellen ist, spiegelt sich auch im distanzierten
Verhalten der Lehrperson gegenüber den Schülerinnen und Schülern wider. Die
Analyse von nonverbalen Verhaltensmerkmalen der Lehrperson zu Beginn der
Unterrichtsstunde offenbart kaum Kommunikations- und Interaktionsangebote
an die Schülerinnen und Schüler.

2.2 Unterricht und Indoktrination

Das Thema der Stunde und die verwendeten Materialien legen die Annahme
nahe, bei der analysierten Mauerstunde handele sich um einen Indoktrinations-
versuch mit der SED-Doktrin. Für die erfolgreiche Vermittlung von Doktrinen
ist jedoch die Form der Vermittlung, hier: die methodisch-didaktische Gestaltung
des Unterrichts, mitentscheidend. Was besagen hierzu nun die unter erziehungswissenschaftlichen Leitbegriffen durchgeführten empirischen Analysen?

Die Ergebnisse sind in dieser Hinsicht nicht eindeutig. Zwar steht durch den
lehrerzentrierten Unterricht die staatstragende Position der Lehrperson im Mittelpunkt der unterrichtlichen Interaktionen, tendenziell abweichende Äußerungen
der Schülerinnen und Schüler werden sofort korrigiert. Für eine wirksame Indoktrination wäre es jedoch möglicherweise erforderlich gewesen, wenn im
Unterricht stärker auf abweichende Meinungen der Schülerinnen und Schüler

eingegangen worden wäre, die es wohl in der behandelten Frage gegeben haben dürfte und die durch die Form des Unterrichts wohl nicht *ausgeräumt* wurden. Hinzu kommt, dass das verbale und nonverbale Verhalten der Lehrperson nicht geeignet für Indoktrination erscheint. Das nonverbale Verhalten der Lehrerin geht sprichwörtlich über die Köpfe der Schülerinnen und Schüler hinweg, statt in sie *einzudringen*. In Bezug auf das Verbalverhalten findet keine hinreichende begriffliche Konvergenz von Schüler- und Lehreräußerungen statt. Man könnte sagen, der Unterricht belässt die Schülerinnen und Schüler in ihrer Begrifflichkeit, mit der sie in den Unterricht gekommen sind.

Als Fazit bleibt eine gewisse Ambivalenz zu konstatieren: Bei dem indoktrinationslastigen, in der Bevölkerung der DDR strittigen Unterrichtsthema, das in der „Mauerstunde" abgehandelt wird, wäre für eine wirksame Indoktrination eine Unterrichtsform angebracht gewesen, wie man sie im Anschluss an reformpädagogische Ansätze kennt. Traditioneller Unterricht, ein bloßes Verkünden (und Begründen) von Doktrinen, wie das in der „Mauerstunde" praktiziert wird, dürfte für die Internalisierung von Doktrinen auf Schülerseite nicht ausgereicht haben, jedenfalls wenn man die begrenzte Einflusssphäre der Schule berücksichtigt.

Insofern ermöglicht das unter pädagogischen Gesichtspunkten problematische Handeln der Lehrperson – beabsichtigt oder unbeabsichtigt – ihren Schülerinnen und Schülern, sich mit den Inhalten der Unterrichtsstunden sowohl zu identifizieren als auch sich davon zu distanzieren.

3 Ausblick

Die Bedeutung quantitativer Analysen für die künftige Untersuchung von Archivmaterialien sollte durch die vorgestellte explorative Studie demonstriert werden. Selbst wenn dieser Versuch als gelungen anzusehen ist, bleiben für künftige Untersuchungen mehr Fragen als Antworten.

So müsste bei der Auswahl von zu analysierenden Stunden künftig verstärkt darauf geachtet werden, etwa in Hinblick auf Schulform und Jahrgangsstufe vergleichbare Transkripte zu berücksichtigen (was in der vorgestellten Studie nicht befriedigend erreichbar war), um Artefakte aufgrund unkontrollierter Einflüsse möglichst auszuschließen. Weiterhin wäre zu überlegen, durch Zwischenschritte bei der Datenaufbereitung Unterrichtsprozesse in den Blick zu nehmen, etwa Veränderungen des gebrauchten Wortschatzes im Verlauf einer Unterrichtsstunde. Denkbar wäre auch, erziehungswissenschaftlich relevante Hypothesen aufgrund eingehender Analysen des Inhalts des gebrauchten Wortschatzes oder von bevorzugten Sprechakten zu erzeugen und zu überprüfen. Erst dann wird auch die Frage nach einer Sprache der Indoktrination in Schulen der DDR differenziert zu beantworten sein.

Quellen und Literatur

Bellack, Arno A./ Kliebard, Herbert M./ Hyman, Ronald T./ Smith, Frank. L. (1966): The language of the classroom. New York.

Benkmann, Rainer (1998): Entwicklungspädagogik und Kooperation. Weinheim.

Bortz, Jürgen (2005): Statistik. 6. Aufl. Heidelberg.

Brandom, Robert B. (2000): Expressive Vernunft. Frankfurt a.M.

Demke, Elena (2007): Indoktrination als Code in der SED-Diktatur. In: Schluß, Henning (Hg.): Indoktrination und Erziehung. Wiesbaden: 35-47.

Diederich, Jürgen (1990): Verknüpfungen von „Wiederholen" und „Weitermachen" im Schulunterricht. In: Luhmann, Niklas/ Schorr, Karl Eberhard (Hg.): Zwischen Anfang und Ende. Fragen an die Pädagogik. Frankfurt a.M.: 162-188.

Helsper, Werner (1995): Pädagogisches Handeln in den Antinomien der Moderne. In: Krüger, Heinz-Hermann/ Helsper, Werner (Hg.): Einführung in die Grundbegriffe und Grundfragen der Erziehungswissenschaft. Opladen: 15-34.

Herbart, Johann Friedrich (1806/1952): Allgemeine Pädagogik, aus dem Zweck der Erziehung abgeleitet. Kleine pädagogische Texte. Hg. von Herman Nohl. Weinheim.

Goffman, Erving (1973): Asyle. Frankfurt a.M.

Koring, Bernhard (1989): Eine Theorie pädagogischen Handelns. Theoretische und empirisch-hermeneutische Untersuchungen zur Professionalisierung der Pädagogik. Weinheim.

Krammer, Kathrin/ Reusser, Kurt (2005):Unterrichtsvideos als Medium der Aus- und Weiterbildung von Lehrpersonen. In: Beiträge zur Lehrerbildung 23, 1: 35-50.

Leschinsky, Achim/ Cortina, Kai S. (2003): Zur sozialen Einbettung bildungspolitischer Trends in der Bundesrepublik. In: Cortina, Kai S./ Baumert, Jürgen/ Mayer, Karl Ulrich/ Leschinsky, Achim/ Trommer, Luitgard (Hg.): Das Bildungswesen der Bundesrepublik Deutschland. Reinbek: 20-51.

Mehan, Herbert (1979): Learning lessons. Social organization in the classroom. Cambridge.

Petrat, Gerhardt/ Steinforth, Harm/ Timm, Jürgen/ Wosniok, Werner (1977): Prozessorientierter Unterricht. München.

Prange, Klaus (1995): Über das Zeigen als operative Basis der pädagogischen Kompetenz. In: Bildung und Erziehung, 48: 145-158.

Schluß, Henning (2005): Der Mauerbau im DDR-Unterricht. Didaktische FWU-DVD. Hg. von Henning Schluß im Auftrag des FWU und der Stiftung zur Aufarbeitung der SED-Diktatur. Grünwald.

Schluß, Henning (2007): Indoktrination Rückseite oder Extrem? In: Schluß, Henning (Hg.): Indoktrination und Erziehung. Wiesbaden: 7-11.

Simon, Anita/ Boyer, E. Gil (1970): Mirrors of behavior II. An anthology of observation instruments. Vol. A. Philadelphia.

Smith, B. Othanel/ Meux, Milton O. (1970): A study of the logic of teaching. Urbana.

Stroß, Annette M. (2007): Indoktrination – ein (un)pädagogischer Begriff? In: Schluß: 13-34.

Tenorth, Heinz-Elmar (1995): Grenzen der Indoktrination. In: Drewek, Peter/ Horn, Klaus-Peter/ Kersting, Christa/ Tenorth, Heinz-Elmar (Hg.):Ambivalenzen der Pädagogik – Zur Bildungsgeschichte der Aufklärung und des 20. Jahrhunderts. Weinheim: 335-351.

Walter, Paul (1987): Ich denke, also sitze ich. Psychologische Dimensionen der Körperpositionen. In: Psychologie und Gesellschaftskritik, 44: 21-42.

Walter, Paul (2005): Welchen Sinn macht die Allgemeine Didaktik? Zur Theorie und Empirie unterrichtlicher Interaktionen. In: Kaune, Christa/ Schwank, Inge/ Sjuts, Johann (Hg.): Mathematikdidaktik im Wissenschaftsgefüge: Zum Verstehen und Unter-richten mathematischen Denkens. Bd 2. Osnabrück: 195-207.

Walter, Paul/ Leschinsky, Achim (2007): Critical thinking und migrationsbedingte Bildungsbenachteiligung: Ein Konzept für die subjektive Auseinandersetzung mit schulstrukturellen Merkmalen? In: Zeitschrift für Pädagogik 53: 1-15.

Der Frosch im Dienste gesellschaftlicher Systemauseinandersetzung
Versuch der videografischen Analyse und videologischen Interpretation einer Unterrichtsaufzeichnung

Ulrich Wiegmann

1 Ikonografie und Ikonologie – Videografie und Videologie[1]

Filme und Videos erzählen Geschichten, intendiert und arrangiert ebenso wie nicht beabsichtigt und unbewusst. Über die das Video repräsentierenden Räume und die vor und hinter der Kamera agierenden Personen samt deren gewollter oder ungewollter, offensiver oder zurückgenommener Darbietung ihres Habitus und sozialgeschichtlich-kulturell geprägter Interaktionsmodi offenbaren sie gesellschaftsgeschichtliche Zusammenhänge. Sie zeigen Segmente vergangener Vielfalt und ermöglichen über die so „gerahmte",[2] ausschnittsweise inszenierte Mannigfaltigkeit Einblicke und Einsichten in die Einheit geschichtlicher Vielfalt.[3] Die abgebildeten Dinge und Personen teilen sich als Repräsentanten ihrer Zeit mit, oder wie es Panofsky hinsichtlich der Interpretation von Werken der Bildenden Kunst formulierte, das Dargestellte ist in dessen „*eigentliche(r) Bedeutung*" oder seinem „*Gehalt*" (vgl. Panofsky 1979a: 223) bzw. „Wesenssinn" erkennbar (vgl. Panofsky 1979b: 201). Das Bild, so die häufig zitierte These Panofskys, enthält „die Grundeinstellung einer Nation, einer Epoche, einer Klasse, einer religiösen oder philosophischen Überzeugung".[4]

---

[1] Der Begriff Videologie ist aktuell lediglich quasi besetzt als Lehre von der Herstellung von Videos in der Verbindung von „Marketingstrategie, Bildsprache und Design zu einer ganzheitlichen Inszenierung von bewegten Bildern in verschiedensten Umgebungen". Videologen „verschmelzen …Filme und Animationen mit Texten und Bildern zu einer perfekten Einheit, die Informationen verständlich vermittelt und gleichzeitig Emotionen weckt. Von der zielgruppengerechten Kundenansprache, über die gestalterische Konzeption, bis hin zur technischen Umsetzung erhalten die Kunden auf kurzen Wegen professionelle Kommunikation aus einem Guss" (vgl. Videologie). Für einen Eintrag in Wikipedia z.B. hat dieses Alltagsverständnis von Videologie (noch) nicht gereicht. Videologie in dem von mir gemeinten Sinne sucht stattdessen ebenso wie der Begriff Videografie den Anschluss an Panofkys Begriffe Ikonographie und Ikonologie.

[2] Vgl. zur Rationalisierung des Sehens Raab 2008: 27ff.

[3] Zur „Differenz zwischen dargestelltem (repräsentierendem) und gemeintem (repräsentiertem) Objekt bzw. … Sinnüberschuss" der Bilder vgl. Raab 2008: 47.

[4] Vgl. hierzu erläuternd auch Bohnsack 2009: 31.

Bilder sind indessen nicht nur, wie Panofsky meinte, als geistesgeschichtliche Zeugnisse interessant (vgl. ebd.: 202), sondern, so darf im Bourdieuschen Anschluss an Panofsky[5] weitergehend behauptet werden, durch sie lässt sich Vergangenheit gesellschaftshistorisch verstehen und begreifen. Dies allemal jedoch abhängig von Raum und Zeit des Zusehers und Zuhörers, seinen besonderen Interessen an der Quelle, seinem Sehepunkt (vgl. Langewiesche 2007: 15) bzw. – bei bewegten Bildern – dem vom historisch-kulturell geprägten Betrachter genutzten persönlichen Pfad durch die Vielfalt des Dargestellten.[6] Dabei ist es gleichgültig, ob dieser Blickpfad intuitiv gewählt wurde bzw. thematisch interessiert oder gar methodisch geleitet war (vgl. hierzu auch Bohnsack 2009: 45).

Bildungsgeschichtliche Quellenkritik ist im Wissen um die Grenzen eigener Wahrnehmung daher zunächst aufgerufen, das Dargestellte und das Darstellende des Videos *videografisch* zu identifizieren und zu entschlüsseln, d.h. Sinn und Sinngebung der (Re-)Präsentation[7] zu erfassen. Sodann ginge es nach Panofsky weitergehend darum, das „Ungesagte" (Thürlemann 2009: 215), den über Sinn und Sinngebung hinausgehenden bildungsgeschichtlichen Quellenwert des Videos zu erschließen (vgl. auch Bohnsack 2009: 31). Diese gleichsam *videologische* Aufgabe besteht somit darin, die Quelle in das vorhandene bildungshistoriografische Wissen einzuordnen und im Besonderen die impliziten gesellschaftlichen Erziehungsverhältnisse zu explizieren (vgl. Reichertz/ Englert 2011: 41).

Im Weiteren soll es hier nicht darum gehen, im Kontext der viel diskutierten ikonischen Wende bzw. des „iconic turn" (vgl. hierzu z.B. Boehm 2006)[8] den

---

[5] Vgl. zur Bedeutung Panofskys für Bourdieus Habitusbegriff Raab 2008: 78ff.

[6] Während der Künstler in seinem Bild einen verbindlichen ikonischen Pfad des Betrachtens vorgibt, sei der Pfad beim Betrachten eines Videos „im Wesentlichen vom Betrachter abhängig" (Reichertz/ Englert 2011: 19).

[7] Jürgen Raab griff in diesem Zusammenhang den Begriff des „Mehrwerts" bewegter Bilder auf (vgl. Raab 2008: 47). Dann ist es wohl zunächst eine wichtige Aufgabe, diesen Mehrwert der Bilder offenzulegen und sodann das Repräsentierte in dem Dargestellten, also den *„repräsentierten Sinn"* der im Video dargestellten Geschichte freizulegen, d.h. die Zeichen zu deuten (vgl. Nöth 2009). Denn auch eine „Kamera zeichnet nicht wirklich das Geschehen vor der Kamera auf, sondern sie schafft, sie konstruiert, sie komponiert einen eigenen, zweidimensionalen Bild- und Tonraum" (Reichertz/ Englert 2011: 26). Zudem ist bekanntlich auch die in der Darstellung vermittelte Intention der hinter der Kamera agierenden Personen bildungsgeschichtlich bedeutsam, etwa bei Unterrichtsaufzeichnungen, insofern den Regisseuren und Kameraleuten ein wie und in welchem Maße auch immer ausgeprägtes pädagogisches Selbstverständnis – mindestens als selbst Erzogenen – zugemutet bzw. zugetraut werden muss, das die Aufzeichnung beeinflusst hat. Selbst die Installation fester Kameras in einem Unterrichtslabor wurde nicht allein durch die Gegebenheiten des Raumes diktiert, sondern z.B. um den Lehrer in seiner zugemessenen Rolle im Unterricht ins rechte Licht zu setzen. Im Sinne des von Panofsky entwickelten kunsthistorischen Verfahrens der Bildanalyse bewegen sich diese Überlegungen allesamt noch im Kontext der so bezeichneten Ikonografie.

[8] In der Literatur finden sich weitere, wie auch immer anspruchsgeladene Begriffe wie pictorial turn, imagic turn oder visualistic turn (vgl. z.B. Sachs-Hombach 2009: 14).

inzwischen weit gefächerten und auseinanderdriftenden Diskursen ein weiteres Theorieangebot hinzuzufügen oder vorhandene Verfahren maß- oder zurechtzuschneidern bzw. bildungsgeschichtlich, um in der Begrifflichkeit des Schneiderhandwerkes zu bleiben, „aufzuarbeiten". Viel weniger wird der Versuch unternommen, im Dienste der Entwicklung eines handhabbaren quellenkritischen Procedere der bildungsgeschichtlichen Videoanalyse und -interpretation und im Anschluss an die Debatte um „Panofskys vorikonographisch-ikonographisch-ikonologisch gestufte[n] Interpretationsanspruch" (Imdahl 2006: 308) sich durch die Diskurse anregen zu lassen – ohne sich in den Verästelungen elaborierter Theorien und den Theoriekontroversen zu verirren. Leitend ist die Aufgabe, mittlerweile zahlreich vorhandene und im Medienarchiv des „Fachportals Pädagogik" (Audiovisuelle Aufzeichnungen von Schulunterricht in der DDR) dokumentierte und mit Schlagworten versehene, aber nur vereinzelt in den historischen Rückblick einbezogene Unterrichtsaufzeichnungen als Quellen für die Bildungshistoriografie zu erschließen. Gerade weil Panofsky bei der Bildanalyse und -interpretation (objektive) Kontrollinstanzen für zwingend hielt, um einer subjektiv willkürlichen Deutung zu begegnen, bieten sich sein (ursprüngliches) Modell (vgl. Thürlemann 2009: 218) und die anhaltende kontroverse Diskussion um sein methodisches Interpretationsschema für den quellenkritischen Umgang mit Unterrichtsvideos grundsätzlich an, und zwar im Besonderen durch die in den – hier appellatorisch ausgelegten – Begriff „erkennendes Sehen" mündende Kritik (vgl. ebd.: 222-233, Imdahl 2006: 308ff.). Bildungsgeschichtliche Videografie und Videologie sind also nicht vordergründig auf *Wiedererkennung* aus, wenngleich auch dies vor allem im Interesse der Anschauung, Vergewisserung oder Verifizierung nützlich ist, sondern Videos werden in letzter Instanz als Erkenntnis*quelle* beansprucht. Die bildungsgeschichtliche Hinwendung zum Video ist von der Überzeugung getragen, dass es als Erkenntnisquelle durch nichts zu ersetzen ist[9] – was aber auch nur bedeutet, dass den bewegten und vertonten Bildern potenziell ebenso einzigartiger, unterscheidbarer, originärer Einsichtsgewinn über die Vergangenheit von Erziehung, Bildung und Sozialisation zugemutet wird wie jeweils Texten, Bildern/ Fotografien und der gegenständlichen oder mündlichen Überlieferung.

Zugegeben darf von Videos allerdings nicht nur eine enorme bildungsgeschichtliche Aussagekraft erwartet werden, sondern ihr Quellenwert ist andererseits – wie die der anderen Quellengattungen auch – limitiert, und zwar von vornherein allein schon durch ihre Entstehungsgeschichte. Es sind zeitgeschichtliche Quellen, jedenfalls aktuell. Das wird sich ändern mit der Zeit.

---

[9] Ich bediene mich hier einer Aussage zur Ikonik (vgl. Imdahl 2006: 300).

Eingeschränkt sind Videos als Quelle bildungshistorischer Forschung zudem nicht nur auf den Zeitraum ab dem 20. Jahrhundert, sondern ebenso durch die bis heute ausgesprochen kurze Geschichte des Umgangs mit dieser Quellengattung. Reichertz/ Englert zufolge wurde bis jetzt „eine angemessene sozialwissenschaftliche Interpretation von Videos noch vergleichsweise wenig diskutiert". Außerdem existiere „innerhalb der diversen Ansätze über das genaue methodische Vorgehen ... und das jeweilige methodologische Selbstverständnis kein wirklicher Konsens" (Reichertz/ Englert 2011: 9).[10]

Dies gilt umso mehr speziell für den Umgang mit dem Video als Quelle der Erforschung der Vergangenheit von Erziehung, Bildung und Sozialisation. Hier steht die Bildungsgeschichte noch ganz am Beginn, während der Anfang z.b. in der hermeneutisch-wissenssoziologischen Videoanalyse und selbst in der Erziehungswissenschaft schon gemacht ist. Vor allem in den Film- und Medienwissenschaften wurden bereits „in den letzten Jahren ... sehr differenzierte und sehr elaborierte Kunstlehren entwickelt", „um die Besonderheiten der Filmsprache und der Filmsemiotik zu erfassen und in die Bedeutungsrekonstruktion mit einzubeziehen" (ebd.).

Eine weitere Einschränkung für das Video als Quelle bildungsgeschichtlicher Forschung ergibt sich aus dem Charakter des Mediums, d.h. aus der Zweidimensionalität der bewegten Bilder in Kombination mit der Tonaufzeichnung. Sehen und Hören sind damit angesprochen; andere Sinne sind erst einmal nicht beteiligt. Hinzu kommt, dass angesichts der in naher Zukunft wahrscheinlich raschen Etablierung dreidimensionaler Videoaufzeichnung das gesellschaftsgeschichtlich geprägte Sehvermögen zweidimensionaler Filme nachlassen wird, sodass perspektivisch selbst hier methodischer Bedarf entsteht.

Geradezu paradox mutet an, dass die Quellenkraft des Videos ausgerechnet durch deren Informationsüberschuss eingeschränkt ist. Videos zeigen viel mehr, als von einer konkreten Person in bestimmtem Raum und konkreter Zeit mit einem spezifischen Forschungsinteresse wahrgenommen werden kann. Sie geben z.B. Auskunft über die Entwicklung von Technik, Technologie und Material, Kunst und/ oder Können des Aufzeichnens, über ästhetische Prägungen, in inhaltlicher Hinsicht über Sprache, Mode, Verhaltensmuster usw. Es wäre sicher zu wenig, wollte man angesichts der Unmenge der im Video angebotenen Infor-

---

[10] Vgl. in Hinsicht auf die dokumentarische Bildinterpretation auch Bohnsack 2009: 25ff.: Bohnsack beklagt vor allem – neben einer Vernachlässigung einer Verständigung „*über* das Bild" – die sozialwissenschaftliche Vernachlässigung der „Verständigung *durch* das Bild", und zwar in einer doppelten Weise, nämlich zum einen mit Blick darauf, dass die Deutung der Welt sich wesentlich im Medium der Ikonizität vollzieht, zum anderen und weitergehend, dass sich die „Konstitution der Welt durch das Medium des Bildes" vollzieht. „Bilder (sind) auf einer ganz fundamentalen Ebene der Verständigung und des Lernens, der Sozialisation und der Bildung (auch außerhalb der Massenmedien) Medium alltäglicher Verständigung und alltäglichen Handelns".

mationen der von Dinkelacker/ Herrle speziell für die „erziehungswissenschaftliche Videographie" vorgeschlagenen Fokussierung der Analyse von Videos auf das Interaktionsgeschehen folgen (vgl. Dinkelacker/ Herrle 2009: 11, zum Problem der „Überkomplexität" vgl. ebd.: 41ff.). Besonders das Arrangement des durch die Videoaufzeichnung ausgeschnittenen Raumes, in dem die Interaktion stattfand, ist zweifellos genauso bedeutsam wie beispielsweise das zur Schau getragene Modebewusstsein bzw. die Modeabstinenz in Kleidung, Frisuren, Gestik und Mimik sowie selbstverständlich die speziell in einem Unterrichtsvideo gezeigten Lehr- und Lernmittel u. a. m.

Methodologisch voraussetzungslos jedenfalls ist die erst jüngst begonnene Suche nach einem geeigneten quellenkritischen Umgang mit Video-Unterrichtsaufzeichnungen in der Bildungsgeschichte nicht. Zum einen vor allem also nicht, weil es in den verwandten und angrenzenden Wissenschaften bereits erprobte Verfahren gibt, zum anderen aber, weil wir in den jüngsten gut anderthalb Jahrzehnten eine durchaus ertragreiche und noch andauernde bildungsgeschichtliche Debatte zum Bild als Quelle erlebt haben. Die auf Erwin Panofsky zurückgehende, von Konrad Wünsche in den 1990er Jahren auf die Erforschung des Pädagogischen angewandte sowie von Ulrike Mietzner und Ulrike Pilarczyk seit Mitte der 1990er Jahre darauf aufbauend entwickelte Methode der seriell-ikonografischen Fotoanalyse hat sich hier als anregender diskursiver Dreh- und Angelpunkt herauskristallisiert (vgl. Mietzner/ Pilarczyk 1996: 298-329, zum damaligen Forschungskontext vgl. Tenorth 1996).[11]

Allerdings kommt eine bloße Übertragung der Methode der seriell-ikonografischen Bildanalyse auf bewegte Bilder nicht in Frage. Dies zum einen nicht, weil die Analyse von Standbildern des Videos die Quelle mit ziemlicher Sicherheit und sogar im Grunde verzerrt (zur Diskussion um „stills" und „moves" vgl. Reichertz/ Englert 2011: 14f.). Zum anderen ist es eine Binsenweisheit, dass selbst die Summe der Einzelbilder in ihrer chronologischen Abfolge nicht dasselbe ist wie das Ganze der bewegten Bilder eines Films oder Videos. Hinzu

---

[11] Diese Einschätzung wurde zumindest im Zeitraum nach der Jahrtausendwende keinesfalls allgemein geteilt (vgl. Keck/ Kirk/ Schröder 2006). Hier blieben die Forschungsergebnisse zur seriell-ikonografischen Fotoanalyse schlicht unerwähnt (vgl. auch Schuch 2006). Beiträger/innen des Bandes waren offenbar in erster Linie an einer Kritik der Panofskyschen Ikonologie interessiert. Die Behauptung z.B. von Alexander Kraus, „dass, wenn wir uns in das Korsett der Ikonologie zwängen, unser Handlungsspielraum nur schwer und über Umwege erweitert werden kann" (Kraus 2006: 30ff.), wirkt angesichts nur wenig jüngerer Forschungen geradezu abwegig (vgl. auch Raab 2008: 78ff.). Hinzu kommt, dass Panofsky selbst „ganz wesentlich durch die sozialwissenschaftliche Diskussion beeinflusst worden (ist), insbesondere durch seinen Zeitgenossen Karl Mannheim" (Bohnsack 2009: 30). Auch die von Heike Talkenberger in dem o.g. Tagungsband aufgenommene Kritik an der ikonologischen Interpretation berücksichtigt diesen Zusammenhang nicht und ist daher in dem gesellschaftsgeschichtlichen Argument zu schwach, um nicht doch der Versuchung zu erliegen, sich von Panofsky anregen zu lassen (vgl. Talkenberger 2006: 7).

kommt, dass Videos in der Regel aufgezeichnete Originaltöne enthalten und damit ein ungleich komplexeres Analysematerial bieten als Fotografien.

Sinnüberschuss, explizite Aussage und impliziter Sinn allerdings sind, wenn auch in unterschiedlichem Maße, beiden visuellen Medien eigen, so dass man gar nicht umhin kommt, wenn auch angesichts der kategorialen Differenz zwischen stehenden und laufenden Bildern „nur mit großer Vorsicht" (Reichertz/ Englert 2011: 16), die Eignung des für die Bilder- und Fotoanalyse entwickelten Verfahrens zu prüfen.

Im Anschluss an Panofsky schlagen Pilarczyk/ Mietzner (vgl. zum Folgenden Pilarczyk/ Mietzner 2005) als ersten Schritt der seriell-ikonografischen Analyse die vorikonografische Beschreibung vor, d.h. die sprachliche Erfassung aller bildlicher Details mit dem Ziel, wie Panofsky formulierte, die „primär[e] Sinnschicht, in die wir aufgrund unserer vitalen Daseinserfahrung eindringen können" (Panofsky 1979b: 187f.) nach zu erfassen. Vermieden werden soll durch die vorikonografische Beschreibung die interpretative Verführung des Betrachters durch seine alltagserfahren ihm aufgedrängte „Klarheit auf den ersten Blick". Die vorikonografische Beschreibung gilt somit als unverzichtbares Mittel der Suspendierung von der eigenen Erfahrung zu dem Zweck, sich zu genauem, unvoreingenommenen Hinsehen zu disziplinieren.

Schon hier werden die Grenzen einer bloßen Anwendung der seriell-ikonografischen Fotoanalyse auf Videos unübersehbar. Wenn schon bei Fotografien das sprachliche Erfassen aller Details schwierig scheint, so ist sie bei bewegten Bildern inklusive Ton im Grunde schier unmöglich. Reichertz/ Englert halten zudem nicht zu Unrecht „künstliche Dummheit", also „Verzicht auf Wissen (für) kontraproduktiv" (Reichertz/ Englert 2011: 13). Hinzu kommt in unserem speziellen Fall, dass wir vorab wissen, dass es sich um Unterrichtsaufzeichnungen handelt, in den Videos sich also nicht etwa bloß eine erwachsene Person in Interaktion mit einer bestimmten Zahl Minderjähriger befindet, und zwar in einem Raum mit einer Anzahl aufgereihter Tische und Stühle bzw. Bänke, und dieser Raum auffällig ausgestattet ist mit einer überdimensionalen Schreibfläche an einer der Wände. Vielmehr wäre es geradezu absurd, wenn wir uns von unserer Wahrnehmung des Zimmers als Schulraum, hier eines Videolabors in Gestalt eines Unterrichtsraumes, und der Personen als Lehrperson und Schüler/innen distanzierten.

Indem wir nicht Erwachsene und Kinder, sondern Lehrer und Schüler/innen in einem Unterrichtsraum identifizieren, beziehen wir jedoch in unsere Wahrnehmung Wissen ein, das nicht aus dem Bild gewonnen wurde. Damit haben wir nach Panofsky die Grenze zur „sekundären Sinnschicht" bereits überschritten und die nächste Ebene der ikonografischen, hier der videografischen Beschreibung erreicht.

Wenn sinnvollerweise im sicheren Wissen um die Herkunft des Videomaterials und der Entstehungsbedingungen sowie im Interesse rationeller Übertragung der Methode der Analyse von unbewegten auf bewegte Bilder die vorikonografische resp. die vorvideografische Beschreibungsebene im Prinzip übersprungen werden kann und soll, so bliebe als Gebot immerhin die quellenkritische Disziplinierung gegenüber der eigenen Erfahrung insofern, als dass auf die möglichst exakte Beschreibung der (wechselnden) Anordnung der Dinge und Personen im Raum, der Lichtverhältnisse „Farben und Kontraste" und möglichst aller vermeintlichen Nebensächlichkeiten, vor allem der genauen Beschreibung der Personen und ihrer dargestellten (Inter-) Aktion(en) nicht verzichtet werden darf (vgl. Pilarczyk/ Mietzner 2005: 138). Mit diesem Disziplinierungsgebot gegenüber der alltäglichen Wahrnehmung und Erfahrung ist indessen noch nichts gewonnen im Blick auf die schwerwiegende Tatsache, dass die Analyse bewegten Bildern gelten soll, auch wenn im Interesse der exakten Beschreibung die Bildfolge auch verlangsamt oder angehalten werden darf und sogar muss. Dinkelacker/ Herrle plädieren zur Strukturierung der Analyse bewegter Bilder für die Segmentierungsanalyse (zur Gewinnung eines Überblicks über den sequentiellen Verlauf), die Konfigurationsanalyse (zur Gewinnung eines Überblicks über die Raumordnung von Objekten und Personen), die Sequenzanalyse (zur Strukturierung von Interaktionssequenzen) und die Konstellationsanalyse (zur Erfassung der Bedeutung von Raumelementen) (vgl. Dinkelacker/ Herrle: 52f.). Ob man dieser Systematik unbedingt folgen muss, ist eine Frage, die hinter dem Gebot, die so formulierten Aufgaben zu bearbeiten, wohl vernachlässigt werden kann.

Reichertz/ Englert votieren ebenfalls für eine Sequenzanalyse, deren Ziel es sei, die Pfade der Handlungsstränge nachzuzeichnen, die „die Handlungen vor der Kamera und die Handlungen mit der Kamera geschaffen haben" (Reichertz/ Englert 2001: 30). Bezogen auf das für unbewegte Bilder entwickelte Analyseverfahren bedeuten diese Voten zunächst, die Interaktionssequenzen des Videos zu erfassen. Anstatt eines Bildes bzw. einer Bilderserie oder Videos als Ganzes bildet die *Videosequenz* die videografische Analyseeinheit, wobei Reichertz/ Englert zumindest zugestehen, dass nicht jede Sequenzanalyse auch eine Feinanalyse sein muss.[12]

Sodann werden die Sequenzen beschrieben, und zwar hinsichtlich der inszenierten Personen und Dinge im Raum und ihrer Handlungen. Der Analysepfad ist dabei nicht willkürlich, und die Sequenz muss daher auch nicht durch eine Fragestellung kalibriert werden, sondern der bildungsgeschichtliche Blick- und Analysepfad wird zumindest maßgeblich bestimmt durch den bekannten Sinn und Zweck des Videos als Unterrichtsaufzeichnung im Dienste universitä-

---

[12] Insofern jedoch eine Feinanalyse erfolgen soll, halten sie die Kalibrierung durch eine Fragestellung für unverzichtbar (vgl. Reichertz/ Englert 2011: 30).

rer Lehrerbildung (vgl. Schluß/ Crivellari in diesem Band). Die besondere Aufmerksamkeit gilt den Handlungen, speziell der Interaktion von Lehrpersonen und Schüler(inne)n sowie der Art und Weise, wie Raumanordnung und Interaktion des dargestellten Unterrichtsgeschehens aufgezeichnet wurden. Dabei wird die Ebene der „sekundären Sinnschicht" (Panofsky) ausdrücklich nicht verlassen.

2 Videografische Analyse

2.1 Sequenzbeschreibung

Abb. 1: Porträt der Lehrerin (Standbild)

Das für die videografische Analyse und videologische Interpretation ausgewählte Fragment einer Unterrichtsaufzeichnung in schwarz-weiß trägt den Titel „Frösche". Es handelt sich um Filmnummer 37 der Videodatenbank Schulunterricht in der DDR (Videofile 1976: Frösche). Die Aufzeichnung entstand an der Humboldt-Universität zu Berlin am 3. März 1976 und hat eine Länge von 5 Minuten und 8 Sekunden. Sie setzt zu einem nicht rekonstruierbaren Zeitpunkt des Verlaufs einer Biologiestunde in einer 5. Klasse[13] ein und bricht dann ab. Das Videofragment ist durch bildtechnische Probleme gerahmt, die sich in abgeschwächter Form auch im Aufzeichnungsverlauf wiederholen. Die verwertbare Bildfolge

---

[13] Der seinerzeit geltende präzisierte Lehrplan weist das Thema als Bestandteil des Biologieunterrichts des 5. Schuljahres aus (vgl. 1974: 10f.).

beginnt mit einer Porträtaufnahme der Lehrerin. Das erste Sequenzende wurde bei 47 Sekunden gesetzt.

Die erste Einstellung zeigt eine Lehrerin im Halbprofil im geschätzten Alter von etwa 30 Jahren. Sie hat langes, leicht gewelltes dunkles Haar, das links gescheitelt und nach rechts zur Seite gelegt ist und so das Gesicht frei gibt. Augen, Nase und Mund sind deutlich konturiert. Die Lehrerin trägt eine helle, gemusterte Bluse, darüber einen Pullunder bzw. ärmellose Strickweste und – was in späteren Einstellungen erkennbar wird – einen halblangen Rock und Stiefel. Den Hintergrund bildet ein Tafelausschnitt. Lediglich das Wort Frösche ist im Ganzen lesbar. Der Blick der Lehrerin geht geradeaus in den Raum. Der Mund ist geschlossen; die Mundwinkel weisen leicht nach oben. Nach etwa drei Sekunden beginnt sie zu sprechen: „Das Betrachten der Dias[14] hat Euch zu Fragen veranlasst. Ihr habt damit das Problem erfasst und es auch richtig formuliert".

Während die Lehrerin fortsetzt, weitet sich nach 12 Sekunden der Kamerablick und gibt nach 17 Sekunden den Tafeltext frei:

„Somit lautet die Problemstellung für die heutige Stunde: Warum halten sich Frösche überwiegend in feuchter Umgebung auf?"

Während des Zooms dreht die Lehrerin den Kopf zur Tafel und liest den Text. Die Problemlösung erklärt sie zur Aufgabenstellung der Unterrichtsstunde, in der, wie sie ergänzt, weitere Fragen im Zusammenhang mit dem Stundenthema gemeinsam geklärt werden sollen. Rhetorisch fällt die ebenso betont langsame Sprechweise wie exakte Artikulation auf. Zwischen Sekunde 17 und 27 ist ausschließlich der Tafeltext im Bild. Ab Sekunde 28 dreht sich die Lehrerin zurück. Die Kamera zoomt wieder auf sie, während sie weiterspricht und sich gleichzeitig nach vorn in den Raum von der Tafel weg bewegt und dazu eine Podeststufe nach unten geht. Zwischen Sekunde 42 und 44 zeigt die Kamera eine Frontalansicht der Lehrerin in der Halbfigur. Ihr Blick geht dennoch nicht in die Kamera, sondern in den Raum. Das Sequenzende erfasst die Lehrerin im sog. verlorenen Profil. Den Hintergrund bilden Teile eines Schrankes, eines Fernsehmonitors und eines Vorhangs. An der Wand ist als Teil der Videotechnik eine Kamera oder ein Strahler erkennbar.

---

[14] Diapositive gehörten zu den am meisten verbreiteten unterrichtlichen Anschauungsmitteln in der DDR.

Abb.2: Zentralposition der Lehrerin vor der Klasse (Standbild)

Die Sequenz endet mit der Frage: „Wie muss man denn folgerichtig vorgehen, um zur Lösung des Problems zu gelangen?" Die 2. Sequenz setzt in der 48. Sekunde mit dem Schwenk in den Unterrichtsraum ein, der nun von einer Kamera von vorn oben rechts diagonal eingefangen wird. Er gibt den Blick frei auf das Videolabor in Gestalt eines multifunktionalen Unterrichtsraums, der, wie wir von dem für die Unterrichtsaufzeichnungen an der Humboldt-Universität verantwortlichen Zeitzeugen wissen (vgl. Heun in diesem Band), für den Physik- oder Chemieunterricht oder – durch mehrere Waschbecken an einer der Längswände ersichtlich – für den Zeichenunterricht geeignet war. Er wurde für Unterrichtsaufzeichnungen sowie für ebenfalls mögliche Unterrichtsbeobachtungen von außen eingerichtet, d.h. ausgestattet mit fest installierter Videotechnologie[15] ebenso wie mit „One-Way-Screens", also einseitig verspiegelten Fenstern, die im Video „Frösche" durch einen zugezogenen Vorhang verdeckt sind. Im Bemühen, den Eindruck von alltäglicher Normalität zu erzeugen, wurde ansonsten ein möglichst exemplarischer Raum für den Schulunterricht ab dem Ende der 1960 Jahre arrangiert. Dies sind selbstredend Informationen, die nicht aus dem Bild gewonnen werden können, sondern durch die Lektüre einschlägiger Begleittexte zur Videodatenbank.

---

[15] Im Unterrichtsraum waren fünf Kameras fest installiert, eine weitere mobile Kamera war mit Zoomoptik ausgestattet. Sie wurde von einer Kamerafrau im Klassenzimmer bedient, die Anweisungen des Regisseurs vom Nebenraum aus empfangen konnte (vgl. Heun in diesem Band).

In der Grundausstattung befindet sich im Raum vor der Tafel der für die Demonstration naturwissenschaftlicher Experimente ausgelegte Lehrertisch. Auf dem Tisch liegt ein Blatt Papier. Der Lehrertisch steht auf einem etwa eine Treppenstufe hohen Podest.

Die Lehrerin verharrt zu Beginn der Szene zwischen Lehrertisch und Schulbänken und blickt in die Klasse. Sie umfasst 27 Schülerinnen und Schüler, die beim Kameraschwenk, soweit erkennbar, durchweg Blickkontakt mit der Lehrerin halten. Sie tragen unterschiedliche, für den gewöhnlichen Schulalltag taugliche und für die Jahreszeit typische Kleidung. Die Arme der Schülerinnen und Schüler liegen angewinkelt auf den Tischen oder werden ebenso vor dem Körper gehalten. Einige sitzen angelehnt. Bei der Mehrzahl der Schülerinnen und Schüler wird die nur leicht nach vorn gebeugte aufrechte Sitzhaltung durch die auf der Bank in Ruhestellung gebrachten Arme bestimmt. Die Schülerinnen und Schüler sitzen an Zweiertischen, die in drei Längsreihen aufgestellt wurden, und zwar je sechs Tische hintereinander. Die beiden hinteren Bänke an der Längsseite unter den Vorhängen sind nicht besetzt, auch die anderen beiden jeweils hintersten Tische sind frei. In der äußeren Bankreihe von vorn gesehen rechts am drittletzten Tisch sitzt nur eine Person. Jungen und Mädchen sind auf Grund der verminderten Bildqualität in dieser Einstellung nicht sicher unterscheidbar. Auf den Tischen sind Federtaschen positioniert, und zwar einheitlich jeweils rechts und links am Tischplattenende. Auf den meisten Tischen liegen Schreibblätter. Die Schultaschen hängen an oder stehen ausnahmsweise neben den Bänken.

An der von der Kamera erfassten Längsseite des Raums sind drei mobile Wandtafeln angebracht, die in einer späteren Sequenz ihren sachlichen Zusammenhang zum Stundenthema erkennen lassen. Außerdem befindet sich links davon ein nicht lesbarer gerahmter Text an dieser Wand. An der Rückfront links hängen drei großformatige Porträts, und zwar (v.l.n.r.) gerahmte Bilder des damaligen SED-Generalsekretärs Erich Honecker, des Ministerpräsidenten Willy Stoph und des Volkskammerpräsidenten Horst Sindermann. Rechts davon befindet sich außer weiterer Aufzeichnungstechnik, von der im Weiteren abgesehen werden soll, ein zunächst nicht identifizierbarer Wandschmuck, der erst in der 3. Sequenz als Hängepflanze erkennbar ist.

Als Reaktion auf die am Ende der 1. Szene gestellte Frage durch die Lehrerin melden sich acht Schüler/innen zu Wort, indem sie einen Arm heben. Die Lehrerin bittet den Schüler in der ersten Tischreihe rechts um seine Antwort. Die mobile Kamera zoomt in Richtung auf diesen Schüler. Dessen in geminderter Tonqualität hörbare Antwort, die zudem durch eine im Flüsterton ablaufende kurze Unterhaltung der beiden Schüler in der Bankreihe dahinter leicht beeinträchtigt wird, lautet:

„Man muss eine Vermutung aufstellen und diese Vermutung auf seine Richtigkeit überprüfen."

Diese Antwort bestätigt die Lehrerin mit den Worten:

„Richtig. Und genau so wollen wir das auch wieder in der heutigen Stunde tun."
Während die Lehrerin zu sprechen beginnt, wird sie durch eine Kamera an der
Rückseite frontal von schräg oben erfasst. Der Bildausschnitt zeigt sie im sog.
Hüftbild auf der Ebene des Klassenraums vor dem Lehrertisch stehend. Ihre
Arme sind vor dem Körper angewinkelt; die Hände berühren sich. In der linken
Hand hält sie ein Stück Tafelkreide. Den Hintergrund bildet die Tafel mit dem
handgeschriebenen Stundenthema. Mimik und Gestik der Lehrerin sind sparsam;
der Blick schweift leicht nach rechts in die Klasse während sie ohne Unterbre-
chung mit den Worten fortsetzt:

„Zunächst stellt dazu Vermutungen auf. Überlegt Euch, was könnte die Ursache dafür sein. Erinnert Euch an eigene Beobachtungen. Vielleicht hat der eine oder andere von Euch darüber
schon etwas gelesen oder gehört oder im Fernsehen gesehen. Ihr habt bestimmt schon eigene
Erfahrungen gesammelt. Oder denkt an etwas Ähnliches. Schreibt aber heute Eure Vermutungen alle einmal schriftlich auf. Auf Eurem Arbeitsplatz liegt ein Blatt, und jeder formuliert seinen ..."

Das Ende der Aufgabe geht in einer technischen Störung unter. Während des
Sprechens weitet sich der Kamerablick in den Raum. Die Aufnahme erfasst einen Großteil der Schülerinnen und Schüler sitzend in den Bänken von hinten.
Die Frontseite des Raums ist nun fast vollständig sichtbar. Rechts und links neben der Tafel ist jeweils ein Fernsehgerät angebracht. Unter dem linken Fern-
sehmonitor hängen Kleidungsstücke. Während die Kamera aufzieht, geht die
Lehrerin zwei Schritte nach rechts. Dabei schweift ihr Blick zunächst leicht in
dieselbe Richtung, geht aber sogleich wieder zurück in die Mitte des Raums. Die
Szene endet mit dem Kamerablick auf die Klasse von vorn links. Die Schülerinnen und Schüler nehmen sich Schreibzeug aus ihren Federtaschen. Bei 1.40
Minuten endet die 2. Sequenz.

In der 3. Sequenz sind die Schülerinnen und Schüler bei der individuellen
Lösung der Aufgabe zu sehen. Ein Schüler verdeckt betont seine Antwort beim
Schreiben vor seinem Banknachbarn, dessen Blick allerdings nicht auf das Aufgabenblatt des Nachbarn gerichtet ist. In der zweiten Bank der Mittelreihe findet
ein nicht hörbarer kurzer Wortwechsel statt. Nach sechs Sekunden wird die Lehrerin bei unveränderter Kameraeinstellung erfasst, als sie beginnt, durch die
Reihen zu gehen. An der ersten Bank der Mittelreihe verharrt sie und beugt sich
zu dem dort sitzenden Schüler. Dabei stützt sie sich auf die Bank. Im Moment
des Aufrichtens wechselt die Perspektive. Die Kamera an der Rückfront erfasst
nun das Geschehen. Auch an der zweiten Bank bleibt die Lehrerin stehen und
beugt sich leicht nach vorn.

Abb.3: Selbstständige schriftliche Schüler(innen)arbeit (Standbild)

Ab der dritten Bank blickt sie im Vorbeigehen in aufrechter Position und leicht geneigtem Kopf auf die Lösung der dort sitzenden Schüler/innen. Währenddessen wechselt die Kameraperspektive erneut. Die Lehrerin wird im Vorbeigehen an den Tischen durch die mobile Kamera eingefangen. Am letzten Tisch bleibt die Lehrerin stehen. Sie beugt sich zu einem Schüler, richtet sich dann wieder auf und wendet sich der rechten Bankreihe zu. Der Schüler in der zweiten Bank von hinten verdeckt seine Antwort. An der nächsten Bank geht sie flüchtig vorbei. Die Kamera erfasst in diesem Moment wieder den Raum diagonal von oben vorn rechts. In der ersten Reihe angekommen, beugt sich die Lehrerin leicht zu dem dort sitzenden Schüler und berührt die Stuhllehne oder seinen Rücken flüchtig mit der linken Hand. Die Leistungen der Schülerinnen und Schüler in der linken Bankreihe kontrolliert die Lehrerin nicht. Stattdessen nimmt sie eine Position zentral vor der Klasse ein. Hier endet bei 2.31 Minuten die 3. Sequenz.

Die 4. Sequenz setzt im Moment der Wendung der Lehrerin zur Klasse ein. Noch während der Körperdrehung beginnt sie zu sprechen:

„Ich stelle fest, dass nur sehr wenige Schüler die richtige Vermutung geschrieben haben."

Die Kameraperspektive wechselt nach Eröffnung ihres Kommentars kurz zum bereits in der 2. Sequenz gezeigten Hüftbild vor dem Lehrertisch mit der Tafel im Hintergrund. Der Blick der Lehrerin gleitet von rechts nach links durch den Raum. Nach sieben Sekunden wird die Lehrerin beim Sprechen im Halbprofil großformatig von der mobilen Kamera erfasst als sie fortfährt:

> „Ich möchte aber haben, dass es alle Schüler schaffen. Ich gebe Euch dazu eine Hilfe".

Während sie weiterspricht, geht sie einige wenige kurze Schritte auf die Klasse zu:

> „Dreht mal Euer Blatt um. Da findet Ihr einen Hinweis, einen analogen Hinweis, der Euch helfen soll, eine richtige Vermutung aufzustellen. Durchdenkt ihn gut und versucht, Eure Kenntnisse auf das Verhalten der Frösche zu übertragen und formuliert jetzt noch einmal Eure Vermutung schriftlich".

Für 17 Sekunden wird anschließend das Arbeitsblatt eingeblendet:

> „Problem: Warum halten sich Frösche überwiegend in feuchter Umgebung auf? Hinweis: Was geschieht mit einem feuchten Schwamm, der längere Zeit in der Sonne liegt? Wie lautet nun Deine Vermutung?"

Damit schließt die 4. Sequenz bei 3.22 Minuten.

Die 5. Sequenz setzt mit der Kameraperspektive von oben rechts diagonal in den Raum ein. Sie zeigt die Lehrerin beim Gang nunmehr entlang der bislang nicht inspizierten linken Bankreihe. Vor dem Schwenk in die Mittelreihe beugt sie sich über einen Schüler und stützt sich dabei auf dessen Stuhllehne. Einige Schüler/innen haben ihre Antworten bereits formuliert. Der Schüler vorn rechts in der ersten Bankreihe dreht das Blatt um. Im selben Moment kommuniziert ein Schüler sicht-, aber nicht hörbar in der zweiten Reihe mit einer Schülerin in der Bank hinter ihm, wobei er gleichzeitig die Lehrerin im Blick hat, die nun die Aufgabenlösungen der Schüler in der mittleren Bankreihe im Vorbeigehen flüchtig anschaut. Diesmal kontrolliert sie die Lösungen der Schülerinnen und Schüler in der rechten Bankreihe nicht. Vor dem Lehrertisch angekommen, dreht sie sich zur Klasse. Die Perspektive wechselt. Erneut erfasst die Kamera an der Rückseite den Raum. Im Zentrum des Bildes befindet sich die Lehrerin in der bereits mehrmals eingenommenen Haltung vor dem Lehrertisch stehend mit der Tafel und dem Stundenthema im Hintergrund. Etwa zwei Drittel der Schülerinnen und Schüler sind von hinten zu sehen. Von diesen sind vier zum Schreiben über das Arbeitsblatt gebeugt. Die anderen Schülerinnen und Schüler haben sich der Lehrerin zugewandt als diese zu sprechen beginnt, wobei deren Blick durch die Reihen wandert. Trotz Tonstörung sind die Worte verstehbar:

> „Nun möchte ich Eure Vermutungen hören. Wer möchte seine Vermutung vortragen?"

Die Kameraperspektive wechselt auf die Raumdiagonale. Etwa die Hälfte der Schülerinnen und Schüler meldet sich zu Wort. Die Lehrerin entscheidet sich für eine Schülerin ganz hinten in der Mittelreihe. Die mobile Kamera zoomt auf diese Schülerin und zeigt sie sowie ihren Banknachbarn in einer Nahaufnahme im Halbprofil. Während die Schülerin ihre Antwort vorliest, blickt ihr Banknachbar in Richtung Schreibfläche seiner Tischhälfte:

> „Weil die Haut des Frosches schwammartig ist, und wenn sie austrocknet, dann schrumpft der Frosch zusammen. Der Frosch würde in der Sonne nach einer bestimmten Zeit eingehen und weil er sich noch nicht als vollkommenes Landtier entwickelt hat".

Die Lehrerin bedankt sich mit dem Kommentar: „Das hat mir sehr gut gefallen". Währenddessen öffnet die Kameraperspektive in den Raum. Die im Bild nicht zu sehende Lehrerin bittet um eine weitere Antwort. Während des beginnenden Zooms sind zwei Schüler im Bild, die anzeigen, dass sie ihre Antwort vortragen möchten. Die Lehrerin wählt den Banknachbarn der zuerst antwortenden Schülerin. Die Kamera zoomt zurück. Während der Schüler vorträgt, blickt seine Banknachbarin auf dessen Aufgabenblatt:

> „Ich vermute, der Frosch hat Poren in der Haut, durch die er das Wasser und die Luft aufnimmt. Wenn er zu lange in der Sonne liegt, verdunstet es und er trocknet ein. Weil er von einem Wassertier abstammt, hat er sich vielleicht noch nicht ganz an die Umwelt angepasst".

Mit dem Satzende wechselt die Perspektive auf die Lehrerin, die wiederum in der bekannten Pose vor dem Lehrertisch stehend mit vor dem Körper angewinkelten Armen und sich berührenden Händen zu sehen ist. Die Lehrerin schätzt diese Antwort wiederum als „sehr gut" ein. Während sie spricht, wechselt die Perspektive erneut zur Raumdiagonale:

> „Wer von Euch hat jetzt vom Inhalt her die Vermutung genau so formuliert, der meldet sich bitte!"

Bis auf sechs Schülerinnen und Schüler heben alle den Arm. Die Lehrerin kommentiert das Resultat mit „sehr erfreulich". Sie bittet darum, die Hände wieder herunter zu nehmen. Während sie mit einem Schritt dicht an die erste Bank der Mittelreihe herantritt und dabei die Tischplatte mit den Händen berührt:

> „So, und nun wollen wir in den weiteren Minuten die Vermutung auf ihre Richtigkeit überprüfen, so wie es vorhin von (unverständlicher Name) gesagt wurde."

Damit bricht das Fragment ab. Bis auf vereinzelte sehr leise Flüstertöne und das seltene Knarren der Möbel beim Wechsel der Sitzposition von Schülerinnen und Schülern sind in dem Video keine beachtenswerten Nebengeräusche hörbar.

2.2 Videografische Interpretation: präsentierter und repräsentierter Sinn

Die Anordnung der Personen und Dinge im Raum ist leicht überschaubar und wirkt eindeutig. In der Grundordnung fällt zunächst die vis-a-vis-Komposition der Schulmöbel auf. Vorn mittig befindet sich der Lehrertisch auf einem Podest. Die Schüler(innen)tische und -bänke sind in Reih und Glied ausgerichtet. Der Eindruck eines für den Frontalunterricht arrangierten Schulzimmers drängt sich

auf. Schon deshalb ist die vorausgegangene, von der eigenen Erfahrung möglichst distanzierte videografische Beschreibung unverzichtbar, denn der aktuell
hochgradig negativ stigmatisierende und mindestens unterschwellig eine Pauk-
und Drillschule assoziierende Begriff des Frontalunterrichts würde dem Sinn und
der Sinngebung des Unterrichtsvideos mit großer Sicherheit nicht gerecht. Stattdessen ist einigermaßen unvoreingenommen zunächst festzuhalten, dass der
Raum einerseits so gestaltet wurde, dass eine unverstellte Sicht aller Schülerinnen und Schüler nach vorn zur Tafel, zu den Monitoren und vor allem zur Lehrperson sichergestellt ist. Die Tischreihen sind so angeordnet, dass sie für die
Schülerinnen und Schüler leicht zugänglich sind und auch die Lehrperson beim
Durchgang durch die Bankreihen alle Schülerinnen und Schüler barrierefrei
erreichen kann. Die mobilen Wandtafeln an der Längsseite sind demgegenüber
nur durch eine vergleichsweise unbequeme kurzzeitige Kopf- und/ oder Körperdrehung sichtbar und dürften eher als Fachraumdekoration oder zusätzliche Illustration angebracht worden sein. Das Konterfei der Staatsoberen an der Rück-
wand des Zimmers ist im Gegensatz zur Lehrperson für die Schülerinnen und
Schüler nur beim Betreten des Raumes im Blickfeld. Die strenge Anordnung der
Möbel wird durch die einheitliche Ausrichtung der Schreibutensilien auf den
Tischen unterstützt. Das räumliche Arrangement der Dinge offenbart einen dis-
ziplinierenden Sinn. Selbst die Porträts der Politprominenz hängen als Formation
an der Wand.

Die im Raum interagierenden Personen fügen sich grundsätzlich der vorgegebenen Ordnung. Die Schülerinnen und Schüler bleiben während des gesamten
Videofragments auf ihren Plätzen sitzen und blicken überwiegend entweder nach
vorn oder auf die Schreibfläche. Nur ausnahmsweise nehmen sie im Nebenge-
schehen verbalen oder nonverbalen Kontakt zu Mitschüler(inne)n auf. Die Lehrerin wiederum verlässt nur zweimal ihre Position vor der Klasse als sie durch
die Bankreihen geht. Die Schülerinnen und Schüler verändern im gesamten Verlauf des dargestellten Geschehens prinzipiell ihre Sitzposition nur dann, wenn sie
sich zu Wort melden oder wenn sie zur individuellen schriftlichen Aufgabenlösung aufgefordert sind. Die einheitliche Sitzhaltung verhält sich kongruent zum
Ordnungsprinzip des Raums.

Diese Grundanordnung des Unterrichtszimmers distanziert die handelnden
Personen. Auch wenn die Lehrerin schon nach wenigen Sekunden der 1. Sequenz das Podest verlässt und auf die Schülerinnen und Schüler zugeht, demonstriert sie doch überwiegend durch die zentrale Position vor der Klasse stehend
ihre Autorität. Sie blickt unweigerlich auf die Schülerinnen und Schüler herab.
Diese wiederum müssen aufsehen, wenn sie den Blickkontakt mit der Lehrerin
suchen oder den Tafeltext lesen wollen. Diese Ordnung beugt die Lehrerin ausschließlich beim Durchgang durch die Reihen. Dabei verringert sie die Distanz

teilweise und temporär, vor allem wenn sie sich einige Male zu Schüler(inne)n herabneigt und/ oder sie gar flüchtig berührt. Der räumlich vorgegebene Abstand schließt somit Nähe nicht aus. Vielmehr symbolisiert er den in Szene gesetzten spezifischen Charakter der Interaktion. Die vis-a-vis Komposition des Raums und die Grundanordnung der Personen im Klassenzimmer dienen der Aufrechterhaltung der hierarchisch geordneten, gleiche Augenhöhe nicht einmal ausnahmsweise und ansatzweise intendierenden oder auch nur zulassenden Lehr-Lern-Beziehung von Lehrerin und Schüler(inne)n.

Eine unvermittelte Kommunikation zwischen den Schülerinnen und Schülern untereinander, geschweige denn eine weitergehende Interaktion, ist räumlich nicht vorgesehen und findet bis auf die erwähnten kurzen Hinwendungen abseits des Unterrichtsverlaufs auch nicht statt. Vielmehr gibt es zwei eindeutige Hinweise für die offene Ablehnung einer Kooperation mit dem jeweiligen Banknachbarn. Für etwaige Bemühungen, durch den gemeinsamen Unterricht die Gemeinschaft der Klasse zu festigen oder Kollektivität auszubilden, gibt es keinerlei Indiz.

Das in Szene gesetzte Verhältnis von Nähe und Distanz der Lehrerin zu den Schülerinnen und Schülern der Klasse verweist unmissverständlich auf klar unterschiedene Rollen in der Lehrer-Schüler/innen-Beziehung. Bereits in der ersten Kameraeinstellung ist ausschließlich das Porträt der Lehrerin vor der Wandtafel zu sehen. Die leicht nach oben gezogenen geschlossenen Lippen und das Halbprofil signalisieren eine angespannte psychische Disposition, aber zugleich eine dezente Beziehungsaufnahme zu den Schülerinnen und Schülern. Dass die Lehrerin den Charakter der Beziehung bzw. den Fortgang der Interaktion diktiert, ist auch durch das Zeitmaß der zwischen Porträt bis Hüftbild variierenden Großaufnahmen von der Lehrerin belegt. Als Person allein oder allenfalls ausschnittsweise mit den eher unbeabsichtigt gezeigten Hinterköpfen einiger weniger Schülerinnen und Schüler ist die Lehrerin in der Zentralperspektive mehrfach und in der Summe 1 Minute und 16 Sekunden lang zu sehen, d.h. mehr als ein Fünftel des Videofragments. Ausschließlich Schülerinnen und Schüler wurden zwar mit insgesamt 61 Sekunden beinahe über denselben Zeitraum von der Kamera erfasst, davon waren allerdings drei Viertel dieser Zeit, und zwar erst in der 5. Sequenz, jene Schülerin und jener Schüler im Bild, die ihre Lösung vorlesen.

Im szenischen Mittelpunkt, davon überwiegend in der Zentralperspektive vor der Klasse, wird die Lehrerin mit und ohne Schülerinnen und Schüler insgesamt fast drei Minuten (174 Sekunden) des rund fünfminütigen Videos lang gezeigt. Schülerinnen und Schüler sind hingegen lediglich anderthalb Minuten im szenischen Mittelpunkt, d.h. nur halb so lange. Kamera und Regie unterstreichen durch diese Fokussierung der Darstellung das Diktat des Unterrichtsgeschehens durch die Lehrerin. Sie wiederum bildet durch ihre nur sparsame Ges-

tik und Mimik sowie durch ihre ruhige Haltung mittig vor der Klasse einen stabi-
len Blickpunkt. Die Lehrerin konzentriert das Geschehen auf sich und bestimmt
so den Unterrichtsverlauf über die Videosequenzen hinweg. Diese ergeben in
ihrer Abfolge als eindeutig identifizierbare didaktische Sinneinheit die methodische Übung der Hypothesenbildung. Kamerafrau und Regisseur setzen den didaktischen Plan ins Bild. Die Erwachsenen vor und hinter der Kamera sind un-
verkennbar um Synergie bemüht; der Sinn der Aufzeichnung und die Sinngebung durch die Akteure hinter der Kamera verschmelzen zur gemeinsamen Anstrengung.[16] Auch die Schülerinnen und Schüler verhalten sich grundsätzlich
kooperativ. Lediglich jener Schüler, der die Kontrolle seines Zwischenergebnis-
ses durch die Lehrerin verwehrt und jener Schüler, der sich im offensichtlichen
Wissen um sein unerwünschtes Verhalten nach hinten zu einer Mitschülerin
umdreht und sie leise anspricht sowie die beiden Schüler, die sich während der
Antwort eines Mitschülers im Flüsterton verständigen, präsentieren kurzzeitig
unmaßgebliche Dissonanz.

Die Lehrerin konzentriert indessen das Geschehen im Unterrichtsraum nicht
nur auf sich, sondern durch die Herstellung und Aufrechterhaltung der Asym-
metrie fokussiert sie die Schülerinnen und Schüler auf den Unterricht als durch
sie geleitete gemeinsame Aufgabe. Wie die Kreide gibt sie den Unterricht nicht
mehr aus den umschlossenen Händen. Für Spontaneität bleibt kaum Platz. Das
Ziel der Unterrichtseinheit, das die Lehrerin im zielorientierenden Eingangssatz
zum Erkenntnisinteresse der Schülerinnen und Schüler gewendet hatte, bestimmt
den gesamten Verlauf des didaktisch strukturierten Geschehens und dessen Charakter als geistig angespannter Erkenntnisprozess. Das Wiederholen, Festigen
und Üben bekannter Verfahrensregeln geistiger Tätigkeit stehen im Mittelpunkt.
Die durch die Lehrerin eingangs in Aussicht gestellte Anstrengung duldet keine
Ablenkung. Durch die weitgehende Fokussierung der Kamera auf die Lehrerin
wird die Interaktion als gemeinsame, geistig konzentrierte Lernarbeit in Szene
gesetzt. Erst im Fortgang der Unterrichtseinheit kommen Schülerinnen und
Schüler häufiger in den Blick.

Zunächst beschränkt sich die Rolle eines um seine Antwort gebetenen Schülers darauf, stellvertretend für die Lehrerin das bereits bekannte Verfahrenswis-
sen in Erinnerung zu bringen. Den meisten Schüler(inne)n gelingt nach Einschätzung der Lehrerin in der anschließenden selbstständigen Tätigkeit die Lösung dennoch nicht. Ihr Urteil beruht allerdings lediglich auf dem beim Durchgang durch die Klasse gewonnenen Überblick über die Arbeitsergebnisse von
rund zwei Dritteln der Schülerinnen und Schüler. Die offenkundig erwartete
Fehlleistung der Mehrheit behandelt sie als Motivationsschub für alle Schülerin-

---

[16] Sie gehören selbstverständlich „zu demselben ‚Erfahrungsraum', d.h. zum selben Milieu" (vgl.
hierzu Bohnsack 2009: 31).

nen und Schüler, den Erkenntnisprozess fortzusetzen. Die richtige Lösung der Wenigen spielt in ihrem didaktischen Plan keine Rolle. Stattdessen betont sie den Wunsch, alle Schülerinnen und Schüler der Klasse zur richtigen Aufgabenlösung zu führen. Erst die vorausgesetzte Fehlleistung der meisten Schülerinnen und Schüler rechtfertigt den bereits durch das Aufgabenblatt vorprogrammierten nächsten und entscheidenden didaktischen Schritt. Der den Erkenntnisprozess befördernde „Hinweis" leitet die meisten Schülerinnen und Schüler zur Lösung.

Die gewissermaßen durch die Hilfestellung der Lehrerin aus einem bis dahin vorgeblich exklusiven geistigen Besitz zu einer beinahe allgemeinen Erkenntnis gehebelte Einsicht ist durch den Gang der Lehrerin durch die Klasse und die unterschiedlich intensive körperliche Nähe in gewisser Weise als Übertragung inszeniert. Das hauptsächliche Kameramotiv wechselt im Verlauf des Videofragments von der Lehrerin zu den Schüler(inne)n. Der Erfolg des didaktischen Verfahrens wird durch die dreiviertelminütige Fokussierung der Kamera auf jene Schülerin und deren Banknachbarn symbolisiert, die nacheinander die richtige, aber individuell verschieden formulierte Lösung vortragen. Beide Antworten präsentieren das Ergebnis selbstständiger, individueller Schüler(innen)arbeit, deren Erfolg aber überwiegend nur durch die zielstrebig und planmäßig leitende und helfend zur Seite stehende Lehrerin ermöglicht wurde.

Dass immerhin sechs Schülerinnen und Schüler der Klasse zugeben, die richtige Lösung nicht gefunden zu haben, spielt letzten Endes keine erkennbare Rolle für die Lehrerin. Kontrolliert wird das Ergebnis zudem nicht. Weil das unbefriedigende Zwischenergebnis ebenfalls im Dunkeln bleibt, gelingt im Video die beweiskräftige Demonstration einer erfolgssicheren Methode wider den ersten Anschein nicht.

Der reibungslose Ablauf des Unterrichtsgeschehens beschwört stattdessen den Verdacht, dass es sich bei dem Videofragment um eine in doppelter Weise inszenierte Aufzeichnung handelt, d.h. die Interaktion zwischen Lehrerin und Schüler(inne)n einem Drehbuch folgte, das auch den Schülerinnen und Schülern zumindest dem programmierten Verlaufsschema nach bekannt war. Für diesen Zweifel an der – allerdings generell abwegigen Annahme einer – Authentizität der Darstellung im Sinne einer Bezeugung vergangener Unterrichtspraxis, spricht zunächst vor allem, dass mit dem Titel „Der Körperbau von Vögeln" (Videofile 1976: Körperbau) eine zwei Monate ältere Unterrichtsaufzeichnung vom Januar 1976 überliefert ist, die in der Videodatenbank als vermutlich inszeniert kommentiert wurde. Der hier analysierte Film „Frösche" zeigt dieselbe Lehrerin in einer Biologiestunde derselben Klasse. In beiden Filmen in Szene gesetzt wird die Methodenübung nach einem analogen Verlaufsschema. Im Video „Der Körperbau der Vögel" als auch in dem Fragment „Frösche" fällt auf, dass derselbe Schüler durch die Lehrerin aufgefordert wird, den ersten Schritt der Hypothesenbildung in Erinnerung zu bringen.

Die Tatsache, dass die im Fragment aufgezeichnete Übung auf bereits eingeübte Verfahrensregeln zurückgreifen konnte, bedeutet jedoch andererseits, dass die Klasse ohnehin vertraut war mit dem didaktischen Ablauf, sodass es letzten Endes keinen signifikanten Unterschied ergibt, ob der Unterricht nach einem Regiedrehbuch oder nach einem bekannten und bereits geübten Verlaufsmuster in Szene gesetzt wurde. Immerhin brechen zudem einige Schüler kurzzeitig, wenn auch unaufdringlich, aus ihrer Rolle als aufmerksame Lernende aus. Auch z.B. der Umstand, dass sich nach der ersten Antwort mindestens zwei Schüler für den Vortrag ihrer Vermutung anbieten, obwohl das möglicherweise vorhandene „Drehbuch" wahrscheinlich nur einen vorsah, und die Handkamerafrau vermutlich versehentlich bereits begonnen hatte, die Perspektive in den Raum zu weiten, anstatt die Bankreihe schlicht im Fokus zu behalten und folglich wieder zurückzoomen musste auf den um seine Antwort gebetenen (dafür vorbestimmten) Schüler, kommen als Argumente in Frage, einem möglichen Drehbuch für die Unterrichtsaufzeichnung besondere Bedeutung abzusprechen. Selbst die eingeübt wirkenden Formulierungen der Lehrerin sind dennoch keineswegs perfekt (vgl. die Aufgabenformulierung durch die Lehrerin in der 2. Szene).

Wichtig ist, dass auch ein mögliches Drehbuch unbedingt der didaktischen Logik bzw. bereits eingeübten Verfahrensregeln hätte folgen müssen. Zudem befanden sich die Lehrerin und die Schülerinnen und Schüler der Klasse sowieso in einer klar definierten, sich allenfalls selbst spielenden Rolle, der sie folgten. Gegen eine durch ein Drehbuch eingeschränkte Bedeutung der Quelle spricht nicht zuletzt der uneingelöste Anspruch der Lehrerin, alle Schülerinnen und Schüler zur gewünschten Einsicht zu leiten.

Den wohl entscheidenden Hinweise für eine Antwort auf die Frage, ob dem Videofragment ein Drehbuch zugrunde lag oder allein einem didaktischen Konzept folgte, aber gibt die Lehrerin im Eingangssatz ihrer sogenannten Zielorientierung. Hier knüpft sie unmittelbar an angeblich betrachtete Diapositive an, die vermutlich Frösche in feuchter Umgebung zeigen. Jedoch ist in dem Raum kein Diaprojektor bzw. „Bildwerfer" sichtbar. Auch die zum Zeigen der Dias nötige Projektionsfläche ist nicht vorhanden. Gegen die so erhärtete Vermutung einer in doppelter Weise inszenierten Unterrichtseinheit spräche allenfalls die Möglichkeit, dass die Dias in der vorausgegangenen Unterrichtsstunde betrachtet wurden.[17] Dann aber wäre wohl die Zielorientierung ausführlicher ausgefallen und

---

[17] Es käme indes weiterhin die nicht sehr wahrscheinliche Möglichkeit in Frage, dass die Bilder den Schülern über die Monitore gezeigt wurden, auch wenn die Lehrerin einleitend von Dias spricht.

ein entsprechender Hinweis auf den zeitlichen Abstand zwischen der anschaulich generierten Fragestellung und der Antwortsuche nötig geworden.

Die videografische Analyse des Sinns und der Sinngebung der Bilder begründet die Überzeugung, dass mit dem Film „Frösche" nicht etwa ein Ausschnitt aus einer Unterrichtsstunde überliefert ist, sondern dass es sich um einen inszenierten Unterrichtsabschnitt handelt, der im Dienste der Lehrerbildung produziert wurde und dessen Aufgabe darin bestand, das erfolgversprechende Verlaufsschema eines Erkenntnisprozesses zu demonstrieren.

3 Videologische Interpretation

Nicht zuletzt das bislang nicht weiter beachtete, zwar nicht gerade berufsuntypische, aber eben auch als zeitgenössisch durchaus dezent modern beschreibbare Outfit der Lehrerin deutet auf ein missionarisches Selbstverständnis mindestens der erwachsenen Akteure vor und hinter der Kamera, das darauf gerichtet gewesen sein dürfte, eine erfolgversprechende didaktische Innovation auf möglichst attraktive Weise vorzustellen, und dies mit Hilfe einer zwar bereits berufserfahrenen, aber noch relativ jungen Lehrerin, der Aufgeschlossenheit gegenüber pädagogischen Neuerungen schon auf Grund ihres Alters, ihrer modebewussten Kleidung und Frisur durchaus zugetraut werden durfte. Das Unternehmen bediente sich für die Präsentation des innovativen didaktischen Modells zudem eines vergleichsweise technologisch fortschrittlichen, keineswegs zeitgenössisch schon alltäglichen Mediums.

Dieses so indizierte Selbstverständnis einer Unterricht modernisierenden, didaktischen Fortschritt voranbringenden Darbietung bestätigt sich sowohl in dem selbstsicheren Verhalten der Lehrerin, in dem vergleichsweise großzügig und modern ausgestatteten Unterrichtsraum als auch in der offensiven Kameraführung. Die Inszenierung lässt keinerlei Zweifel an der Überzeugung der Akteure von der Richtigkeit und Notwendigkeit des didaktischen Verfahrens. Der jeweilige Mittelpunkt des Geschehens ist in den Fokus der Kamera gerückt. Anzeichen dafür, etwas vor der Kamera verbergen zu wollen, finden sich nicht. Die Selbstsicherheit vor und hinter den Kulissen wirkt so stabil, dass selbst der Gegensatz von Anspruch und Resultat der unterrichtlichen Demonstration folgenlos bleibt.

Diese Selbstsicherheit dürfte allerdings in dem Umstand geruht haben, dass mit dem vorgestellten didaktischen Verfahren nicht etwa der Versuch gewagt wurde, ein seit Jahrzehnten etabliertes Gebäude ins Wanken zu bringen. Vielmehr verharrte die Innovation in der Logik eines Unterrichts, dessen Funktion herkömmlicherweise darin gesehen wurde, Wissen und Können bzw. Fähigkeiten und Fertigkeiten Heranwachsender zu *vermitteln*, zu üben und zu festigen.

Zielorientierung, Erarbeitung, Anwendung, Festigung sowie Bewertung und Kontrolle lieferten die üblichen didaktischen Bausteine. Unangetastet blieb im Besonderen die so bezeichnete führende Rolle des Lehrers bzw. der Lehrerin. Als geleitete Subjekte agieren Schülerinnen und Schüler in dem Videofragment ausschließlich in dafür vorgesehenen Phasen des Unterrichts. Abweichungen vom didaktischen Plan werden nicht zugelassen. Der potenziellen Gefahr für das didaktische Modell durch die rasche Lösung des Problems bereits nach der ersten Runde der Schülerselbsttätigkeit begegnet die Lehrerin, indem sie eine für alle vernehmbare Antwort auf die Eingangsfrage in der 3. Sequenz nicht einfordert. Damit aber unterläuft sie den Leistungsvorsprung der zugegeben Wenigen, die eine Hilfestellung nicht benötigten, und ebnet Differenz zugunsten von Einheitlichkeit ein. Mehr noch erweist sich die Nichtbeachtung individueller Leistungsunterschiede geradezu als Bedingung des didaktischen Konzepts. So bleibt die Ambivalenz zwischen demonstrierter Innovation und der ebenfalls in den 1970er Jahren an der Humboldt-Universität filmisch in Szene gesetzten und sogar über das Fernsehen propagierten Angebote zur Vereinbarkeit von Einheitlichkeit und Differenzierung im Unterricht der sozialistischen Schule unbeachtet (vgl. Videofile 1976: Forschungsprogramm und Medienarchiv: Audiovisuelle Aufzeichnungen).

In dem 1987 in Ostberlin erschienenen Pädagogischen Wörterbuch wird das gut eine Dekade früher in dem Video „Frösche" inszenierte Verfahren unter dem Stichwort „problemhaftes Vorgehen" wiedererkannt (vgl. zum Folgenden Laabs 1987: 307).

Der gebotenen Erklärung nach könne der Prozess dieser Art des Problemlösens im Unterricht in vier Phasen gegliedert werden. Die erste Phase, in der den Schülerinnen und Schülern das Problem bewusst werden soll, wird in dem Videofragment nicht gezeigt. Allerdings nimmt die Lehrerin in der Zielorientierung auf die angeblich vorausgegangene, dann sogar in geradezu idealtypischer Weise gestaltete Eingangsphase Bezug. Diese soll so organisiert werden, „daß beim Schüler Fragen entstehen, nach deren Beantwortung er strebt". Diese erste Phase schließt mit der „möglichst exakte(n) Formulierung des Problems" ab. Hier setzt das Video ein.

In der 2. Phase steht die Hypothesenbildung[18] im Mittelpunkt. Die Lehrerin verzichtet in dem Video auf diesen wissenschaftlichen Terminus und fordert die Schülerinnen und Schüler stattdessen auf, Vermutungen zu äußern. Vorgesehene Hilfestellungen des Lehrers sollen „allgemeine Hinweise zur Suchraumbestimmung oder Suchraumeinschränkung bzw. -erweiterung" geben. Hier zieht es die

---

[18] In dem Beitrag von Dathe 1985 ist in einem verwandten Kontext in der Zeitschrift „Die Unterstufe" fast eine Dekade nach der Produktion des Videofragments „Frösche" erstmals überhaupt von Hypothesenbildung die Rede.

Lehrerin in der aufgezeichneten Unterrichtseinheit vereinfachend vor, einen Analogieschluss anzuregen. Die 3. Phase, die Hypothesenüberprüfung, wird zwar angekündigt, aber nicht mehr gezeigt. Idealerweise dient die abschließende 4. Phase der Reflexion über den Lösungsweg „unter Führung des Lehrers".

Insgesamt wird dem problemhaften Vorgehen in dem Pädagogischen Wörterbuch eine „große Bedeutung für die Entwicklung geistiger Fähigkeiten, für die Motivation der Lerntätigkeit, die Qualität der Kenntnisse und des Könnens, für die Erhöhung der erzieherischen Wirksamkeit des Unterrichts usw." attestiert und das Verfahren als eine Unterrichtsmethode gewürdigt, „bei der das selbständige Erkennen und Lösen von Problemen im Vordergrund steht". Deren Grenzen erblicken die in pädagogischen und schulpolitischen Kreisen einflussreichen Herausgeber und Autoren des Wörterbuchs allenfalls darin, dass sie „bei einigen Ziel-Stoff-Strukturen nicht einsetzbar ist".

Allein die Aufnahme des Begriffs in das Wörterbuch stellte 1987 klar, dass diese auf die geistige Aktivierung des Einzelnen setzende, dem Anspruch nach schöpferische, intellektuelle Tätigkeit herausfordernde, Geist anregende, Wissenschaftlichkeit beanspruchende Methode sich nicht in Widerspruch befand zu der herrschenden bildungspolitischen, im engeren Sinne zur schulpolitischen und -pädagogischen Linie der Volksbildungsadministration. Aber auch schon zum Zeitpunkt der Aufnahme mussten die Akteure des Videos „Frösche" einen allzu scharfen Gegenwind aus dem Ministerium für Volksbildung nicht mehr fürchten. Ministerin Margot Honecker hatte 1978 auf dem VIII. Pädagogischen Kongress eingeräumt, „daß eine Unterrichtsstunde nur dann Erfolg verspricht, wenn durch klug ausgewählte und sparsam eingesetzte Problemstellungen die geistige und geistig-praktische Tätigkeit der Schüler auf die Schwerpunkte der Unterrichtsstunde oder Stoffeinheit orientiert wird" (Der gesellschaftliche Auftrag 1979: 3). Ihre hier kaum merklichen Vorbehalte gegenüber dem problemhaften Vorgehen artikulierte sie an anderer Stelle der Rede allerdings deutlicher:

> „Viele Pädagogenkollektive bewegt das Problem der geistigen Aktivierung der Schüler. Dabei spielen die Fragen der problemhaften Gestaltung des Unterrichts eine Rolle. Offensichtlich sind Praktiken und Auffassungen überwunden, daß man recht viele Probleme in jeder Unterrichtsstunde ,abarbeiten' oder eine Fülle von Schülertätigkeiten organisieren müsse [...] Es ist eine alte Erfahrung: Wird nur ... eine Methode herausgegriffen oder verabsolutiert, so sind Einseitigkeiten und Schematismus die Folge" (ebd.).

Zumindest war damit in der zweiten Hälfte der 1970er Jahre die Einsicht in die (wachsende) Bedeutung individueller Fähigkeiten (vgl. Konferenz der Vorschulerziehung 1978: 7) und des Engagements Einzelner für die Fortexistenz und die weitere Entwicklung der sozialistischen Gesellschaft auf steinigem Pfad bis zum öffentlichen Bekenntnis der Ministerin zum Unvermeidlichen vorangekommen (vgl. z.B. Der gesellschaftliche Auftrag 1978: 266).

Nur wenige Jahre zuvor hatten Erziehungswissenschaftler im Verein mit Philo-
sophen noch erhebliche Mühe aufwenden müssen, um die Bedeutung der Entwicklung geistiger Fähigkeiten für die Weiterentwicklung der sozialistischen
Gesellschaft und vor allem für „die Meisterung der wissenschaftlich-technischen
Revolution" zu rechtfertigen (vgl. Müller 1970). In der DDR maßgebliche pädagogische Psychologen wie Joachim Lompscher suchten nicht nur nach Wegen,
geistige Fähigkeiten im Unterricht systematisch zu entwickeln, sondern auch der
Gefahr zu entgehen, deswegen der Häresie verdächtigt zu werden. Die Crux
bestand darin, dass die Förderung geistiger Fähigkeiten individuelle Unterschiede deutlicher hervortreten lassen und damit das doktrinäre Einheitsgebot unterlaufen würde (vgl. Kienitz 1971: 31ff.). Pädagogen scheuten verteidigungsstrate-
gisch im Interesse unterrichtsmethodischer Modernisierung (vgl. Klingberg
1970) wie sie z.B. an der Humboldt-Universität durch die Forschungen zum
Verhältnis von Einheitlichkeit und Differenzierung im Unterricht (vgl. Klein
1970) vorangebracht werden sollte, auch vor skurriler sophistischer Akrobatik
nicht zurück:

> „Während die Forschungsgemeinschaft bisher zu stark von den zwischen den Schülern einer
> Klasse bestehenden Unterschieden ausging, wurde als *ein* Ergebnis der bisherigen Arbeit dar-
> gestellt, daß diese Unterschiede *nicht* im Vordergrund stehen ... Manche Unterschiede sind ge-
> radezu Ausdruck des Gemeinsamen. So zeigt sich zum Beispiel bei den Schülern das einheitli-
> che Bestreben, sich mit einem Interessengebiet umfassender zu beschäftigen, aber eben mit un-
> terschiedlichen Gebieten" (Kirsch 1971: 154).

Anders als dann in der zweiten Hälfte der 1980er Jahre war es nicht nur für die
Idee der „Individualisierung und Differenzierung", sondern für die maßgebliche
bildungspolitische und breite erziehungswissenschaftliche Akzeptanz des problemhaften Vorgehens außerordentlich nützlich, dass Beistand aus der Sowjetunion eingeholt werden konnte (F. Lompscher 1971: 994, 998f.).

In der DDR blieb das problemorientierte Vorgehen im Unterricht über Jahre
nahezu ausschließlich ein Thema pädagogischer Wissenschaft. In der Unterrichtspraxis konnte Anfang der 1970er Jahre allenfalls „zuweilen" beobachtet
werden, dass die sog. Zielorientierung durch den Lehrer „problemhaft formuliert
und mit gemeinsamen (mit den Schülerinnen und Schülern – U.W.) Überlegungen über den Lösungsweg verbunden" (Gomm 1971: 901f.) wurde. Erst mit
Beginn der 1980er Jahre berichteten Lehrerinnen und Lehrer in der pädagogischen Fachpresse zunehmend über ihre Erfahrungen mit dem problemhaften
Vorgehen und mit leistungsdifferenzierenden Methoden im Unterricht. Sie hatten
die didaktischen Neuerungen demnach jedoch überwiegend nicht zur Förderung
der kreativsten und leistungsstärksten Schülerinnen und Schüler betrieben, sondern nach wie vor mit dem Ziel, die am wenigsten intellektuell Begabten auf den
Durchschnitt der Klasse zu heben (vgl. z.B. Ruß 1980, Wir fragten Genossin
Oberlehrer 1980, Wir fragten Genossin Dipl.-Päd 1981, auch z.B. Jablonski

1977)[19]. Vor allem die didaktische Differenzierung war in der Unterrichtspraxis vorwiegend als eine Maßnahme zur Herstellung von Einheitlichkeit anerkannt, wenn sie denn überhaupt eine Rolle spielte (vgl. z.B. Fuhrmann 1983: 150).

Im historischen Erfahrungsraum der DDR hatte es das problemhafte Vorgehen schwer, sich als Innovation durchzusetzen. Charakteristisch blieb vorerst, dass in der Fachpresse eine mangelnde geistige Aktivität von Schülerinnen und Schülern wohl beklagt wurde, gegensteuernde „methodisch-didaktische" Angebote aber fehlten (vgl. etwa Weihrauch 1976).[20] Nur ausnahmsweise berichtete z.B. die Zeitschrift „Die Unterstufe" – und das fast ein halbes Jahrzehnt nach der Inszenierung des Videos „Frösche" – über gute Erfahrungen mit der Formulierung von Zielorientierungen, die „ausgehend von einer Problemstellung vom Schüler selbst gefunden werden" (Bülow/ Franke 1981: 90)˙

Die Adressaten ihrer methodischen Demonstration hatten die Akteure des Videos „Frösche" daher gewiss nicht zu Unrecht nicht bloß in den Hörsälen der Lehrerbildungseinrichtungen vermutet, sondern Veränderungen auch in den Unterrichtsräumen des DDR-Schulwesens für dringend gehalten. Zwar ist bereits im Gesetz über das einheitliche sozialistische Bildungssystem vom 2. Februar 1965 von „individuellen Begabungen" und „Differenzierungen auf den oberen Stufen des Bildungssystems" trotz betonter „Einheitlichkeit in der Zielsetzung" die uneindeutige Rede (Gesetz über das einheitliche sozialistische Bildungssystem, zit. nach: Günther 1978: 539-546, hier: 542f, Hervorhebung von mir – U.W.). Doch hatte man den Lehrerinnen und Lehrern bereits infolge der seit der „Tendenzwende" (Geißler 1995: 41-68) 1947/48 einsetzenden und mit der „Verordnung über die Unterrichtsstunde als Grundform der Schularbeit" vom 4. Juli 1951[21] zu einem vorläufigen Abschluss gelangten „politisch-ideologischen" und „didaktisch-methodischen" Disziplinierung die vornehmliche Förderung von Individuation durch Unterricht nachhaltig ausgetrieben. Gesellschaftspolitische

---

[19] Demgegenüber wird zwei Jahre später bereits ausnahmsweise auch über die Förderung von „guten Lesern" in der 4. Klasse berichtet (vgl. Witt 1979). Diese sich anbahnende Tendenz wurde wie üblich mit dem Bericht über eine vorgeblich sowjetische Praxis legitimiert (vgl. Luzenko 1978). Dennoch dominieren weiterhin Erfahrungsberichte über eine Differenzierungspraxis im Dienste der Einebnung von Leistungsunterschieden, d.h. vornehmlich zur Förderung von weniger begabten Schülerinnen und Schülern (vgl. z.B. Rath 1981: 137, auch die Stellungnahmen von Lehrerbildnern und pädagogischen Wissenschaftlern boten nichts weiter als ideologische Phrasen (vgl. z.B. Wir fragten Genossen Doz. 1981).
[20] Die Zeitschrift druckte auch zu Beginn des letzten Jahrzehnts der DDR Erfahrungsberichte angeblich erfolgreicher Lehrerinnen ab, die dem Modell des problemhaften Vorgehens geradewegs entgegenarbeiteten, indem sie z.B. für die Zielorientierung (klar formulierte Aufträge) durch den Lehrer plädierten (vgl. Voigt 1982: 77, auch z.B. 1977: 213).
[21] Verordnung über die Unterrichtsstunde als Grundform der Schularbeit; die Vorbereitung, Organisation und Durchführung der Unterrichtsstunde und die Kontrolle und Beurteilung der Kenntnisse der Schüler. In: Tenorth 2011: 53-79, hier: 64-70.

Indienstnahme der Lehrenden und Lernenden und der Kollektivismus des Marxismus-Leninismus-Stalinismus gaben im Verhältnis von Individuum und Gemeinschaft unmissverständlich dem Kollektiv bzw. der Gemeinschaft im Kleinen der Klasse und Schule wie im Großen der zeitweilig so bezeichneten sozialistischen Menschengemeinschaft den Vorzug.[22] Mit dem Übergang zur Planwirtschaft im Umkreis der Staatsgründung hatte sich Pädagogik in der DDR unangefochten am Maßstab gesellschaftspolitischer Anforderungen, aber auch am Egalitätsanspruch marxistisch-leninistischer Doktrin zu bewähren, anstatt die Entwicklung sich als gesellschaftliche Wesen begreifender und doch selbst bestimmender Persönlichkeiten zu befördern.

Erst die für das Gesellschaftsexperiment in dem kleineren deutschen Staat existenzbedrohlichen, speziell für die Modernisierung der realsozialistischen Volkswirtschaft[23] Maßstäbe setzenden internationalen wissenschaftlich-technischen Herausforderungen erzwangen immer nachdrücklicher eine Neujustierung des Verhältnisses von Individuum und Gesellschaft und nötigten dazu, die Leistungen des Bildungswesens „weiter zu vergrößern" (Kalweit/ Neuner 1987: 9). Anhand der Zeitschrift „Pädagogik" ließe sich nachzeichnen, in welchem Maße die geistige Aktivierung im Unterricht und die individuelle Förderung von intellektueller Begabung in der pädagogischen Diskussion während der ersten Hälfte der 1980er Jahre an Bedeutung gewann und wie schwer sich pädagogische Wissenschaftler nach wie vor mit dem „parteilichen" Einheitsgebot taten. Außerdem zeigt bereits ein Blick in die pädagogische Fachpresse jener Jahre, dass die Debatte noch immer weitgehend auf der Ebene der Theoriediskussion verblieb und nur zögerlich einen Weg in die Unterrichtspraxis fand.[24]

1986 setzte die SED-Führung schließlich „die Meisterung der wissenschaftlich-technischen Revolution" unter den zehn wirtschaftspolitischen Schwer-

---

[22] Zu den Begriffen Gemeinschaft und Kollektiv in der pädagogischen Diskussion der SBZ und frühen DDR vgl. Wiegmann 2000.

[23] „Die Orientierung darauf, ‚den volkswirtschaftlichen Wirkungsgrad von Wissenschaft und Technik entschieden zu erhöhen‘, ... stellt auch die pädagogische Wissenschaft vor die Aufgabe, alle Reserven zu erschließen" (Fröhlich/ Nehmer 1982: 686).

[24] „Das ... Problem ist keineswegs neu [...] Heute zeigt sich die Problematik in anderer Weise. Beim Aufbau der sozialistischen Gesellschaft sind immer günstigere Voraussetzungen für eine progressive Entwicklung aller Kinder und Jugendlichen geschaffen worden. [...] Heute sind andere Möglichkeiten für die individuelle Förderung aller Schüler [...] Es ist die Möglichkeit vorhanden, viel stärker als bisher individuelle Besonderheiten ... auszuprägen. Die Ausschöpfung dieser gewachsenen Möglichkeiten entspricht der objektiven Notwendigkeit, ... dem subjektiven Faktor auch in Form der Leistungskraft, Stabilität und des Schöpfertums jedes einzelnen Individuums einen hohen Rang zuzumessen" (Drefenstedt 1980: 171, vgl. z.B. auch Fuhrmann/ Weck 1982, Drefenstedt 1982, bes. 385 ff., ebenfalls Weck 1983). Weck nennt vier Schwerpunkte für die Unterrichtsforschung 1981-1985, darunter die „Erhöhung der geistigen Aktivität aller Schüler im Unterricht" und die „Weiterentwicklung didaktischer Aussagen zu Inhalt und Gestaltung der Unterrichtsstunde"(ebd.: 11).

punktaufgaben an die erste Stelle" (ebd.). Für zwingend gehalten wurde nun weithin vorbehaltlos ein „schöpferisches Klima im gesamten gesellschaftlichen Leben". Auf Schöpfertum zu setzen zwang indessen dazu, individuelle Leistungsunterschiede stärker als bislang zu berücksichtigen und (individuelles) Schöpfertum deutlicher als bis dahin gesellschaftlich anzuerkennen und materiell zu honorieren. Pädagogen[25] sahen sich vor die sozialismusstrategische Aufgabe gestellt zu helfen, „die individuell unterschiedlichen Anlagen und Fähigkeiten zur höchsten Entfaltung zu bringen". Gesellschaftlicher Fortschritt, so die zugespitzte These pädagogisch-wissenschaftlicher DDR-Prominenz, äußere sich „immer ausgeprägter in Fortschritten bei der *Entwicklung reicher, individuell profilierter Persönlichkeiten*", denen allerdings nach wie vor nicht gestattet werden sollte, aus den „*sozialistischen Kollektiven*" auszubrechen. Die SED, so die einigermaßen „politisch-ideologisch" in Sicherheit wiegende Botschaft an die Lehrerinnen und Lehrer, „trägt in ihrer gesamten Politik" diesen Erfordernissen Rechnung, „indem sie darauf orientiert, die Fähigkeiten eines jeden zu erkennen, zu fördern und einzusetzen" (Kalweit/ Neuner 1987: 6f.).

Die abgeleitete Frage, wie Unterricht zum schöpferischen Denken und Handeln beitragen könne, beantworteten Unterrichtsforscher mit dem Plädoyer für „ein Vorgehen, bei dem die Schüler eine vom Lehrer geschaffene *Problemsituation analysieren* und *weitgehend selbständig das Problem formulieren. Sie suchen nach Lösungsideen*, wobei sie die Problemsituation mit dem bisher angeeigneten Wissen bzw. mit den Erfahrungen aus dem Alltag in Beziehung setzen. Die Schüler setzen sich aktiv mit den Sachverhalten auseinander und haben den Wunsch, das Problem zu lösen". An anderer Stelle empfehlen sie kurz einen problemhaften Unterricht (vgl. Drefenstedt 1987: 87, 93).

Das vermutete missionarische Selbstverständnis als Mittler zwischen fortgeschrittener Theorie einerseits und modernisierungsresistenter Praxis und „parteilicher" Einheitsideologie andererseits besaßen die Akteure des Videos „Frösche" somit zu Recht. Immerhin ein Viertel der Existenzspanne der DDR verging, bis Politik und Pädagogik sich darauf einließen, unter dem Diktat des globalen ökonomischen Wettlaufs politisch-ideologische Prämissen zurückzustellen und individuelle Leistungsunterschiede eher fördern als einebnen zu sollen. Zum Zeitpunkt der Videoaufzeichnung galt in der Standardliteratur lediglich der unterrichtsdidaktische Standpunkt als gesichert, dass die „Vermittlung des Stoffes" nur dann Erfolg verspricht, wenn „der Schüler aktiv, zunehmend be-

---

[25] Mit dem Jahrgang 1986 wurde das Verhältnis von Einheitlichkeit und Differenzierung auch im Dienste der Förderung intellektueller Begabungen in der Zeitschrift „Die Unterstufe" weitgehend vorbehaltlos und konform mit den gesellschaftsstrategischen Entscheidungen der SED-Führung behandelt (vgl. z.B. Sprang 1986). Auch das problemhafte Vorgehen im Dienste der Förderung geistiger Aktivität wurde nun entsprechend gewürdigt (vgl. Drews 1987: 36).

wußt und selbständig geistig und praktisch tätig ist". Wie aber diese Aufgabe zusammengehen könne mit der Pflicht der Pädagogen, den Aneignungsprozess aller Schüler nicht aus der Lehrerhand zu geben, blieb unklar (Neuner 1972: 493).

Das auch in den Verlautbarungen der politischen und pädagogischen Elite zum problemhaften Vorgehen nur einige Jahre später nach wie vor manifeste Dilemma, parteiideologische Konzessionen hinsichtlich der Rolle und Bedeutung des Individuums im Sozialismus zulassen zu müssen, aber im doktrinären Grunde nicht zu wollen, ist allerdings auch in dem Videofragment präsent. Die erkannte Herausforderung, *individuelle* geistige Aktivität zu fördern, blieb letzten Endes auch den Akteuren der Unterrichtsaufzeichnung suspekt. Die Lehrerin bekennt sich in dem Video zu allererst zu dem traditionellen gesellschaftsideologisch konformen Ziel, *alle* Schülerinnen und Schüler zum Lernerfolg zu führen, und die Kamera rückt sie dabei ins rechte Bild. Die Lehrerin erreicht ihr Ziel indessen nicht einmal auf Kosten des Verzichts auf die Förderung der Geistreichen. Das Video demonstriert keinen Weg, zugleich die geistige Aktivität *aller* Schülerinnen und Schüler und individuell hervortretende geistige Begabung synchron zu fördern sowie überdies ein „Zurückbleiben" von Schülerinnen und Schülern zu verhindern. Die didaktische Innovation verfing sich in einer gesellschaftspolitisch-parteiideologisch gepflasterten Sackgasse, ohne Ausweg, insofern ein Verlassen der Straße als Ausbruch aus den Verhältnissen schier undenkbar, eine Umkehr aber auch nicht mehr möglich war.

Das Videofragment bietet uns indessen nicht nur einen Blick auf ein gegen Ende der DDR in Verbindung mit dem Plädoyer für einen leistungsdifferenzierenden Unterricht nahezu zeitgenössisch konkurrenzlos innovatives didaktisches Verfahren, dem über den Bildungs- und Erziehungsauftrag der Schule hinaus eine enorme gesellschaftliche Reformkraft zugemutet wurde, sondern gestattet es, grundsätzlicher auf den Unterricht in der DDR zurückzuschauen.

Selbst wenn die Vermutung sich bestätigte, dass die in dem Video dargestellte Unterrichtseinheit nach einem Drehbuch inszeniert wurde und nicht bloß dem didaktischen Schema des problemhaften Vorgehens folgte, spielten die Darsteller kein Spiel, sondern präsentieren sich in einer Beziehung der Lehrenden zu Lernenden. Der Klassenraum, so demonstriert das Video, war in der DDR kein Ort des Spielens, sondern das unterrichtliche Lernen stellte sich als eine ernste Angelegenheit dar. Die Ernsthaftigkeit und Konzentration des Unterrichts auf die gemeinsame Lehr-Lern-Aufgabe, die dem Zuseher in den bewegten und vertonten Bildern entgegentritt, entspricht der traditionell verankerten Funktion von Schule, zielstrebig auf den Ernst des Erwachsenenlebens vorzubereiten. Entsprechend konzentriert bei der Sache stellen sich die Beteiligten als Lehrende und Lernende fast durchweg dar.

Das Spiel, so belehrt denn auch ein Blick in die zwei Jahre nach dem Mauerbau erschienene und zum Zeitpunkt der Aufnahme noch geltende Pädagogische Enzyklopädie, ist zwar, wie das Lernen auch, ein Komplex „sinnvoller Handlungen", ist „intensiv" und ebenfalls nicht nur ein „Weg des Kindes zur Erkenntnis der Welt", sondern sogar zu deren Umgestaltung und Veränderung. Im Unterschied zum Lernen gehöre indessen „das Spiel ... zu den wesentlichen Tätigkeitsformen des *jüngeren* Kindes" (Nitsche 1963: 892 f., Hervorhebung von mir – U.W.). Allenfalls würde das jüngere Kind im Kindergarten in „das organisierte und zielgerichtete Lernen eingeführt". Der Begriff Lernen beinhaltete demnach exklusiv die planmäßige Aneignung systematischer Kenntnisse und entsprechender Fähigkeiten", obgleich auch gelernt werden könnte, ohne dass das Lernen Ziel irgend einer Tätigkeit sei. Im engeren, originären Sinne blieb der Begriff einem Lernen vorbehalten, das „unmittelbar von Vertretern der Gesellschaft organisiert (würde – U.W.) (das Lernen in allgemeinbildenden, Berufs-, Fach- und Hochschulen, in Betriebs- und Dorfakademien), was indirekt auch für das selbständige Lernen" zuträfe. Die Lerntätigkeit, so heißt es in der Pädagogischen Enzyklopädie weiter, „erfordert – im Unterschied zum Spiel – eine Arbeits- oder Aufgabenhaltung, das heißt, das Lernen wird nicht unbedingt und in jedem Fall durch die Freude an dieser Tätigkeit selbst stimuliert, sondern durch ein mehr oder weniger deutlich ausgeprägtes Pflichtbewußtsein" (J. Lompscher 1963: 585).

Das Spiel könne zwar pädagogisch genutzt werden, um Kenntnisse und Fähigkeiten zu vermitteln, aber „ohne in jedem Fall und unbedingt eine spezielle Lerneinstellung zu schaffen". Lernen schließe mithin Spiel und Spaß nicht aus, vor allem nicht den Spaß an der Sache, finde aber demnach seinen Sinn darin nicht (vgl. J. Lompscher 1963). Bereits ein flüchtiger Blick z.B. in die betreffenden Jahrgänge der Zeitschrift „Die Unterstufe" illustriert, dass das Spiel tatsächlich nur selten und ausgesprochen zurückhaltend zum Gegenstand publizierter didaktischer Überlegungen für das Lernen selbst jüngerer Schulkinder gehoben wurde (vgl. Fuchs 1986)[26]. Für den Erfolg stetiger Lerntätigkeit, so erläutert die Enzyklopädie weiter, sind letzten Endes auch nicht das „Streben nach einer guten Zensur, nach Lob durch Lehrer oder Eltern, unmittelbares Interesse an einem Gegenstand", sondern „weiterreichende Motive (Vorbereitung auf das zukünftige Leben, auf die Arbeit zum Wohle des Volkes)" wichtig. Spiel, Lernen und Arbeit bildeten im herrschenden pädagogischen Verständnis eine Entwicklungsreihe sog. dominierender Tätigkeiten in bestimmten Phasen der Persönlichkeitsent-

---

[26] Fuchs unterbreitet darin „Vorschläge zum Einsatz eines Legespiels im Geometrieunterricht der Klasse 3" (Fuchs 1986: 176f., vgl. auch Preußer 1982). Darin heißt es: „Die Einbeziehung von spielerischen Elementen in die methodische Gestaltung des Unterrichts darf nicht vom Hauptinhalt des Unterrichtsprozesses, der Entwicklung des bewußten Lernens, ablenken" (ebd.: 173).

wicklung. Sie galten als alterstypische Formen der Auseinandersetzung mit Natur und Gesellschaft im Dienste der „Aneignung gesellschaftlichen Wissens und
Könnens", d.h. der Bildung. Spiel und Lernen bereiten seit jeher, so die Botschaft im Pädagogischen Wörterbuch, auf die Arbeit vor (vgl. Laabs: 354)
wenngleich der Begriff Arbeit selbst auch das Lernen mit einschloss.[27]
    Weil sie dem Ernst des in dem Video Dargestellten angemessen wurde, war
die Interaktion zwischen der Lehrerin und den Schülerinnen und Schülern deswegen noch nicht kinderfeindlich oder freudlos, sondern im Gegenteil in diesem
so verstandenen selbstverständlichen Sinne sogar altersgemäß und kind- bzw.
schülergerecht. Die Freude am Lernen wird in der Videosequenz seitens der
Lehrerin und der Akteure hinter der Kamera allerdings vornehmlich heuristisch
erwartet, d.h. von der (erfolgreichen) Problemlösung durch die Schülerinnen und
Schüler. Im Übrigen sind die bewegten Bilder auch nicht ohne Anzeichen mindestens zurückhaltender Zuneigung. Zuwendung bis Zuneigung offenbaren sich,
wenn auch dezent, in der Aufrechterhaltung der Blickbeziehung zwischen Schülerinnen und Schülern einerseits und Lehrerin andererseits sowie auch in den
behutsamen körperlichen Berührungen. Die Darstellung signalisiert ein ebenso
glaubhaftes wie ernsthaftes Interesse der Lehrerin am Lernerfolg. Seitens der
Schülerinnen und Schüler schwingt in den Blicken Stolz und Freude über die
gefundene richtige Problemlösung sowie die Hoffnung auf positive Sanktionie-
rung der individuellen Lernleistung mit, wenngleich auch hier und da Anzeichen
von Teilnahmslosigkeit nicht zu übersehen sind.
    Die bemerkenswerte Zielstrebigkeit und Ernsthaftigkeit, mit der in dem Vi-
deo „Frösche" das problemhafte Vorgehen als geistige Verfahrenstechnik und
damit als Vorbereitung auf das Arbeitsleben in einer wissenschaftlich-technisch
revolutionierten Arbeitswelt exemplarisch demonstriert wird, war im DDR-
Schulunterricht prinzipiell alternativlos. Denn Arbeit wurde nicht etwa nur par-
teiideologisch und philosophisch unter Berufung auf Karl Marx und Friedrich
Engels (ebd.: 111) als menschliche Existenzbedingung gewürdigt. Vielmehr galt
Arbeit im Sozialismus idealerweise als individuelles Lebensbedürfnis (vgl. Eichhorn 1969: 23). Vor allem aber wurde qualifizierte Arbeit als gesellschaftliche
Existenzbedingung begriffen. Die moderne Arbeitswelt rückte in den Mittelpunkt des Überlebenskampfes dieser Gesellschaft, die sich als Alternative zum
Kapitalismus und erst recht zur „sozialen Marktwirtschaft" zu bewähren hatte –
und dies angesichts unmittelbar erfahrbarer, glanzvoll präsentierter gesellschafts-
systemischer Überlegenheit der westlichen Konkurrenz.
    Für den prognostizierten „Sieg der neuen Gesellschaftsordnung" war dem
parteiideologischen Diktum Lenins zufolge „die Arbeitsproduktivität ... in letz-

---

[27] „Durch die Arbeit lernt der Mensch die Natur zu beherrschen" (Klaus/ Buhr 1975: 112).

ter Instanz das Allerwichtigste, das Ausschlaggebende" (zit. nach Klaus/ Buhr 1975: 121). Damit die Arbeitsproduktivität im Sozialismus über die des Konkurrenzsystems hinauswachsen könnte, waren Fortschritte in der „Entwicklung von Wissenschaft und Technik", die „Anwendung neuer Erkenntnisse im Produktionsprozeß, die Vervollkommnung der Produktionsmittel, Erhöhung der Qualifikation des tätigen Menschen" usw. unabdingbar (ebd.). Die Marxsche These, dass die „entscheidende und hauptsächliche Produktivkraft ... die Menschen" sind (ebd.: 978), erlangte angesichts der von Anfang an verhältnismäßig ungünstigeren materiellen Bedingungen im Osten Deutschlands vor allem als Folge des Krieges, der Besatzung (Reparationen) und der frühen Einbindung in das träge planwirtschaftliche System nach sowjetischem Muster eine besondere Bedeutung.[28] Wenn überhaupt ein Sieg des Sozialismus über die Marktwirtschaft perspektivisch für realistisch gehalten wurde, dann vor allem auf der Basis einer überlegenen Qualifikation und Arbeitsmoral der Produzenten. Die Ernsthaftigkeit schulischen Lernens und die Fixierung des Lernens auf die künftige Arbeit als Erwachsene im Sozialismus korrespondierten mit dieser so verstandenen existenziellen Bedeutung von (qualifizierter) Arbeit im Sozialismus. Das erstrebte, der Konkurrenz überlegene, „neue Verhältnis ... der Menschen zur Arbeit" wurde in einer „freien, bewußten Arbeitsdisziplin und einer hohen Arbeitsmoral" (Klaus/ Buhr 1975: 113) vermutet. Die Herausbildung solchen Bewusstseins von der persönlichen und gesellschaftlichen Bedeutung der Arbeit aber – das lehrte nicht erst der gesellschaftliche Alltag seit Beginn des Aufbaus der Grundlagen des Sozialismus in den 1950er Jahren – konnte und durfte im materialistischen Sinne (vgl. Geißler/ Wiegmann 1998) nicht etwa dem Selbstlauf einer ebenso spontanen wie aufdringlichen Bewusstwerdung des realsozialistischen Seins überlassen werden, sondern verlangte nach bewusster, zielgerichteter und methodisch geleiteter Bewusstmachung. Die Schule und speziell Unterricht hatten die Aufgabe, die Heranwachsenden „weltanschaulich[e], moralisch[e], ästhetisch[e], geistig-intellektuell[e] und physisch[e]" auf die Arbeit vorzubereiten (Polzin 1979: 22).

Abschließend soll der wissenschaftspropädeutische Anspruch der aufgezeichneten Unterrichtssequenz videologisch bedacht werden. Immerhin zeigt das Video Schülerinnen und Schüler im durchschnittlichen Alter von elf Jahren, die offensichtlich größtenteils bereits angeeignete Verfahrenskenntnisse der Hypothesenbildung festigen und üben. Der Frosch in seiner natürlichen Umgebung als eher alterstypischer und eigentlicher Gegenstand eines biologischen Sachunterrichts bietet lediglich das Medium der Übung in der wissenschaftlichen Methode.

---

[28] Vgl. die anschauliche Darstellung hinsichtlich der unterschiedlich schweren Folgen des Krieges hinsichtlich der Bevölkerungsverluste und der Kriegszerstörungen in den Zonen z.B. Berthold 1975: 63.

Die vorgeführte wissenschaftliche Ambition des Unterrichts bestand gewissermaßen zum Zeitpunkt der Aufnahme ebenso alternativlos wie selbstverständlich.
Allerdings hatte die didaktische Spannung zwischen den sog. Prinzipien der
Wissenschaftlichkeit, Fasslichkeit und Altersgemäßheit des Unterrichts auch in
der Geschichte der Schule und des Unterrichts in der DDR einigen bildungspolitischen, pädagogischen und speziell didaktischen Zündstoff geboten. Der beispielsweise zu Beginn der 1950er Jahre bereits unternommene, aber vorerst nicht
geglückte Versuch, schon in den unteren Klassen der damals achtjährigen allgemeinbildenden Pflichtschule (Grundschule) eine Vorstufe des wissenschaftlichen
Fachunterrichts zu etablieren, wurde in der Mitte desselben Jahrzehnts unter dem
Eindruck unzureichend berücksichtigter Prinzipien der Kindgemäßheit wieder
zurückgenommen. Erst im Kontext der Konzeptualisierung des einheitlichen
sozialistischen Bildungssystems und im Zusammenhang mit der Reform der
unteren vier Jahrgänge der Polytechnischen Oberschule (Unterstufe und Klasse
4) ab 1964/65 wurde er wiederbelebt, d.h. in einem so interpretierten dialektischen Sinne aufgehoben (vgl. Wiegmann 2011). Noch in der Pädagogischen
Enzyklopädie aus dem Jahr 1963 überwiegt zudem die Skepsis des Autors Helmut Klein über den universellen Anspruch auf Wissenschaftlichkeit aller Unterrichtsinhalte „unterrichtlichen Begründungen und Beweisführungen" hinaus das
Prinzip der Wissenschaftlichkeit in einem umfassenderen Sinne durchzusetzen.
Denn das hieße ja dann „praktisch die gesamte Didaktik [zu] umfassen und nicht
mehr dem spezifischen Charakter eines didaktischen Prinzips [zu] entsprechen"
(Klein 1963: 1051f.).

Unter dem Eindruck der wissenschaftlich-technischen Revolution seit den
1960er Jahren gewann Wissenschaft generell einen enormen gesellschaftlichen
Stellenwert. Sie galt fortan vor allem als „unmittelbare Produktivkraft". Darüber
hinaus wurde ihr auch eine wichtige Funktion für die Leitung und Planung des
Gesellschaftsprozesses und die Bildung und Erziehung allseitig entwickelter
Persönlichkeiten" zugeschrieben, wobei allerdings bekanntermaßen im herrschenden Selbstverständnis eigentümlicherweise Wissenschaftlichkeit und Par-
teilichkeit für vereinbar gehalten wurden.

Angesichts des gewaltigen Bedeutungszuwachses von Wissenschaft setzte
sich die von Klein 1963 noch beargwöhnte Tendenz schließlich durch. Wissenschaftlichkeit wurde gegen Ende der DDR sowohl für die Ziele, die Inhalte und
die didaktisch-methodische Gestaltung *allen* Unterrichts in *allen* Schuljahren
beansprucht. Fasslichkeit und Wissenschaftlichkeit schlössen „einander nicht
aus". Die Spannung auszubalancieren, bedürfe es „in besonderer Weise d[e]s
didaktischen Könnens des Lehrers" (Laabs 1987: 420).

4 Fazit

Das Videofragment weitet die historisch-kritische Sicht aus der Gegenwart auf eine bislang kaum beachtete Vergangenheit von Bildung und Erziehung in der DDR, die ohne die Aufzeichnung in dieser zugegeben und notwendig durch den eigenen Blickpfad beschränkten Weise schwerlich nicht nur nicht veranlasst, sondern sicher auch nicht möglich gewesen wäre.

Quellen und Literatur

Berthold, Lothar et al. (Hg.) (1975): Atlas zur Geschichte, Bd. 2. Gotha u. Leipzig.

Boehm, Gottfried (2006[4]): Die Wiederkehr der Bilder. In: Boehm, Gottfried (Hg.): Was ist ein Bild? München: 11-38.

Bohnsack, Ralf (2009): Qualitative Bild- und Videointerpretation. Die dokumentarische Methode. Opladen.

Bülow, Ellen/ Franke, Marianne (1981): Unsere Schüler sollen freudig und beharrlich lernen (I). In: Die Unterstufe 28: 90-94.

Dathe, Gerhard (1985): Zum Problem der Hypothesenbildung im Prozeß des Lesenlernens. In: Die Unterstufe 32: 183f.

Der gesellschaftliche Auftrag unserer Schule. Aus dem Referat von Margot Honecker, Minister für Volksbildung auf dem VIII. Pädagogischen Kongreß. In: Die Unterstufe 25 ,1978: 266-268.

Der gesellschaftliche Auftrag unserer Schule. Aus dem Referat von Margot Honecker; Minister für Volksbildung; auf dem VIII. Pädagogischen Kongreß. In: Die Unterstufe 26, 1979: 3f.

Dinkelacker, Jörg/ Herrle, Matthias (2009): Erziehungswissenschaftliche Videographie. Eine Einführung. Wiesbaden.

Drefenstedt, Edgar (1982): Individuelle Besonderheit – individuelle Förderung. Antworten auf Stellungnahmen, Meinungen und Wünsche von Lesern der gleichnamigen „Ratschläge". In: Pädagogik 37: 376-388.

Drefenstedt, Edgar (1980): Individuelle Förderung jedes Schülers als wichtiger Bestandteil erfolgreicher kommunistischer Erziehung. In: Pädagogik 35: 170-181.

Drefenstedt, Edgar/ Lechner, Hansjoachim/ Steinhöfel, Wolfgang (1987): Wie kann und muß der Unterricht zum schöpferischen Denken und Handeln beitragen? In: Neuner, Gerhart (Hg.) Leistungsreserve Schöpfertum. Forschungsergebnisse zur Kreativität in Schule, Ausbildung und Wissenschaft. Berlin: 85-101.

Drews, Ursula (1987): Zur konzeptionellen Grundlegung der Unterstufe und der Klasse 4 und zu einigen Problemen alters- und entwicklungsgerechter pädagogischer Arbeit auf dieser Stufe. In: Die Unterstufe 34: 31-36.

Eichhorn, Wolfgang et al.. (Hg.) (1969): Wörterbuch der marxistisch-leninistischen Soziologie. Berlin.

Fröhlich, Rudi/ Nehmer, Fred (1982): Aktuelle Probleme der Entwicklung der pädagogischen Wissenschaft. In: Pädagogik 37: 686-692.

Fuchs, Erika (1986): Die natürlichen Zahlen von 100 bis 10 000 in Klasse 3. In: Die Unterstufe 33: 173-178.

Fuhrmann, Elisabeth/ Weck, Helmut (1982): Erhöhung der geistigen Aktivität aller Schüler – Erfahrungen erfolgreicher Lehrer. In: Pädagogik 37: 277-288.

Fuhrmann, Peter (1983): Allen Kindern einen erfolgreichen Start ins schulische Leben sichern. In: Die Unterstufe 30: 149-151.

Geißler, Gert (1995): Die bildungspolitische Tendenzwende 1947/48. In: Geißler, Gert/ Wiegmann Ulrich: Schule und Erziehung in der DDR. Studien und Dokumente. Neuwied et al.: 41-68.

Geißler, Gert/ Wiegmann, Ulrich (1998): „Das Sein verstimmt das Bewußtsein". Zur gesellschaftspolitischen Funktionalisierung der Erziehung in der DDR-Gesellschaft. In: Benner, Dietrich/ Schriewer, Jürgen/ Tenorth, Heinz-Elmar (Hg.): Erziehungsstaaten. Weinheim: 225-247.

Gomm, Ernst (1971): Merkmale der didaktisch-methodischen Gestaltung des Unterrichts durch erfolgreiche Lehrer. In: Pädagogik 26: 898-910.

Günther, Karl-Heinz et al. (Hg.) (1978[8]): Quellen zur Geschichte der Erziehung. Berlin.

Imdahl, Max (2006[4]): Ikonik. Bilder und ihre Anschauung. In: Boehm, Gottfried (Hg.): Was ist ein Bild? München: 300-324.

Jablonski, Ursula (1977): Guten Morgen, liebe 1 c. In: Die Unterstufe 24, 12: 313.

Kalweit, Werner/ Neuner, Gerhart (1987): Einleitung. In: Neuner, Gerhart (Hg.): Leistungsreserve Schöpfertum. Forschungsergebnisse zur Kreativität in Schule, Ausbildung und Wissenschaft. Berlin: 5-13.

Keck, Rudolf W./ Kirk, Sabine/ Schröder, Hartmut (Hg.) (2006): Bildungs- und kulturgeschichtliche Bildforschung. Tagungsergebnisse – Erschließungshorizonte. Hohengehren.

Kienitz, Werner et al. (Hg.) (1971): Einheitlichkeit und Differenzierung im Bildungswesen. Ein internationaler Vergleich. Berlin.

Kirsch, Gerhard (1971): Bericht über die Konferenz „Einheitlichkeit und Differenzierung im sozialistischen Bildungswesen". In: Pädagogik 26: 153-156.

Klaus, Georg/ Buhr, Manfred (Hg.) (1975[11]): Philosophisches Wörterbuch. Leipzig.

Klein, Helmut (1963): Wissenschaftlichkeit des Unterrichts. In: Frankiewicz, Heinz et al. (Hg.): Pädagogische Enzyklopädie, Bd. II. Berlin: 1051-1053.

Klein, Helmut (1970): Zur Einheitlichkeit und Differenzierung im Unterricht. In: Pädagogik 25: 219-228.

Klingberg, Lothar (1970): Was heißt moderne Unterrichtsmethode? In: Pädagogik 25: 229-236.

Konferenz der Vorschulerziehung der DDR 1977. Schlußwort des Ministers für Volksbildung, Margot Honecker. In: Die Unterstufe 25, 1978: 73-77.

Kraus, Alexander (2006): Die Ikonologie Panofskys auf dem Prüfstand des Historikers. In: Keck, Rudolf W./ Kirk, Sabine/ Schröder, Hartmut (Hg.): Bildungs- und kulturgeschichtliche Bildforschung. Tagungsergebnisse – Erschließungshorizonte. Hohengehren: 25-37

Laabs, Hans-Joachim et al. (Hg.) (1987): Pädagogisches Wörterbuch. Berlin.

Langewiesche, Dieter (2007): Zeitwende. Geschichtsdenken heute. Bonn.

Lehrplan für den Biologieunterricht Klassen 5 und 6 (1974). Berlin: 10 f.

Lompscher, Flura (1971): Schöpferische Aktivität der Schüler – eine wesentliche Bedingung für hohe Unterrichtseffektivität. Aus der Theorie und Praxis des gegenwärtigen Unterrichts in der Sowjetunion. In: Pädagogik 26: 990-1004.

Lompscher, Joachim (1963): Lernen, Psychologie des. In: Frankiewicz, Heinz et al. (Hg.): Pädagogische Enzyklopädie: 583-591.

Luzenko, I. W. (1978): Differenzierung der Lernarbeit im Mathematikunterricht der ersten Klasse. In: Die Unterstufe 25: 133 f.

Medienarchiv: Audiovisuelle Aufzeichnungen von Schulunterricht in der DDR. URL: www.fachportal-paedagogik.de/forschungsdaten_bildung/ddr_filme.php?la=de (27.01.2013).

Mietzner, Ulrike/ Pilarczyk, Ulrike (1996): Die Beharrungskraft pädagogischer Formen. Bilder von Unterricht in der Fotografie der Nachkriegszeit (1945 bis 1960/61). In: Benner, Dietrich/ Merkens, Hans/ Gatzemann, Thomas (Hg.): Pädagogische Eigenlogik im Transformationsprozeß von SBZ, DDR und neuen Ländern. Berlin: 298-329.

Müller, Werner (1970): Zu einigen philosophischen Problemen der Entwicklung geistiger Fähigkeiten im Sozialismus. In: Pädagogik 25: 58-62.

Neuner, Gerhart et al. (Hg.) (1972): Allgemeinbildung Lehrplanwerk Unterricht. Berlin.

Neuner, Gerhart et al.. (Hg.) (1978): Pädagogik. Gemeinschaftsarbeit von Mitgliedern und Mitarbeitern der Akademie der Pädagogischen Wissenschaften der UdSSR und der Akademie der Pädagogischen Wissenschaften der DDR. Berlin.

Nitsche, Ernst (1963): Spiel. In: Frankiewicz, Heinz et al. (Hg.): Pädagogische Enzyklopädie. Berlin: 891-897.

Nöth, Winfried (2009): Bildsemiotik. In: Sachs-Hombach (Hg.): Anthropologische und kulturelle Grundlagen des Visualistic Turn. Frankfurt a.M.: 235-254.

Panofsky, Erwin (1979a): Ikonographie und Ikonologie. In: Kaemmerling, Ekkehard: Bildende Kunst als Zeichensystem. Bd. I: Ikonographie und Ikonologie. Theorien, Entwicklung, Probleme. Köln: 207-225.

Panofsky, Erwin (1979b): Zum Problem der Beschreibung und Inhaltsdeutung von Werken der bildenden Kunst. In: Kaemmerling: 185-206.

Pilarczyk, Ulrike/ Mietzner, Ulrike (2005): Das reflektierte Bild. Die seriell-ikonografische Fotoanalyse in den Erziehungs- und Sozialwissenschaften. Bad Heilbrunn: 131-147.

Polzin, Jürgen (1979): Kommunistische Arbeitserziehung. Berlin.

Preußer, Lothar (1982): Empfehlungen für eine abwechslungsreiche Gestaltung der ersten Wochen des Mathematikunterrichts in Klasse 1 durch Einbeziehung spielerischer Elemente. In: Die Unterstufe 29: 172-174.

Raab, Jürgen (2008): Visuelle Wissenssoziologie. Theoretische Konzeption und materiale Analysen. Konstanz.

Rath, Bärbel (1981): Das differenzierte Arbeiten mit einzelnen Kindern im Mathematikunterricht. In: Die Unterstufe 28: 137 f.

Reichertz, Jo/ Englert, Carina Jasmin (2011): Einführung in die qualitative Videoanalyse. Eine hermeneutisch-wissenssoziologische Fallanalyse. Wiesbaden.

Ruß, Christa/ Scholz Roswitha (1980): Für eine höhere Qualität des Heimatkundeunterrichts. In: Die Unterstufe 27, 1980: 89-91.

Sachs-Hombach, Klaus (2009): Einleitung. In: Ders. (Hg.): Anthropologische und kulturelle Grundlagen des Visualistic Turn. Frankfurt a.M.: 7-14.

Schröder, Christa (1982): Unsere Schüler sollen freudig und beharrlich lernen. In: Die Unterstufe 29: 213 f.

Schuch, Jane (2007): Rezension von: Keck, Rudolf W./ Kirk, Sabine/ Schröder, Hartmut (Hg.): Bildungs- und kulturgeschichtliche Bildforschung, Tagungsergebnisse - Erschließungshorizonte. Baltmannsweiler: Schneider Hohengehren 2006. In: EWR 6, Nr. 3 (Veröffentlicht am 12.06.2007), URL: www.klinkhardt.de/ewr/83400087.html (24.10.2012).

Sprang, Renate (1986): Eine Fachkommission Unterstufe berichtet. In: Die Unterstufe 33: 56f.

Talkenberger, Heike (2006): Bilder als historische Quellen – Zur Methode und Praxis der Interpretation. In: Keck, Rudolf W./ Kirk, Sabine/ Schröder, Hartmut (Hg.): Bildungs- und kulturgeschichtliche Bildforschung. Tagungsergebnisse – Erschließungshorizonte. Hohengehren: 4-24.

Tenorth, Heinz-Elmar (2011): Bildungspolitische Geschichte der „Grundschule" in der SBZ und frühen DDR, 1945/46-1951/52. In: Jung, Johannes et al. (Hg.): Die zweigeteilte Geschichte der Grundschule 1945 bis 1990. Ausgewählte und kommentierte Quellentexte zur Entwicklung in Ost- und Westdeutschland. (Grundschulpädagogik interdisziplinär, Bd. 4). Berlin: 53-79.

Tenorth, Heinz-Elmar (1996): „Umgang mit Indoktrination" – Konzeptionelle Fragen und methodische Probleme des Projekts. In: Benner, Dietrich/ Merkens, Hans/ Gatzemann, Thomas (Hg.): Pädagogische Eigenlogik im Transformationsprozeß von SBZ, DDR und neuen Ländern. Berlin: 342-361.

Thürlemann, Felix (2009): Ikonographie, Ikonologie, Ikonik. Max Imdahl liest Panofsky. In: Sachs-Hombach, Klaus (Hg.): Anthropologische und kulturelle Grundlagen des Visualistic Turn. Frankfurt a.M.: 214-234.

Videofile (1976): Forschungsprogramm 'Einheitlichkeit und Differenzierung' (v_hu_02). Schluß, Henning: Rettung, Erschließung und Veröffentlichung im Internet von aufgezeichnetem Unterricht aus der DDR (2005). In: Audiovisuelle Aufzeichnungen von Schulunterricht in der DDR. Forschungsdatenzentrum Bildung am DIPF, Frankfurt, Main. DOI: 10.7477/4:1:1 .

Videofile (1976): Frösche (v_hu_37). Schluß, Henning: Rettung, Erschließung und Veröffentlichung im Internet von aufgezeichnetem Unterricht aus der DDR (2005). In: Audiovisuelle Aufzeichnungen von Schulunterricht in der DDR. Forschungsdatenzentrum Bildung am DIPF, Frankfurt, Main. DOI: 10.7477/4:1:5 .

Videofile (1976): Körperbau von Vögeln (v_hu_36). Schluß, Henning: Rettung, Erschließung und Veröffentlichung im Internet von aufgezeichnetem Unterricht aus der DDR (2005). In: Audiovisuelle Aufzeichnungen von Schulunterricht in der DDR. Forschungsdatenzentrum Bildung am DIPF, Frankfurt, Main. DOI: 10.7477/4:1:4 .

Weck, Helmut (1983): Zwei Jahre Forschungen zur Erhöhung der geistigen Aktivität aller Schüler im Unterricht − Wo stehen wir heute? In: Pädagogik 38: 10-19.

Weihrauch, Helga (1976): Durch einen zielorientierten Unterricht zu besseren Schülerleistungen. In: Die Unterstufe 23, 1: 25 f.

Wiegmann, Ulrich (2000): Die semantische Reform. Von der Gemeinschafts- zur Kollektivpädagogik in der SBZ/DDR. In: Henseler, Joachim/ Reyer, Jürgen (Hg.): Sozialpädagogik und Gemeinschaft. Historische Beiträge zur Rekonstruktion eines konstitutiven Verhältnisses. (Grundlagen der Sozialen Arbeit, Bd. 4). Hohengehren: 122-135.

Wiegmann, Ulrich (2011): Zur Geschichte der Unterstufenpädagogik in der DDR. Ein Aufriss ihrer Entwicklung bis 1989. In: Götz, Margarete/ Einsiedler, Wolfgang/ Ritzi, Christian/ Wiegmann, Ulrich (Hg.): Grundschule im historischen Prozess. Zur Entwicklung von Bildungsprogramm, Institution und Disziplin in Deutschland. Heilbrunn: 119-159.

Wir fragten Genossen Doz. Studienrat Dr. sc. Artur Wolf, Pädagogische Hochschule „Dr. Theodor Neubauer" Erfurt/ Mühlhausen, „Was bewegt Sie in den Monaten der Vorbereitung des X. Parteitages der SED?" In: Die Unterstufe 28, 1981: 26.

Wir fragten Genossin Dipl.-Päd. Ingeborg Holtfrerich, Verdienter Lehrer des Volkes, Fachberater für Horterziehung, Berlin-Marzahn: „Was bewegt Sie in den Monaten der Vorbereitung des X. Parteitages der SED?" In: Die Unterstufe 28, 1981: 2.

Wir fragten Genossin Oberlehrer Siglind Lissner, Fachberater für Unterstufe, Berlin-Köpenick: „Was bewegt Sie in den Monaten der Vorbereitung des X. Parteitages der SED In: Die Unterstufe 27, 1980: 246.

Witt, Gisela (1979): Durch ständige Leistungsanalyse und eine differenzierte Arbeit mit den Schülern solides Wissen und Können im Deutschunterricht der Klasse 4 entwickeln. In: Die Unterstufe 26: 71 f.

Videologie (2011). In: www.videologen.de (19.10.2011).

FT 2396 Studentenunruhen (Aufnahmedatum: 1968/69) „Unterricht in Dokumenten" zwischen medienpädagogischer Innovation und bildungspolitischen Konflikten

Tilman Grammes

1 Unterrichtsmitschau: Filmische Gesamtdokumentation der gegenwärtigen deutschen Schulwirklichkeit

Irgendwann im Winter 1968/1969 befinden sich 27 Jungen und Mädchen einer Wiesbadener Schule auf einer außergewöhnlichen Reise. Die Realschüler[1] der Heinrich-Kleist-Schule sind mit ihrem jungen Lehrer, Günter Spriestersbach, unterwegs in spezieller pädagogischer Mission. Ziel ist München. Die Stadt befindet sich bereits im Aufbruch zur „erwachenden Olympiastadt", so die Werbeslogans, und hat den Jugendlichen viel zu bieten. Aber zuvor gilt es, bei einer Filmaufnahme mitzuwirken. Die Klasse begibt sich in das Münchner Institut für Unterrichtsmitschau, das auf der Isarinsel in der Bibliothek des Deutschen Museums untergebracht ist (vgl. Weber 1981). Im Unterrichtsmitschauraum diskutiert man 45 Minuten über ein spannendes, hochaktuelles Thema, die „Studentenunruhen".

„FT 2396" ist der erhaltene Linearschnitt dieser Unterrichtsstunde und damit einer der ältesten erhaltenen Unterrichtsfilme aus dem Fach Sozialkunde.[2] In einer Liste der 224 Unterrichtsaufzeichnungen der Münchner Unterrichtsmitschau (Privatbesitz, vgl. Deschler 1970: 53-61) steht sie an Position 15. Bildungspolitischer Anlass für diese Reise war die Einführung des 9. Pflichtschuljahres in Bayern zum Schuljahr 1969/70 und der Ausbau einer differenzierten 9-klassigen Hauptschule.[3] Da die ersten Unterrichtsdokumente bereits im

---

[1] Ursprünglich war eine Hauptschulklasse vorgesehen, was sich aber nicht realisieren ließ.

[2] Es scheint eine Art Wettrennen zwischen den Mitschaustandorten gegeben zu haben. Eine andere im filmischen Original nicht geborgene, aber in der Literatur relativ gut dokumentierte Aufzeichnung für Sozialkunde datiert vom 2.12.1968. Ein 8. Schuljahr an der Mittelpunktschule Wahnbek im Studio des HIFO (Hochschulinternes Fernsehen Oldenburg) an einer Aufzeichnung teil. Das Thema lautet „Herr der Fliegen", eine Robinsonade nach dem Roman von William Golding mit Bezug auf eine Schulbuchvorlage bei Wolfgang Hilligen „Sehen–Beurteilen–Handeln" (Oehlschläger 1972).

[3] Dafür waren im Frühjahr 1968 vom Bayerischen Landtag die gesetzlichen Voraussetzungen geschaffen worden, die von heftigen Auseinandersetzungen und einem Volksentscheid zur Bekenntnisschule begleitet waren (Buchinger 1975: 389ff.). Der neue Lehrplan wird im Mai 1969 veröffentlicht und enthält eine Reihe offener Probleme. So kann u. a. das neue Fach mit dem Namen Arbeits- und

Herbst 1968 aufgenommen werden sollten, wurde es notwendig, Klassen aus anderen Bundesländern in das Institut für Unterrichtsmitschau einzuladen. Dadurch sei es möglich geworden, „Unterrichtseinheiten aufzuzeichnen, die nicht nur einer einzigen Unterrichtsmethode verpflichtet sind" (Deschler 1970: 52). In dieser Hochphase der Bildungsreform wird ersichtlich kein Aufwand gescheut, um didaktische Innovationen und „neue Lernkulturen" zu disseminieren.

   Ich möchte im Folgenden die Hintergründe dieser ungewöhnlichen Aktion aufhellen. FT 2396 muss in den Kontext seines Medienverbundes eingebettet werden. Dabei werden Probleme deutlich, die sich durch unterschiedliche mediale Sehgewohnheiten ergeben und die auch in der Diskussion um die heutige Unterrichtsvideographie eine Rolle spielen. Das Ziel des Unterrichtsversuchs war eine Dokumentation der Unterrichtswirklichkeit. Daher wurde den Lehrern freie Hand gelassen. Unterrichtsdokumentationen entstanden „stets ohne irgendwelche Vorgaben an die Lehrer" (Louis 1981: 352). Dennoch soll mit FT 2396 etwas vorgezeigt werden. Aber auch, als nach der einsetzenden Kritik (vgl. Abschnitt 7) „Dozenten zusammen mit Lehrern ein Konzept ausarbeiteten, war der danach aufgezeichnete Unterricht nie so befriedigend wie erwartet; je mehr an ihm gezeigt werden sollte, desto weniger vermochte er zu überzeugen" (Louis 1981: 352).

   Unterrichtsmitschau sei, im Gegensatz zu vielen anderen sporadisch aufflackernden unterrichtstechnologischen Novitäten der letzten zwei Jahrzehnte, eine Art „Bewegung" geworden, so urteilt einer der Pioniere des Unterrichtsfilms im deutschen Sprachraum, Alfons Otto Schorb. Die kurze Vorgeschichte zeigt, wie rasant die Entwicklung verlaufen ist. Der 13. Februar 1963 muss für alle Anwesenden ein erhebender Moment gewesen sein, als an der Pädagogischen Hochschule Bonn die erste deutsche Unterrichtsmitschauanlage ihren Betrieb aufnimmt, um „durch Einsatz einer Fernsehanlage einer großen Anzahl von Studierenden die Unterrichtswirklichkeit optisch und akustisch so zugänglich zu machen, dass keines ihrer wesentlichen Elemente fehlt" (Schorb 1966: 14, vgl. dazu auch Kretschmer in diesem Band). Dabei konnte auf internationale Erfahrungen, vor allem in den USA, zurückgegriffen werden.

   1969 kann bereits als das Jahr des „Durchbruchs" der Arbeit mit Unterrichtsdokumenten bezeichnet werden. Die Technik sei „aus dem Stadium der Erprobung in die breite Öffentlichkeit der Lehrerbildungs- und Fortbildungsstätten" getreten (Deschler 1970: 50). Die Teilnehmerliste einer ersten im Oktober

---

Soziallehre nicht auf ausgebildete Fachlehrer zurückgreifen. Andere Bundesländer hatten die Volksschuloberstufe schon entsprechend ausgebaut, so das benachbarte Bundesland Hessen, das sich in der Ära von Ministerpräsident Georg August Zinn und Kultusminister Ernst Schütte mit dem „Großen Hessenplan" auf modellhaftem Modernisierungskurs befindet (dazu Sieber 1966).

1969 im gerade neu gegründeten Institut für Unterrichtsmitschau[4] durchgeführten Tagung, versammelt Vertreter von 14 Pädagogischen Hochschulen Augsburg, Bonn, Bremen, Dortmund, Hamburg, Heidelberg, Hildesheim, München (mit zwei Standorten), Münster, Oldenburg, Saarbrücken, Vechta und Würzburg. Auch Vertreter der Bavaria Atelier GmbH, der Deutschen Fernseh GmbH, der Deutschen Philips und von Siemens sind anwesend. Diese breite Bewegung zeigt die Wirksamkeit eines Programms der Stiftung Volkswagenwerk, die für unterrichtstechnologische Vorhaben ca. 13,5 Mio. DM im Rahmen einer Initiative zur Förderung der Erziehungswissenschaft zur Verfügung stellte. Ein einflussreicher „Arbeitskreis zur Förderung und Pflege wissenschaftlicher Methoden des Lehrens und Lernens e.V." (Heidelberger Arbeitskreis) dient als Koordinierungsstelle (vgl. Deschler 1970, Meyer/ Rihovsky 1972). Der Strukturplan des Deutschen Bildungsrates (1970), der erst vier Jahre zuvor seine Arbeit aufgenommen hatte, verzeichnet die Unterrichtsmitschau bereits als selbstverständlichen Bestandteil moderner Lehrerbildung.

Am Ende von „two decades of non-reform in West-German education" (Robinson/ Kuhlmann 1967), den Warnungen vor den Gefahren einer „Bildungskatastrophe" (Picht 1964), befindet sich die Schulreform in einer Phase bildungstechnologischer Euphorie (vgl. Edding 1970) mit didaktischen Innovationen wie Mengenlehre, Ganzwortmethode, Gruppenunterricht und den unvermeidlich dazugehörenden Soziogrammen. Neue Medien sind das Sprachlabor und der Tageslichtprojektor. Der programmierte Unterricht soll einen Weg zu individualisiertem und selbstgesteuertem Lernen weisen. „Schulfernsehdidaktik" oder „Teledidaktik" sind nur zwei der neuen pädagogischen Fachwörter, die sich in eigens aufgelegten Lexika nachschlagen lassen (vgl. Perlick 1967, Heinrichs 1971). Die Aufbruchsstimmung schlägt sich nieder in zahlreichen, oft kurzlebigen neuen Periodika, darunter AVA-Forschung, didacta, medium, Programmierter Unterricht, Schulreport (vgl. die Liste bei Heinrichs 1971).

Geburtenstarke Jahrgänge führen zu einem sprunghaften Anstieg der Schülerzahlen und entsprechend steigendem Lehrerbedarf. Ein Slogan lautet: „Massenmedien gegen Massenprobleme". In dieser Situation gelingt es Schorb (1966: 164) eine „filmische Gesamtdokumentation der gegenwärtigen deutschen Schulwirklichkeit" zu projektieren; „die Perspektive des lieben Gottes" einzunehmen, wie Perlick (1967: 67) unter dem Stichwort „Unterrichtswirklichkeit" durchaus selbstkritisch die diesbezüglichen Ambitionen festhält. Die komplette

---

[4] Alfons Otto Schorb (1921-1983) ist Schüler von Christian Caselmann, der u. a. durch Studien zu Lehrertypologien bekannt geworden ist. Die angegebene Zahl der Planstellen des Münchner Instituts ist erstaunlich. Das Institut besteht bis heute, hatte nach dem frühen Tod von Alfons Otto Schorb allerdings eine wechselhafte institutionelle Zuordnung. Heute widmet es sich vor allem der Aufzeichnung von Vorlesungen auf dem Weg zu einer virtuellen Universität.

Detail- *und* Ganzerfassung soll etwa 250 Unterrichtseinheiten aller Schularten, Schulstufen, Unterrichtsfächer, Bundesländer, didaktischen Stile usw. umfassen und ältere Dokumentationen wie „Pädagogik im Bild" (Hilker 1956) mit den Möglichkeiten des neuen Mediums ablösen.

Schorb möchte ausbildungspraktische Notwendigkeiten mit erziehungswissenschaftlicher Dokumentation und Grundlagenforschung verknüpfen. Die Filmaufzeichnungen werden in drei Kontexten eingesetzt, in denen sie auf unterschiedliche Erwartungen und Sehgewohnheiten treffen: (1) in pädagogischen Grundvorlesungen an der Universität; (2) in der Lehrerweiterbildung im Rahmen eines Telekollegs des Bayerischen Rundfunks; (3) als Material für langfristige Forschung.[5] FT 2396 steht mit zahlreichen Dokumenten und Materialien in einem – zumindest gedachten – Verweisungszusammenhang. „Lernen Sie im Verbund!" (Segerer/ Stecher 1972: 10) – lautet ein Motto der Telekollegs.

2 Unterrichtsplanung: Stundenskizze des Pädagogen

Das Lehrerkolleg wird durch Arbeitsblätter begleitet. Die – möglicherweise auch nachträglich angefertigte – Stundenskizze des unterrichtenden Pädagogen ist in Heft 2 mit dem Titel „Soziallehre" enthalten. Den Angaben ist zu entnehmen, dass innerhalb der etwa achtwöchigen Bildungseinheit „Wir lassen uns nichts vormachen! Massenmedien und Massenkommunikation" Freiräume bleiben für die Analyse und Diskussion aktueller Themen, u. a. zu den Befreiungskämpfen in Biafra. Bei der Stundenskizze zu FT 2396 mit dem Thema „Demonstranten und Polizei" muss es sich um solch eine aktuelle Stunde handeln (Arbeitsblätter 1969: 32f.).

---

[5] Noch heute wird auf jüngere Aufzeichnungen der Münchner Unterrichtsmitschau zurückgegriffen (vgl. Kiel 2012).

Bildungseinheit: **Wir lassen uns nichts vormachen!**
Thema: **Demonstranten und Polizei**

Umräumen zum Gesprächskreis

1. Betrachten von Dias (Halbkreis)
a) Ordnungswidrigkeiten der Demonstranten
b) Übergriffe der Polizei
Schülerverhalten: Vermutungen und Interpretationen zu den Dias, auch freie und emotionale Äußerungen
Lehrerverhalten: Vorführen der Dias, sachliche Erläuterungen dazu, notwendige Richtigstellungen von Schülervermutungen
Didaktischer Kommentar: Einführung in den Konfliktzusammenhang durch visuelle Begegnung, Aufwerfen von Fragen, erstes Anpeilen der polaren Positionen.

2. Aussprache über das Problem (Kreis)
Schülerverhalten: Versuche zur Beantwortung der aufgeworfenen Fragen, z.T. durch Nachschauen im GG (z.b. Art.5 (1), Art.8(1), evtl. Art8(2), Art.18).
Vertreten der eigenen Meinung, Anhören der des anderen.
Lehrerverhalten: Integrative Gesprächssteuerung, z.T. Zuspitzung zum Zweck der Polarisierung, Verunsicherung durch Extremisierung, Verweis auf die letzten Grundlagen möglichen politischen Verhaltens, z.T. schon Versuche des Abbaus der polaren Sicht.
Didaktischer Kommentar: Vertiefung des Gesehenen im Gespräch, zunächst Polarisierung, dann Anzielen der Einsicht, dass das „Recht" nicht nur auf einer Seite ist, Verweis auf GG als Fixpunkt aller politischen Argumentation

3. Betrachten eines Textblattes (Kreis)
Schülerverhalten: Stilles Lesen, Worterklärungen und sachliche Erläuterungen, Versuche zur Wertung der Aussagen (evtl. durch Bezugnahme auf die Dias).
Lehrerverhalten: Austeilen des Blattes, Hilfen zu den Erläuterungen, Kanalisieren der Wertungen, Entemotionalisieren der Argumente.
Didaktischer Kommentar: Erkennen von Fehlverhalten auf beiden Seiten, für die es kaum eine Rechtfertigung gibt, aber auch Einsicht: Recht beider Seiten, tätig zu werden, Entemotionalisierung als Ziel und Prinzip politischer Bildung.

---

4. Erproben von Lösungsmöglichkeiten (Kreis)
Schülerverhalten: Erproben der Möglichkeiten, Belegen der jeweiligen Meinung. Widerspruch gegen Lehrerdarstellung, Ansteuern einer ausgewogenen Meinung.
Lehrerverhalten: Anbieten dieser drei Möglichkeiten:
a) Nur eine Seite darf handeln (ungerechte Lösung)
b) Keine Seite darf handeln (unmögliche Lösung)
c) Beide Seiten handeln im Rahmen unserer demokratischen Ordnung (politisch gerechte Lösung).
Provozieren durch extreme Beispiele.
Didaktischer Kommentar: Angezielte Einsicht: Nur Lösungen, die noch Auseinandersetzungen erlauben, sind demokratisch. Jede Auseinandersetzung muß sich aber an Spielregeln halten. Provozierende Impulse als Mittel der Gesprächssteuerung.

5. Folgerungen für die Form der Darstellung (Kreis)
Schülerverhalten: Schlussfolgern aufgrund der Gesprächsergebnisse: die sachliche Darstellung muß beide Seiten berücksichtigen. Evtl. Belegen durch Beispiele.
Lehrerverhalten: Anreißen der Fragestellung: Wie müsste eine gerechte (richtige) Darstellung solcher Ereignisse aussehen?
Abrundung und Beispiel: Alle Bilder und Texte zu der Stunde waren aus **einer** Zeitschrift!
Didaktischer Kommentar: Angezielte Einsicht: Einseitige Darstellungen sind immer unsachlich und undemokratisch. Nur wer mehrere Seiten kennt, kann gerecht urteilen. Starke Lehrerführung in dieser Schlussphase des Gesprächs.

Abb. 1: Stundenskizze. Aus: Arbeitsblätter 1969: 32f.

3 Filmbegleitkarte der FWU: Politische Bildung im 9. Schuljahr

Dem Verleih ist ein 4seitiges Filmbegleitheft beigegeben (auch: Begleitkarte, Umfang 4 Seiten, Autor: Dr. Horst Wiedemann).[6] Die Begleitkarte nennt als Adressatengruppe Studierende des Lehrfachs sowie Lehrer in Fort- und Weiterbildung. Als Ziel wird die Beobachtung und Analyse des Unterrichtsdokuments unter schulpädagogischen *und* fachdidaktischen Gesichtspunkten angegeben

---

[6] Spätere Befragungen ergeben allerdings, dass die Begleitkarten häufig fehlten, ebenso wie die Arbeitsblätter (vgl. Konzen/ Leist/ Roeder 1984).

(Begleitkarte: 1). Eine eventuell an den Film herangetragene Erwartung, eine Modellfunktion „für die Behandlung sozialpolitischer Fragestellungen im Unterricht" zu beanspruchen, wird zurückgewiesen. Es gehe vielmehr darum, den didaktischen Aufbau einer Unterrichtsstunde „mit aktueller Themenstellung" zu zeigen sowie zur „Analyse der für sie typischen Diskussionsbeiträge der Schüler" anzuregen. Weiterbildungs- und mediendidaktisch wird empfohlen, den Film zweimal vorzuführen, da „in diesem Fall das natürliche Interesse am Sujet von pädagogischen Fragen besonders stark ablenkt" (Begleitkarte: 1, vgl. dazu auch den Forschungsbericht Deschler 1971).

Auffällig ist, dass der Kommentar der Begleitkarte sich auch kritisch gegenüber dem Unterrichtsversuch positioniert und dabei auf visuelle Elemente, die Bild-Text-Relation, eingeht. Die Kritik ist im Duktus der damaligenideologiekritischen Didaktik der visuellen Kommunikation gehalten (vgl. Giffhorn 1971). Der Unterrichtsdiskussion wird einerseits „Absenz von verbalen Indoktrinationsversuchen seitens des Lehrers" (Begleitkarte: 3) bescheinigt. Es entstehe „ein überaus scharf profiliertes Meinungsspektrum, das in weiteren Stunden genauer hinterfragt werden müsste". Das Dokument „bietet damit gerade für die Analyse einer durchschnittlichen, als ‚offenes Gespräch' nicht straff geführten Unterrichtsstunde wertvolles Material" (ebd.). An der Gesprächsführung des Pädagogen wird jedoch moniert, dass „der Lehrer sich bemüht, möglichst alle auftretenden kognitiven Dissonanzen auszugleichen", wodurch den Schülern „weder die emotiogene Binnenstruktur der gezeigten Bilder noch der Widerspruch zwischen der durchweg benutzten generalisierenden Formulierung ('die Studentenunruhen') und der punktuellen Situationsbezogenheit des Bildmaterials bewußt" (ebd.) werde. Weiter heißt es auf der Begleitkarte:

> „Dementsprechend repetieren sie in dem, was sie irrtümlich für ihre eigene Meinung halten, zunächst irrational das, was ihnen durch die suggestive Bildwirkung der Diapositive zu glauben nahegelegt worden ist. Die Diskussion ist damit ohne Wissen der Diskussionsteilnehmer bereits im Wesentlichen vorstrukturiert. Dieser optischen Manipulation entspricht eine verbale, die in den Beiträgen einzelner Teilnehmer zusehends deutlicher wird. Die der Bewußtseinsindustrie ausgesetzten Schüler übernehmen unbefragt Ideologeme jener Springerpresse, die sie leichthin generalisierend als fragwürdig abtun. Die hierbei zutage tretenden Momente konservativer Rhetorik werden als solche nicht durchleuchtet" (Begleitkarte: 3)

Weder werde „erforscht, aufgrund welcher Erfahrungen einer der Schüler weiß, dass die Studenten zum Zeitpunkt der Unruhen – wie er empört vermerkt – nur noch auf der Straße, nicht aber im Hörsaal anzutreffen seien, noch wird die Behauptung, dass heute keinerlei Gesetze mehr beachtet würden, auf ihre empirische Grundlage hin befragt" (ebd.). Aufgrund dieser medienkritischen Blindheit gegenüber der herrschenden „Bewußtseinsindustrie" (Enzensberger 1966) werde der thematische Grundkonflikt falsch modelliert. Sichtbare, „manifeste" müssen von „latenten", strukturellen Konflikten unterschieden werden. Es sei daher „…

überlegenswert, ob nicht die durch das Bildmaterial suggerierte Interessenkollision und Frontstellung von Studenten und Bildzeitung (bzw. Studenten und Polizei) das tatsächliche Problem verfälscht und damit der Realität widerspricht" (Begleitkarte: 3).

4 FT 2396: Optische und akustische Information

Schorb hebt immer wieder die Rolle der optischen Information für die Unterrichtsanalyse hervor. „Die Kontaktaufnahme zwischen Lehrer und Schüler, Schüler und Schüler, Schüler und didaktischem Material erschöpft sich nicht voll in dem Hörbaren der Vorgänge" (Schorb 11/1972: 139, Stichwort: Bilddokumente). Das technische Medium Film sei „kein modernistisches Attribut", vielmehr der Versuch, „Unterrichtstheorie und Unterrichtspraxis wechselseitig aufeinander zu beziehen", was nur „auf der Basis eines optischen Mediums möglich" sei (Schorb 1975: 9). Dies gelte auch, wenn die „logische Analyse" von Strukturen des Unterrichtsgeschehens vorwiegend auf die akustische Information, das Tonbandprotokoll, zurückgreift.[7] In der Literatur zur Unterrichtsmitschau werden zahlreiche Effekte der Film- und Bildsprache auf den Betrachter sorgfältig diskutiert, z.B. der sog. Nachlaufeffekt, der durch überraschende Unterrichtsverläufe und die jeweils notwendige Neueinstellung der ‚trägen' Aufnahmeapparatur ausgelöst wird (vgl. Deschler 1970: 66f.).

Die Rolle der optischen Information kann am Beginn von FT 2396 verdeutlicht werden. Bereits während der Titeleinblendung werden aus dem Off angeregte Pausengespräche hörbar; die Schülerinnen und Schüler stehen locker gruppiert in kleinen Gruppen im „Klassenzimmer". Einige der Jungen tragen ein Sakko. Zu verstehen sind die Worte „peinlich" und „ganz normal", der Übergang zum Unterricht soll gleitend wirken.[8] Der Raum ist erkennbar als ein Mitschauraum.[9] Die Wände wirken spärlich und sind nur notdürftig dekoriert; ein provisorisch angeheftetes DIN-A4 Blatt zeigt einen Fisch. Auf dem halbhohen Bord befinden sich 8 Stehordner mit der Aufschrift „Wissen" (Wissen. Die Bildungszeitschrift für die ganze Familie). Eine Tür befindet sich am Kopfende des Raumes, seitlich neben einer in der Höhe verschiebbaren Wandtafel. Der Lehrer tritt

---

[7] Argumentiert wird mit Bezug die Tradition der Pädagogischen Tatsachenforschung um Friedrich Winnefeld, der 1952-1968 an der Universität Halle einen auch in der westdeutschen Didaktik beachteten spezifischen Ansatz der mikroanalytischen Unterrichtsforschung unter Einbeziehung der Feldtheorie Kurt Lewins und der Gestaltpsychologie entwickelt hatte.

[8] Das wiederholt sich am Filmende: im Abspann unterhält sich der Lehrer weiter mit zwei Schülerinnen.

[9] Der Aufnahmeraum ist fensterlos, was den eigentlichen Studiocharakter noch deutlicher hervortreten lässt. Leuchtstoffröhren beleuchten den Raum gleichmäßig. Wegen der dadurch entstehenden Wärme wurde eine spezielle geräuscharme Klimaanlage benötigt (Sinnhöfer 1988: 178).

durch die Tür ein, mit einer Aktentasche, die er auf dem seitlich verlaufenden Bord abstellt. Die Schüler lachen kurz über diesen *Auftritt*.

Lehrer: Guten Morgen.

Schüler (im Chor): Guten Morgen.

Lehrer: Äh, wir wollen uns heute ein bisschen was unterhalten, dazu will ich euch ein paar Dias zeigen. Machen wir folgendes: ihr räumt zum Kreis um und ihr helft mir, die Leinwand aufbauen. Heiner, Du weißt etwa, wie's geht, komm!

Eine Gruppe von fünf männlichen Schülern baut eine Leinwand vor der Tafel auf. Die anderen Schüler schieben die Zweiertische beiseite und erstellen einen Stuhlkreis. Ein, zwei Schüler sitzen in einer 2. Reihe dieses Kreises. Insgesamt sind es 27 Schüler, davon 15 Jungen und 12 Mädchen. Nach etwa 4 Minuten ist der Umbau beendet und es wird ruhig. Der Lehrer wartet. (Das erste Diapositiv wird eingeblendet.)

Lehrer: So. Ist so scharf?

Schüler: Demonstration.

Lehrer: Demonstration. Man sieht noch mehr.

Diese ersten Minuten der Aufzeichnung zeigen, wie die Raumordnung von Schülern und Lehrer gemeinsam zu einem Sitzkreis umgestaltet wird. Auch in der Stundenskizze wird diese als Phase eigenständig ausgewiesen (Abb. 1). Es wurde also bewusst darauf verzichtet, den Mitschauraum schon vor Beginn der Aufnahme entsprechend herzurichten. Damit ist eine Handlungsaufforderung verbunden. Vorgezeigt wird, dass das Arrangement praktikabel ist: jeder bayerische Hauptschullehrer kann diese Ordnung durch die Schüler mit einiger Übung selbstorganisiert herrichten lassen. Die Begleitkarte reklamiert eine „ideale Sprechsituation" und einen „herrschaftsfreien Diskurs" (Jürgen Habermas) im Rahmen einer „Kommunikativen Didaktik" (Schäfer/ Schaller): „Die damit gegebene äußere Gleichstellung aller Diskussionsteilnehmer, einschließlich des Lehrers, wird auch im Verlauf des Gesprächs deutlich. Der Diskussionsleiter greift nur in Ausnahmefällen wertend ein (und selbst dann nicht völlig eindeutig). Er beschränkt sich auf Fragen und auf eine indirekte Stimulierung des Gesprächs" (Begleitkarte: 3). Thematisiert wird im Kommentar, dass es neben „verbalen" Indoktrinationsversuchen auch eine subtile non-verbale bzw. visuelle Indoktrination geben kann, die in Struktur und Anlage der Stunde begründet ist.

5 Didaktik der visuellen Kommunikation: Diskursiver Unterricht

Schorb hat immer wieder auf das Spannungsverhältnis zwischen allgemeindidaktischen und fachdidaktischen Zugängen in der Unterrichtsanalyse hingewiesen und so den Vorwurf der „Sachneutrale[n] Unterrichtsbeobachtung" (Rumpf 1969) zu entkräften versucht (vgl. den sog. Phänomenkatalog mit etwa 230 Schlagworten, Kuckuk/ Schorb/ Wimmer 1979). FT 2396 ist diesbezüglich auch

ein bedeutendes Dokument einer kritischen Mediendidaktik. In Sozialkunde-
stunden, die auf Massenmedien als Thema zurückgreifen, hat der mediale Aspekt
eine Doppelstruktur. Es handelt sich um eine Re-Repräsentation (Unterrichtsme-
dium: perspektivischer Arbeitsbogen, Dias) von Präsentationen (Sachmedium:
Presse, Fotos, Öffentlichkeit). Die durchgängige Medialität des Unterrichts ist
bewusst: Verlautbarungen in der Presse werden „zur Sache selbst" (Spriestersbach 1970: 7), da das originale Ereignis in den seltensten Fällen unmittelbar
erreichbar ist. Lernziel ist die kritische Inhaltsanalyse von Texten der Massenmedien mit ihrem relativen Informations- und Meinungsmonopol.

Dieser „diskursive Unterricht" – so die Überschrift bei Glöckel (1990, vgl.
Grammes 1998) in seiner Auswertung dieses Dokuments der 1968er Didaktik
zeichnet sich durch einen epistemologischen Akzent aus.

> „Zugrunde liegt die Annahme, daß es 'die' Wahrheit nicht gibt, daß sie aber doch das *Ziel ge-*
> *meinsamen Suchens* bleiben muß, eines Suchens, bei dem der Lehrer vielleicht ein Stück weit
> voraus, aber nicht in ihrem Besitz ist, bei dem nicht Rang und Würde der Beteiligten, sondern
> allein die *Argumente* zählen" (Glöckel 1990: 151).

Soziologieorientierte Themen wie „Massenmedien" oder die Ausbildung von
„Vorurteilen" z.B. gegenüber „Gastarbeitern" finden sich bevorzugt in anderen
Unterrichtsmitschnitten des Faches Sozialkunde. „Es ist unsere Aufgabe, den
Kindern auf angemessene Art zu zeigen, daß erst der Schatten die Konturen
hervortreten läßt. Nur so werden sie eines Tages wirklich verstehen, was es
heißt: 'Jedes Ding hat zwei Seiten', (Urban 1971: 86, vgl. Wember 1972, zur
curricularen Tradition Grammes 2002). Der herrschenden öffentlichen Meinung
sei eine Gegenöffentlichkeit entgegenzusetzen, gerade auch in der pädagogischen Arbeit, darin ist sich die kritische Didaktik der 1970er Jahre sicher.

Der unterrichtende Lehrer in FT 2396, Günter Spriestersbach,[10] legt in der
Reihe „Handreichung für den gegenwartbetonten Unterricht" auf wenigen Seiten
eine emanzipatorische Fachdidaktik vor, die wie ein nachträglicher Kommentar
zu Friktionen des Unterrichtsversuchs gelesen werden kann. Das gewählte Thema „Weihnachten in der Presse" (Spriestersbach 1970) ist nur auf den ersten
Blick randständig: Am Weihnachtsabend 1967 war es zu einer happeningartigen
Aktion von Rudi Dutschke und anderen Studenten in der Gedächtniskirche in
West-Berlin gekommen. Seitdem stand das als bürgerlich geltende Weihnachtsri-
tual unter der exemplarischen Befragung der „Kulturrevolution", wie die führende linksintellektuelle Zeitschrift *Kursbuch* damals titelt:

---

[10] In der Unterrichtsmitschau sind die Namen der beteiligten Personen in Veröffentlichungen anonymisiert, im Lehrerkolleg erscheinen Klarnamen (vgl. Abb. 1) Zur Ethik der Unterrichtsmitschau vgl.
Perlick (1967: 66, Stichwort: Unterrichtsmitschau) mit Hinweis auf die amtliche Schweigepflicht, die
Notwendigkeit schriftlicher Benachrichtigung und Zustimmung per Unterschrift durch die Eltern und
die Möglichkeit für Schüler, am Tag der Aufzeichnung dem Unterricht fernzubleiben.

„Es gab keine Livebilder von dem Vorfall in der Gedächtniskirche. Aber die Szene, die am ersten und zweiten Weihnachtsfeiertag durch Radio- und Fernsehberichte in Millionen Haushalte
getragen wurde, enthielt alle Zutaten, um einen bundesweiten Familienzwist auszulösen: Hei-
ligabend ... der rote Rudi ... auf der Kanzel der Gedächtniskirche ... Kriegsveteranen mit
Krückstock ... blutender Kopf! – Das Ereignis wurde in tausenden von Familien noch bei Ker-
zenschein diskutiert ... Hunderte von zuvor nur unpolitisierten Töchtern und Söhnen haben
damals vorzeitig das Weihnachtsfest verlassen und die Tür zum Elternhaus für lange Zeit zuge-
schlagen" (Schneider 2008: 241).

Im „diskursiven Unterricht" geht es um die Sichtbarkeit von Meinungen, die
Herstellung einer kritischen Gegenöffentlichkeit zu den „opinion-leaders" (Mei-
nungsmacher), die es, in FT 2396 gut zu beobachten, in jeder Schulklasse gibt. In
den gleichaltrigen Gruppen formen „opinion-leaders" Haltungen und Einstellungen. Nur eine „offene Unterrichtsform" lasse diese Einstellungen „manifest"
werden, um durch „reaktive Steuerung" des Lehrers Einstellungsveränderungen
anzubahnen. Ein lehrerzentrierter Unterricht sei wenig geeignet, da Einstellungsveränderungen „in starkem Maße als Gruppenprozeß aufgefasst werden müssen". „Je mehr der Lehrer dabei seine Meinung als eine von mehreren möglichen
in die Diskussion einbringt, um so größer ist die Chance, daß sie im Meinungs-
bildungsprozeß der Gruppe aufgegriffen wird und dadurch die Einstellungen
beeinflussen kann" (Spriestersbach 1970: 4). Dem gedachten Einwand, dies sei
subtile Manipulation, wird durch den Hinweis entgegengewirkt, der Stil des
Unterrichts müsse „demgemäß tendenziell antiautoritär" sein (ebd.).
     Eine weiterführende Analyse des Gesamtdokuments muss vor allem auf die
Trägerfunktion eines weiteren in FT 2396 eingesetzten Mediums eingehen: ein
Arbeitsblatt, auf dem jeweils auf der Vorder- und Rückseite Zeugenaussagen zu
einem Konflikt von Demonstranten und Polizei perspektivisch montiert werden
(dokumentiert in Grammes 1998: 150f., vgl. eine fachdidaktische Analyse des
vollständigen Wortprotokolls der Stunde „Studentenunruhen", in Vorbereitung
unter „Hintergrundmaterialien" auf der Projekthomepage: www.schulunterricht-
ddr.de/).
     Auf der optischen Ebene vermittelt der Filmschnitt durch häufigen Wechsel
der Kameraposition von unterschiedlichen Seiten des Stuhlkreises eine Dynamik
des Unterrichts.[11] Die Tonspur vermittelt ein akustisches Kontinuum, das Gespräch erscheint als eine flüssige, kohärente Abfolge von Beiträgen. Es wird
beachtet, dass der neutrale Aufnahmeraum die „Konsistenz der Situation" und
das „didaktische Kontinuum" begünstigt, unter Umständen „eine gewisse eupho-
rische Stimmung schafft und die Schüler mehr um den Lehrenden sich scharen
lässt" (Perlick 1967: 67, Artikel: Unterrichtswirklichkeit). Auf der optischen

---

[11] Es ist auch mit experimentellen Designs untersucht worden, inwieweit die Nachricht hier durch
den Code der – unbewußt? – eingesetzten und vom Zuschauer unbewußt interpretierten Gestaltungs-
mittel manipuliert wird (vgl. FAU 1978, Mühlen-Achs 1977).

Ebene wird hier ein Effekt beschrieben, der in der Professionsforschung als Handlungsproblem diskutiert wird. Auch der Lehrer beobachtet seinen Unterricht und richtet seine Sprechhandlungen danach aus. Die Aufgabe, eine Rückmeldung geben zu müssen, die den Schüler „nicht entmutigt, aus der die Inadäquatheit seiner Antwort jedoch deutlich hervorgeht" (Louis 1981: 358) setzt eine „Blitzdiagnose" der Ursache des inadäquaten Schülerverhaltens voraus. Unter dem Druck, den Flow des Unterrichtsgeschehens aufrechterhalten zu müssen (vgl. Kounin 1976) und weil der agierende Lehrer vieles gleichzeitig im Bewusstsein haben muss, ist er überfordert, und bemerkt vieles, was sich im Unterricht ereignet, gar nicht. „So ist seine Vorstellung von seinem Unterricht viel eher von dem geprägt, was er sich vorher überlegt hat und was er erreichen wollte, als von dem, was sich tatsächlich abspielt. Eine Kamera hingegen registriert alles objektiv, ohne die ‚Abblendungen', die das Bewusstsein als ‚nebensächlich' oder ‚nicht so erwünscht' automatisch vornimmt ... dann ist es leicht verständlich, dass er über diesen aufgezeichneten Unterricht entrüstet ist, dass er es als eine Zumutung empfindet, so etwas überhaupt vorgesetzt zu bekommen" (Louis 1981: 351f.).

Dass es sich beim akustisch identifizierten idealisierten Gesamtschülersubjekt – was ein Schüler sagt, gilt von allen als mitgehört und damit gelernt – um eine Illusion handelt, zeigt ein wiederum nur optisch zu identifizierendes „Phänomen", das die Forschungsgruppe um Schorb mit dem Begriff „Ingression" bezeichnet:

> „So fiel ihm (A.O.Schorb, TG) beispielsweise auf, dass sich Schüler nach einem eigenen Beitrag für kurze Zeit aus dem Unterricht ausgliedern, dabei oft den Kopf senken, unter Umständen die Augen schließen, sich offensichtlich noch eine Zeitlang mit dem Gesagten und seiner Wirkung auf den Lehrer und die Klasse beschäftigen, sich dann allmählich wieder aufrichten und sich dem Unterricht, unter Umständen sogar mit erhöhter Aufmerksamkeit, erneut zuwenden." (Louis 1981: 357, vgl. dazu Reaktionen von Schülern nach eigenen Unterrichtsbeiträgen 1976. Ein anderer Erklärungsansatz zur „stillen Schülerin" bei Kroll 2001)

6 Lehrerkolleg Unterrichtsanalyse: Friktionen – Das Nicht-zum-Ziel-Kommen didaktischer Intentionen

Das Lehrerkolleg Unterrichtsanalyse (im Folgenden zitiert als Lehrerkolleg 1972) enthält in zwei Teilbänden die begleitenden Studienmaterialien zu den zwölf Sendungen des Bayerischen Fernsehens. Zu den Studienmaterialien gehören Einführungstexte aus dem Münchner Team, Wiederabdrucke theorieorientierter Grundlagentexte, Beobachtungsaufgaben zu den Filmen, Arbeitsaufgaben zu den Materialien sowie weiterführende Literaturangaben. Forschungsmethodische Probleme der Unterrichtsdokumentation werden sorgfältig offen gelegt. Dazu zählen Fragen von „Repräsentativität und Auswahl" sowie der „dokumentarischen Echtheit" und „Authentizität" – die „Crux der Unterrichtsdokumentation" (Lehrerkolleg 1972: 18f.).

Schorb hebt konsequent hervor, dass eine Unterrichtsanalyse nur vor dem Hintergrund einer ausgewiesenen Unterrichtstheorie wissenschaftlich genannt werden könne. Er entwickelt eine „Zwei-Komponenten-Theorie" mit z.T. eigentümlicher Begrifflichkeit (Louis 1981: 360, vgl. Glossar Lehrerkolleg 1972: 138-141). In jedem Unterricht komme es zu „Friktionen". Unterricht sei eine spannungsgeladene Interaktion der beiden Komponenten widerständige „Basisphänomene" und „didaktische Überformung". Ziel ist die „Erhöhung der Sensibilität für Friktionsphänomene durch Beobachtung ihrer Genese" (ebd.: 14). Gewinn dieser Unterrichtstheorie sei, dass damit Schüleraktivitäten als Ausdruck ihrer Eigenständigkeit positiv gewertet werden können und „zunächst scheinbar pädagogisch nicht positive Äußerungen" angenommen werden, ohne dabei „die Nachdrücklichkeit des didaktischen Handelns" herabzusetzen (ebd.: 120, die Schülerperspektive akzentuiert Louis 1974).[12] Das Wortprotokoll eines Ausschnitts von FT 2396 wird zum exemplarischen Beobachtungsgegenstand mit folgender Arbeitsaufgabe:

> „Arbeitsaufgabe (Lösungsvorschläge in Klammern)
>
> (1) Das *Ausbleiben* von erwarteten Schüleräußerungen (6, 40)
>
> (2) sachlich eindeutig *falsche* Schüleräußerungen (16, 5, 26, 27, 35, 43)
>
> (3) in irgendeiner Weise *unzureichende* (ungenaue oder halbrichtige) Schüleräußerungen (1, 5, 9, 10, 11, 13, 17, 19, 46, 47)
>
> (4) an sich richtige, aber in den augenblicklichen Zusammenhang *nicht hineinpassende* (unpassende) Schüleräußerung (3, 38, 52, 56)
>
> (5) *unsachliche* (aus Vorurteilen oder starken Emotionen kommende) Schüleräußerungen (29, 39)" (Lehrerkolleg 1972, Bd. 1: 128-130).

In der Arbeitsaufgabe, die sich auf das Wortprotokoll bezieht, sollen fünf Typen von Friktionen unterschieden werden (in Klammern die Lösungsvorschläge, vgl. Lehrerkolleg 1972: 132). Angemerkt wird, dass die Kategorien einen subjektiven Entscheidungsspielraum lassen und die vorgeschlagene Lösung in der Regel nur näherungsweise erreicht werden könne. Doppelcodierungen seien deshalb hilfsweise zulässig. Durch Vergleich der eigenen abweichenden mit der vorgeschlagenen Lösung erreiche man aber eine immer weitere Annäherung und Eindeutigkeit der Codierung (vgl. Lehrerkolleg 1972: 132).

---

[12] Dabei wird „Schule als Ort der Langeweile" (Lehrerkolleg 1972: 121) sichtbar. Dies ist eine Interpretation, die in der neueren ethnographischen Linie der Unterrichtsvideographie aufgegriffen wird, allerdings ohne Bezugnahme (vgl. Breidenstein 2006).

7 FT 2396 in der Öffentlichkeit: Die „zum Teil drittklassigen Leistungen der Pädagogen ..."

Der Einsatz der ersten Unterrichtsaufzeichnungen in der universitären Lehrerausbildung im Einführungspraktikum der PH München im Sommersemester 1970 und im Wintersemester 1970/1971 gerät sogleich ins Visier einer öffentlichen „Seminarkritik" (Groppe 2008: 133ff.). Studierende können ihre Seminarkritik gleich zweimal publizieren, in einer wissenschaftlichen Zeitschrift (vgl. Kühnel 1970) sowie in b:e, zu dieser Zeit *dem* breitenwirksamen Sprachrohr der kritischen Pädagogik (vgl. Daele/ Kühnel 1971)! Angesichts der massiv angestiegenen Zahl der Lehramtsstudierenden war das wöchentlich halbtägige Einführungspraktikum als für alle verbindliche Unterrichtsmitschau angesetzt worden. 170 Erstsemester versammeln sich an sieben Vormittagen in einem Kino unweit der Hochschule. Positiv wird in der Seminarkritik vermerkt, die „vielfältigen Unterrichtsbeispiele vermieden den Eindruck, es gäbe so etwas wie Musterunterricht, dessen Beherrschung die Pädagogische Hochschule vermittele" (Daele/ Kühnel 1971: 40). Jedes Mal seien mehr Fragen und Diskussionsbeiträge angeregt worden als Zeit zu deren Behandlung gewesen sei. Moniert wird die unzureichende Beobachter-Schulung, so dass die Studierenden nicht über eine naive, praxeologische Unterrichtsanalyse hinausgelangt seien. Es bleibe eine große Distanz der Studierenden zu dem audiovisuell erfassten Unterrichtsgeschehen, eine innere Betroffenheit stelle sich kaum ein. Der gezeigte Unterricht weiche von persönlichen Vorerfahrungen und Einstellungen stark ab, wirke dadurch fremd oder nicht aktuell.

In einer Evaluation stellt Deschler (1974) deutlich positivere Wertungen heraus: 92% der Studierenden wollen noch mehr Unterrichtsbeispiele beobachten, 63% begrüßen die Kommentare zu den einzelnen Sendungen, 84% befürworten die wiederholte Projektion des gleichen Unterrichtsausschnittes (vgl. auch Brunner 1975: 309f.). Es ist die „Kinosaalatmosphäre", die die Studierenden auf konsumierende Sehgewohnheiten zurückwirft. Für die Münchner Unterrichtsmitschau war das ein Motiv, zum Format des Telekollegs überzugehen. Aber auch beim Telekolleg hagelt es sofort Kritik.

Das Lehrerkolleg wird im Rahmen des Telekollegs des Bayerischen Rundfunks ab dem 15. April 1969 an jedem Dienstag, jeweils um 18.00 ausgestrahlt, Wiederholung am darauffolgenden Montag um 21.30. Geplant sind 24 Sendungen. Das Lehrerkolleg findet große Resonanz und wird von Herbst 1972 bis Ostern 1973 im 3. Programm des BR wiederholt, Übernahme und Sendung in unveränderter Form im Frühjahr 1974 vom NDR und SFB. Nachdem damit der Sprung ins öffentlich-rechtliche Fernsehen gelungen war, entbrannte die Kritik allerdings erst recht „in voller Schärfe" (Louis 1981: 349). Die Fernsehprofis vom BR befürchten eine Gefährdung des gesamten Telekolleg-Projekts: „Was wollte diese kleine Gruppe von ,Ahnungslosen' mit einfältigen und technisch schlechten Produkten?" (Louis 1981: 350) Eine noch gefährlichere Kritik kommt von bildungskonservativer Seite. In einem Artikel in der Fachzeitschrift „Fernsehen und Bildung" hatte der Präsident des Bayerischen Lehrer- und Lehrerinnenverbandes, Wilhelm Ebert, zum Frontalangriff angesetzt. „Fremdwortsalat als Wissenschaftsersatz" stünde „relativ banalen Unterrichtssequenzen" gegenüber; es entstehe der Eindruck, dass „willkürlich ausgesuchte", „momenthaft und etwas planlos gewonnene Unterrichtsfilmausschnitte verwendet" würden (Ebert 1973: 43). Moniert wird die fehlende Einbettung der Phänomen-Ausschnitte in fachlich ausgewiesene Lernzielkontexte. Bei der Elternschaft könne so der Eindruck einer „geringwertigen Arbeit in der Schule nachhaltig" erweckt werden (ebd.: 44). Die „zum Teil drittklassigen Leistungen der Pädagogen" (ebd.) führten zu einer überflüssigen Abwertung der Lehrertätigkeit. Das bittere Fazit: „Der Lehrer erfährt leider nur zu oft, wie er es besser nicht machen sollte"; jeder gründlich vorbereitete Praktiker erziele bessere Resultate (ebd.: 43). Es fehlten positive Beispiele.

> „Der Rat, den man den Anhängern einer Unterrichtsmitschau und -analyse und auch dem Bayerischen Rundfunk geben muß, ist wohl der, einmal mit einer anderen Mannschaft und in Zusammenarbeit mit einer Redaktion, die das Instrumentarium des Fernsehens im Griff hat, ein konkurrierendes Modell zu entwickeln. Die Grundidee ist zu gut, als dass man sich mit diesem enttäuschenden Versuch begnügen darf" (Ebert 1973: 45).

Schorb, sichtlich getroffen, unterstellt in einem sehr ausführlichen „Wort an die Kritiker" noch im gleichen Heft „Absichten …, die jenseits des Gegenstandes liegen", „Halbinformiertheit in der Sache", „nur oberflächliche Auseinandersetzung" (Schorb 1973: 52). Es handele sich um Pauschalurteile; „die" Lehrergruppen seien in ihren inhaltlichen Positionen heute weitaus heterogener als der Lehrerverbandspräsident dies wahrnehme. Die Ursache für Rezeptionsschwierigkeiten wird von Schorb konsequent auf ein mediales Problem zurückgeführt, das sich beim Transfer des „optisch-akustischen Zitats" (ebd.: 46) aus dem Unterrichtsfilm in eine Fernsehsendung mit ihren eher „plakativen Ausdrucksmöglichkeiten" (ebd.: 47) ergebe. Im Fernsehen seien die Sehgewohnheiten andere und auf Perfektion gerichtet.[13] Würde man dem nachgeben, könne jedoch für die wissenschaftliche Unterrichtsanalyse im Rahmen der Professionalisierung der Lehrerweiterbildung nichts mehr gelernt werden. Das Trainingsmaterial müsse in diesem Sinne „echt" (ebd.: 46) sein und einer originalen Unterrichtseinheit ent-

---

[13] Vor diesem medialen Effekt mahnt schon Perlick (1967: 24, Stichwort: Fernsehen): „Wie weit hier die zulässige Perfektionsgrenze überschritten, d.h. die angestrebte Bereicherung zur Verwöhnung, zur Reduktion der Erlebnisfähigkeit und einem Rezeptiv- bzw. ,Kinosessel'-Verhalten wird, ist eine Frage der Fernseherziehung."

stammen. Eine Drehbuchfassung „'reiner', idealer Lehrbuchfälle" (ebd.: 48) sei kontraproduktiv.

In den ersten Veranstaltungen für Lehrer „kam es beinahe zu Saalschlachten der Empörung" (Louis 1981: 352). Die Lehrer, in ihren Sehgewohnheiten ebenfalls an technische Perfektion und die mediendidaktischen Prinzipien des Fernsehens gewöhnt, sind, „wenn sie zum ersten Mal Unterrichtsdokumente sehen, zunächst einfach enttäuscht" (ebd.: 351). „Nun endlich war die Möglichkeit gegeben, einem andern gleichsam ‚in die Karten zu schauen'. Man wollte feststellen, ob er wirklich besser war als man selbst. Noch dazu war dieser ‚andere' meist unbekannt und nicht anwesend, also brauchte man bei seinen Äußerungen keine Hemmungen zu haben. Auf diesem psychologischen Hintergrund war die Kritikbereitschaft groß" (ebd.). „Die Lehrer, die uns für die sehr kostspieligen Film-Aufzeichnungen empfohlen wurden, oder die wir selbst ‚entdeckten', gehörten durchweg zu den ‚gut' oder ‚sehr gut' beurteilten. Auf der Filmleinwand dem Urteil ihrer Kollegen ausgesetzt, verwandelten sie sich stets in völlig unfähige Kollegen" (ebd.: 352).

Das Münchner Team reagiert auf die Kritik im folgenden Jahrzehnt geradezu mit einem Feuerwerk empirischer Begleitforschung (Deschler 1974, Brunner 1975, Stieger 1977, Mayer 1982, Mackert 1983, Derner 1982, Konzen/ Leist/ Roeder 1984), um die Modellprojekte abzusichern.

Der „Durchbruch" der Unterrichtsmitschau führt zu einer Vielzahl von Folgeprojekten für das Münchner Institut (Schorb 1969). Mit finanzieller Unterstützung der Bund-Länder-Kommission für Bildungsplanung (gegründet 1970) erfolgt eine Umarbeitung des Lehrerkollegs in einen fernsehunabhängigen Medienverbundkurs „Unterrichtsanalyse – Ein Grundkurs im Medienverbund". Das Institut für Film und Bild in Wissenschaft und Unterricht (FWU) organisiert als Verleihorganisation die Verbreitung des Kurses in der ganzen Bundesrepublik. Zielgruppe sind jetzt nicht mehr Erstsemester, sondern ausdrücklich „Studierende höherer Semester".

Im Rahmen des Modellprojekts „Unterricht in Dokumenten" wurden von der FWU von 1969 bis 1978 160 Produktionen erstellt, davon 124 Unterrichtsaufzeichnungen aus allen Schulformen sowie 30 „Phänomenkombinationen". Insgesamt sind 7656 Filmkopien erstellt worden; Beihefte werden auflagenstark durch den Klett Verlag verbreitet. Das Modellprojekt wird 1978 abgeschlossen mit der Herausgabe eines Phänomenkatalogs zur Erschließung von Unterrichtsdokumenten (Kuckuk/ Schorb/ Wimmer 1979). Aus dem Bereich Sozialkunde sind andere und neue Filme vertreten. FT 2396 dagegen ist im Dokumentenkorpus nicht mehr enthalten.

Die Notwendigkeit von Archivierung und Dokumentation wird in der Unterrichtsmitschau von Anfang an gesehen. Stolz wird vermerkt, dass der Bestand

„der z.Z. einzige der Bundesrepublik (ist), der an den strengen Grundsätzen der Dokumentation orientiert ist" (Schorb 1973: 49). Auf der medientechnischen Seite verlange dies, dass man über haltbare Filmaufzeichnungen und nicht nur über Videobänder verfügt. „Die Archive füllten sich" (Stieger 1977: 40) – und dennoch macht sich aufgrund der dargestellten und ungenügend reflektierten medialen Sehgewohnheiten „Resignation" breit (ebd.: 36f.) FT 2396 zeigt, welchen exemplarischen Beitrag gerade sozialkundliche Dokumente der Unterrichtsmitschau für eine kulturhistorisch fundierte Didaktik- und Gesellschaftsgeschichte leisten können. Es bleibt zu hoffen, dass viele noch erhaltene Dokumente einer gefilmten Gesellschaft im Klassenzimmer geborgen werden und im Medienarchiv des DIPF als virtuellem Unterrichtsmuseum (Grammes 1997) eine dauerhafte Heimat finden.

Quellen und Literatur

Arbeitsblätter zum Lehrerkolleg (1969). Hauptschule. Schuljahr 9. Heft 2. Soziallehre. Redaktion: Edmund Kösel, Eva Weidler. München.

Baader, Meike-Sophia (2008): „Seid realistisch, verlangt das Unmögliche": wie 1968 die Pädagogik bewegte. Weinheim, Basel.

Brunner, Reinhard (1975): Training des Lehrerverhaltens. Eine systematische Darstellung und Analyse der Verfahren Schulpraktikum, Microteaching, Unterrichtsmitschau und Gruppendynamik. Diss. Universität München.

Breidenstein, Georg (2006): Teilnahme am Unterricht. Ethnographische Studien zum Schülerjob. Wiesbaden.

Daele, Brigitte van den/ Kühnel, Reiner (1971): Unterrichtsmitschau. Überforderte Erstsemester. In: b:e, 10: 40-42

Derner, Norbert (1982): Interaktionsstrukturen im Unterricht der siebziger Jahre. Untersucht an ausgewählten Filmen aus dem Projekt „Unterricht in Dokumenten". Grünwald: Institut für Film und Bild in Wissenschaft und Unterricht (auch: Angerer 1983, München).

Deschler, Hans Peter (1970): Unterrichtsmitschau – Entwicklungen und Erfahrungen. Heidelberg. Arbeitskreis zur Förderung und Pflege wiss. Methoden des Lehrens und Lernens e.V. mit Unterstützung der Stiftung Volkswagenwerk. München.

Deschler, Hans Peter (1971): Der Einfluß der Wiederholung auf die Wahrnehmung und Beurteilung von Unterrichtsverläufen. München.

Deschler, Hans Peter (1974): Theorie und Technik der Unterrichtsdokumentation. München.

Ebert, Wilhelm (1973): „Unterrichtsanalyse" – Wissenschaft für die Praxis? Kritische Anmerkungen zur Sendereihe im Lehrerkolleg des Bayerischen Rundfunks. In: Fernsehen und Bildung, 1973, 1: 42-45

Edding, Friedrich (1970): Auf dem Wege zur Bildungsplanung. Braunschweig.

Giffhorn, Hans (1971): Einfluß ästhetischer Phänomene auf politische Vorurteile. In: Ehmer, Hermann (Hg.): Visuelle Kommunikation. Beiträge zur Kritik der Bewußtseinsindustrie. Köln: 277-292.

Enzensberger, Hans Magnus (1966): Einzelheiten I: Bewusstseins-Industrie. Frankfurt a.M..

FAU - Forschungsgruppe Analysemodelle für audiovisuell aufgezeichneten Unterricht (1978): Handreichungen für Unterrichtsaufzeichnungen. Giessen/ Lahn.

Glöckel, Hans (1990): Vom Unterricht. Lehrbuch der allgemeinen Didaktik, Bad Heilbrunn.

Grammes, Tilman (1997): Politischen Unterricht erleben. Zeitreisen im fachdidaktischen Labor. In: Sandfuchs, Uwe et al. (Hg.): Schulmuseen, Weinheim, München: 149-164.

Grammes, Tilman (1998): Diskursiver Unterricht. In: Ders.: Kommunikative Fachdidaktik. Opladen: 146-155.

Grammes, Tilman (2002): Ausgewählte Stationen der Mediendidaktik. In: Weißeno, Georg (Hg.): Politikunterricht im Medienzeitalter. Medien und neue Lernumgebungen. Schwalbach: 105-117.

Groppe, Carola (2008): „Die Universität gehört uns". Veränderte Lehr-, Lern- und Handlungsformen an der Universität in der 68er Bewegung. In: Baader: 121-140.

Heinrichs, Heribert (Hg.) (1971): Lexikon der audio-visuellen Bildungsmittel. München.

Hilker, Franz (Hg.) (1956): Pädagogik im Bild. Freiburg.

Kiel, Ewald (Hg.) (2012^2): Unterricht sehen, analysieren, gestalten. Stuttgart, Bad Heilbrunn.

Konzen, Franz/ Leist Kurt/ Roeder, Wilfried (1984): Erprobungsprogramm für die Medienpakete des FWU zur Lehrerbildung - Abschlussbericht, 2 Bde., Berlin.

Kounin, Jacob S. (1976): Techniken der Klassenführung. Stuttgart. (Original in engl. 1970).

Kroll, Karin (2001): Die unsichtbare Schülerin. Kommunikation zwischen den Geschlechtern im Politikunterricht. Schwalbach.

Kuckuk, Kurt/ Schorb, Alfons Otto/ Wimmer, Erika (1979): Phänomenkatalog zur Erschließung von Unterrichtsdokumenten. Institut für Film und Bild in Wissenschaft und Unterricht. Grünwald:

Kühnel, Reiner (1970): Das erste Semester Unterrichtsmitschau an der Pädagogischen Hochschule München. Bemerkungen aus studentischer Sicht. In: Zeitschrift für erziehungswissenschaftliche Forschung, 4: 245-250

Lehrerkolleg Unterrichtsanalyse, Teil 1 und Teil 2 (1972). Hg. vom Bayerischen Rundfunk und dem Institut für Unterrichtsmitschau und didaktische Forschung. München.

Louis, Brigitte (1974): Unterrichtliche Steuerung und Selbständigkeit des Denkens. Ein unterrichtsanalytischer Beitrag zur empirischen Didaktik. München.

Louis, Brigitte (1981): Unterrichtsmitschau. Idee – Widerstände – Neuansätze. In: Meister/ Weidler: 347-364

Mackert, Norbert (1983): Inhalte in schulischen Interaktionen. München.

Mayer, Joachim (1982): Interaktionsverläufe und unterrichtlicher Kontext. Eine Methode zur handlungsorientierten Analyse von Unterrichtsdokumenten. München.

Meister, Johannes-Jürgen/ Weidler, Eva (Hg.) (1981): Im Spannungsfeld von Politik und Pädagogik. Festschrift zum 60. Geburtstag von Alfons Otto Schorb. München.

Meyer, Ernst/ Rihovsky, Karel (1972): Vom hochschulinternen Fernsehen zum audiovisuellen Zentrum. Heidelberg.

Mühlen-Achs, Brigitta (1977): Filmsprache und Wirklichkeit. Zur Wirkung von filmischen Unterrichtsdokumenten. München.

Oehlschläger, Herwig (1972): Das Gespräch in der politischen Bildung (Schweine jagen oder Holz schleppen). In: Hoof, Dieter: Unterrichtsstudien. Ergebnisse didaktischer Untersuchungen mit Videoaufzeichnungen. Hannover: 218-256.

Picht, Georg (1964): Die deutsche Bildungskatastrophe, München.

Perlick, Peter (1967): Glossar zum Schul- und Studienfernsehen. Heidelberg.

Reaktionen von Schülern nach eigenen Unterrichtsbeiträgen (1976). Phänomenkombination, Beiheft zum Film 33 2664, Stuttgart.

Robinsohn, Saul B./ Kuhlmann, Kasper (1967): Two Decades of Non-reform in West German Education. In: Comparative Education Review, 3: 311-330

Rumpf, Horst (1969): Sachneutrale Unterrichtsbeobachtung? In: Zeitschrift für Pädagogik, 15. Jg: 293-314.

Schneider, Peter (2008): Rebellion und Wahn. Mein 68. Bonn.

Schorb, Alfons Otto (1972^{11}): 160 Stichworte zum Unterricht. Bochum. (Erstausgabe: 1964)

Schorb, Alfons Otto und Mitarbeiter (1966): Die Unterrichtsmitschau in der Praxis der Lehrerbildung. Eine empirische Untersuchung der ersten Studienphase. Bad Godesberg.

Schorb, Alfons Otto (1969): Das Lehrerkolleg als Multi-Media System und Kooperationsmodell. In: Fernsehen und Bildung, 4: 234-237.

Schorb, Alfons Otto (1973): Das Lehrerkolleg „Unterrichtsanalyse" – Ein Wort an die Kritiker. In: Fernsehen und Bildung, 1: 45-53.

Schorb, Alfons Otto/ Louis, Brigitte (1975): Unterrichtsanalyse. Ein Grundkurs im Medienverbund, München (1977[2]).

Segerer, Karl/ Stecher, Gerth (1972): Lernen im Medienverbund des Lehrerkollegs. In: Lehrerkolleg Unterrichtsanalyse, Teil 1: 9-11.

Sieber, Rudolf (1966[3]): Die Praxis des 9. Schuljahres. Frankfurt a. M.

Sinnhöfer, Jörg-Michael (1988): Unterrichtsdokumentation in der Lehrerbildung. Zur Funktion audio-visueller Unterrichtsdokumentation im Rahmen didaktischer Ausbildung. Frankfurt a.M.

Spriestersbach, Günter (1970): Weihnachten in der Presse. Versuche zur politischen Bildung. Frankfurt a.M.

Stieger, Paul (1977): Analyse hochschuldidaktischer Konzeptionen in der Lehrerbildung: (am Beispiel des Lehrerausbildungskurses: „Unterrichtsanalyse, ein Grundkurs im Medienverbund"). Diss. München.

Urban, Dieter (1971): Wirklichkeit und Tendenz. Unterrichtsbeispiele zur Politischen Bildung in der Grundschule, Essen.

Weber, Arthur (1981): AV-Technik in der Pädagogik – 20 Jahre hochschulinternes Fernsehen. In: Meister/ Weidler: 331-345.

Wember, Bernward (1972): Objektiver Dokumentarfilm? Modell einer Analyse und Materialien für den Unterricht. Berlin.

Videodokumentation von Unterricht in der DDR als Quelle
Ergebnisse eines DFG-Projekts zur medialen Unterrichtsforschung[1]
Henning Schluß und Fabio Crivellari

Im Jahr 1977 wurde im Videokabinett der Humboldt-Universität zu Berlin zu Zwecken der Unterrichtsforschung und Lehrerbildung eine Unterrichtsstunde aufgezeichnet, die sich mit der Geschichte des Mauerbaus beschäftigt. Die Videoaufzeichnung des Geschehens möchten wir in diesem Beitrag einer historischen und pädagogischen Analyse unterziehen und dabei die Erkenntnispotentiale einer solchen interdisziplinären Lektüre ausloten.

Von einer solch besonderen Beobachtung ausgesetzten Veranstaltung wie der Unterrichtsaufzeichnung von 1977 (vgl. den Beitrag von H.G. Heun in diesem Band) darf man ein hohes Maß an propagandistischem Elan erwarten. Tatsächlich folgt die Interpretation des historischen Geschehens im Unterricht der damaligen offiziellen Perspektive, um – wenig überraschend – den Mauerbau als außenpolitisch motivierten Akt der Friedenssicherung zu definieren. Ziel dieses Textes ist es indes nicht, den inhaltlich brisanten „Stoff" der Stunde und die hoch problematische Perspektive zum Mauerbau historisch-kritisch zu diskutieren und das dort kommunizierte Geschichtsbild zu hinterfragen.[2] Vielmehr geht es uns hier um eine kritische Diskussion dieser etwa dreißig Jahre alten audiovisuellen Quelle, als Grundlage für Fragen der historischen Erziehungswissenschaft.[3]

Unser Text unternimmt die interdisziplinäre Annäherung an das Material, indem eine medienhistorische und eine pädagogische Perspektive miteinander experimentell kombiniert werden. Das bedeutet, dass historische, medienwissenschaftliche und pädagogische Aspekte nicht getrennt und nacheinander abgearbeitet werden, sondern ihre Fragehorizonte ineinander laufen:

• Historisch ist der vorgeführte Ansatz insofern, als mit dem audiovisuellen Material quellenkritisch umgegangen wird. Quellenkritik wird hier als Rekon-

---

[1] Überarbeiteter Wiederabdruck von Schluß/ Crivellari 2007. Der Titel ist insofern veraltet, als mittlerweile ein weiteres, von der Bundesstiftung zur Aufarbeitung der SED-Diktatur finanziertes, Projekt hinzugekommen ist, in dem Videos weiterer Provenienzen (Akademie der Pädagogischen Wissenschaften der DDR (APW), PH Potsdam und der PH Dresden hinzugekommen sind (vgl. dazu den Beitrag von Jehle/ Schluß in diesem Band).
[2] Was angesichts der plakativ vorgetragenen DDR-Perspektive dieses Unterrichts auch keine allzu große hermeneutische Herausforderung darstellen würde.
[3] Der hier verfolgte Ansatz entzieht sich ebenso wie das Material einer klaren Zuordnung in die Fachsystematik, was u.E. nach jedoch keinen Nachteil, sondern eher einen methodischen Vorteil darstellt.

struktion des medialen Entstehungszusammenhangs verstanden, bei dem technische und situative Aspekte in Rechnung gestellt werden.[4] Was – so lautet unsere
Frage – lässt sich quellenkritisch über das Material sagen und welche analyti-
schen Implikationen ergeben sich daraus?

•   Erziehungswissenschaftlich ist die Betrachtung insofern, als unsere Lektüre
die These aufstellt, dass die etwa 45-minütige Dokumentation durchweg als
authentische Unterrichtssituation verstanden werden kann. Authentisch meinen
wir dabei nicht in dem Sinne, dass der aufgezeichnete Unterricht nicht inszeniert
sei, sondern insofern als jeder Unterricht unweigerlich inszeniert ist (vgl. Reichenbach 2008, Jehle/ Schluß 2013). Gleichzeitig lassen wir uns von der Vermutung leiten, dass die Unterrichtsdokumentation gerade deswegen so authentisch
wirken kann, weil der Unterricht durch Momente der pädagogischen Kontingenz
gekennzeichnet ist, die den perfektionistischen Anspruch an ein Lehrstück mehrfach unterlaufen. Pointierter formuliert: Der Anspruch einer perfekten Inszenierung führt zwangsläufig zu ihrem Scheitern. Glaubwürdig machen sie dagegen
Momente der Unzulänglichkeit (vgl. dazu auch die Erfahrungen von H.G. Heun
mit den Aufzeichnungen des DDR-Fernsehens in diesem Band).

Für beide Seiten gleichermaßen von Interesse ist die Frage, inwiefern pädagogische Ansätze für die Analyse historischen Materials aufschlussreich sein
können.

Um die beiden Herangehensweisen zu kombinieren, lenken wir den Blick
auf die spezifische mediale Inszenierung des damaligen Unterrichts. Dieser Blick
wird die thematischen Aspekte zwar berücksichtigen ohne sie aber zu kommentieren. Nur so kann es gelingen, die enge Verschränkung des Unterrichtskonzepts
und seiner Inszenierungsebenen systematisch offen zu legen und kritisch zu
analysieren. In einer Anlage wird die in einem Gemeinschaftsprojekt von Humboldt-Universität, der Stiftung zur Aufarbeitung der SED-Diktatur und dem
FWU realisierte didaktische DVD „Der Mauerbau im Geschichtsunterricht der
DDR" vorgestellt, mit der das Material selbst wieder für den heutigen Schulunterricht aufbereitet wurde.

1 Das DFG-Forschungsprojekt zur Rettung und Überspielung von Video-
   aufzeichnungen von DDR-Unterricht

Unterrichtsmitschnitte sind seit geraumer Zeit ein probates Mittel der Lehrerausbildung. An der Humboldt-Universität zu Berlin rückten durch einen glücklichen
Zufall im Jahr 2002 ca. 100 aufgezeichnete Unterrichtsstunden aus den siebziger

---

[4] Der noch überwiegend den geschriebenen Quellen verpflichtet ist, vgl. Crivellari/ Sandl (2003),
bes.: 637ff.

Jahren wieder in das Bewusstsein, die in einem von der DFG geförderten Forschungsprojekt untersucht und ediert werden. Gemeinsam mit dem Institut für Film und Bild in Wissenschaft und Unterricht (FWU) und der Bundesstiftung zur Aufarbeitung der SED-Diktatur wurde eine erste dieser Stunden prototypisch für den Einsatz im Unterricht und in der Lehreraus- und fortbildung für die Verwendung im Schulunterricht systematisch aufbereitet.

1.1 Das Material

An der Humboldt-Universität zu Berlin wurde seit Beginn der 70er Jahre im Medienkabinett der Sektion Pädagogik, dem späteren audiovisuellen Zentrum (ZAL), Unterricht zu Lehrerausbildungs- und Forschungszwecken aufgezeichnet. Nach der zufälligen Auffindung einiger dieser Bänder konnten ca. 100 von ihnen mit Unterrichtsaufzeichnungen zu verschiedensten Themen geborgen werden.[5] Diese Aufzeichnungen stellen einen bis dahin nicht genutzten Fundus an Unterrichtsaufzeichnungen aus der DDR dar. Diese Artefakte können der pädagogischen Forschung sowohl in den Bereichen der Medienpädagogik, der allgemeinen Pädagogik, der historischen Erziehungswissenschaft, der Unterrichtsforschung, den Fachdidaktiken und der allgemeinen Didaktik wertvolles Material zur Verfügung stellen. Für die erziehungswissenschaftliche Forschung liegt gerade in der thematischen Breite des aufgezeichneten Unterrichts eine besondere Stärke des Materials.

1.2 Zur Geschichte der Unterrichtsdokumentation

Unsere Betrachtung geht vom inszenatorischen Charakter der Unterrichtsdokumentation und der damit verbundenen Problematik der Beobachtersituation aus. Diese Problematik war stets Gegenstand der dokumentarischen Diskussionen. Schon früh in der Geschichte der Pädagogik wurden Überlegungen angestellt, wie die flüchtigen Prozesse pädagogischer Interaktion festgehalten werden könnten. Erste Bemühungen finden sich bereits bei Herbart. Aloys Fischer und Rudolf Lochner forderten in der Abkehr von einer philosophisch normativ argumentierenden Pädagogik die Hinwendung zu den „pädagogischen Tatsachen" (vgl. Fischer (1953/2003). Systematisch widmet sich die auf Peter Petersen zurückgehende „Pädagogische Tatsachenforschung" diesem Feld (vgl.: Petersen (1971),

bes.: 26). Besonders in der Lehrerausbildung, aber auch in der Reflexion pädagogischer Praxis wurde diese Frage immer wieder diskutiert, denn im Gegensatz
zu naturwissenschaftlichen Experimenten sind pädagogische Interaktionen keineswegs unter gleichen Bedingungen wiederholbar, sondern strukturell einmalig.
Wenn das Experiment an den gleichen Zöglingen wiederholt wird, so sind es
nicht mehr die Gleichen, wie vor dem ersten Experiment, denn das pädagogische
Experiment selbst hat zu deren Veränderung beigetragen. Sie können nun nicht
künstlich in den naiven Stand zurück versetzt werden. Ebenso unmöglich ist eine
Wiederherstellung der ursprünglichen Bedingungen mit anderen Edukanden, da
die Individualität dieser Zöglinge sich von der des ersten Experiments unterscheidet.[6] Da also die Wiederholung von Experimenten im naturwissenschaftlichen Sinne in der Pädagogik nicht möglich ist, lag die Alternative einer Protokollierung von Unterricht nahe. Allerdings stieß deren Erkenntniswert allein
durch die subjektive Perspektive des Protokollanten an enge Grenzen. Häufig
wurden solche Unterrichtsprotokolle erst im Nachhinein von den Unterrichtenden erstellt (vgl. Grammes 1995 und Grammes/ Schluß/ Vogler 2006). Auch die
anderen Varianten der Unterrichtsdokumentation (Selbstbeobachtung und Nach-
besinnung des Unterrichtenden oder die Dokumentation von Arbeitsergebnissen
der Schüler) weisen spezifische Probleme auf (vgl. Hoof 1972: 25 ff.). Eine
Alternative dazu besonders im Bereich der Lehrerausbildung schien die direkte
Beobachtung unterrichtlicher Vollzüge durch die Lehramtsaspiranten (Hospitation, z.T. mit medialer Dokumentation, z.B. Fotobildserie, vgl. ebd.) zu sein. Allerdings stellte sich hier die Frage der Beeinflussung der Unterrichtssituation
durch die Hospitationsgruppe. An der Pädagogischen Fakultät (mittlerweile
Sektion) der Humboldt Universität Berlin wurde deshalb die Variante einer direkten Unterrichtsbeobachtung ganzer Seminargruppen durch halbverspiegelte
Scheiben gewählt (vgl.: Heun in diesem Band und Heun 1986). Die Schüler
wussten so zwar, dass sie beobachtet wurden, allerdings waren die Beobachter
nicht direkt im Raum präsent und also nicht hör- und sichtbar. Auch ein solches
Verfahren birgt jedoch Probleme. Zwar nehmen die Beobachter nun nicht mehr
unmittelbar auf das zu Beobachtende Einfluss, allerdings ist das Problem der
Perspektivität der Beobachtung keineswegs aufgehoben, sondern lediglich ver-

---

[6] Dennoch gibt es in der Pädagogik durchaus vergleichbare und ähnlich wiederkehrende Situationen.
Immer wieder wurde versucht, aus solchen „Typischen Situationen" Standards zu entwickeln, die für
die Lehrerausbildung bedeutsam sein sollten. In der DDR gab es dazu eine lebhafte, erstaunlich
kritische Debatte, die von Neuner (1980) ausgelöst, von Bastian/ Naumann (1981) und Neuner
(1982) fortgeführt und in gewisser Weise durch Eichler/ Heimberger/ Meumann/ Werner (1984)
beendet wurde. In jüngster Zeit bemüht sich vor allem Fritz Oser darum, Standards professionellen
Lehrerhandelns zu finden zu formulieren und auch mustergültig (mastery stage) filmisch zu dokumentieren (Oser 2005). Freilich ist dieses Verfahren auch heute nicht ohne Kritik geblieben (vgl.
Herzog 2005).

vielfältigt, da nun nicht mehr ein Unterrichtsprotokoll vorlag, das alle als Grundlage hatten, sondern jeder Beobachter seine Perspektive auf das beobachtete Unterrichtsgeschehen einbrachte. Gleichzeitig konnte, aufgrund der seitlichen Perspektive, von den Beobachtern nicht das ganze Geschehen im Klassenraum gesehen werden. Z.B. blieb die Tafel außerhalb des Blickfeldes. Darüber hinaus blieb auch in dieser Variante der Beobachtung die pädagogische Interaktion flüchtig und nach dem Experiment unwiederbringlich verloren. So gab es seit der Mitte des letzten Jahrhunderts Bemühungen, Unterricht audiovisuell aufzuzeichnen, um ihn der kontrollierten pädagogischen Analyse zugänglich machen zu können. An der Humboldt-Universität wurde dazu mit einer Filmkamera experimentiert, die zentral von der Raumdecke hängend montiert war. Dies war aus verschiedenen Gründen nicht erfolgreich. Zum einen war die Kamera zu laut, um ungestörten Unterricht zu ermöglichen, zum zweiten zeigte sie die Bilder von oben, was eine nicht sehr aussagekräftige Perspektive war. Zum dritten gab es unlösbare Probleme in der Bild-Ton-Synchronisation. Dies Vorhaben wurde deshalb wieder aufgegeben.

Der Schwierigkeit der räumlichen Perspektivität der Beobachter und ihres so eingegrenzten Sichtfeldes wurde im pädagogischen Labor der HU so begegnet, dass eine Fernsehkamera Aufnahmen der Tafelanschriften in den Beobachtungsraum überspielte. Der Leiter des pädagogischen Labors kam später auf die Idee, zwischen die Kamera und den Monitor ein Aufzeichnungsgerät zu schalten, einen Videorecorder, wie er damals beim Fernsehen Verwendung fand. Vorerst weckte dieses Verfahren Hoffnungen, alle Probleme der Unterrichtsbeobachtung lösen zu können. Es schien so, als könnte durch dieses Mittel die „Wendung zur ,exakten' Forschung" vollzogen werden, die verstanden wurde als „nachprüfbare Fixierung des phänomenologischen Observationsbereiches" (vgl. Hoof: 29). Es zeigte sich jedoch bald, dass dem nicht so war und neue Probleme hinzutraten, was in Ost und West gleichermaßen galt.[7] Diskutiert wurden vor allem die folgenden:

•   Die Beeinflussung der Lehrer und Lehrerinnen sowie Schüler und Schülerinnen konnte durch die notwendige umfangreiche technische Apparatur und die Anwesenheit von Kameraleuten, Wissenschaftlern etc. gegenüber herkömmlichen Formen der Unterrichtsbeobachtung sogar noch verstärkt werden.

•   Die vorgebliche Genauigkeit der Aufzeichnung führt zu einer Verfremdung des dokumentierten Unterrichts. Er verliert an Unmittelbarkeit. Gewöhnung an die außergewöhnliche Situation könne diesen Verfremdungseffekt vermindern.

---

[7] Alfons Schorb darf wohl ohne Übertreibung als der Pionier und Inspirator der audiovisuellen Unterrichtsdokumentation in der Bundesrepublik bezeichnet werden. Vgl. den Beitrag von Susanne Kretschmer in diesem Band. Darüber hinaus: Schorb (1966), Schorb (1976), Schorb/ Louis 1975, Kuckuck/ Schorb/ Wimmer (1979).

• Zu unterscheiden sind Aufzeichnungen mit mobilem Instrumentarium und die Aufzeichnung in einer eigens hergerichteten Studioklasse. Während bei ersterem die vertraute Umgebung erhalten bleibt, jedoch die technischen Möglichkeiten eingeschränkt sind, ist bei letzterer Variante der Verfremdungseffekt größer, aber auch die technischen Möglichkeiten (durch mehrere Kameras, Mikrofone etc.).

• Verschiedene unterrichtlich bedeutsame Prozesse sind mit Video nur schwer zu erfassen. Wenn der Schwerpunkt unterrichtlichen Handelns z.b. in der Selbsttätigkeit der Schüler und Schülerinnen liegt, kann sich dies unterschiedlich ausdrücken. Während ein Plenumsgespräch verhältnismäßig gut zu dokumentieren ist, sind Gruppenarbeiten, Stillarbeiten, Ausfüllen von Arbeitsblättern etc. dem Medium Video nur sehr eingeschränkt zugänglich. Hier sind ergänzende Methoden der Unterrichtsdokumentation unerlässlich (vgl. Hoof 1972: 29-36).

• In Ost und West immer wieder diskutiert wurden die Probleme der Repräsentativität, Aufnahmestrategien, Objektivität, Filmsprache und der Manipulation (vgl. Deschler 1974). Diese Debatten wurden bereits in den Sechziger Jahren in der DDR auf einem internationalen Symposion in Greifswald unter dem Thema: „Symposion zu Fragen des authentischen Erfassens von Unterrichts- und Erziehungssituationen durch unbemerktes Filmen" geführt. Diese Tagung wurde später gesamtdeutsch rezipiert (vgl. Deschler 1974: 117f.). Auch im westlichen Forschungskontext wurden Untersuchungen zur Frage der Authentizität durchgeführt (vgl. Stern/ Masling 1969, Samph 1968/1969).

Auffälligerweise ist die Forschung zur Unterrichtsdokumentation per Video nach einer längeren Pause, in der der Schwerpunkt zum Verhältnis von Video und Unterricht vor allem bedingt durch den Siegeszug des VHS-Standards[8] zentral darauf lag, wie Videofilme im Unterricht eingesetzt werden können (vgl. z.B.: Löschmann, 1989, Pfützner1997, Hilscher 2000, Perrey 1989, Klapper 1994, Petersen/ Reinert 1994, Marizzi 1997), in jüngster Zeit wieder zum wesentlichen Gegenstand empirischer Unterrichtsforschung geworden (vgl. z. B. Winkler 1995, McDermot 2005, Klieme 2002 oder das Schwerpunktheft der Zeitschrift für Pädagogik 6/2006). Video wird dort zwar als selbstverständliches Mittel der Unterrichtsdokumentation verwandt, die Schärfe der Problemstellung wie sie in den 70er Jahren bereits erarbeitet war, wird in den neueren Arbeiten

---

[8] Die Ursache für diesen Trend liegt darin, dass sich die Videotechnik in den achtziger Jahren zu einem Massenmedium entwickelt hat, das im schulischen Einsatz erst jüngst und allmählich von der DVD abgelöst wird. Zwar erklären Leiterinnen und Leiter kommunaler Medienzentren unisono, dass derzeit (Stand 2005) noch mehr VHS als DVD ausgeliehen werden. Das geht allerdings mit der noch deutlich höheren Verfügbarkeit der VHS gegenüber der DVD mit Schulfilmen einher, denn gleichzeitig ist eine Trendwende hin zur DVD erkennbar. Zu beachten ist dabei auch, dass es sich hier nicht nur um neue Trägermedien sondern auch um neue Medienkonzepte handelt, s.u.

zum Thema jedoch kaum erreicht und zum großen Teil nicht einmal rezipiert (vgl. Stadler 2002).[9]

1.3 Neue Forschungsperspektiven durch die Bergung der ostdeutschen Unterrichtsaufzeichnungen

Vor der Wiedervereinigung Deutschlands blieb die Beschäftigung mit dem Vergleich deutsch-deutscher Bildungssysteme auf wenige Experten beschränkt (vgl. Helmchen 1981). Besonders ist hier der Name Oskar Anweilers zu nennen (vgl. z. B. Anweiler 1969, Anweiler 1988, Anweiler 1991, Anweiler 1994), dessen Analysen sich nicht nur auf den ostdeutschen Raum bezogen, sondern darüber hinaus ganz Osteuropa im Blick hatten (vgl. Anweiler 1976, Anweiler 1979, Anweiler 1982, Anweiler 1986, Anweiler 1992). Besonderes im Fokus vergleichender Untersuchungen standen dabei vor allem die Bildungssysteme (vgl. z. B. Bundesministerium für innerdeutsche Beziehungen 1990, Köhler 2000, Oberliesen 1992, Tenorth 1998, Zymek 1997, Bress/ Hentzschel 1990, Siebert-Klein 1985). Nach der Wiedervereinigung rückte das Interesse am Vergleich der Bildungssysteme von einem Randgebiet in das Zentrum der Erziehungswissenschaft und der Bildungspolitik (vgl. Anweiler/ Mitter/ Peisert et al. 1990). Darüber hinaus konnte durch die Öffnung der Grenzen auch die vergleichende Akteursforschung neue Möglichkeiten nutzen (vgl. Behnken 1991, Behnken, Imbke u.a. 1990, Conrad 1982, Sturzbecher/ Kalb 1993, Wasser 2000). Die Ergebnisse dieser Forschungen wurden durchaus kontrovers diskutiert. Das häufig zugrunde gelegte Transformationsmodell der „nachholenden Modernisierung" aus dem Bereich der Sozialwissenschaften wurde auch in diesen selbst hinterfragt (vgl. schon Lepsius 1977, nach der deutschen Vereinigung z. B. Meyer 1999. Zu einer Kritik des Konzepts und einer pädagogischen Alternative vgl.: Schluß 2003). Neben die Vergleiche der Bildungssysteme rückten auch immer mehr konkrete fachdidaktische und fachmethodische Vergleiche (vgl. z. B. Reinermann 1983, Klingberg 1996, Schmid 1995, Mütter 1995, Pietzsch 1991, Bernard 1990, Blänsdorf 1988, Hempel 1995, Faulenbach 1998). 1995 wurde eine von DFG-Forschergruppe gegründet, die sich interdisziplinär mit der Bildung und Schule im Transformationsprozess von SBZ, DDR und neuen Ländern beschäftigte. Die Ergebnisse dieser groß angelegten Untersuchungen sind im Abschlussbericht der Forschergruppe zusammengefasst (vgl. Benner/ Merkens 2000).

---

[9] Ausnahmen stellen z.B. die Arbeiten von Volker Ladenthin (vgl. Ladenthin 2006) oder die Aufsätze von Tilman Grammes zum Thema dar, der sich in einem losen Netzwerk von Forschern seit Jahren mit diesem Thema beschäftigt. Vgl. Gagel/ Grammes/ Unger 1992, Grammes 1991) oder auch eine Anzahl von Publikationen in der MedienPädagogik z.B. Mayring/ Gläser-Ziduka/ Ziegelbauer 2005 und Kommer/ Biermann 2005 oder eben die Arbeiten die in diesem Band versammelt sind.

Trotz dieser Blüte der vergleichenden Ost-West-Forschung wurde die Ebene des Unterrichts in all diesen Untersuchungen mit wenigen Ausnahmen kaum erfasst (vgl. Hesse/ Fischer/ Hoppe 1992). Dies lag vor allem daran, dass eine Hospitation des Unterrichts durch westdeutsche Wissenschaftler in der sozialistischen DDR nicht, oder nur in seltensten Ausnahmen, geduldet wurde und ostdeutsche Erziehungswissenschaftler wiederum bis auf seltene Ausnahmen, keinen Zugang zu westdeutschem Unterricht hatten. Nach dem Ende des staatssozialistischen Bildungssystems in der DDR fehlte dieser Gegenstand des Vergleiches. Erhalten blieb jedoch ein Großteil der schriftlichen Dokumente, die nun z. T. erstmals den ehemaligen westdeutschen Wissenschaftlern zur Verfügung standen und so immenses Material für die Vergleichsforschung bereitstellten. Es ist nur auf den ersten Blick verwunderlich, dass die unterrichtliche Vergleichsforschung auf die mittels Video dokumentierten Unterrichtsstunden nicht zurückgriff. Wie gezeigt (s.o.) hatte die Videodokumentation von Unterricht ihre Hochzeit in den 70er und frühen 80er Jahren und verlor danach an Bedeutung. Die Entsorgung der Abspieltechnik nach der friedlichen Revolution und der Wiedervereinigung an den Universitäten der DDR sowie der Austausch des Großteils des Personals führten dazu, dass diese Dokumente einerseits in Vergessenheit gerieten und zum anderen die Möglichkeit der Präsentation und Bearbeitung auch technisch nicht mehr gegeben war.

In verschiedenen von der DFG und der Bundesstiftung Aufarbeitung geförderten Forschungsprojekten hat es sich deshalb eine Gruppe von Wissenschaftlern um Henning Schluß, May Jehle, Michael Kraitzitzek, Julia Meike und Andrea Weinhandl erst an der Humboldt-Universität zu Berlin und nun an der Universität Wien in Kooperation mit dem DIPF zur Aufgabe gemacht, die Grundlagen dafür zu schaffen, dass diese Lücke der vergleichenden Unterrichtsforschung durch die Bergung des noch vorhandenen Materials geschlossen werden kann (vgl. Schluß 2005b, Jehle/ Schluß in diesem Band). Um die wissenschaftliche Weiterarbeit mit dem Material zu ermöglichen, war eine Erschließung und Verschlagwortung notwendig, dazu die Ausstattung mit allem verfügbaren Hintergrundmaterial (www.schulunterricht-ddr.de/). Die vergleichende Analyse auf der Grundlage des geretteten Materials erfolgt in einem weiteren Projekt.[10]

---

[10] Als Vergleichsmaterial bieten sich vor allem die Aufzeichnungen aus Bonn (vgl. den Beitrag von Susanne Kretschmer in diesem Band), die Aufnahmen des hochschulinternen Fernsehens der PH Heidelberg (vgl. Uffelmann/ Cser 1977), die Produktionen des Instituts für Unterrichtsmitschau an der LMU in München (vgl. Hüther 2003), die Berliner Unterrichtsmitschnitte auf VHS, die an der FU unter Leitung von Peter Massing entstanden sind und Aufzeichnungen aus dem Grundschulprojekt Gievenbeck an (Archiv für Reformpädagogik der HU-Berlin). Seit 1970 wurden in verschiedenen Modellprojekten der BLK Medien für die Lehrerbildung produziert. Darunter waren auch immer Unterrichtsdokumentationen, beispielsweise im Modellprojekt „Unterricht in Dokumenten", in dessen Rahmen das FWU von 1969 bis 1978 160 Produktionen erstellte, die in insgesamt 7656

2 Eine Schulstunde zur Sicherung der Staatsgrenze

Aus dem Fundus der über 300 Unterrichtsstunden die über die Forschungsdaten Bildung beim Fachportal Pädagogik zu erschließen sind, konnte bislang lediglich eine Schulstunde, eine Geschichtsstunde aus dem Jahr 1977 mit dem Thema „Die Sicherung der Staatsgrenze am 13.8.1961 – Ein Willkürakt oder ein Akt zur Sicherung des Friedens" intensiv auf ihre Hintergründe hin untersucht und mit Zustimmung der abgebildeten Personen für Bildungszwecke veröffentlicht werden. Es ist gelungen, die damals technisch und inhaltlich Verantwortlichen zu eruieren und sie zu den Hintergründen, den Absichten, den Adressaten, dem Motiv, den technischen Voraussetzungen und vielem mehr zu befragen. Darüber hinaus konnte die ehemalige Schulklasse ausfindig gemacht und zu einer Betrachtung und Diskussion der Aufzeichnung eingeladen werden. Gemeinsam mit dem FWU in München und der Stiftung Aufarbeitung konnte das gesamte Material auf einer DVD mit ausführlichem Hintergrundmaterial angereichert werden, das auch Lehrerhandreichungen und Unterrichtsvorschläge umfasst sowie Hintergrundliteratur integriert (vgl. Schluß 2005c). Insofern ist der seltene Fall eingetreten, dass aus der medienpädagogischen Ursprungsintention, der Unterrichtsdokumentation auf Video, mittlerweile selbst ein mediendidaktisches Unterrichtmittel geworden ist.

2.1 Der Unterrichtsmitschnitt als Quelle für die Erziehungswissenschaft

Der Unterrichtsmitschnitt von 1977 stellt eine Quelle dar, deren Erkenntniswert über die Dokumentation einer Unterrichtsstunde deutlich hinausgeht und an dem exemplarisch analysiert werden kann, wie mit einem medial mehrfach transformierten Artefakt umgegangen werden kann. Quellenkritisch ist zu reflektieren, dass in der Videodokumentation einer Schulstunde nicht nur das Unterrichtsgeschehen aufgezeichnet ist, sondern darüber hinaus es sich um eine Quelle handelt, deren mediale Transformationen mit den inszenatorischen Ebenen des Vorgangs einhergehen. Systematisch lassen sich also die medialen Schichten, die sich um ein Ereignis im Videokabinett der HU im Jahr 1977 anlagerten, analog zu den inszenatorischen Absichten angeben, um so Ansätze einer medienhistorischen Quellenkritik zu buchstabieren.

Kopien verbreitet wurden. Diese Modellprojekte wurden bis 1984 in einer umfangreichen Studie evaluiert (vgl. Konzen/ Leist/ Roeder 1984, vgl. dazu auch den Beitrag von Tilman Grammes in diesem Band). Das Dissertationsprojekt von May Jehle widmet sich erstmals der Aufgabe eines systematischen Vergleichs.

2.2 Unterricht als Inszenierung

Unterricht als ergebnisorientiertem und tendenziell kontrollierten, gelenktem Kommunikationsprozess kommt per se eine inszenatorische Qualität zu, die durch angebbare Rollenmuster analytisch greifbar wird. Ist die Inszenierung des Kommunikationsmodells „Unterricht" durch eine echte Interaktion, also durch Kommunikation unter Anwesenden gekennzeichnet, so findet in der vermutlich primär zum Zwecke der Lehrerbildung an der HU in Berlin aufgezeichneten Unterrichtsstunde eine kommunikative Transformation statt, die den Betrachter am Ereignis selbst nicht mehr interaktiv teilhaben lässt. Es handelt sich also um eine inszenierte Inszenierung mit ebenfalls klar angebbaren Rollen, die nun aber nicht mehr interagieren, sondern auf ein Rezeptionsmodell hin ausgerichtet sind. Dieser ersten Transformation vom Unterricht hin zur Demonstration folgen auch inhaltliche Veränderungen. Zur Ebene des unterrichtsimmanenten Lehr-Lernprozesses auf das Stundenziel der Lehrerin hin tritt gewissermaßen die Inszenierung als Handlungsintention nächster Ordnung. Auf dieser Ebene geht es vor allem darum, einen idealtypischen Unterricht zu demonstrieren und weniger darum, mit den Schülern ergebnisorientiert Lernziele zu erarbeiten.

Eine weitere medial-kommunikative Transformation besteht in der audiovisuellen Aufzeichnung des Unterrichts, die den Betrachter nun auch räumlich und zeitlich vom Geschehen entfernt. Dies geschieht nicht nur in der Rezeptionssituation beispielsweise in einem beliebigen Lehrerseminar, sondern auch in der technischen Veränderung der Wahrnehmung. So wird die technisch-mediale Vermittlung ebenso durch die Schwarzweiß-Aufnahme sinnfällig wie durch das visuelle Rauschen der – technisch gesehen – frühen Videoaufnahme, das freilich durch die spezifische Überlieferungssituation noch erheblich verstärkt oder überhaupt erst generiert wird. Die Inszenierung eines Demonstrationsunterrichts wird somit durch die spezifische Rahmung als medientechnisch initialisierte Kommunikationssituation unterstrichen. Das bedeutet, dass die Aufnahme selbst nicht nur die Inszenierung der Inszenierung von Unterricht vorstellt, sondern durch die technischen Möglichkeiten am Drehort, sowie Montage und Kameraperspektive erneut einen medialen Transformationsprozess am Schneidetisch durchlaufen hat. Dass den Beteiligten, nicht zuletzt den Schülern, die inszenatorische Qualität durchaus bewusst war, zeigt der in der Dokumentation noch vor dem offiziellen Stundenbeginn auf der Tonspur hörbare Ausspruch eines Schülers: „Film ab!", der in seiner Zweideutigkeit als Startsignal für die Aufnahme ebenso wie für das Abspielen eines fertigen Filmes die Situation deutlicher auf den Punkt bringt, als dies dem Schüler damals bewusst gewesen sein mag.

Vor diesem Hintergrund stellt sich die Frage, was diese Quelle denn nun eigentlich dokumentiert. Um dies zu beantworten, muss geklärt werden, an welchen Stellen die inszenatorischen Ansprüche zu inhaltlichen Konsequenzen führen. Sie tun dies erwartungsgemäß in didaktischer wie historischer Hinsicht, denn das Ziel der Lehrerbildung erforderte ein idealtypisches Unterrichtsmodell. Die Lehrerin (und in begrenztem Umfang auch die Schüler) hatten es also nicht mehr nur mit den ihnen bekannten Rollenerwartungen zu tun, sondern sie mussten die jeweils anderen Rezipienten mitreflektieren: Lehramtskandidaten und Fachdidaktiker, die sowohl die didaktische Konzeption als auch die thematische „Planerfüllung" im Blick hatten.

Das bedeutete, dass weniger die Erkenntnisfortschritte der Schüler als vielmehr das Erreichen eines thematischen Horizonts für die Betrachter im historischen Interesse dieses konkreten Unterrichtsgeschehens lag. Dafür war es wichtig, dass das gewählte Thema in einer Unterrichtsstunde behandelt werden konnte. Das Ansinnen, die Sicherung der Staatsgrenze am 13.8.1961 als durch das Aufspannen eines historischen Kontextes der Innen- und Außenpolitik der DDR von 1949 an als Akt zur Friedenssicherung unwiderleglich deutlich werden zu lassen, erscheint schon rein unterrichtsstrategisch reichlich ambitioniert, ganz unabhängig von den inhaltlichen Anforderungen an solch ein politisch sensibles Thema. Die Konsequenz daraus sind häufige, in hohem Tempo gehaltene, zusammenfassende Lehrervorträge. Zu dem weiten Themenfeld gesellt sich ein didaktisches Konzept, das alternierenden Medieneinsatz mit Klassengesprächen kombiniert. Die Medien, die dabei zum Einsatz kommen, sind Folien, ein Schaubild über das Epidiaskop, Schallplatte und Tafelbild.[11] Für 1977 darf dies als keineswegs selbstverständliche schulische Ausstattung gelten, die im Videokabinett der HU allerdings auch einen Techniker erforderte, der den Schallplattenausschnitt einspielte und damit auch retrospektiv dem heutigen Betrachter die Ausnahmesituation unterstreicht. Dieser strenge Wechsel von Medieneinsatz, Lehrervortrag und Klassengespräch lässt nur wenig Raum für freie Diskussionen. So werden häufig die Wortbeiträge der Schüler und Schülerinnen zwar zur Kenntnis genommen, aber nicht weiter geführt. Selten wird das zeitliche und inhaltliche Korsett der doppelten Inszenierung deutlicher als in jener Unterrichtssequenz, in der die Arbeit mit dem Tafelbild zu sehen ist. Zwar werden die Schüler und Schülerinnen intensiv eingebunden und befragt, ihre Wortmeldungen jedoch werden – nicht immer plausibel – umformuliert und dem Konzept des vorgefertigten Tafelbildes angepasst oder vielmehr untergeordnet.

An diesen wenigen Beispielen schon wird deutlich, wie die Inhalte des Videos auf den spezifischen Charakter einer demonstrativen Videodokumentation hin quellenkritisch befragt werden können. Mag die technische Qualität des Bandes auch an versteckte Überwachungskameras erinnern und sich daraus heu-

---

[11] Zur Interpretation der Rolle der Schulschallplatte an diesem Beispiel vgl. Jehle/ Schluß 2013 und Schluß/ Jehle 2013.

te ein besonderer geschichtsdidaktischer Reiz für den Unterrichtseinsatz ergeben,
zeigt sich doch bei genauer Betrachtung, dass hier nicht nur eine besondere und
einmalige Unterrichtswirklichkeit sondern auch ein expliziter Unterrichtsan-
spruch inszeniert wurde.

Es schließt sich die Frage an, ob und wie gelungen die Inszenierungen denn
sind? Trotz des hohen inszenatorischen Aufwandes wirkt die Stunde keineswegs
wie ein einstudiertes Theaterstück. Eine Szene aus der „Feuerzangenbowle" mag
uns erheitern, die Illusion einer authentischen Unterrichtssituation vermag sie
jedoch nicht zu erzeugen. Dies gelingt im hier aufgezeichneten Unterricht, so
unsere These, gerade und vor allem durch die mangelnde Perfektion des Unterrichtsverlaufs bei gleichzeitig hohem Perfektionsanspruch. Mehr noch scheint es,
dass es gerade dieser Wille zur perfekten Inszenierung ist, der in der Unterrichtsstunde zu Fehlern und Irritationen führt, die eine pädagogische Authentizität und
Glaubwürdigkeit erst stiften können.

Hätte man eine perfekte Demonstrationsstunde inszenieren wollen, so hätten statt Schülern Komparsen im Videokabinett gesessen oder die Schülerinnen
und Schüler hätten die Stunde wie ein Rollenspiel einüben können. Zumindest
aber hätten sie intensiv auf diese Stunde inhaltlich vorbereitet werden können.[12]
All dies ist nicht geschehen. Lediglich eine Schülerin hat sich – wie in gewöhnlichen Stunden auch – mit ihrem Kurzvortrag vorbereitet. Dagegen weist diese
exemplarische Unterrichtsdokumentation wiederholt Momente der Unverfügbar-
keit unterrichtlicher Situationen auf, was dem schulischen Alltag in hohem Maße
entspricht. Erst durch die Integration solcher Momente unterrichtlicher Interaktion wird die aufgezeichnete Schulstunde als Demonstrationsstunde glaubwürdig.
Dabei sichert nicht nur die prinzipielle Fehlbarkeit, sondern auch das faktische
Vorkommen von Fehlern, diese Glaubwürdigkeit ab, denn Personen mit Lehrer-
erfahrung erleben häufig diese Kontingenz als entscheidendes Charakteristikum
unterrichtlicher Wirklichkeit. Insofern wird es für sie zum Kriterium von Authentizität. Die misslungene Stunden-Zusammenfassung mag dafür wieder als
Beispiel dienen. Weil die Lehrerin die Zusammenfassung viel zu hastig im Zeit-
raffertempo durchführt, kann sie die Schüleraussagen nicht mehr würdigen und
nicht auf sie eingehen, sie muss sie faktisch ignorieren, auch wenn sie sie re-
flexartig mit „ja" kommentiert.

Andererseits ist es freilich keine Stunde, die nur aus Fehlern besteht, denn
dann wäre sie als Demonstration bestenfalls auf dem Wege der Negation nütz-

---

[12] Die Schulklasse war lediglich zur vorhergehenden Geschichtsstunde ebenfalls in dem Videokabinett und wurde dort probehalber aufgenommen, um den Fremdheitseffekt der Aufnahmesituation in
einem unbekannten Raum zu verringern (vgl. dazu auch den Zeitzeugenbericht von Hans-Georg
Heun in diesem Band, der jedoch die hier beschriebene Situation insofern nicht trifft, als die Schülerinnen und Schüler nicht aus der üblichen Versuchsschule kamen).

lich.[13] Wichtig ist dabei, dass die Lehrerin die Unterrichtsinteraktionen im Großen und Ganzen souverän dominiert um ein positives Beispiel für Lehramtsstudenten abgeben zu können. Dabei ist es in so einer politisch besonders herausgehobenen und angreifbaren Unterrichtseinheit, deren Aufnahme keine 300 Meter vom Brandenburger Tor entfernt stattgefunden hat, beinahe erstaunlich, mit welcher Konsequenz die Lehrerin das Unterrichtsgespräch führt und auch „heikle" Situationen nicht ohne Geschick in die von ihr gewünschte Richtung weist,[14] wie sich z.b. im folgenden Gesprächsausschnitt zeigt:

> Carola: „Aber da hab' ich mal noch 'ne Frage: (Lehrerin: „Bitte!") Wie ist denn das überhaupt möglich, dann da schon zu sagen, dass das zwei deutsche Staaten sind, also zwei verschiedene Staaten, wenn wir z. B. bei der Olympiade noch unter Deutschland gestartet sind?"

> Lehrerin: „Ja, das waren internationale Vereinbarungen, wo sich also diese These, oder sagen wir mal, diese Realität noch nicht durchgesetzt hatte, die sich aber später durchsetzt. Das erste Mal treten wir z. B. als selbständige Vertretung der DDR 1959 dann auf der Genfer Außenministerkonferenz in Erscheinung. Ja und so da an wird dann die Anerkennung der DDR schrittweise vorangetrieben. Das ist ein langwieriger Prozess gewesen, die Anerkennung der DDR also voranzutreiben. Und so muss man das also sehen, eingeordnet, schrittweise, ja."

> Jörg: „Na ja, und wieso dauert es so lange, bis wir anerkannt werden und die drüben eher?"

> Lehrerin: „Ja, das hängt damit zus..., kann man sehr leicht erklären. Möchte es jemand selber erklären? Kann's sich jemand selbst erklären? Womit hängt das zusammen, was meinen Sie?" (Schluß 2005c, DVD Kapitel 6 „Schülerdiskussion").

Die Frage von Jörg ist durchaus problematisch. Die Situation könnte der Lehrerin leicht entgleiten und eine Diskussion anstoßen, die das Erreichen ihres Stundenziels inhaltlich und zeitlich in Frage stellt. Mit einer Antwort würde sie möglicherweise diese „ausufernde" Diskussion noch befördern, denn sie böte selbst einen Angriffspunkt ihrer sonst auf Lückenlosigkeit bedachten Argumentationskette. So besinnt sie sich noch beim Sprechen und gibt die Frage zurück in die Klasse. Potentielle Provokationen können sich nun kaum noch gegen die Lehrerin richten, sondern werden auf eine Diskussion innerhalb der Klasse umgelenkt, womit freilich auch ihr Reiz verschwunden ist. Tatsächlich gibt ein anderer

---

[13] So konnten diese Aufzeichnungen auch benutzt werden. Der Leiter des Medienzentrums, der auch selbst Lehrveranstaltungen zur allgemeinen Didaktik hielt, sagt im Interview, er habe die Stundenaufzeichnungen vor allem als Negativbeispiele genutzt. Vgl. Schluß 2005c, Transkription Interview Dr. Heun.

[14] Insofern ist dies nur unter der Bedingung als „geschickt" zu deuten, wenn man die Prämisse dieser Aufzeichnung akzeptiert, Unterricht zum Thema Mauerbau solle unstreitig das Ziel verfolgen, der Mauerbau sei als „Beitrag zur Sicherung des Friedens" und keinesfalls als ein Akt der Freiheitsberaubung zu werten. Diese Prämisse, den Mauerbau als Beitrag zur Friedenssicherung zu interpretieren, kann für die Arbeitsgruppe um Florian Osburg unterstellt werden, da sie der Lehrplan genau so verlangte wie die Staatsdoktrin. Die Situation, die hier von der Lehrerin strategisch gelöst wurde, bestand darin, ein feststehendes ideologisches Stundenziel zu erreichen, das dem Alltagsempfinden der allermeisten Menschen in der DDR und wohl auch diesen Schülerinnen und Schülern keineswegs entsprach.

Schüler alsbald die „richtige" Antwort und die Schülerdiskussion kann wieder in „geordneten" Bahnen verlaufen.

Die Situation zeigt das Dilemma der Stunde exemplarisch auf: Zum einen sind freie Diskussionen an dieser Stelle weder aus zeitlichen noch aus politischen Gründen erwünscht, denn sie gefährden in beiderlei Hinsicht das Stundenkonzept, das hier ja im Vordergrund steht. So wählt die Lehrerin nach ihrer spontanen Reaktion die Frage selbst knapp zu beantworten noch im Sprechen einen anderen Ausweg, indem sie die Frage als Gegenfrage zurückgibt, nachdem sie die Antwort zuvor schon als „ganz leicht" in eine geringe Leistungsstufe taxiert hat. Genau diese „allmähliche Verfertigung der Gedanken beim Sprechen" (und diesem Falle eben nicht nur die Verfertigung, sondern die Korrektur des Gedankens beim Sprechen) ist es, die die Stunde als beispielhafte Unterrichtsstunde glaubhaft macht.

Eine fiktive Unterrichtsstunde als Rollenspiel würde als Beispielstunde deshalb nicht taugen, weil es ihr an der Spontaneität mangelt, die eine reale Schulstunde mit all ihren Unwägbarkeiten bestimmt. Zur beispielhaften Stunde wird der Unterrichtsmitschnitt eben dadurch, dass die Lehrerin es im Großen und Ganzen versteht, mit den Unwägbarkeiten, Ungewissheiten und Offenheiten der unterrichtlichen Interaktion auch an einem politisch heiklen Thema umzugehen, ohne dabei ihr ideologisches Ziel aus den Augen zu verlieren oder seine Erreichung zu gefährden. Dabei zeigen gerade die handwerklichen Fehler in diesem Bemühen die Authentizität des Unterrichtsgeschehens an und erhöhen insofern – scheinbar paradoxer Weise – seine Glaubwürdigkeit als beispielhaften Unterricht.

2.3 Schlussbetrachtung

Die vorliegende Skizze behandelt nur eine von etwa 100 Unterrichtsstunden. Dabei konnten medienhistorisch-quellenkritische und historisch-pädagogische Analysen, also methodische und inhaltliche Verfahren synthetisiert werden, um so ein Instrumentarium zu entwerfen, das für die Untersuchungen weiterer Unterrichtsdokumentationen auch für andere Fächer zugrunde gelegt werden kann. Die weitere Kontextualisierung mit den offiziellen Linien der DDR-Bildungspolitik, der Vergleich mit westdeutscher Bildungstradition und die explizite Frage nach Kriterien für einen affirmativen bzw. nicht-affirmativen Unterricht (vgl. Schluß 2003, Anm. 27.) sollen im künftigen Projektverlauf den hier behandelten neue Fragen hinzufügen und das Analyseinstrumentarium weiter schärfen.

3 Anhang – Die didaktische FWU-DVD: Der Mauerbau im DDR-Unterricht

Schließlich ist auch die Aufbereitung des Materials als didaktische FWU-DVD eine weitere inszenatorische Überarbeitung. Die Relevanz dieser systematischen Trennung beruht auf der Tatsache, dass jede Inszenierung bestimmten Intentionen folgte, die diese auch einer systematischen Analyse zugänglich machen und die Verwendung des Materials verschiedenen Erkenntnisprozessen öffnen. Die Aufbereitung des Materials in einer didaktischen FWU-DVD folgte dem Experiment- und Projektcharakter des gesamten Vorhabens. Dabei stand die Frage im Vordergrund, ob sich die Aufzeichnung von Unterricht wiederum für Unterricht und Lehrebildung fruchtbar machen lassen kann. Die didaktische FWU-DVD schien das geeignete Mittel, um die Dokumentation didaktisch erschließbar zu halten.

3.1 Die didaktische DVD

Die didaktische DVD bietet den Film oder mehrere thematisch organisierte Sequenzen an. Sie wird ergänzt mit Zusatzmaterial wie beispielsweise Arbeitsblättern, Quellen, Interviews, Tondokumenten, Bildern, Grafiken, Tabellen etc.

Für das hier vorliegende Material, das eine etwa 45minütige Unterrichtsstunde zeigt, bietet sich die sequenzierte Erschließung an, denn im 45-minütigen Schulunterricht muss der Medieneinsatz in der Regel auf eine akzeptable Länge reduziert bleiben, um mit dem Material noch arbeiten zu können. Die Strukturierung und Sequenzierung einer Unterrichtsstunde findet analytisch zunächst nach didaktischen Gesichtspunkten statt und gliedert die Aufnahme in bestimmte Arbeitsformen und Unterrichtssituationen.

Für die Aufbereitung als Unterrichtsmaterial wurde ein anderer Weg gewählt. Die Nomenklatur der Kapitel und Sequenzen folgt nun inhaltlichen Aspekten und greift damit nicht zuletzt auch das Unterrichtskonzept der aufgezeichneten Schulstunde auf. Diese historisch-thematische Betitelung erst erschließt die DVD auch der schülerseitigen Eigen- und Gruppenarbeit, denn mit Bezeichnungen wie Hypothesenstellung, Vertiefung oder Ergebnissicherung könnten sie gewiss wenig anfangen.

3.2 Aufbau und Gestaltung

Neben der Unterrichtsaufzeichnung sind auf der DVD auch fünf Interviews enthalten, die mit Beteiligten von 1977 geführt wurden. Die Unterrichtsstunde selbst ist in zwei Hauptkapitel gegliedert: 1. „Konsolidierung der DDR bis 1961" und 2. „1961: Die Mauer wird gebaut" und spiegelt damit die beiden Hauptteile des Unterrichtskonzepts von 1977. Das erste Kapitel ist in die Themenbereiche Innenpolitik (3 Sequenzen) und Außenpolitik (6 Sequenzen) gegliedert. Das zweite Kapitel ist in die Themenbereiche „Zuspitzung der Krise 1961" (3 Sequenzen) und „Bewertung durch die Schulklasse" (3 Sequenzen) gegliedert. Die Zahlen signalisieren bereits den inhaltlichen Schwerpunkt der Stunde: Die außenpolitische Dimension nimmt mit über 21 Minuten zeitlich den Hauptteil der Stunde in Anspruch und führt konsequent auf das Lernziel hin, den Mauerbau gemäß offizieller Perspektive als außenpolitisch motivierte Tat zu begreifen (wohingegen die westliche Lesart dem Mauerbau als Fluchtverhinderung eine primär innenpolitische Motivation zugesprochen hat, eine Perspektive, die immerhin auch in dieser Stunde als „Abwerbung von Fachkräften" und „Republikflucht" auch vorkommt, nie jedoch zentral wird). Das letzte Kapitel „Bewertung durch die Schulklasse", das wesentlich Elemente der Ergebnissicherung aber auch der allgemeinen Klassenverwaltung wie Hausaufgaben und Bewertung einzelner Schülerleistungen enthält, war inhaltlich nur schwer zu verorten und konnte auch als besonderer Bezug zur Erfahrungswelt heutiger Schülerinnen und Schüler unter diesem formalen Titel bestehen bleiben.

Im Perspektivwechsel kann das Material nun in thematischen Einheiten mit den Lesarten moderner Lehrpläne und Unterrichtsmaterialen kontrastierend erarbeitet werden, um so Erkenntnisse in der Wahrnehmung dieser Differenzen zu gewinnen.

Um den unterrichtlichen Einsatz zu unterstützen sind Unterrichtsentwürfe für die Sekundarstufen 1 und 2 sowie Arbeitsblätter mit erschließenden Fragen beigegeben worden, die einzelne Unterrichtsthemen etwa mit den Interviews mit damaligen Schülern oder den Erlebnisprotokollen von Fluchtgeschichten und anderen Quellen kombinieren. Weitere Medien und Dokumente stützen den variablen und kontextorientierten Einsatz der DVD, die so zu einer Basis mit der Auseinandersetzung mit dem historischen Mauerbau und den wechselnden Betrachtungen und Lesarten in der Geschichte beider deutscher Staaten werden kann. Dazu gehört auch der Mitschnitt einer Schola-Schulschallplatte, die in der aufgezeichneten Unterrichtsstunde zum Einsatz kam und auf der kontextfrei westliche Politikeraussagen zu einem militärischen Bedrohungsszenario gegenüber der DDR kumuliert wurden (vgl. Jehle/ Schluß 2013, Schluß/ Jehle 2013). Als Tonaufnahme und Textprotokoll ist dies eines der oben erwähnten Zusatzmedien, die einen kritisch-hermeneutischen Zugang zur damaligen Unterrichtssituation einerseits legen und auf einer methodischen Ebene die Problematik einer beliebigen Kombination historischer Dokumente und Quellenfragmente belegen können.

Besonders für die Lehrerbildung aber auch für die Sekundarstufe 2 sind Textauszüge aus dem damaligen Lehrplan, den offiziellen Unterrichtshinweisen und dem damaligen Schulbuch interessant.

Die einzelnen Einsatzszenarien sollen hier nicht weiter erörtert werden. Für den Fall der Unterrichtsstunde zum Mauerbau kann festgehalten werden, dass hier eine neuartige Form der Dokumentation gewählt wurde, die verschiedene Zielsetzungen verfolgte:

•   Zum einen sollte die Unterrichtsaufzeichnung zunächst auf zeitgemäßem Datenträger gesichert werden, der das Material für Forschung und Lehrer verfügbar halten kann.[15]

•   Zweitens sollte das Material so aufbereitet werden, dass es didaktischen Unterrichtsprinzipien und den Lehrplanansprüchen im Fach Geschichte in besonderer Weise genügt.

•   Drittens lassen sich anhand des Materials sowohl erziehungswissenschaftliche als auch historische Fragestellungen erörtern. Für die Erziehungswissenschaft geht es dabei um Strukturen unterrichtlicher Situationen in wechselnden historischen Kontexten. Für die Geschichtswissenschaft geht es um die besonderen Bedingungen der Produktion so genannter Wissenskulturen, in diesem Fall im schulischen Bereich. Beiden Disziplinen gemeinsam geht es um die Untersuchung medialer Vermittlungsstufen nicht zuletzt angesichts der Tatsache, dass die Wissenschaft sich zunehmend der Produktions- und Reproduktionsbedingungen ihrer Grundlagen und Aussagen bewusst wird.

Quellen und Literatur

Anweiler, Oskar (Hg.) (1969): Polytechnische Bildung und technische Elementarerziehung. Bad Heilbrunn.

Anweiler, Oskar (Hg.) (1976): Die sowjetische Bildungspolitik 1958-1973. Texte und Dokumente. Heidelberg.

Anweiler, Oskar (Hg.) (1979): Die sowjetische Bildungspolitik 1917-1960. Dokumente und Texte. Wiesbaden.

Anweiler, Oskar (Hg.) (1982): World Congress for Soviet and East European Studies: Bildung und Erziehung in Osteuropa im 20. Jahrhundert: ausgewählte Beiträge zum zweiten Weltkongreß für Sowjet- und Osteuropastudien. Berlin.

Anweiler, Oskar (Hg.) (1986): Staatliche Steuerung und Eigendynamik im Bildungs- und Erziehungswesen osteuropäischer Staaten und der DDR. Berlin.

Anweiler, Oskar (1988): Schulpolitik und Schulsystem in der DDR. Opladen.

Anweiler, Oskar/ Mitter, Wolfgang/ Peisert, Hansgert/ Schäfer, Hans-Peter/ Stratenwerth, Wolfgang (1990): Vergleich von Bildung und Erziehung in der Bundesrepublik Deutschland und in der Deutschen Demokratischen Republik. Köln.

---

[15] Die Problematik einer dauerhaften alters- und technisch systembeständigen Speicherung hat sich damit freilich nicht erübrigt.

Anweiler, Oskar (1991): Kritische Evaluation der westdeutschen Vergleichenden Erziehungswissen-schaft am Beispiel ihrer Analysen zur Schulentwicklung in der DDR. In: Pädagogik und Schule in Ost und West 39, 2: 66-70.

Anweiler, Oskar (Hg.) (1992): Systemwandel im Bildungs- und Erziehungswesen in Osteuropa. Berlin.

Anweiler, Oskar (1994): Bildungspolitik in Deutschland 1945-1965. Aspekte und Probleme eines Vergleichs zwischen der Bundesrepublik Deutschland und der Deutschen Demokratischen Repub-lik in historischer und aktueller Sicht In: Hoffmann, Dietrich/ Neumann, Karl (Hg.): Erziehung und Erziehungswissenschaft in der BRD und der DDR Band 1: Die Teilung der Pädagogik (1945-1965). Weinheim: 15-40.

Bastian, Ingeborg/ Naumann, Werner (1981): Zur didaktischen und erziehungstheoretischen Model-lierung des pädagogischen Prozesses als einer theoretischen Grundlage seiner Gestaltung. In: Pä-dagogische Forschung 2: 94-108.

Behnken, Imbke u.a (Hg.) (1991): Schülerstudie `90. Jugendliche im Prozeß der Vereinigung. In: Behnken, Imbke/ Zinnecker, Jürgen: Kindheiten, Band 1, Weinheim und München.

Behnken, Imbke et al. (1990): Schule, Schüler und Lehrer im Vorfeld der Vereinigung. Bericht aus einer ersten gesamtdeutschen Schülerbefragung. In: Pädagogik 42: 38-43.

Benner, Dietrich/ Merkens, Hans (2000): Schlußbericht der Forschergruppe Bildung und Schule im Transformationsprozeß von SBZ, DDR und neuen Ländern – Untersuchungen zu Kontinuität und Wandel, Berlin.

Bernard, Franz/ Bonz, Bernhard (1990): Unterrichtsmethodik und Fachdidaktik des Technikunter-richts in der DDR und der BRD. In: Forschung zur Berufsbildung, 24, 5: 198-206.

Blänsdorf, Agnes (1988): Die deutsche Geschichte in der Sicht der DDR. Ein Vergleich mit der Entwicklung in der Bundesrepublik Deutschland und in Österreich seit 1945. In: Geschichte in Wissenschaft und Unterricht 39, 5:. 263-290.

Bress, Ludwig/ Hentzschel, Manfred (1990): Die Düpierung einer Theorie durch die Praxis. Das Ende des Systemvergleichs und der Beginn der großen Transformation in kulturelle Vielfalt. In: Deutschland-Archiv 23, 7: 1035-1047.

Bundesministerium für innerdeutsche Beziehungen (Hg.) (1990): Materialien zur Lage der Nation. Vergleich von Bildung und Erziehung in der Bundesrepublik Deutschland und in der Deutschen Demokratischen Republik. Köln.

Conrad, Gabriele (1982): Kind und Erzieher in der BRD und in der DDR. In: Böhm, Winfried (Hg.): Internationale Pädagogik Band 2. Würzburg.

Crivellari, Fabio/ Sandl, Marcus (2003): Die Medialität der Geschichte. Forschungsstand und Per-spektiven einer interdisziplinären Zusammenarbeit von Geschichts- und Medienwissenschaften, in: Historische Zeitschrift, Band 277: 619-654.

Deschler, Hans-Peter (1974): Theorie und Technik der Unterrichtsdokumentation. München: 99-116.

Eichler, Wolfgang/ Heimberger, Horst/ Meumann, Eberhard/ Werner, Bernhard (1984): Praktisches pädagogisches Handeln – Ausgangspunkt und Ziel pädagogischer Theorie – Bilanz der Diskussion zu theoretischen und methodologischen Fragen der Pädagogik. In: Pädagogik 5: 406-427.

Faulenbach, Bernd (1998): Ost- West- Unterschiede als Herausforderungen politischer Bildungsar-beit im vereinigten Deutschland. In: Jahrbuch Arbeit, Bildung, Kultur. Band 15/16 1997/98 Reck-linghausen: 89-101.

Fischer, Aloys (1953/2003): Über die Bedeutung des Experiments. 1913 und Röhrs, Herrmann (Hg.): Gesammelte Schriften Band 15. Die Pädagogik Aloys Fischers. Versuch einer systematischen Dar-stellung seines wissenschaftlichen Gesamtwerkes. Weinheim, Basel, Berlin.

Gagel, Walter/ Grammes, Tilman/ Unger, Andreas (Hg.) (1992): Politikdidaktik praktisch. Mehrper-spektivische Unterrichtsanalysen. Ein Videobuch. Schwalbach: Wochenschau, Reihe: Politik und Bildung. 3.

Grammes, Tilman (1991): Gesprächskultur des Redens über Unterricht. Hinweise zum Umgang mit Videodokumentationen und Transkriptionen von Unterricht. In: Gegenwartskunde 40, 4: 473-484.

Grammes, Tilman (1995): Didaktische Praxis – Unterrichtsprotokoll. Staatsbürgerkunde in der DDR. In: Gegenwartskunde 4: 499-512,

Grammes, Tilman/ Schluß, Henning/ Vogler, Hans-Joachim (2006): Staatsbürgerkunde in der DDR – Ein Dokumentenband. Schriften zur politischen Didaktik, Band 31, Wiesbaden.

Helmchen, Jürgen (1981): Die Pädagogik und das Bildungssystem der DDR im Spiegel der bundesrepublikanischen Erziehungswissenschaft. Oldenburg.

Hempel, Marlies (1995): Verschieden und doch gleich. Schule und Geschlechterverhältnisse in Ost und West. Bad-Heilbrunn.

Herzog, Walter (2005): Müssen wir Standards wollen. In: Zeitschrift für Pädagogik 2: 252-258.

Hesse, Horst/ Fischer, Arndt/ Hoppe, Rainer (Hg.) (1992): Kommunikation und Kooperation im Unterricht. Erfahrungen aus Ost und West. Positionen, Praxisberichte, Aufgabenfelder. In: Meyer, Ernst/ Rainer, Winkler (Hg.): Grundlagen der Schulpädagogik, Band 3. Hohengehren.

Heun, Hans-Georg (1986): Die Organisation und Leitung der Arbeit mit audiovisuellen Lehr- und Lernmitteln an der Humboldt-Universität zu Berlin. In: Wissenschaftliche Zeitschrift der Humboldt-Universität zu Berlin, Gesellschaftswissenschaftliche Reihe, Audiovisuelle Lehr- und Lernmittel an Hochschulen 35, 7: 620-625.

Hoof, Dieter (1972): Unterrichtsstudien – Ergebnisse didaktischer Untersuchungen mit Videoaufzeichnungen. Hannover.

Hilscher, Helmut (2000): Videoeinsatz in der Lehre. In: Physik in der Schule 38, 3: 198-200.

Hüther, Jürgen (2003): Alfons Otto Schorb (1921-1983). In: merz 1: 53-56.

Jehle, May/ Schluß, Henning (2013): Der Mauerbau im Medium der Schola-Schallplatte und ihr Einsatz in einer aufgezeichneten Unterrichtsstunde In: Matthes, Eva/ Ritzi, Christian/ Wiegmann, Ulrich (Hg.): Der Mauerbau 1961 – Bildungsgeschichtliche Einsichten. Klinkhardt, Bad Heilbrunn: 129-160.

Klapper, John (1994): Zur Arbeit mit Videoaufzeichnungen von Lernleistungen im Fremdsprachenunterricht. In: Fremdsprachenunterricht 38: 88-92.

Klieme, Eckhard (2002): Was ist guter Unterricht? - Ergebnisse der TIMS-Videostudie im Fach Mathematik. In: Herausforderungen der Bildungsgesellschaft. Weimar: 89-113.

Köhler, Gabriele (2000): Der bildungspolitische Einigungsprozess 1990. Opladen.

Kommer, Sven/ Biermann, Ralf (2005): Video(technik) in der erziehungswissenschaftlichen Forschung. In: MedienPädagogik 1, www.medienpaed.com/04-1/kommer04-1.pdf (07.03.2013).

Konzen, Franz/ Leist Kurt/ Roeder, Wilfried (1984): Erprobungsprogramm für die Medienpakete des FWU zur Lehrerbildung – Abschlussbericht, 2 Bde., Berlin.

Klingberg, Lothar (1996): Östliches und Westliches in der deutschen Didaktik-Landschaft. Anmerkungen zum deutsch-deutschen Didaktiker-Dialog. In: Pädagogik und Schulalltag 51, 4: 502-508.

Ladenthin, Volker (2006): Ist das denn echt? – Über die Möglichkeiten, Schulklassen zu filmen. In: PF:ue 4: 253-256.

Lepsius, M. Rainer (1977): Soziologische Theoreme über die Sozialstruktur der „Moderne" und die „Modernisierung". In: Koselleck, R. (Hg.): Studien zum Beginn der modernen Welt. Stuttgart: 10-29.

Kuckuck, Kurt/ Schorb, Alfons Otto/ Wimmer, Erika (1979): Phänomenkatalog zur Erschließung von Unterrichtsdokumenten. Grünwald: Inst. für Film und Bild in Wissenschaft und Unterricht.

Marizzi, Hans (1997): Unterrichtsprinzip „Medienerziehung". Praxisbericht zu: Schülerradio, Fotografie, Video, Zeitung. In: Erziehung und Unterricht 1: 86-96.

Meyer, Hansgünter (1999): Transformation der Sozialstruktur in Ostdeutschland. In: Glatzer, Wolfgang/ Ostner, Ilona (Hg.): Deutschland im Wandel – Sozialstrukturelle Analysen. Opladen.

Neuner, Gerhard (1980): Konstruktive Synthese – wichtige Richtung pädagogischen Denkens und Forschens. In: Pädagogik 5: 349-364.

Löschmann, Marianne (1989): Fernsehen und Video als Lehr- und Lernmittel im Fremdsprachenunterricht. In: Deutsch als Fremdsprache, 26,1: 24-29.

Mayring, Philipp/ Gläser-Ziduka, Michaela/ Ziegelbauer, Sascha (2005): Auswertung von Videoaufnahmen mit Hilfe der Qualitativen Inhaltsanalyse – ein Beispiel aus der Unterrichtsforschung. In: MedienPädagogik 1, www.medienpaed.com/04-1/mayring04-1.pdf (07.03.2013).

McDermot, Ray (2005): In Praise of Negation. In: Dietrich Benner (Hg.): Erziehung – Bildung – Negativität. 49. Beiheft der Zeitschrift für Pädagogik, Beltz, Weinheim-Basel: 150-170.

Mütter, Bernd (1995): Geschichte der deutschen Geschichtsdidaktik in der Epoche der Teilung 1945 - 1990. Perspektiven einer gesamtdeutschen Geschichtsdidaktik. In: Historisches Lernen im vereinten Deutschland. Nation – Europa – Welt. Weinheim: 96-123.

Neuner, Gerhard (1982): Pädagogische Theorie und praktisches pädagogisches Handeln. In: Pädagogik 2: 191-211.

Oberliesen, Rolf (Hg.) (1992): Schule Ost – Schule West: ein deutsch-deutscher Reformdialog. Hamburg.

Oser, Fritz (2005): Schrilles Theoriegezerre, oder warum Standards gewollt sein sollen. In: Zeitschrift für Pädagogik 2: 266-274.

Perrey, Gudrun (1989): Arbeiten mit der Videokamera. In: Zielsprache Englisch 19, 1: 20-24.

Petersen, Jörg/ Reinert, Gerd-Bodo (Hg.) (1994): Lehren und Lernen im Umfeld neuer Technologien. Reflexionen vor Ort. Frankfurt a. M., Berlin.

Petersen, Peter und Else (1971): Die pädagogische Tatsachenforschung. Hg. von Th. Rutt. Paderborn 1965.

Pfützner, Stephan (1997): Video, ein „neues" Medium?! Die Kulturtechnik Video. In: Primar 17, 6: 52-54.

Pietzsch, Günter (1991): Die Behandlung der Dezimalbrüche in den allgemeinbildenden Schulen der ehemaligen DDR mit einem Ausblick auf die Behandlung der Dezimalbrüche in Ungarn und der Sowjetunion. In: Der Mathematikunterricht 37, 2: 22-38.

Reichenbach, Roland (2008): Schule und Unterricht als Geschäft. Über Tausch, Täuschung und Selbsttäuschung. In: Weg und Ziel. Zeitschrift des Freien Gymnasiums Bern: 6-13.

Reinermann, Ursula (1983): Zur Methodik der Erziehung und des Unterrichts auf der Primarstufe in der DDR und in NRW – Schwerpunkte und Innovationen. Berlin.

Samph, Thomas (1968/1969): Observer Effects on Teacher Behavior. In: Dissertation Abstracts 29: 2573.

Schluß, Henning (2003): Lehrplanentwicklung in den Neuen Ländern – Nachholende Modernisierung oder reflexive Transformation? Wochenschauverlag, Schwalbach/Ts.

Schluß, Henning (2005a): Negativität im Unterricht. In: Dietrich Benner (Hg.): Erziehung – Bildung – Negativität. 49. Beiheft der Zeitschrift für Pädagogik. Weinheim, Basel: 182-196.

Schluß, Henning (2005b): Unterricht in der DDR – Videodokumentationen rekonstruiert. In: Die Deutsche Schule 97, 4: 510.

Schluß, Henning (2005c): Der Mauerbau im DDR-Unterricht. Didaktische DVD, FWU München-Grünwald. Nr.: 46 02332. + Begleitheft.

Schluß, Henning/ Crivellari, Fabio (2007): Videodokumentation von Unterricht in der DDR als Quelle – Ergebnisse eines DFG-Projekts zur medialen Unterrichtsforschung. In: Pädagogische Rundschau 61, 4.: 437-452.

Schluß, Henning/ Jehle May (2013): „Der Frieden war in Gefahr" – Reflexionen zur eschatologischen Dimension der Schola-Schallplatte. In: Zeitschrift für Pädagogik 59, 2013: 163-179.

Schmid, Hans-Dieter (1995): Historisches Lernen im geteilten Deutschland. Zusammenfassung und Auswertung der Diskussion. In: Historisches Lernen im vereinten Deutschland. Nation – Europa – Welt. Weinheim: 89-95.

Schorb, Alfons Otto (1966): Die Unterrichtsmitschau in der Praxis der Lehrerbildung: Eine empirische Untersuchung zur 1. Studienphase. Bad Godesberg.

Schorb, Alfons Otto (1976): Methodische Beiträge zur Praxis der Bildungsforschung. München.

Schorb, Alfons Otto/ Louis, Brigitte (1975): Unterrichtsanalyse: ein Grundkurs im Medienverband. München.

Siebert-Klein, Margrete (1985): Two worlds of science learning: a look at the Germanics. In: Science education in global perspective. Boulder, Colo: 97-154.

Stadler, Helga (2002): Lehr- und Lernprozesse unter der Lupe – Videos als Mittel zur Qualitätsverbesserung von Unterricht. In: Didaktik der Physik – Vorträge, Physikertagung 2002 Leipzig (ohne Seite).

Stern, George/ Masling, Joseph (1969): Effect of the observer in the classroom. In: Journal of Educational Psychology 60, 5: 351-354.

Sturzbecher, Dietmar/ Kalb, Klaus (1993): Vergleichende Analyse elterlicher Erziehungsziele in der ehemaligen DDR und der alten Bundesrepublik. In: Psychologie in Erziehung und Unterricht 40: 143-147.

Tenorth, Heinz-Elmar (1998): Erziehungsstaaten. Pädagogik des Staates und Etatismus der Erziehung. In: Erziehungsstaaten. Historisch-vergleichende Analysen ihrer Denktraditionen und nationaler Gestalten. Weinheim: 13-53.

Uffelmann, Uwe/ Cser, Andreas (1977): Aus der Praxis des problemorientierten Geschichtsunterrichts. Empirische Befunde auf der Basis der Auswertung von Video-Band-Aufzeichnungen in: Geschichtsdidaktik 1: 1-12.

Wasser, Ulrike (2000): Jugend, Ideale, Idole. Junge Menschen in Ost und West in den 80er Jahren. In: Praxis Geschichte 3: 23-27.

Winkler, Waldemar (1995): Technologische Hilfsmittel bei der systematischen Analyse von Sportunterricht und der Verbesserung des Lehrerverhaltens. In: Betrifft Sport 17, 6: 33-41.

Zymek, Bernd (1997): Die Schulentwicklung in der DDR im Kontext einer Sozialgeschichte des deutschen Schulsystems. Historisch-vergleichende Analyse lokaler Schulangebotsstrukturen in Mecklenburg und Westfalen. 1900 - 1990. In: Bildungsgeschichte einer Diktatur. Bildung und Erziehung in SBZ und DDR im historisch-gesellschaftlichen Kontext. Weinheim: 25-53.

II Die Archive

Das Medienarchiv Schulunterricht in der DDR

Henning Schluß und May Jehle

1 Einleitung

An der Ost-Berliner Humboldt-Universität, an der Akademie der Pädagogischen Wissenschaften der DDR (APW) sowie an den Pädagogischen Hochschulen Potsdam und Dresden wurden seit Beginn der 1970er Jahre zu Lehrerausbildungs- und Forschungszwecken Unterrichtsstunden aufgezeichnet. Mit mehr als 200 dieser Aufzeichnungen ist ein einmaliger Fundus erhalten, der in verschiedenen Projekten der Forschung zugänglich gemacht wurde. Die thematische Breite von Deutsch, Mathematik über Geschichte und Staatsbürgerkunde bis hin zu Unterricht in den naturwissenschaftlichen Fächern bietet konkrete und anschauliche Einblicke in den Unterricht der DDR. Aufzeichnungen der APW von Konferenzen und Unterrichtsauswertungen können darüber hinaus Informationen über damalige Forschungsprogramme entnommen werden. Zusätzlich enthält der im Rahmen des Projekts digitalisierte Bestand in geringerer Zahl auch Lehrfilme oder außerfachliche Aufzeichnungen wie z.b. von Rollenspielen oder Theaterstücken.

Jenseits der Digitalisierung des Videomaterials konnte vereinzelt auch Begleitmaterial (wie z.b. Verlaufsplanungen, Reflexionen oder Bewertungen) zu den Mitschnitten archiviert, transkribiert und gescannt und somit ebenfalls online der Forschung zugänglich gemacht werden.

Der historischen Unterrichtsforschung steht nach der Erschließung dieses Materials eine neue Quellengattung zur Verfügung. Besonders auch für die vergleichende Ost-West-Forschung haben diese Unterrichtsdokumentationen einen unschätzbaren Wert, weil vergleichbare westdeutsche Unterrichtsaufzeichnungen vorhanden sind und zunehmend erschlossen werden.

Die Bänder gerieten nach der Friedlichen Revolution und der Wiedervereinigung Anfang der 1990er Jahre in Vergessenheit. Dafür waren unterschiedliche Gründe verantwortlich. So scheint es so zu sein, dass die Videodokumentation von Unterricht in der zweiten Hälfte der 80er Jahre schon in der DDR längst nicht mehr so stark genutzt wurde, wie noch zu Beginn dieses Jahrzehnts. Anders lässt sich die Tatsache nicht erklären, dass bei dem akuten Mangel an Videobändern in der DDR, der zu einer häufigen Überspielung der Bänder zwang, viele Bänder vom Anfang der 80er und Ende der 70er erhalten sind. Hinzu kam nach 1989 die Auflösung (APW) oder Überführung (PHs) der Institutionen, an

denen die Videodokumentationen vorgenommen wurden. Selbst die Institutionen, die entweder in die Rechtsnachfolge eintraten oder aber formal fortbestan-
den, wie die Humboldt-Universität zu Berlin, erlebten insbesondere im Bereich
der Pädagogik einen fast vollständigen Austausch des Personals. Die neuen Pro-
fessor_innen wussten nichts von den alten Aufzeichnungen und wenn, wären sie
sicherlich für die neuen Herausforderungen für nicht besonders relevant gehalten
worden. Es war die Zeit, in der komplette Bibliotheken auf den Müllhaufen
wanderten und in der weitsichtige Köpfe wie Justinian Jampol durch die ehemalige DDR zogen und Schätze bargen, die heute in dem von ihm gegründeten
„Wende-Museum" in Los Angeles zu sehen sind.[1] Aber nicht nur Bücher wurden
weggeworfen, sondern auch veraltete Technik. Dies traf auch die Videotechnik
an den pädagogischen Institutionen, die durch aktuelle Technik ersetzt wurde.
Die Folge war allerdings, dass selbst da, wo die alten 1-Zoll-Bänder noch vorhanden waren, wie z.B. an der Berliner Humboldt Universität, diese nicht mehr
abgespielt werden konnten.

   Für die Rekonstruktion der Bänder nach deren Auffindung kam hinzu, dass
es in den 1970er Jahren noch keine allgemeinverbindlichen Standards für Videotechnik gab, sondern jede Firma ihre eigenen Standards entwickelte und es somit
fast ausgeschlossen schien, ein für die Abspielung geeignetes Gerät zu finden.
Trotzdem gelang es im Rahmen mehrerer von der DFG und der Bundesstiftung
zur Aufarbeitung der SED-Diktatur geförderter Projekte an der Humboldt-
Universität zu Berlin und der Universität Wien in Kooperation mit dem DIPF,
diesen Fundus an Videobändern zu konservieren, aufzubereiten und der – wissenschaftlichen – Öffentlichkeit dauerhaft in einer Datenbank (www.fachportal-
paedagogik.de/forschungsdaten_bildung/ddr_filme.php?la=de) zugänglich zu
machen.

   Dazu musste das Material zunächst durch Digitalisierung in internetkompa-
tible Formate umgewandelt werden. Zugleich wurden alle rekonstruierbaren und
verfügbaren Metadaten erhoben und in eine Datenbank eingetragen, die Filme
somit formal und inhaltlich, in Form von thematischer Verortung, Schlagworten
und Kurzzusammenfassungen, erschlossen[2].

   An dieser Stelle möchten wir uns deshalb sehr herzlich bei den Mitarbei-
ter_innen Julia Köhler (Meike), Michael Kraitzitzek (die als studentische Mitar-
beiter_innen ganz am Anfang des Projekts dieses mit auf die Beine stellten und

---

[1] www.wendemuseum.org

[2] In dem seit 2012 im Aufbau befindlichen Forschungsdatenzentrum Bildung des DIPF
(www.fachportal-paedagogik.de/forschungsdaten_bildung/), das sich die Dokumentation und Archivierung von Studien der empirischen Bildungsforschung – darunter auch die bekannten internationalen Studien DESI, IGLU, PISA, Pythagoras und TIMSS – zur Aufgabe macht, ist dies bislang die
einzige Datenbank innerhalb des Medienarchivs, das audiovisuelle Unterrichtsaufzeichnungen zur
Verfügung stellt.

lange mit viel Engagement begleiteten), Andrea Weinhandl, die in Wien Digitalisierungs- und Datenbankarbeiten fortführt und von Seiten des DIPF Doris Bambey, die das Projekt betreut, Thomas Schwager, der die inhaltliche Betreuung übernimmt, und Dr. Christian Richter und Henning Hinze, die die technische Realisierung der Datenbank beim DIPF verantworten.

2 Die Entstehung des Medienarchivs Schulunterricht in der DDR

Das Medienarchiv Schulunterricht in der DDR ist im Rahmen eines kleineren und zweier größerer drittmittelfinanzierter Projekte und kontinuierlicher Weiterarbeit aus Hausmitteln seitens der Humboldt-Universität zu Berlin, der Universität Wien und des DIPF hervorgegangen. Das erste kleinere Teilprojekt förderte die Bundesstiftung zur Aufarbeitung der SED-Diktatur. Es trug den Titel: „Überspielung, Transkription und Auswertung von Videomitschnitten des DDR-Geschichtsunterrichts" und hatte die Laufzeit von Januar 2003 bis Dezember 2004. Hier ging es um die Überspielung von drei zufälligen Videofunden, von denen wir vermuteten, dass es sich um Geschichtsunterricht handeln würde, weil die Tonspur mit einem vorhandenen Gerät abspielbar war. Im Zuge dieses Projekts wurde deutlich, dass es sich um Aufzeichnungen von der Berliner Humboldt-Universität handelte und dass dort noch mehr Aufzeichnungen lagerten. Die besterhaltene dieser drei Stunden war die Stunde zur Sicherung der Staatsgrenze am 13. August 1961 (vgl. Videofile 1977: Die Sicherung der Staatsgrenze), die in einem weiteren Drittmittelprojekt (Der Mauerbau im DDR-Unterricht – Eine didaktische DVD. Laufzeit Januar 2004 – August 2005) gefördert von der Bundesstiftung Aufarbeitung und in Zusammenarbeit mit der FWU als DVD herausgegeben werden konnte. Dies gelang, weil in aufwendiger Recherchearbeit alle abgebildeten Personen ausfindig gemacht wurden und diese ihr Einverständnis zur Veröffentlichung für Bildungszwecke gaben. Die so entstandene didaktische DVD ist besonders auch deswegen einmalig, weil die Schüler_innen in einem nachträglichen lauten Denken nach 30 Jahren die Stunde und die Situation der Aufzeichnung, aber auch der Schulzeit insgesamt, Revue passieren lassen. Auch die damals für die Aufzeichnung der Stunde Verantwortlichen kommen auf der DVD zu Wort.[3]

Das erste größere Teilprojekt nach Auffindung der ersten Videomitschnitte an der HU-Berlin hatte den Titel: „Rettung, Erschließung und Veröffentlichung im Internet von aufgezeichnetem Unterricht aus der DDR" und lief offiziell von Oktober 2005 bis Dezember 2007. Drittmittelgeber war die DFG, die die Über-

---

[3] Ausführlich ist die Stunde in diesem Band in dem Aufsatz von Henning Schluß und Fabio Crivellari vorgestellt und diskutiert.

spielung der Bänder der Humboldt-Universität und die Etablierung der Datenbank beim DIPF unterstützte. Neben den technischen Schwierigkeiten stellte der
Datenschutz die höchste Herausforderung dar. In einer sehr intensiven Kooperation gelang es den Datenschutzbeauftragten der Länder Hessen und Berlin und
des Datenschutzbeauftragten der Humboldt Universität ein Verfahren zu entwickeln, dass datenschutzrechtliche Belange wahrt und zugleich die wissenschaftliche Nutzung des kostenlos über das Internet zur Verfügung gestellten Materials
ermöglicht. Dennoch lehnte die DFG einen Fortsetzungsantrag, der sich auf die
Überspielung und Einstellung der nunmehr aufgefundenen Videos der APW
bezog, mit der Begründung ab, dass eine unbeschränkte freie Nutzung des Materials für jedermann hätte ermöglicht werden müssen, eine Forderung, die daten-
schutzrechtlichen Belangen freilich nicht entsprechen konnte. Da sich in der
Bundesrepublik keine große Institution (z.B. Bundesarchiv) oder Stiftung für die
Rettung des Materials stark machen wollte, erbot sich ein Konsortium unter
Federführung des Wende-Museums in Los Angeles, das Material zu übernehmen
und zu sichern. Die Bundesstiftung zur Aufarbeitung der SED-Diktatur bewilligte buchstäblich in letzter Minute einen Projektantrag, der den Verbleib des ein-
maligen Materials in Deutschland und die Möglichkeit seiner Einspeisung in die
Datenbank sicherstellte. Dieses zweite Projekt hatte den Titel: „Quellensicherung
und Zugänglichmachung von Videoaufzeichnungen von DDR-Unterricht der
APW und der PH-Potsdam" und hatte die offizielle Laufzeit von Januar 2010 bis
Dezember 2011. Faktisch sind wir allerdings noch immer dabei, die im Laufe
dieses Projektes überspielten Videobänder aufzubereiten und in die Datenbank
einzupflegen. Dies hatte unter anderem damit zu tun, dass mittlerweile nicht nur
die Bänder der PH Potsdam aufgefunden waren, sondern auch die Aufzeichnungen der PH Dresden, die nunmehr zur Universität Dresden übergegangen waren.
Die Verantwortlichen beider Archive stellten uns die Bänder kollegial zur Verfügung. Insgesamt sind damit im Medienarchiv die vorhandenen Aufzeichnungen der Humboldt-Universität, der APW, der PH Potsdam, der PH Dresden und
noch einige Aufzeichnungen der PH Mühlhausen enthalten. Nach unserem
Kenntnisstand sind dies alle Aufzeichnungen von Unterricht auf Video aus der
DDR, die derzeit noch erhalten sind. Die einzelnen Provenienzen sollen im Folgenden kurz vorgestellt werden.

    Bei allen Provenienzen waren noch Katalogaufzeichnungen erhalten und in
manchen Videorollen wurden Notizen oder teilweise ausgefüllte Begleitblätter
gefunden. Konkrete Verlaufspläne allerdings gibt es so gut wie nicht. Alles, was
an Begleitmaterial aufgefunden wurde, haben wir in einem faksimile-artigen

Verfahren gescannt, so dass alle erhaltenen Hintergrundinformationen zu den Aufzeichnungen auch in der Datenbank zugänglich sind.[4]

2.1 Die Aufzeichnungen der Berliner Humboldt-Universität

Die Aufzeichnungen der Berliner Humboldt-Universität waren die ersten, die durch einen glücklichen Zufall wiederentdeckt wurden. Im Zuge der Auswertung der Mauerbaustunde machte der Mitarbeiter der Humboldt-Universität, Dr. Horst Sladek, darauf aufmerksam, dass diese Stunde an der HU aufgenommen worden sei. Die Recherche ergab, dass noch weitere Bänder an der HU vorhanden waren, die auch (mehr oder weniger sorgfältig) katalogisiert waren. Sie lagerten im Keller der Berliner Humboldt-Universität in einem Stahlschrank (zu den Bedingungen ihrer Entstehung vgl. die Schilderung vom Leiter des Audiovisuellen Zentrums, Dr. Hans-Georg Heun, in diesem Band).

Der Bestand aus der Berliner Humboldt-Universität beinhaltet zahlreiche Unterrichtsstunden, in denen ausschließlich frontal unterrichtet wird. Es sind aber durchaus andere Aufzeichnungen existent, die den keineswegs mit DDR-Pädagogik assoziierten Gruppenunterricht oder das Partnerlernen dokumentieren.

Einige der Unterrichtsstunden scheinen Musterstunden gewesen zu sein, bei anderen lässt sich mitunter ein gewisser Grad an Inszenierung erkennen in Form von Wiederholungen einzelner Unterrichtsinhalte mit derselben Klasse innerhalb eines Filmdokuments, aber auch in Form von im Hintergrund zu vernehmender Regieanweisungen. Dies lässt den Schluss zu, dass es zumindest gelegentlich ein Skript des Unterrichtsverlaufs gegeben haben muss.

Dem gegenüber stehen jedoch auch Aufzeichnungen, die z.B. aufgrund großer Disziplinprobleme vorzeitig abgebrochen wurden (vgl. z.B. Videofile 1976: Merkmale der Säugetiere). Interessant ist, wie die Lehrer_innen auf solche Unsicherheiten reagieren, ob sie in der Lage sind, die Situation souverän neu zu justieren oder ob die Stunde völlig aus dem Ruder läuft. Für beide Varianten gibt es in den Aufzeichnungen Beispiele.

Manche Lehrer_innen machen einen sehr spontanen Eindruck, in dem sie frei auf Schülerdiskussionen eingehen und diese weiterführen. Andere sind mit falschen Schülerantworten, zumindest im Kontext der Aufzeichnung, sichtlich überfordert und ignorieren diese bestenfalls, oder aber honorieren sie sogar mit „sehr gut" und gehen zum nächsten Punkt ihrer Unterrichtsvorbereitung über. Es gibt demnach kein einheitliches Verfahren für alle Aufzeichnungen. Vielmehr spiegeln die Aufzeichnungen das wieder, was Hans-Georg Heun beschreibt, sie

---

[4] Sofern diese personenbezogene Daten enthalten, sind sie selbstverständlich nur über den Zugang zum passwortgeschützten Bereich der Datenbank zu erschließen.

reichen von der Musterstunde bis zu Stunden, in denen Probleme im Vordergrund stehen.

Im Humboldt-Bestand befindet sich jenseits der Unterrichtsaufzeichnung auch ein Lehrfilm, der anhand von Auszügen aus verschiedenen Unterrichtsaufzeichnungen das Problem „Einheitlichkeit und Differenzierung" in der Schule thematisiert und dabei das gleichnamige Forschungsprojekt der Humboldt-Universität aus den 1970er Jahren vorstellt (Videofile 1976: Forschungsprogramm). Dieser Lehrfilm gibt Einblicke in die ideologischen Vorgaben des DDR-Volksbildungssystems für die Lehrer_innen und den Unterricht. Das Dilemma, das diesem Forschungsprojekt zugrunde lag, beschäftigte die Bildungspolitik und die pädagogische Forschung bis zum Ende der DDR.

Erwähnenswert sind zudem zwei weitere Aufzeichnungen, in denen der Kamerafokus fast ausschließlich auf einen Schüler und sein Unterrichtsverhalten gerichtet ist. Dieser Schüler ist auch in einem von zwei aufgezeichneten Vier-Augen-Gesprächen mit einer Schulpsychologin aufgezeichnet, in dem es um die Familienverhältnisse, seine Vorlieben in der Schule, um seine Freizeitgestaltung und seine Freunde geht (Videofile 1977: Psychologisches Gespräch I und Videofile 1977: Psychologisches Gespräch II) . Hier wird einerseits authentisch dokumentiert, wie intensiv sich die Schule um konkrete Problemfälle kümmerte, auf der anderen Seite wird deutlich, wie schnell dabei Grenzen des Persönlichkeitsschutzes überschritten wurden.[5] Das Schulsystem der DDR kann so in seiner ganzen Ambivalenz sichtbar werden.

2.2 Die Aufzeichnungen der Akademie der Pädagogischen Wissenschaften der DDR

Im Zuge der Recherchen zu den Aufzeichnungen der Humboldt-Universität stießen wir relativ früh auf die Aufzeichnungen der APW. Diese waren nach dem Ende der DDR an die Gesellschaft für Pädagogik und Information (GPI) übergegangen und lagerten in deren Keller auf dem Gelände des ehemaligen Ministeriums für Staatssicherheit in Berlin Lichtenberg. Da die Suche nach Geldgebern zur Überspielung des Materials sich außerordentlich schwierig gestaltete, gingen die Videoaufzeichnungen nach dem Auslaufen der Außenstelle der GPI in Berlin und der Pensionierung der beiden Mitarbeiter in den Besitz des Berliner Senates über, der die Bänder in Kisten verpacken ließ und in einer Lagerhalle auf dem Gelände einlagerte.

---

[5] Analysiert werden diese Vier-Augen-Gespräche in der Diplomarbeit von Andrea Weinhandl (2012).

Abb. 1: Ein Teil der Lagerhallen mit den Hinterlassenschaften der APW / GPI
(Foto: Henning Schluß)

Mit Hilfe von Frau Deharde vom Berliner Senat konnten wir sie dort im September 2010 in einer an eine archäologische Grabung erinnernden Suchaktion unter hunderten von Kisten wieder bergen und mithilfe eines Videostudios überspielen. Durch die ungünstige Lagerung wiesen die Bänder sehr starke Beschädigungen wie Rost und Bandschimmel auf. Stärker noch als bei den Bändern der Humboldt-Universität löste sich die Magnetschicht von der Trägerschicht. Es war offensichtlich, dass die Bänder bestenfalls noch ein einziges Mal würden abgespielt werden können.

Abb. 2: Durch schlechte Lagerung verrostete Bandhüllenhalterung
(Foto: Filmfabrik Wagner)

Abb. 3: Videokopf, nach Abspielung eines Videobandes (Foto: Filmfabrik Wagner)

Abb. 4: Bandreinigungsstreifen eines Videobandes (Foto: Filmfabrik Wagner)

Ähnlich den Aufzeichnungen der Humboldt-Universität spiegeln die Unterrichtsmitschnitte der APW eine Bandbreite verschiedener Unterrichtsstile wider: Zu sehen ist Frontalunterricht, der teilweise durch äußerst detaillierte Arbeitsanweisungen durch die Lehrkraft strukturiert wird; genauso finden sich Versuche innovativer Unterrichtsgestaltung. Ein Physiklehrer lässt beispielsweise seine Schüler in Kleingruppen experimentieren (vgl. Indexliste: Titelübersicht: Experimente im Physikunterricht). Ein Deutschlehrer wiederum animiert seine Schüler dazu, Majakowkis Gedicht „Linker Marsch" im historischen Kontext inszenatorisch umzusetzen (Videofile: Interpretation des Gedichts, vgl. auch Schluß 2012). Außerdem werden die Möglichkeiten fakultativer Unterrichtsfächer genutzt.[6]

Neben Unterrichtsmitschnitten finden sich auch Aufzeichnungen von Fachkonferenzen und Auswertungen einzelner Unterrichtsstunden (vgl. Indexlisten: Gattungen der Filme: Fachkonferenz und Unterrichtsauswertung) sowie aus Mitschnitten produzierte Lehrfilme (vgl. Indexliste: Gattungen der Filme: Lehrfilm), die einen Einblick in damalige Forschungsprogramme vermitteln. Einen besonderen Stellenwert nimmt dabei das Programm zur „Problemhaften Unterrichtsgestaltung" ein, das die Erhöhung der geistigen Aktivität der Schüler im Unterricht fördern soll (vgl. Jehle 2011). Im Rahmen dieses Programmes, das sich grundsätzlich an sämtliche Fachrichtungen richtet, ist – soweit uns die erhaltenen Aufzeichnungen Einblick gewähren – insbesondere ein hohes Engagement einer Staatsbürgerkundelehrerin zu verzeichnen, deren Unterrichtskonzeptionen in diesem Kontext mehrfach als vorbildlich bezeichnet werden (vgl. z.B. Videofile: Warum machen wir den Sozialismus?).

Darüber hinaus finden sich auch Aufzeichnungen fakultativer Unterrichtsfächer wie Astronomie, Elektronik, Darstellende Kunst und Kochen, Servieren, Pflegen, Ziele, Bedingungen und Besonderheiten dieses Unterrichts legen die Lehrkräfte, die diese Kurse anbieten, in ebenfalls im Medienarchiv dokumentierten kurzen Gesprächen dar (vgl. Indexliste: Schlagwortübersicht: Fakultativer Unterricht). Außerunterrichtliche Aufzeichnungen stellen die so bezeichneten „Rollenspiele" dar, die vermutlich die Schulung von Pionierfunktionären aufzeichneten (vgl. Indexliste: Titelübersicht: Rollenspiel).

2.3 Die Aufzeichnungen der PH Potsdam

Die Potsdamer Aufzeichnungen haben eine besondere Geschichte. Kurz nach dem Fall der Mauer nahmen die Pädagogischen Hochschulen in Heidelberg und Potsdam Kontakt zueinander auf. Im Rahmen dieser sich anbahnenden Partnerschaft wurden die Verantwortlichen des Hochschulinternen Fernsehens der PH Heidelberg auf den Potsdamer Bestand an Unterrichtsmitschnitten aufmerksam. Noch Anfang der 1990er Jahre sichteten sie die Bänder und überspielten nicht wenige Bänder, die sie für besonders relevant hielten auf VHS. Lange Zeit waren wir der Auffassung, dass diese überspielten Bänder die einzigen erhalten gebliebenen der PH Potsdam waren. Es zeigte sich jedoch, dass ein Teil der Bänder in

---

[6] Zu den Hintergründen der APW-Aufzeichnungen vgl. den Beitrag von Volker Mirschel in diesem Band.

den Bestand der nunmehr neu gegründeten Universität Potsdam übernommen wurde. Auch diese Bänder konnten wir im Rahmen des zweiten Projekts über-spielen, sichten und die Unterrichtsmitschnitte in die Datenbank einpflegen. Der Bestand der Videobänder der PH Potsdam enthält neben Unterrichts-aufzeichnungen auch einen Zusammenschnitt von Ausschnitten verschiedener Unterrichtsaufzeichnungen, die sich unter einem thematischen Oberbegriff zu-sammenfassen lassen und häufig von Kommentaren in didaktischer und metho-discher Hinsicht begleitet werden. Dabei handelt es sich überwiegend um Auf-zeichnungen aus dem Geografieunterricht (vgl. Indexliste: Titelübersicht: Me-thodik des Geografieunterrichts).

Des Weiteren sind Aufnahmen zur „Theorie und Praxis der Sportarten" auf der Grundlage verschiedener Diplomarbeiten aus diesem Fachbereich (vgl. In-dexliste: Titelübersicht: Theorie und Praxis der Sportarten) sowie Aufzeichnun-gen von Theateraufführungen der Studentenbühne (vgl. Indexliste: Titelüber-sicht: Studentenbühne) in diesem Bestand enthalten.

2.4 Die Aufzeichnungen der PH Dresden

Bei den Aufzeichnungen aus Dresden handelt es sich in erster Linie um Videos, die im Rahmen des Hochschulinternen Fernsehens (HIF) an der Pädagogischen Hochschule K. F. W. Wander entstanden sind. Der Entstehungszeitraum beläuft sich dabei auf die 1980er Jahre bis einschließlich 1990 und vermag insofern auch die Umbruchzeit in der ostdeutschen Pädagogik gut abzubilden. Im Gegensatz zu den Videos aus Potsdam und Berlin liegen diese Aufzeichnungen im VHS-Format vor und wurden deshalb in einem vereinfachteren Digitalisierungsverfah-ren erschlossen.

Das inhaltliche Spektrum beläuft sich auf sehr unterschiedliche Unterrichts-fächer bzw. Fachbereiche. Neben den klassischen Fächern wie Geschichte, Deutsch, Mathematik und Physik, werden auch spezielle Unterrichtsbeobachtun-gen (z. B. zum problemorientierten Unterricht) durchgeführt oder Verhaltensauf-fälligkeiten einzelner Schüler_innen aufgezeichnet (vgl. z.B. Indexliste: Titel-übersicht: Persönlichkeitscharakteristik).

Darüber hinaus findet sich u. a. ein Film, der speziell für die Ausbildung von Pionierleitern_innen erstellt wurde (Videofile: Richtiges und wirksames Argumentieren). Zudem werden auch bestimmte Schultypen exemplarisch vor-gestellt. Pädagogische Lehrfilme zu unterschiedlichen Unterrichtsfächern, z. T. mit inhaltlichem, z. T. mit methodisch-didaktischem Fokus, geben des Weiteren einen Einblick in pädagogische Konzeptionen und Herangehensweisen.

3 Der Digitalisierungsprozess

Insbesondere das Material der APW lagerte meist über Jahrzehnte praktisch vergessen unter archivarisch ungünstigen oder unzumutbaren Bedingungen und war vom akuten Zerfall bedroht. Vor allem der Befall mit „Bandschimmel" beeinträchtigte die Qualität der Videos und bedurfte einer intensiven Bearbeitung im Zuge der Digitalisierung. Die Bänder benötigen eine sehr zeitaufwändige Reinigung. Oft schmierten die Bänder die Videoköpfe der Abspielmaschinen zu, so dass eine Überspielung meist nur in Etappen erfolgen konnte.

In einem daher letztmaligen Abspielvorgang wurden die Videosignale digitalisiert. In der Datenbank stehen sie in der Regel in drei verschiedenen Formaten zur Verfügung. Am höchsten auflösend ist das MPG-2-Format, das einer herkömmlichen DVD Auflösung entspricht, wobei allerdings die Qualität des Originals weit unter DVD-Qualität liegt, so dass sich dies auch durch das MPG-Format nicht aufbessern lässt. Der Preis des relativ originalgetreuen Formats ist eine erhebliche Datengröße pro Video. Insbesondere bei langsameren Internetverbindungen ist das von Nachteil, weshalb mit dem WMV-Format noch ein reduziertes Format zur Verfügung gestellt wurde. Am stärksten reduziert ist in der Regel das DivX AVI-Format, das zur Abspielung einen speziellen DivX Player benötigt, der kostenlos im Internet heruntergeladen werden kann. Der Preis der großen Datenreduktion ist bei diesem Format jedoch ein deutlich sichtbares Bildrauschen.

4 Nutzung und Datenschutz

Die Videos in dieser Datenbank sind aufgrund datenschutzrechtlicher Bestimmungen qualifizierten Wissenschaftler_innen ausschließlich zu Forschungszwecken zugänglich. Unter qualifizierten Wissenschaftler_innen sind entsprechend dem Berliner Datenschutzgesetz und dem Berliner Hochschulgesetz Personen mit einer abgeschlossenen Promotion gefasst, die an einer Forschungseinrichtung arbeiten bzw. in entsprechende Forschungsprojekte eingebunden sind. Gleiches gilt für Hilfspersonen, die von diesen Personen beauftragt werden, soweit die beauftragenden Personen für ihr Hilfspersonal Verantwortung übernehmen.

Aufgrund des gebotenen Schutzes der Persönlichkeitsrechte ist eine Veröffentlichung der Filme ohne Zustimmung der abgebildeten Personen oder deren Unkenntlichmachung weder ganz noch in Ausschnitten möglich.

Der Zugriff auf die Unterrichtsmitschnitte kann registrierten Nutzer_innen auf Antrag gewährt werden. Informationen zur Registrierung und zum entsprechenden Antragsverfahren sowie das zur Initiierung des Antragsverfahrens erforderliche Online-Formular finden sich unter www.fachportal-paedagogik.de/forschungsdaten_bildung/medien_informationen.php. Durch die kontinuierliche Arbeit an und mit den Videos konnten Hintergrundinformationen erschlossen und aufbereitet werden, die z.t. auch die Persönlichkeitsrechte der abgebildeten Personen betreffen. So ist uns insbesondere ein ehemaliger Schüler der Heinrich-Heine-Schule, der Forschungsschule der APW, behilflich, Sitzpläne der abgebildeten Klassen zu rekonstruieren, die er kennt. Diese personenbezogenen Daten dürfen nicht in die Datenbank eingestellt werden, sondern lagern vertraulich bei den Projektverantwortlichen. In begründeten Einzelfällen können diese Daten in Absprache mit Zustimmung der betroffenen Personen weitergegeben werden.

Quellen und Literatur

Forschungsdatenzentrum Bildung des Deutschen Instituts für Internationale Pädagogische Forschung. URL: www.fachportal-paedagogik.de/forschungsdaten_bildung/ (09.02.2013)
Indexliste: Gattungen der Filme: Lehrfilm. URL: www.fachportal-paedagogik.de/forschungsdaten_bildung/ddr_filme.php?filmgattung=Lehrfilm&la=de&kategorien=suchen&#unter_suche (10.02.2013).
Indexliste: Gattungen der Filme: Fachkonferenz. URL: www.fachportal-paedagogik.de/forschungsdaten_bildung/ddr_filme.php?filmgattung=Fachkonferenz&la=de&kategorien=suchen&#unter_suche (10.02.2013).
Indexliste: Gattungen der Filme; Unterrichtsauswertung. URL: www.fachportal-paedagogik.de/forschungsdaten_bildung/ddr_filme.php?filmgattung=Unterrichtsauswertung&la=de&kategorien=suchen&#unter_suche (10.02.2013).
Indexliste: Schlagwortübersicht: Fakultativer Unterricht. URL: www.fachportal-paedagogik.de/forschungsdaten_bildung/ddr_filme.php?stichwort=%22Fakultativer+Unterricht%22&la=de&kategorien=suchen&#unter_suche (10.02.2013).
Indexliste: Titelübersicht: Experimente im Physikunterricht. URL: www.fachportal-paedagogik.de/forschungsdaten_bildung/ddr_filme.php?titel=Experimente+im+Physikunterricht&la=de&kategorien=suchen&#unter_suche (10.02.2013).
Indexliste: Titelübersicht: Methodik des Geografieunterrichts. URL: www.fachportal-paedagogik.de/forschungsdaten_bildung/ddr_filme.php?titel=Methodik+des+Geografieunterrichts&la=de&kategorien=suchen&#unter_suche (13.02.2013).
Indexliste: Titelübersicht: Persönlichkeitscharakteristik. URL: www.fachportal-paedagogik.de/forschungsdaten_bildung/ddr_filme.php?titel=Pers%F6nlichkeitscharakteristik&la=de&kategorien=suchen&#unter_suche (13.02.2013)
Indexliste: Titelübersicht: Rollenspiel. URL: www.fachportal-paedagogik.de/forschungsdaten_bildung/ddr_filme.php?titel=Rollenspiel&la=de&kategorien=suchen&#unter_suche (10.02.2013).
Indexliste: Titelübersicht: Studentenbühne. URL: www.fachportal-paedagogik.de/forschungsdaten_bildung/ddr_filme.php?titel=Studentenb%FChne&la=de&kategorien=suchen&#unter_suche (13.02.2013).
Indexliste: Titelübersicht: Theorie und Praxis der Sportarten. URL: www.fachportal-paedagogik.de/forschungsdaten_bildung/ddr_filme.php?titel=Theorie+und+Praxis+der+Sportarten&la=de&kategorien=suchen&#unter_suche (13.02.2013).

Jehle, May (2011): Problemhafte Unterrichtsgestaltung in Naturwissenschaften und Staatsbürgerkunde – Einblicke in Unterrichtsaufzeichnungen der Akademie der Pädagogischen Wissenschaften der DDR. In: www.schulunterricht-ddr.de/pdf/Problemhafter_Unterricht.pdf (10.01.2013).
Medienarchiv: Audiovisuelle Aufzeichnungen von Unterricht aus der DDR. URL: www.fachportal-paedagogik.de/forschungsdaten_bildung/ddr_filme.php?la=de (09.02.2013)
Schluß, Henning (2012): Störungen als Ermöglichung von Unterricht. In: Zeitsprung H. 1: 13-14.
Videofile: Interpretation des Gedichts 'Linker Marsch' (v_apw_029). Schluß, Henning: Quellensicherung und Zugänglichmachung von Videoaufzeichnungen von DDR-Unterricht der APW und der PH-Potsdam (2010). In: Audiovisuelle Aufzeichnungen von Schulunterricht in der DDR. Forschungsdatenzentrum Bildung am DIPF, Frankfurt, Main. DOI: 10.7477/4:2:4 .
Videofile: Richtiges und wirksames Argumentieren (v_dd_126). Schluß, Henning/ Jehle, May: Quellensicherung und Zugänglichmachung von Videoaufzeichnungen von DDR-Unterricht der PH Dresden (2011). In: Audiovisuelle Aufzeichnungen von Schulunterricht in der DDR. Forschungsdatenzentrum Bildung am DIPF, Frankfurt, Main. DOI: 10.7477/4:3:1 .
Videofile: Warum machen wir den Sozialismus? Auswertung einer Unterrichtsstunde (v_apw_034). Schluß, Henning: Quellensicherung und Zugänglichmachung von Videoaufzeichnungen von DDR-Unterricht der APW und der PH-Potsdam (2010). In: Audiovisuelle Aufzeichnungen von Schulunterricht in der DDR. Forschungsdatenzentrum Bildung am DIPF, Frankfurt, Main. DOI: 10.7477/4:2:1 .
Videofile (1976): Forschungsprogramm 'Einheitlichkeit und Differenzierung' (v_hu_02). Schluß, Henning: Rettung, Erschließung und Veröffentlichung im Internet von aufgezeichnetem Unterricht aus der DDR (2005). In: Audiovisuelle Aufzeichnungen von Schulunterricht in der DDR. Forschungsdatenzentrum Bildung am DIPF, Frankfurt, Main. DOI: 10.7477/4:1:1 .
Videofile (1976): Merkmale der Säugetiere (v_hu_16). Schluß, Henning: Rettung, Erschließung und Veröffentlichung im Internet von aufgezeichnetem Unterricht aus der DDR (2005). In: Audiovisuelle Aufzeichnungen von Schulunterricht in der DDR. Forschungsdatenzentrum Bildung am DIPF, Frankfurt, Main. DOI: 10.7477/4:1:2 .
Videofile (1977): Die Sicherung der Staatsgrenze am 13.8.1961 (v_hu_54). Schluß, Henning: Rettung, Erschließung und Veröffentlichung im Internet von aufgezeichnetem Unterricht aus der DDR (2005). In: Audiovisuelle Aufzeichnungen von Schulunterricht in der DDR. Forschungsdatenzentrum Bildung am DIPF, Frankfurt, Main. DOI: 10.7477/4:1:6 .
Videofile (1977): Psychologisches Gespräch mit einem Schüler (Exploration) (v_hu_28). Schluß, Henning: Rettung, Erschließung und Veröffentlichung im Internet von aufgezeichnetem Unterricht aus der DDR (2005). In: Audiovisuelle Aufzeichnungen von Schulunterricht in der DDR. Forschungsdatenzentrum Bildung am DIPF, Frankfurt, Main. DOI: 10.7477/4:1:29 .
Videofile (1977): Psychologisches Gespräch mit einem Schüler (Exploration) (v_hu_29). Schluß, Henning: Rettung, Erschließung und Veröffentlichung im Internet von aufgezeichnetem Unterricht aus der DDR (2005). In: Audiovisuelle Aufzeichnungen von Schulunterricht in der DDR. Forschungsdatenzentrum Bildung am DIPF, Frankfurt, Main. DOI: 10.7477/4:1:30 .
Weinhandl, Andrea (2012): Analyse der Grundzüge der DDR-Pädagogik anhand zweier Videoaufnahmen zum schulpsychologischen Gespräch aus dem Jahre 1977. Diplomarbeit, Universität Wien, Institut für Bildungswissenschaft.

Das Archiv für Unterrichtsaufzeichnung in Bonn

Susanne Kretschmer

1 Die Mitschauanlage in Bonn (1963-2012)

Alfons Otto Schorb richtete 1963 in Bonn die erste Unterrichtsmitschauanlage ein und begründete diese für die Lehrerausbildung wissenschaftlich, indem er Filmdokumente für die Lehrerausbildung produzierte. Die Anlage war modellbildend für alle weiteren Unterrichtsmitschauen in Westdeutschland die im Laufe der 1960er und 1970er Jahre errichtet wurden. Die Idee entstand ursprünglich aus dem Umstand, dass der sprunghafte Anstieg der Studierenden an Pädagogischen Hochschulen es unmöglich machte, die in der Studienordnung vorgesehenen Unterrichtshospitationen für alle Lehramtskandidaten zu organisieren. Damit lag der Schwerpunkt der Unterrichtsaufzeichnungen auf der Ausbildung, nicht auf der Unterrichtsforschung: „Die Arbeitsergebnisse müssen in ihrer Verlängerung durch die übrigen Etappen des Hochschulstudiums und durch einen [...] Vorbereitungsdienst zu einer echten didaktischen Handlungsfähigkeit führen" (Schorb 1966: 150).

Einen besonderen Effekt im Gegensatz zu Unterrichtshospitationen in den Schulen sah Schorb in einer Verwissenschaftlichung der Lehrerbildung durch gezielte Unterrichtsbeobachtung, die durch die Unterrichtsmitschau gefördert werde:

> „Mit dem Mittel der technischen Großaufnahme und der Wiederholung wird unausweichlich zum Bewusstsein gebracht, dass in jedem Unterricht ein viel reicheres zwischenmenschliches Geschehen stattfindet, als es selbst der offenste und umsichtigste Unterrichtspraktiker registrieren, geschweige denn im Handeln beherrschen kann" (ebd.: 152).

Hierin stellte Schorb aber auch ein Paradox der wissenschaftlichen Dokumentation von Unterricht fest, indem das Eintreten in dessen Feinstruktur durch die Kamera-Perspektive einen Verzerrungseffekt in der Unterrichtserfahrung bewirke und kleinste Details gegenüber umfassenderen Aspekten ein zu großes Gewicht erhalten könnten (ebd.). Schon sehr früh wurde also in der Konzeption und Praxis der Unterrichtsmitschau ein potenziell problematisches Verhältnis zwischen den normativ-praktischen Vorgaben der Lehrerausbildung und der objektivierenden, wissenschaftlichen Dokumentation konstatiert, vor allem im Hinblick auf die technisch sehr anspruchsvolle Umsetzung mit bis zu fünf Kamera-Perspektiven. Daher legte Schorb viel Wert auf den Kommentator, der die Wahrnehmung des Unterrichtsgeschehens durch die Studierenden lenken sollte.

Die Unterrichtsmitschauanlage in Bonn bestand aus einem Klassenzimmer mit vierzig Stühlen und einer Tafel, sowie den technischen Standards von Klassenräumen an deutschen Schulen im angegebenen Zeitraum, einem vom Klassenzimmer nicht einsehbaren Gang für die Kameras, einem außerhalb befindlichen Regieraum und einem Technikzimmer. An den Decken befanden sich acht Mikrofone. Außerdem gab es verglaste Sichtschlitze an Kopf- und Fußende der Klasse sowie gegenüber der Fensterfront. Dahinter standen – mehr oder weniger unsichtbar für die Schüler und Lehrer – vier Videokameras. Eine weitere Kamera war am oberen Ende einer Seitenwand innerhalb des Klassenzimmers installiert, also sichtbar für die Schüler und Lehrer. Kamera 1 und 2 waren vorgesehen für die Seiteneinsicht von rechts und links, eine weitere Kamera für die Totale von vorne, Nr. 4 begleitete den Lehrer, und die Nr. 5 stand zur freien Verfügung. Im Regieraum war auf fünf kleinen Monitoren zu sehen, was die Kameras aktuell aufzeichneten. Das Ergebnis wurde – wie die ungeschnittenen Rohaufnahmen der einzelnen Kameras auch – auf Videoband gespeichert. So entstand neben den einzelnen Bändern einer Kameraeinstellung der so genannte *Master-Mix,* der einen Zusammenschnitt der jeweiligen Schulstunde darstellte.

2 Das Archiv (1972-2011)

Aufgezeichnet wurden Klassen der Jahrgänge 2 bis 4 und 5 bis 13 diverser Schulen zumeist aus dem Großraum Bonn und dem Rhein-Sieg-Kreis, aber auch aus dem benachbarten Rheinland-Pfalz, größtenteils Gymnasien, teils Real- und Berufsschulen, in geringem Umfang Gesamt- und Grundschulen. Innerhalb des Filmmaterials aus den Gymnasien gibt es sowohl Unterrichtsmitschnitte aus mono-edukativen Gymnasien (sowohl Mädchen- als auch Jungengymnasien) wie auch ko-edukativen Gymnasien. Vereinzelt finden sich Aufzeichnungen von Hochschulseminaren und -workshops, sowie von Lehrerseminaren mit dem Schwerpunkt Fachdidaktik Religion und Lehramtsprüfungen. Es sind alle Haupt- und die meisten Nebenfächer der Sekundarstufe filmisch dokumentiert, besonders häufig aber Beispiele aus dem Deutsch-, Geschichts-, Religions- und Mathematikunterricht.

Fach	Anzahl Stunden[1]	Fach	Anzahl Stunden
Deutsch	26	Technik	1
Mathematik	21	Gesellschaftslehre/ Gemeinschaftskunde	12
Englisch	7	Verkehrserziehung	6
Lateinisch	1	Sachunterricht	3
Erdkunde	1	Stenografie	1
Geschichte	37	Pädagogik	3
Biologie	16	Kulturkunde	1
Chemie	8	Theateraufführung	1
Physik	6	Psychologie	4
Musik	10	Vorschulunterricht	1
Kunst	5	Prüfungen Lehramt	18
Religion, kath./ev.	18	**Gesamt:**	**207**

Abb. 1: Archivbestand Bonn 1972-1985: 1-Zoll-Bänder

In Zusammenarbeit mit dem Fernsehsender 3Sat entstand außerdem zwischen 2005 und 2009 eine Dokumentation, in der ausgewählte Kinder mit ihren Familien durch die vier Jahre Grundschulzeit begleitet wurden. Das darin verwendete filmische Unterrichtsmaterial entstand unter anderem in der Bonner Unterrichtsmitschauanlage (weitere Informationen unter www.die-kinder-von-seelscheid.de/)[2]. Ein weiteres Langzeitprojekt (1997 bis 2006) mit entsprechend

---

[1] Die Anzahl der vorh. Bänder ist größer, da zu vielen Stunden mehrere Kamera-Perspektiven einzeln aufgezeichnet wurden.
[2] Ein besonders umfassendes Beispiel für die filmische Langzeitbeobachtung von Schulklassen ist das Projekt „Die Kinder von Golzow", das Kinder einer Grundschulklasse von 1961 bis zum Schulabschluss der 10. Klasse begleitete, später einzelne Lebensläufe bis 2007 weiterverfolgte und so eine einzigartige Chronik von Bildungs- und Lebensverläufen in der DDR- und Nachwende-Zeit darstellt

umfangreichem Filmmaterial wurde in Kooperation mit einem Bonner Jungengymnasium durchgeführt. Eine Klasse wurde von der Klassenstufe 5 bis zur
Klassenstufe 13 regelmäßig mit jeweils 4 Unterrichtsstunden im Jahr aufgezeichnet. Sie fand 2006 in einer öffentlichen Veranstaltung ihren Abschluss und
wurde u. a. in der WDR-Sendung „Quarks und Co" vorgestellt.

Fach	Anzahl Stunden	Fach	Anzahl Stunden
Deutsch	16	Biologie	2
Mathematik	7	Philosophie	4
Englisch	4	Pädagogik	3
Französisch	1	Griechisch	1
Geschichte	19	Erdkunde	2
Lateinisch	7	Religion, kath.	25
Gesamt:	**91**		

Abb. 2: Archivbestand 1986-2011: U-Matic-Bänder und VHS-Kassetten

Aufgrund der Auflösung der Lehrerausbildung an der Bonner Universität konnte
die Sammlung ab 2001 nur behelfsmäßig verwaltet werden. Studentische Hilfs-
kräfte digitalisierten etwa zwei Drittel des Bestandes an VHS-Kassetten inkl.
verschiedener Kamera-Perspektiven auf DVD und erstellten eine grobe Übersicht über das Material von 1986 bis 2008. Das ältere Material vor 1986 ist archivarisch nicht (mehr) erfasst. Die gesamte Anzahl der gefilmten Unterrichtsstunden, die meisten mit mehreren Kameraperspektiven, werden auf etwa 300
geschätzt. Insgesamt sind etwa 811 Aufnahmen vorhanden.[3] Zwei der 1-Zoll-
Bänder aus dem Jahr 1982 wurden mit Hilfe der Universität Wien und der Stiftung Aufarbeitung für ein Dissertationsprojekt digitalisiert, wobei sich heraus-
stellte, dass die Qualität der Filme recht gut ist. Wie lange das Archiv noch auf-

---

(www.kinder-von-golzow.de) (zur Diskussion des qualitativ-empirischen Ansatzes dieser Aufzeichnungen vgl. Breuer 2005: 80ff.)

[3] Im Zuge weiterer Nachforschungen wurden jedoch noch weitere Kisten und Kartons mit Bändern
gefunden, die noch vor der Einführung der 1-Zoll-Bänder aufgenommen wurden (davon wahrscheinlich viele Tonbänder).

rechterhalten werden kann, ist ungewiss, da die Mitschauanlage im Frühjahr 2012 aufgelöst wurde. Der Forschung werden daher große Teile der Sammlung erst dann zugänglich sein, wenn es gelingt, den Bestand an 1-Zoll-Bändern zu digitalisieren. Eine bundesweite telefonische Recherche im Rahmen eines Digitalisierungsantrages ergab, dass nur das Bonner Archiv zusammen mit der noch existierenden Unterrichtsmitschau in München eine größere Sammlung von Aufzeichnungen der 1970er und 1980er Jahre aus der Bundesrepublik enthält. Die Aufzeichnungen mit analoger Technik (1-Zoll-Bänder, UMATIC-Kassetten und VHS-Kassetten) wurden an den meisten westdeutschen Universitäten und pädagogischen Hochschulen entsorgt.

3 Perspektiven der historischen Unterrichtsforschung: Methodologische Fragen, Forschungsfelder

3.1 Forschungslage Unterrichtsmitschau West: Ein „blinder Fleck"

Die damals mit so enormem Aufwand installierten Mitschauanlagen in Deutschland gerieten ab den 1980er Jahren zunehmend in Vergessenheit auch bei denen, die die Anlage in den 1960er und 1970er Jahren intensiv genutzt hatten. Die technische Entwicklung und die Entwicklung der Videografie in eine völlig andere Richtung taten ein Übriges (Schluß 2006: 6). Zusätzlich fehlt es dem westdeutschen Material scheinbar an Brisanz: Während Aufnahmen aus dem Schulunterricht der DDR als politisches Dokument nach dem Untergang des Systems natürliche Anknüpfungspunkte für die historische Forschung bieten, ist ein analytisches Interesse für historisches westdeutsches Material bisher kaum auszumachen. Ein Blick auf die neuere Unterrichtsforschung zeigt, dass die Aufzeichnungen der Mitschauanlagen hier keine Rolle spielen. Das Konzept der Unterrichtsmitschau und der darin dokumentierte Unterricht erscheint als ein abgeschlossenes Kapitel der Geschichte der Lehrerausbildung, umso mehr, als man damals ein Forschungsinteresse im gegenwärtigen Sinne nicht verfolgt hat. Als gegen Ende der 1990er Jahre die Videografie von Unterricht mit den quantitativen Ansätzen von Klieme/ Reusser (2006), Prenzel (2001) und Aufschnaiter/ Welzel (2001) für die naturwissenschaftliche Unterrichtsforschung wiederentdeckt wurde, wurden hier Unterrichtsmitschnitte in direktem Zusammenhang mit der relevanten Forschungsfrage neu produziert. Ebenso verhält es sich mit der neueren qualitativen Unterrichtsforschung mit ihren kulturanthropologischen und kommunikationswissenschaftlichen Ansätzen, wie sie von Wulf (2007), Rabenstein und Reh (2008) und anderen verfolgt werden. Parallel zur Wiederaufarbeitung der DDR-Vergangenheit, bei der man nun anfängt, die Zusammenhänge zwischen dem politischen System und dem Bildungssystem zu analysieren, fehlt also eine Selbstreflexion in der bildungswissenschaftlichen Forschung auf die Unterrichtspraxis der 1960er Jahre bis heute in Westdeutschland. Wenn man gegenwärtig über eine Sprache der Indoktrination im Schulsystem der DDR nachdenkt und über die Schulkultur, die sich daraus entwickelte, ist dies vielleicht die Gelegenheit, auch die ideologiebesetzten Anteile der westdeutschen Schulkultur zu analysieren, und dabei die Möglichkeiten zu nutzen, die die Unterrichtsaufzeichnungen bieten.

3.2 Bestimmungen der Historizität des Materials

Die Frage, ab welchem Zeitpunkt die Aufzeichnungen der Unterrichtsmitschau in Bonn als historisch abgeschlossen zu bezeichnen sind, ist zunächst nicht eindeutig zu beantworten. In der Bonner Bildungswissenschaft werden die Aufzeichnungen, durchaus auch im Sinne Schorbs, weiterhin in der Lehre verwendet, vor allem Beispiele ab dem Jahr 1997 bis 2011. Ab welchem Zeitpunkt sie also als historisch zu bezeichnen sind, müsste erst noch bestimmt werden. Hierzu möchte ich drei mögliche Thesen vorstellen:
a) Das gesamte Material der Unterrichtsmitschauanlagen ist als historisch zu bezeichnen.

Vor dem Hintergrund, dass die meisten Mitschauanlagen inzwischen nicht mehr existieren oder anderen Zwecken zugeführt wurden, z.b. als Medienlabor, wie in Augsburg, oder als Hörsaal für Internet-Vorlesungen, wie in München, könnte man das gesamte Material als historisch betrachten. Man würde dann das Konzept der Unterrichtsmitschau und der Lehrerausbildung aus den 1960er Jahren zugrunde legen und unterstellen, dass dieses Konzept bis in die jüngste Vergangenheit im Wesentlichen fortgeführt wurde. Von den Stichproben des Materials zu urteilen, die momentan zugänglich sind, gibt es aber ein Argument, das dagegen spricht. Während bis in die späten 80er Jahre die *Musterstunde* oder die Lehrprobe als Selbstreflexion von Studierenden und Referendaren im Vordergrund steht, kommen seit den 90er Jahren zunehmend auch Langzeitstudien vor, die nicht nur die Lehrperson, sondern auch die Entwicklung und die Interaktion der Schülerinnen und Schüler in den Fokus rücken. Dies gilt nicht nur für die Mitschau in Bonn, sondern z.B. auch für die PH Heidelberg, wo es ähnliche Projekte gab. In den letzten zehn Jahren haben sich die Bedingungen für Unterrichtsaufzeichnung im Rahmen der Lehrerausbildung diversifiziert: Einige Hochschulen sind innerhalb der Lehrerausbildung zu Aufzeichnungen in der gewohnten Lernumgebung übergegangen (Universität Hannover), andere richten neue Unterrichtslabore ein (Universität Köln). Innerhalb der Lehrerausbildung – wenn auch nicht in der Unterrichtsforschung – ist Schorbs Konzept also weiter aktuell.

b) Die Grenzmarke für die Unterscheidung *aktuell* bzw. „historisch" stellen die TIMMS Videostudie von 1997 bzw. die PISA Studie 2000 dar.

Diese Unterscheidung geht davon aus, dass ein gewandeltes Interesse der Unterrichtsforschung von modellhaftem Unterricht und der Reflexion der Lehrerrolle hin zu quantitativen und qualitativen Erfassung von Unterrichtsprozessen erfolgte. Dieser differenzierte methodische Blick der Forschung führte durch die starke bildungspolitische Resonanz auch zu Veränderungen der Unterrichtsrealität an Schulen und, zumindest teilweise, zu einer veränderten Nutzung der Unterrichtsmitschau. Hier sind ebenso die Langzeitstudien zu nennen, in denen nicht die Lehrerausbildung im Vordergrund steht, sondern ein Forschungsinteresse an Interaktionen im Unterrichtsprozess. Ob sich wirklich auch der Unterricht generell methodisch gewandelt hat, müsste anhand des Materials empirisch geprüft werden. Interessant in diesem Zusammenhang ist vielleicht, dass das Schweizer Internetportal www.unterrichtsvideos.ch, das sich als ein Instrument der aktuellen Lehrerausbildung versteht, keine vor 1999 aufgezeichneten Unterrichtsbeispiele anbietet. Das bedeutet jedoch nicht, dass vor 1999 aufgezeichnetes Material die Schulwirklichkeit an deutschsprachigen Schulen methodisch und inhaltlich nicht mehr repräsentiert. Wandlungsprozesse im Schulwesen vollziehen sich nur langsam und brauchen sicherlich mehrere Jahrzehnte, um wirksam zu werden.

c) Analog zum Wandel des Bildungssystems in Ostdeutschland nach der Wende ist das Jahr 1989 auch in Westdeutschland die Grenze zwischen aktuellem und historischem Material.

Zwar ist diese Unterscheidung wohl so nicht empirisch nachweisbar, aber sinnvoll, wenn das Forschungsinteresse auf den Systemvergleich Ost-West auf der Ebene des Unterrichts gerichtet ist. Gerade auf der Mikroebene einer einzelnen Stunde wird es interessant sein zu untersuchen, ob es mehr Unterschiede oder Gemeinsamkeiten in der Unterrichtsgestaltung gibt. Hinweise auf gesamtdeutsche Kontinuitäten des Bildungssystems gibt es bereits im Abschlussbericht des DFG-Projektes zu „Bildung und Schule im Transformationsprozess" 2000 (vgl. Benner/ Merkens 2000). Ob diese Kontinuitätsvermutung allerdings eine tragfähige Basis für die Gesamteinschätzung aus der Perspektive des westdeutschen Materials ist, ist eine offene Frage.

3.3 Rahmenbedingungen der Aufzeichnung; Einfluss der „Inszenierung" durch die Aufnahmetechnik

Anders als bei den DDR-Aufnahmen gibt es bei der Analyse des Bonner Mitschau-Materials zusätzlich zum Zusammenschnitt der verschiedenen Kameraperspektiven einer Unterrichtsstunde auch Aufzeichnungen jeder einzelnen der bis zu fünf Kameraperspektiven. Hieraus ergeben sich spezifische Konsequenzen für die Analyse der Videos. Zum einen wird es möglich, die Interaktionen der Schüler und der Lehrperson im Detail zu sehen und auch Feinheiten der Mimik und Gestik sowie des Blickverhaltens zu erfassen. Da es aber an einem *Drehbuch* für einzelne Kameraperspektiven in der Regel fehlt, sind nicht immer sinnvolle Ausschnitte durch einzelne Kameraperspektiven zu sehen; mal werden zufällig interessante Sequenzen aus dem Unterrichtsgeschehen eingefangen, mal schwenkt die Kamera aber auch mehr oder weniger zufällig über die Lerngruppe und schneidet gerade da einen Kopf oder eine Hand ab, die für das Verstehen einer Interaktion wesentlich wäre. Zudem fehlt trotz der acht Decken-Mikrofone oft der Ton: So sind gemurmelte Bemerkungen der Schülerinnen und Schüler nur dann zu hören, wenn es in der Klasse gerade relativ leise ist. Bei Gruppenarbeiten sind aus dem allgemeinen Stimmengewirr die Gruppe, einzelne Schüler oder die Lehrperson nicht zu isolieren. Im Mastermix ist eine sinnvolle Auswahl der Kameraperspektiven zu sehen, die sich in der Regel am inhaltlichen Verlauf der Unterrichtsstunde orientiert und meistens auf die Lehrperson fokussiert ist, d.h. am häufigsten sind die Aufnahmen der Kamera zu sehen, die der Lehrperson während des Unterrichts folgt. Der Mastermix stellt also zwar eine sinnvolle Bearbeitung dar, enthält aber eine vorgeformte Interpretation der Stunde, eine Art nachträgliches *Drehbuch*. Für die Nutzung der Aufzeichnungen innerhalb der Lehrerausbildung war dies durchaus so gewollt, „denn die Kamerabilder dürfen nicht die Intention des Lehrenden kommentieren oder gar unterlaufen", sollten also „keine eigene Geschichte erzählen" (Ladenthin 2006: 254). Die Übereinstimmung von implizitem „Drehbuch" und Intention der Lehrperson sollte noch dadurch abgesichert werden, dass die jeweilige Lehrperson der Freigabe zur Benutzung für Ausbildungszwecke nach der redaktionellen Fertigstellung zustimmte. Fühlten sich Pädagogen durch die Aufzeichnungen nicht adäquat repräsentiert, wurden diese gelöscht und nicht magaziniert (ebd.). Dies bedeutet, dass man kaum Unterrichtsstunden zu sehen bekommen wird, die aus professioneller Lehrersicht *misslungen* sind. Eine andere Perspektive bieten aber die ebenfalls häufig vorhandenen Unterrichtsversuche von Lehramtsstudierenden, Lehrproben von Referendaren und Prüfungen im Zweites Staatsexamen. Sie dokumentieren, wie das *Lehrer-Sein* schrittweise eingeübt und vervollkommnet wird. Dabei lassen die im Moment zugänglichen Aufzeichnungen vermuten, dass dieser Prozess mit einer Entverbalisierung und Inkorporation von statten geht: Während Studierende häufig explizit thematisieren, wie und warum ihre Schülerinnen und Schüler zu bestimmten Erkenntnissen und Einsichten gelangen sollen, verlagern Referendare diese Absichten zunehmend auf die Auswahl und Präsentation von Unterrichtsinhalten. Erfahrene Lehrer nutzen zusätzlich nonverbale Kommunikationsroutinen, um den Unterricht in bestimmte Richtungen zu lenken. Die direkte Wahrnehmbarkeit von curricularen oder erzieherischen Vorgaben nimmt also ab.

Im Gegensatz zu den Unterrichtsaufzeichnungen der DDR gibt es beim Bonner Material keine bewusst inszenierten Stunden mit konkreten Regieanweisungen: So kommen Schüler nicht schon vor ihrer Antwort ins Blickfeld der Kamera (Schluß 2008: 52). Dass der Ablauf der Stunden jedoch abgesprochen ist und die Schüler darauf *eingeschworen* wurden, ist durchaus erkennbar. Mal versuchen Schüler vor Beginn der eigentlichen Aufzeichnung einer Lateinstunde den Text schon einmal *vorzuübersetzen* und werden daraufhin vom Lehrer ermahnt („Ich hab das nicht gern, wenn Ihr vorbereitet"); oft läuft der Unterricht derart flüssig ab, dass eine ungewöhnlich hohe Kooperationsbereitschaft der Schüler mit der Lehrperson unterstellt werden kann. In jedem Fall sind Anzeichen der Anspannung, vor allem in den frühen Aufnahmen, deutlich wahrnehmbar. Eine der schwenkbaren Seiten-Kameras war nicht unsichtbar wie die anderen, die hinter Sehschlitzen verborgen waren. Sie bewegte sich plötzlich und mit einem Surren, das immer wieder die Aufmerksamkeit der Schüler auf sie lenkte und zu Belustigung und Verunsicherung führte. Offene Rebellionen der Schüler, die zum Abbruch der Aufzeichnungen oder der Unterrichtsstunde führen, sind im Bonner Material (bisher) nicht zu sehen. Wohl aber gibt es Beispiele für eine latente Torpedierung des Unterrichtsgeschehens und Ablehnung der Lehrperson, die sich durch ablehnende Körperhaltung, vermeidenden Blickkontakt oder Ablenkung und Störung des Unterrichts ausdrücken. Die einzelnen Kameraperspektiven liefern Szenen der Langeweile, der heimlichen Belustigung, des Frustes in verschiedenen Situationen bei den Schülern, sowie auch Nervosität im Mienenspiel der Lehrperson. Obwohl also der Unterricht scheinbar nach Plan verläuft, gibt es zuweilen einen reichen „Subtext", der auch zu Schorbs Zeiten schon Gegenstand der Analyse wurde (Schorb 1966: 151). In späteren Aufnahmen, ab etwa der zweiten Hälfte der 1990er Jahre, berichten Lehrkräfte häufig, dass dieser Anspannungs-Effekt verschwindet und die Schülerinnen und Schüler die Kameras „vergessen" (Ladenthin 2006: 253). Die meisten Aufnahmen aus dieser Zeit stammen allerdings auch aus dem Langzeitprojekt mit dem Bonner Jungengymnasium, in dem dieselbe Klasse mehrmals jährlich zu den Aufzeichnungen anreiste. Auch für die früheren Aufnahmen aber ist anzunehmen, dass grundsätzlich trotz der Laborsituation Unterrichtsmitschau kein völlig anderes Unterrichtsgeschehen zu sehen ist, sondern in gewohnter Umgebung vorhandene Muster verstärkt oder abgeschwächt werden.

Das Bonner Material zeigt in sich starke Unterschiede in der Unterrichtsführung und im Lernklima; klassischen Frontalunterricht mit fragend-entwickelnden Unterrichtsgespräch sieht man vor allem in Aufzeichnungen aus Gymnasialklassen; die wenigen Beispiele aus Grundschule und Gesamtschule, die allerdings auch in einen Zeitraum nach dem Jahr 2000 fallen, zeigen eine deutlich geringere Zentrierung auf die Lehrperson, mehr Interaktionen zwischen Schülern, einen weniger formalisierten und distanzierten Umgang der Lehrer mit den Schülern, ein offeneres Lernklima. Hieraus ließen sich Fragestellungen zur Lernkultur im Unterricht ableiten, wie sie in den qualitativen Arbeiten von Wulf und seiner Berliner Forschergruppe zur ritualisierten Kommunikation in Schule und Unterricht zu finden sind (Wulf et al. 2011).

3.4 Mögliche Forschungsansätze: Studien zur Unterrichtskultur und Nonverbaler Kommunikation im Unterricht

Ein Schwerpunkt der Bonner Bildungswissenschaft besteht in der Untersuchung von Kommunikation und Interaktion im Bildungsprozess. Insbesondere das von Ladenthin initiierte Langzeitprojekt mit einem Jungengymnasium von 1997 bis 2006 liefert Anschauungsmaterial für die Rolle der nonverbalen Kommunikation für das Lernklima und die Steuerung von Unterrichtsprozessen an Schulen. Als Ausgangspunkt der Analysen dienten die Forschungen von Rosenbusch und Schober (2000). Diese bezogen sich auf Analysen von Ekman und Friesen (1969, 1979) sowie Argyle (1979), die versuchten, die körpersprachlichen Elemente der Kommunikation nach Funktionen und Typen zu klassifizieren. Rosenbusch und Schober entwickelten daraus ein Schema, das den nonverbalen Signalen einerseits je nach Abhängigkeit oder Unabhängigkeit vom Lehrstoff eine steuernde Funktion für Verstehensprozesse sowie für die Unterrichtsorganisation zuwies und andererseits Einflüsse auf das allgemeine Lernklima hervorhob. Nach Rosenbusch und Schober sind hier vor allem folgende Bereiche der nonverbalen Kommunikation wichtig: Mimik, Gestik, Blickverhalten und Proxemik, bei letzterem vor allem das Distanzverhalten. Die Wirksamkeit der Körpersprache im Unterricht, so die Autoren, sei in der Lehrerausbildung bisher stark unterrepräsentiert und laufe weitgehend unbewusst ab, bei Lehrpersonen ebenso wie bei Schülern. Davon ausgehend versuchen wir in der Bonner Lehrerausbildung, die Studierenden für diese Prozesse zu sensibilisieren und mit ihnen zu diskutieren, wie z.B. Gesten Anweisungen und Vorträge der Lehrperson strukturieren und akzentuieren, wie verschiedene Signale sich auf die Aufmerksamkeit der Schüler auswirken, wie sich durch Mimik, Blickverhalten, Raumverhalten und Körperhaltung die Autorität der Lehrperson manifestiert und vieles mehr. Aus heutiger Sicht wird die Eindeutigkeit der Klassifizierungen und Typisierungen, wie sie von Ekman und Friesen erarbeitet wurden, infrage gestellt (Wulf 2011: 14). Dennoch lassen sich diese Beobachtungen mit den Ansätzen der neueren qualitativen Videografieforschung, die mit dem Verständnis des Unterrichts und der Schule als eine Ansammlung verschiedenster Rituale arbeitet, gut verknüpfen.

Dabei sind Rituale, wie z.b. das Melden des Schülers, die gestische und mimische Aufforderung der Lehrperson zum Sprechen, Zeigegesten und vieles mehr als Abstraktionen individuellen Lehr- und Lernverhaltens zu verstehen, die sich in Unterricht und Schule historisch entwickelt haben und daher als kulturelle Sedimente wirken, die die Auffassung von Schule und Unterricht als Einführung in die Regeln der Gesellschaft prägen (ebd.: 19). Von da aus ist es nur ein weiterer Schritt zur Untersuchung des Verhältnisses zwischen bildungspolitischen und kulturellen Einflüssen auf ihre Manifestation im Unterricht. Um dies unter historischer Perspektive zu erforschen, eignet sich das Bonner Mitschau-Material aufgrund der Detailaufnahmen recht gut.

Ein interessanter Ausgangspunkt wäre dabei die fächerspezifische Betrachtung von Unterricht im Hinblick auf eine je eigene Unterrichtskultur, die sich nicht nur an bestimmten Inhalten und Methoden, sondern auch bezüglich verschiedener Rituale entdecken lässt (vgl. Audehm 2011 in Bezug auf den Kunstunterricht). Ist es in deutschen Klassenzimmern möglich, lateinische Texte problemorientiert zu übersetzen? Oder wirken hier historisch fundierte Unterrichtsrituale des Lateinunterrichts, die das Vokabel-Abfragen, Korrigieren, Satz-für-Satz-Übersetzen vorsehen? Bietet dagegen der Mathematikunterricht in historischer Perspektive mehr Gelegenheiten zum Lösen von Problemen in Gruppen? Wie wirken Lehrerpersönlichkeiten, Unterrichtsmethoden und dazu gehörige Rituale zusammen (der *strenge Lateinlehrer*, der *kumpelhafte Mathelehrer*)? Bisher fehlt es an ausreichend präzisen wissenschaftlichen Werkzeugen, um solche Analogien zweifelsfrei zuzuordnen. Auch Wulf betont in seinen Analysen, dass man Gesten nicht verallgemeinern und eindeutig bestimmten Funktionen im Unterricht zuordnen kann; dazu sind die Interaktionen zu komplex (Wulf 2011: 15). Das Filmmaterial im Bonner Archiv könnte hier aber eine zusätzliche Perspektive liefern. Durch den historischen Vergleich ließen sich seine Gegenwartsdiagnosen in einen breiteren Evidenzrahmen stellen. Die weiterführende Analyse mit Filmmaterial aus der DDR könnte dabei einen Hinweis dafür liefern, wie tief bestimmte Unterrichtsrituale kulturell verwurzelt sind, und welche Elemente des Unterrichts in der Praxis durch unterschiedliche politische Vorgaben und Systeme in einem bestimmten Zeitraum beeinflusst wurden und welche möglicherweise über die unterschiedlichen Systeme hinaus deutliche Parallelen aufweisen.

Quellen und Literatur

Argyle, Michael (1979): Körpersprache und Kommunikation. Das Handbuch zur nonverbalen Kommunikation, Paderborn.
Audehm, Kathrin (2011): Fehlende Gesten? Über gestische Aufladung und pädagogische Autorität im Kunstunterricht. In: Wulf, Christoph/ Althans, Birgit/ Audehm, Kathrin/ Blaschke, Gerald/ Fer-

rin, Nino/ Kellermann, Ingrid/ Mattig, Ruprecht/ Schinkel, Sebastian (Hg.): Die Geste in Erziehung, Bildung und Sozialisation. Ethnographische Feldstudien. Wiesbaden: 83-113.

Aufschnaiter, Stefan von/ Welzel, Manuela (Hg.) (2001): Nutzung von Videodaten zur Untersuchung von Lehr-Lernprozessen. Münster.

Breuer, Franz (2005): Konstruktion des Forschungsobjektes durch methodischen Zugriff. In: Mey, Günther (Hg.): Handbuch Qualitative Entwicklungspsychologie. Köln: 57-102.

Benner, Dietrich/ Merkens, Hans (2000): Schlussbericht der Forschergruppe Bildung und Schule im Transformationsprozess von SBZ, DDR und neuen Ländern – Untersuchungen zu Kontinuität und Wandel. Berlin.

Ekman, Paul/ Friesen, Wallace (1969): The repertoire of nonverbal behavior: Categories, origins, usages, and coding. In: Semiotica 1: 49-98.

Ekman, Paul (1979): Zur kulturellen Universalität des emotionalen Gesichtsausdrucks. In: Wallbott, Harald. G./ Scherer, Klaus. R. (Hg.): Nonverbale Kommunikation: Forschungsberichte zum Interaktionsverhalten. Weinheim, Basel: 50-58.

Ekman, Paul/ Friesen, Wallace V. (1979): Handbewegungen. In: Wallbott, Harald. G./ Scherer, Klaus. R. (Hg.): Nonverbale Kommunikation: Forschungsberichte zum Interaktionsverhalten. Weinheim, Basel: 108-123.

Klieme, Echkard, I./ Pauli, Christine/ Reusser, Kurt (Hg.) (2006): Dokumentation der Erhebungs- und Auswertungsinstrumente zur schweizerisch-deutschen Videostudie „Unterrichtsqualität, Lernverhalten und mathematisches Verständnis". Teil 3: Videoanalysen. Frankfurt a.M.

Ladenthin, Volker (2006): Ist das denn echt? Über die Möglichkeiten, Schulklassen zu filmen. In: PF:ue 4: 253-256.

Prenzel, Manfred et.al. (Hg.) (2001): Erhebungs- und Auswertungsverfahren des DFG-Projekts „Lehr-Lernprozesse im Physikunterricht – eine Videostudie." Kiel.

Rabenstein, Kerstin/ Reh, Sabine (2008): Über die Emergenz von Sinn in pädagogischen Praktiken. Möglichkeit der Videographie im „Offenen Unterricht". In: Koller, Hans-Christoph (Hg.): Sinnkonstruktion und Bildungsgang. Opladen: 137-156.

Rakoczy, Katrin/ Klieme, Eckhard/ Lipowsky, Frank/ Drollinger-Vetter, Barbara (2010): Strukturierung, kognitive Aktivität und Leistungsentwicklung im Mathematikunterricht. In: Unterrichtswissenschaft 38 (3): 299-246.

Rosenbusch, Heinz/ Schober, Otto (2000): Körpersprache in der schulischen Erziehung. Hohengehren.

Rosenbusch, Heinz (2000): Nonverbale Kommunikation im Unterricht – Die stille Sprache im Klassenzimmer. In: Rosenbusch/ Schober: 166-203.

Schluß, Henning (2008): DDR-Schulstunden in Videodokumentationen. In: Pädagogik 5, 2008: 52-53.

Schluß, Henning (2006): Unterrichtsaufzeichnung in der DDR – Ein Schatz der Unterrichtsforschung: Vorstellung eines Forschungsvorhabens. In: MedienPädagogik: 1-16, www.medienpaed.com/2006/schluss0603.pdf (10.03.2013).

Schorb, Alfons Otto (1966): Die Unterrichtsmitschau in der Praxis der Lehrerbildung. Eine empirische Untersuchung zur ersten Studienphase. Bad Godesberg.

Wulf, Christoph et al. (2007): Lernkulturen im Umbruch. Rituelle Praktiken in Schule, Medien, Familie und Jugend. Wiesbaden.

Wulf, Christoph/ Althans, Birgit/ Audehm, Kathrin/ Blaschke, Gerald/ Ferrin, Nino/ Kellermann, Ingrid/ Mattig, Ruprecht/ Schinkel, Sebastian (2011): Die Geste in Erziehung, Bildung und Sozialisation. Ethnographische Feldstudien. Wiesbaden.

III Zeitzeugenberichte zu den Archiven der Unterrichtsaufzeichnungen

Videos in den Erziehungswissenschaften
Versuche und Erfahrungen an der Humboldt-Universität zu Berlin[1]
Hans-Georg Heun

1 Der Aufbau des Pädagogischen Labors

Im Jahre 1970 haben wir damit begonnen, an der damaligen Sektion Pädagogik der Humboldt-Universität zu Berlin ein hochschulinternes Videosystem aufzubauen und zu betreiben. Über die Versuche, die wir damit angestellt, und die Erfahrungen, die wir dabei bis zum Jahre 1993 gesammelt haben, soll hier berichtet werden.

Angefangen hat alles mit dem „Didaktischen Laboratorium". Es ist als eine vielversprechende pädagogische Neuerung 1964 beim Neubau von Altem Palais und Kommandantenhaus als Universitätsgebäude in letzterem eingerichtet worden. Ein komplett ausgestatteter Klassenraum mit einigen Nebenräumen sowie einer großzügigen technischen Ausstattung ermöglichte sogar Chemie- und Physikunterricht. Offenbar für den Zeichenunterricht mit Wasserfarben befand sich an einer Seitenwand eine ganze Batterie von Waschbecken. Die Tafel konnte man nur durch Knopfdruck bedienen. Sie fuhr dann, von einem Motor bewegt, gemächlich, aber desto geräuschvoller, hinauf oder hinunter, je nachdem, ob man den richtigen oder, wie oft genug geschehen, den falschen Knopf gedrückt hatte. Die Decke war komplett mit Leuchtstoff-Röhren überzogen. Hatte man sie alle eingeschaltet, stand der Raum in gleißendem Licht.

Für diesen Aufwand gab es natürlich einen Grund. Hier sollten Filmaufnahmen von Unterrichtsstunden jeglicher Art hergestellt werden. Außerdem sollten Studenten die Schüler und Lehrer im Unterricht beobachten können, ohne selbst wahrgenommen zu werden. Deshalb befanden sich an der einen Seitenwand in zwei Etagen übereinander, sowie an der Stirnwand über der Tafel einseitig verspiegelte Fenster („One-Way-Screens"). In den dahinter liegenden und völlig schwarz gestrichenen Räumen konnte eine größere Gruppe von Studenten auf Bänken oder Stühlen Platz nehmen und hatte von hier aus einen mehr oder weniger guten Blick in den Klassenraum. Der Ton wurde mittels Mikrofonen,

---

[1] Überarbeitete Fassung des Beitrages: Heun, Hans-Georg (2011): Video in den Erziehungswissenschaften. Über Versuche und Erfahrungen an der Humboldt-Universität zu Berlin. URL: www.schulunterricht-ddr.de/pdf/Heun_Video_Erziehungswissenschaften.pdf (10.01.2013).

die man sehr diskret in weißen Lampenschirmen verborgen hatte, und Lautsprechern übertragen.

Das war zweifellos ein ausgeklügelter Entwurf und vor allem sehr modern, als Vorführ- und Besichtigungsobjekt, heute würde man sagen, für touristische Zwecke, bestens geeignet. Nur wie das Ganze praktisch funktionieren sollte, daran hatte offenbar keiner von den Erfindern gedacht. Somit fiel dieses aufwändige Objekt dem damaligen Sektionsdirektor prompt auf die Füße. Vom Rektor der Universität musste er sich wohl mehrfach Querelen anhören, dass die teure Einrichtung schon so lange ungenutzt ihr Dasein fristete, nur von einem Kollegen wie vom Kustos eines Museums sorgsam gehütet.

Im Herbst 1969 hatte man mich, bis dahin in der Abteilung Didaktik tätig, dazu auserkoren, dieses Labor zu übernehmen und in Schwung zu bringen. Bevor ich mich dafür bereitfand, stellte ich einige Bedingungen. Erstens wollte ich nicht in irgendeinen Wissenschaftsbereich (WB) eingegliedert werden, sondern mich völlig selbständig, als eigener WB konstituieren, und zweitens freie Hand in allen meinen Unternehmungen behalten, sofern sie die Grenzen der Legalität nicht überschreiten würden. Beides sagte mir der Sektionsdirektor zu, und ich hatte einen neuen Posten.

Zunächst besaß ich keinerlei Vorstellung, was man mit dem Labor anfangen könnte. Also dachte ich mir erst einmal eine Nutzungskonzeption aus und besprach sie mit einigen verantwortlichen Leitern. Schließlich gab ich der Einrichtung noch einen neuen Namen. Ich wollte die Technik nicht nur für Unterrichtsbeobachtungen genutzt wissen, sondern für die Beobachtung und Dokumentation eines breiten Spektrums pädagogischer Vorgänge. So taufte ich das Didaktische um in „Pädagogisches Laboratorium".

Am fünfzehnten Oktober 1969 trat ich offiziell mein neues Amt an. Ein eigenes Zimmer bekam ich auch. Es lag direkt neben dem Labor und blickte durch die Linden auf die „Linden", das heißt auf die Straße „Unter den Linden". Zur Ausstattung suchte ich mir auf dem Boden geeignete Möbel zusammen, die andere Kollegen ausrangiert hatten, mir aber noch durchaus brauchbar erschienen. Mir blieb auch nichts anderes übrig.

Jetzt konnte es losgehen. Ich brauchte nur noch Schüler und Lehrer in unser Labor zu locken. Über das Schulamt im Stadtbezirk Mitte ließ ich mir eine relativ nahe gelegene Schule zuweisen. Es handelte sich um die 10. Oberschule. Dort fand ich einen verständnisvollen und kooperationsbereiten Direktor. Mit ihm sprach ich alles ab. Bereits am 21. und 22. Januar 1970 fand zum ersten Male bei uns probehalber Unterricht statt. Die Schüler einer achten Klasse und ihre Klassenleiterin wurden für eine einzige Unterrichtsstunde mit einem Bus der Universität von der Schule abgeholt und wieder dorthin zurück befördert.

Für die Kinder war das natürlich ein Vergnügen, für uns aber auf die Dauer ein zu großer Aufwand. Wir mussten nach anderen Wegen suchen. So lud ich den engeren Arbeitsstab des Rektors zu mir ins Labor ein. Damit verlagerte ich unsere Problematik wieder in die Universitätsleitung, die den Stein ja erst losgetreten hatte. Die Herren und Damen erschienen bei mir am 1. April 1970 mit dem Rektor an der Spitze. Mit von der Partie waren diverse Prorektoren und vor allem der Direktor für Ökonomie. Der unterbreitete den Vorschlag, nachdem ich meine Anliegen dargelegt hatte, die Schüler einer Klasse einen ganzen Vormittag kommen zu lassen und in den Pausen nur die Fachlehrer hin und her zu fahren. Dafür solle mir der Autodienst der Uni an diesem Tage einen PKW zur Verfügung stellen. Eine glänzende Idee, die wir auch in die Tat umsetzten. Doch bis zum Sommer organisierten wir zum Eingewöhnen noch weitere sporadische Stippvisiten von Schulklassen.

2 Der Betrieb des Pädagogischen Labors

Ab Herbst 1970 fand dann bei uns an jedem Mittwochvormittag Unterricht statt, außer in den Schulferien selbstverständlich. Das Fächerspektrum bildete der Stundenplan, der für diesen Tag in der Schule vorgesehen war. Das waren für gewöhnlich fünf, manchmal sechs, Unterrichtsstunden. Den Anfang machte eine sechste Klasse. Im Oktober wurde bereits die einhundertste Stunde abgehalten. Aus diesem Anlass spendierten wir allen Schülern eine Flasche Brause, die sie mit uns feierlich leerten. Der regelmäßige Unterricht in unserem Fernsehstudio jahrein jahraus an jedem Mittwoch geriet für uns zu einem wahren Stresstag. Da die Lehrer in den Unterrichtspausen mittels PKW zwischen ihrer Schule und uns unterwegs waren, mussten wir die Pausenaufsichten auf unserem Hof übernehmen. Manchmal fiel auch eine Lehrkraft aus, und wir, das heißt ein Kollege und ich, waren gezwungen, nach einem plötzlichen Anruf der Schulleitung völlig unvorbereitet auch noch den Vertretungsunterricht zu übernehmen.

Mittags durften wir die Schüler zum Mittagessen in die Mensa begleiten, wo sie heute statt in der Schule ihre warme Schulspeisung erhielten. Wir mussten sie über die sehr befahrene Straße „Unter den Linden" hinweg und durch das Hauptgebäude hindurch dorthin führen. Am Schuljahresende und zu Weihnachten brachten sie den sehr hilfsbereiten und fürsorglichen Küchenfrauen zum Dank ein Ständchen oder machten ihnen auf andere Weise eine kleine Freude.

Die Klassen wechselten jährlich ebenso wie die Lehrer. Als Belohnung für die Schüler und den jeweiligen Klassenleiter organisierten wir, unterstützt von der Universitätsverwaltung, Fahrten in die Natur. Mit drei Klassen verbrachten wir im Frühjahr oder Herbst je eine Woche im Ferienlager der Universität am Milasee. Der Omnibus der Universität brachte uns hin und wieder zurück. Die

Kinder hatten dort täglich etwas Unterricht. Ansonsten fanden Spiele, Wanderungen oder Tanzveranstaltungen statt. Mit einer anderen Klasse machten wir eine Busrundreise durch die Schorfheide, zum Kloster Chorin und zum Schiffshebewerk Niederfinow. Eine dieser Belohnungsreisen führte mit einer siebenten Klasse per Bahn sogar bis nach Greiz in Thüringen. Einen Großteil der Kosten hatte wieder die Uni übernommen. Ohne meine guten Beziehungen zur Universitätsverwaltung sowie zum Autodienst und ohne meine Bekanntschaften zu Küchenfrauen und anderen Personen aus meiner mehrjährigen Lagerleitertätigkeit in der Ferienaktion wäre so etwas gar nicht möglich gewesen. So griff ein Rädchen ins andere.

Doch mit diesen organisatorischen Maßnahmen hatten wir maximal die Hälfte des Problems gelöst. Wozu sollte denn der Unterricht bei uns dienen? Also lud ich die Pädagogen unserer Sektion und die Fachmethodiker, oder wie sie jetzt heißen, die Fachdidaktiker, an den anderen Sektionen, die ich aus früherer gemeinsamer Tätigkeit noch alle gut kannte, ins Labor ein, um die Sachlage mit ihnen zu besprechen. So recht wollten sie an den Braten nicht heran. Einer von ihnen erklärte mir, dass man „im Westen" für Unterrichtsbeobachtungen die Fernsehtechnik einsetze, und wir sollten uns doch einmal darum kümmern.

Das taten wir im weiteren Verlaufe des Jahres dann auch. Ich studierte die einschlägige „westliche" Literatur, um mich kundig zu machen. Da sprach man viel von „Fernsehmitschau" (Alfons Schorb in Bonn), „Selbstkonfrontation mittels Videoaufzeichnungen" (Walther Zifreund in Tübingen), „Closed Circuit Television" und anderen schönen Dingen mit ihren nachgesagten und fast trunken machenden Wirkungen. Alles lief damals, wie auch die Installation unseres anfänglichen didaktischen Labors, unter der Flagge „Rationalisierung und Intensivierung" der Bildungsprozesse, worunter in erster Linie der Einsatz von Technik und technischen Medien verstanden wurde. Auch das seinerzeit vielgerühmte „Programmierte Lernen", ob mit oder ohne Technik, gehörte hierher.

Im Laufe der Zeit studierte ich auch Erfahrungen an Universitäten im Ausland, z. B. in Brno, Helsinki und Malmö. Wir besorgten uns irgendwoher leihweise zwei Fernbeobachtungskameras und einige Fernsehapparate als Monitore, lebten also erst einmal, wie jede gut florierende Wirtschaft, „auf Pump". Die Kameras wurden im Klassenraum fest installiert, die eine vorne zur Beobachtung der Schüler, die andere hinten zur Beobachtung des Lehrers und der Tafel. Die Monitore kamen in die Nebenräume, von wo aus die Studenten den Unterricht beobachten sollten. So konnten diejenigen, die über der Tafel saßen und dem Lehrer allenfalls auf den Kopf schauten, per Fernsehen wenigstens auf sein Gesicht und die Tafel blicken. Die Sichtbedingungen blieben jedoch weiterhin recht bescheiden. Verwendungsmöglichkeiten der Anlage lotete ich mit Diplomstudenten nun selbst aus. Sie probierten, unter unseren Bedingungen Unterrichtsstunden zu halten. Wir veranstalteten Protokollierübungen, um herauszufinden, was man im Unterricht bei der Flüchtigkeit des Geschehens beobachten und in ein verwertbares Protokoll bringen kann. Daraus entstand im Laufe des Herbstes unsere neueste „Erfindung", der Protokollierkurs.

Im Pädagogisch-Psychologischen Praktikum hatten die Studenten als eine Hauptaufgabe im Unterricht zu hospitieren und das Gesehene wie Gehörte ad hoc in einem Protokoll festzuhalten. Nach meinen Erfahrungen kamen dabei nur sehr unvollkommene, kaum miteinander vergleich- und damit verwertbare Produkte zustande. Der Sinn unseres Protokollierkurses bestand nun darin, die Praktikanten besser auf diese Aufgabe vorzubereiten. Dazu mussten wir Bild- und Tonkonserven von Unterricht einsetzen, an denen größere Studentenmengen trainiert werden konnten.

Das bedeutete, solche erst einmal herzustellen. Als Aufnahmetechnik stand uns zu dieser Zeit noch keine Fernseh-, sondern nur eine 16-mm-Filmkamera zur Verfügung. Mit ihr nahmen wir zwei Unterrichtsstunden, Mathematik und Erdkunde, auf. Die Kamera lief jedoch so laut, dass ihre Geräusche fast den Unterricht übertönten. Auf dem Film hörte sich das dann so an, als hätte der Unterricht direkt neben den heftig rauschenden Niagarafällen stattgefunden. Wir versuchten mit diversen Mitteln diese Störung zu minimieren. Das geriet uns nur sehr schlecht. Schließlich schafften wir es, eine verplimte, also leisere Kamera aufzutreiben. Unsere Filmaufnahmen mussten wir im DEFA-Kopierwerk entwickeln lassen, was die Sache auch nicht gerade einfach machte. Da unsere Filmkamera nicht über einen Tonkopf verfügte, waren wir gezwungen, den unentbehrlichen Unterrichtsdialog mit einem Tonbandgerät separat aufzuzeichnen.

Nun wurde es erst richtig spannend. Wie sollten wir Ton und Bild zusammen bekommen? Alle unsere krampfhaften Versuche scheiterten daran, dass Filmprojektor und Tonbandgerät nicht synchron liefen. So stückelten wir mühselig einige Unterrichtsszenen zusammen und lieferten Zwischentexte in Form von Kommentaren. Das bedeutete natürlich nicht viel mehr als einen Notbehelf. Anfang Januar haben wir mit allen Praktikumsstudenten in mehreren Gruppen und in unserem großen Hörsaal unseren ersten Kurs durchgezogen. Das Unternehmen glich einer Zangengeburt, gedieh aber für alle sehr interessant, brachte vor allem den Studenten einmal etwas Neues. Über die feine inhaltliche Logik unseres Kurses will ich mich hier nicht auslassen. Hierüber kann man in diversen Publikationen nachlesen. Ich möchte nur deutlich machen, unter welchen schwierigen Bedingungen wir aus dem Labor etwas Brauchbares herauszuholen versuchten.

3 Die Einführung der Videotechnik

Gemäß den sich in den folgenden Jahren allmählich bessernden technischen und räumlichen Gegebenheiten und mittels Videoaufnahmetechnik haben wir die Kurse weiter vervollkommnet, eine Anleitungsbroschüre für die Studenten verfasst und die Veranstaltungen bis 1979 jedes Jahr wiederholt. Warum sie hier endeten, weiß ich nicht mehr. Vielleicht hatte man inzwischen das Praktikum aus dem Ausbildungspensum gestrichen.

Die Entwicklung schritt so wie in der DDR auch bei uns munter voran. Im März des Jahres 1971 erhielten wir leihweise einen Videorecorder und dazu weitere Fernsehkameras. Jetzt konnten wir Unterrichtsstunden aufzeichnen, ohne uns um das leidige Synchronproblem scheren zu müssen. Und vor allem, wir konnten sie sofort vorführen, ohne ein Kopierwerk bemühen zu müssen. Jetzt hatten wir bei unseren Pädagogen und Fachdidaktikern bessere Karten, und das Geschäft lief an. Einige veranstalteten am Mittwoch ihre Schulpraktischen Übungen statt wie sonst in der Schule bei uns im Labor. Ein Student unterrichtete, die anderen schauten, hinter den Einweg-Scheiben verborgen, dem Ereignis zu. Ihr Dozent konnte über ein Mikrofon Kommentare liefern, ohne den Unterricht zu stören, und wir fixierten die Stunde auf Videoband. So weit, so gut.

Der Dozent hatte nun die Möglichkeit, bei der anschließenden Auswertung die Aufzeichnung zu verwenden, um die Studenten und vor allem den Unterrichtenden an seinem eigenen Bild auf Stärken und Schwächen aufmerksam zu machen (die sogenannte „Selbstkonfrontation"). Aber zu solch einem revolutionären Akt hatte sich die Modernisierungslust der Methodiker noch nicht vorgewagt. Sie veranstalteten das allgemein übliche verbale kleinliche Zerpflücken der gehaltenen Stunde. Die Aufzeichnung setzten sie, wenn überhaupt, allenfalls am Schluss zur Illustration ein und dann auch nur ein kurzes Stück daraus, meist den Anfang der Stunde. Und oftmals war nach endloser Rederei nicht einmal mehr dafür Zeit. Somit war der Sinn des ganzen Unternehmens eigentlich verpufft.

Dafür belegten sie mangels eines anderen Raumes mein Büro, zugleich unser Sekretariat, einen ganzen Vormittag über. Wir hatten das Zimmer extra für diesen Zweck mit der erforderlichen Technik, Fernseher, Lautsprecher und Wechselsprechanlage ausgestattet. Desto betrüblicher war es zu erleben, wie die Kollegen davon nur unzureichenden Gebrauch machten.

Inzwischen hatten wir erst einen großen Hörsaal, dann noch einen kleineren sowie einen Seminarraum mit Monitoren, Lautsprechern und einer Wechselsprechverbindung zu unserem Labor hergerichtet. Da Videorecorder lange Zeit Mangelware und Ausnahmeerscheinungen blieben, konnten wir die Lehrkräfte nicht mit selbst zu handhabenden ausrüsten. Für die Wiedergaben standen nur unsere wenigen Aufnahmerecorder zur Verfügung. Alle Einspielungen in Lehrräume mussten daher nach vorheriger Absprache per Zuruf von unserer Zentrale aus erfolgen. Das band bei uns natürlich Personal und machte die Sache für die Lehrkräfte etwas kompliziert. Doch mit der Zeit gewöhnten sich alle daran oder wurden sachgerecht und energisch eingewiesen. So lief der Betrieb weitgehend reibungslos.

Abb.1: Weiterentwickeltes Pädagogisches Labor der HU (Foto: H.G. Heun)

Nach und nach haben wir unsere Aufnahmetechnik und unsere Aufnahmepraxis verbessert. Im Unterrichtsraum installierten wir mehrere feste Kameras, insgesamt wurden es fünf an der Zahl. Vom Fernsehen der DDR erhielten wir im April 1971 eine mobile mit Zoomoptik. Wir setzten sie im Klassenraum als sechste ein und konnten somit sowohl Nah- als auch Großaufnahmen machen, in die Totale ziehen, auch Zoomfahrten und Schwenks vollführen. Diese Kamera wurde von einer Mitarbeiterin im Klassenraum bedient. Sie übersah hier die Situation wesentlich besser als der Regisseur am Regiepult im Nebenraum. Sie wählte mit ihrer Kamera selbständig geeignete Nahaufnahmen aus, wie den jeweils agierenden Schüler oder die Lehrkraft bei einer didaktisch wesentlichen Funktion, z. B. beim Schreiben an der Tafel, zoomte heran oder hinweg. Über Kopfhörer stand sie mit der Bildregie in Verbindung, konnte so Hinweise dorthin übermitteln oder Hinweise zur Kameraführung von dort empfangen.

Abb. 2: Das moderne Regiepult (Foto: H.G. Heun)

Auch das Regiepult hatte inzwischen ein wesentlich voluminöseres und moderneres Aussehen erhalten. Dabei kam uns zugute, dass wir eine internationale Veranstaltung auszurichten hatten, das „Gemeinsame Seminar UdSSR-DDR zur Nutzung des Fernsehens in der Hochschulbildung". Es war das erste, an dem auch Vertreter anderer sozialistischer Staaten teilgenommen haben, z. B. aus Polen, Ungarn, Tschechien und Kuba. Diese Situation nutzte ich dazu aus, unsere Fernsehanlage erheblich zu modernisieren. Ich erklärte, mit der bisherigen Ausstattung können wir uns vor internationalen Fachleuten nur blamieren. Das half. Der VEB Studiotechnik lieferte uns umgehend ein neues Steuerpult und diverses anderes Material. Nur auf diese Weise kam man damals zu etwas.

Der Betrieb bei der Aufzeichnung von Unterrichtsstunden spielte sich so ab: Ein Mitarbeiter regelte den Ton, ein weiterer war für die Bildsteuerung zuständig. Er fungierte gleichzeitig als Regisseur und Schnittmeister. Am Anfang übte ausschließlich ich diese Funktion aus. Vor sich hatte er eine Wand mit acht Monitoren, sechs mit den Vorschaubildern, einen mit dem Sende- bzw. Aufzeichnungsbild sowie einen für spezielle Bild- oder Graphikeinblendungen. Die Bildauswahl erfolgte auf einem Pult mit etlichen Tasten. Das Ziel war, stets ein informatives Bild zu erfassen und zu fixieren. Das konnten sein: die Totale, z. B. zur Darstellung des Meldeverhaltens der Schüler oder der allgemeinen Situation in der Klasse, Groß- oder Nahaufnahmen eines einzelnen Schülers oder einer

Schülergruppe oder der Lehrkraft vor der Klasse oder an einem Schülerplatz. In Sekundenschnelle musste er sich aus sechs bis sieben Angeboten für ein geeignetes zu fixierendes Bild entscheiden. Auf dem Stellpult musste er dann ebenso schnell die relevante Taste für die gewünschte Bild betätigen. An sich war das ganz einfach. Wie beim Klavierspielen brauchte man nur im richtigen Moment mit dem richtigen Finger auf die richtige Taste zu drücken. Das ganze verlangte jedoch nahezu hellseherische Fähigkeiten, zumindest eine pädagogische und didaktische Einfühlung in das Unterrichtsgeschehen, ein Vorausahnen, was wahrscheinlich kommen müsste oder könnte. Ein Skript hatte man ja nicht zur Verfügung, aber auch gar keine Zeit, darin mitzulesen. Außerdem passieren im lebendigen Unterricht oft ungeplante und unbeabsichtigte Situationen, auf die schnell und möglichst wirkungsvoll zu reagieren ist. Da nützt auch das beste Skript nichts. Deshalb ist es sicherlich unumgänglich, dass ein erfahrener Pädagoge die Steuerung am Bildmischpult übernimmt, der außerdem in der Bewältigung dieser Aufgabe gut trainiert ist. Ein Techniker wäre hier wahrscheinlich überfordert.

Das Zusammenspiel zwischen Kamera im Klassenraum und der Bild- und Tonregie hinter den Kulissen haben wir regelrecht geübt, das heißt ohne Schüler, also in „Kaltfahrten", erprobt und perfektioniert. Dadurch kamen trotz der Live-Situation und der Geschwindigkeit, mit der man 45 Minuten lang stark konzentriert reagieren musste, brauchbare Bildsequenzen zustande. Es sei nicht verhehlt, dass dabei eine gehörige Portion Schweiß geflossen ist.

Unsere Unterrichtsaufzeichnungen an der Humboldt-Universität waren zum größten Teil für Lehrzwecke bestimmt, für die Ausbildung von Studenten und für die Weiterbildung von bereits praktizierenden Lehrern und Erziehern. Das erforderte entsprechende Mindestanforderungen an den Schauwert des Dargestellten, sowohl in Bild und in Ton. Daher strebten wir die Befriedigung eines möglichst hohen Anspruchsniveaus der Rezeption an, also eine möglichst perfekte Bild-und Tonqualität in Inhalt und Präsentation. Wir waren der Meinung, man muss die Bild- und Tontechnik so einsetzen, dass die entscheidenden Dinge des abzubildenden pädagogischen Geschehens, das didaktisch Relevante, deutlich sichtbar und hörbar werden. Andernfalls nützt die authentischste Aufzeichnung nichts. Für Aufnahmen, die ausschließlich für Forschungszwecke bestimmt sind, kann man die Anforderungsschwelle vielleicht etwas niedriger ansetzen.

Als ein großer Störfaktor für die Tonqualität unserer Aufzeichnungen, erwies sich anfangs die starke Halligkeit des Klassenraumes. Sie wurde von den vielen gläsernen Fronten, den hohen Fenstern zur Straße und der Wand mit den vielen Einwegscheiben, sowie von der fast gläsernen Deckenbeleuchtung verursacht. Auch durch schallisolierende Wandverkleidungen konnten sie nicht wesentlich gemildert werden. Wir beschafften geeigneten Stoff und ließen daraus

Vorhänge nähen, die wir vor den Fenstern anbrachten. Um weiterhin Livebe-
obachtungen von den Nebenräumen aus zu ermöglichen, waren die Vorhänge
vor den One-Way-Screens mit Zugvorrichtungen versehen. Mit fortschreitender
Zeit wurden sie jedoch immer weniger betätigt. Aus akustischen Gründen mussten wir auch die Schulmöbel besonders behandeln. Die Stühle bekamen Filzun-
terlagen und die Tische geräuschhemmende Überzüge. Dadurch wirkte ein etwas
unsanft abgelegter Bleistift nicht mehr wie ein plötzlicher Kanonenschuss. Auch
die Mikrofone über den Schülertischen haben wir durch leistungsfähigere ersetzt.

4 Ausbau der Videotechnik und neue Anwendungsfelder

Unsere technische Ausstattung verbesserte sich allmählich immer mehr. Wir
erhielten einige weitere Videorecorder. Damit konnten wir Überspielungen vornehmen und Aufnahmen schneiden. Vom Fernsehen der DDR erbettelten wir uns
gebrauchte Videobänder, da sich unser kümmerlicher Vorrat schnell aufge-
braucht hatte. Was nützte die ganze Reklame für die Nutzung unseres Fernseh-
systems, wenn wir unter Materialmängeln litten? Wir schafften es, mit den Anforderungen immer gerade so Schritt zu halten.

Auf die Dauer konnte es natürlich kein Zustand bleiben, mit Altmaterial und
ständig an der Grenze zur Angst zu arbeiten. Deshalb stellte ich einen Importan-
trag auf neue Technik und Videokassetten aus dem „Westen". Aus der östlichen
Himmelsrichtung wären ohnehin keine zu bekommen gewesen. Nicht, dass so
eine Bestellung auf Anhieb klappte. Man brauchte einen langen Atem. Mehrere
Jahre lang füllte ich jährlich die umfangreichen Formulare aus und musste sie
mir jedes Mal von etlichen Stellen neu bestätigen, das heißt stempeln und unter-
schreiben, lassen.

Wir wollten gerade das fünfjährige Jubiläum unserer Importanträge feiern,
als mir endlich eine Genehmigung auf den Schreibtisch flatterte. Wir durften
eine Bestellung für 50.000 Valutamark auslösen. Eine Valutamark entsprach
einer D-Mark-West. Mein Diplomingenieur hatte sich, natürlich illegal, in ein-
schlägigen West-Zeitschriften auf dem Laufenden gehalten, welches die güns-
tigsten Angebote waren. Dadurch konnten wir die bewilligte Summe optimal
ausnutzen. Wir bestellten semiprofessionelle Technik, einen Camcorder für Au-
ßenaufnahmen, mehrere moderne Videokassetten-Rekorder sowie einen größeren Posten der dafür benötigten Videokassetten. Die Kosten überstiegen selbstverständlich die bewilligte Summe. Aber solch ein Risiko musste man eingehen
und den anschließenden Rüffel cool wegstecken. Hauptsache, man kam zu etwas.

Weil ich auch bei anderen Beschaffungsaktionen stets die zugebilligten Li-
mits überschritt und immer irgendwelche Vorschriften missachtete, kam ich bei

der Materialwirtschaft der Universität stark in Verruf. Man schimpfte über mich: „Was der Heun sich da wieder geleistet hat,....!" Mit Absicht setzte ich mich keinem solchen Verdikt aus. Vielmehr ging ich reichlich unbekümmert zu Werke. Meist wandelte ich auf dem schmalen Grat der Legalität. Ich entwickelte schließlich einen fast sportlichen Eifer und war jedes Mal froh, wenn ich glücklich davon gekommen und nicht abgestürzt bin. Aber auf die Dauer war dies offenbar aufgefallen. Man wurde „sauer" auf mich. Was tat ich dagegen? Ich lud den Leiter der Materialwirtschaft und einige seiner maßgeblichen und recht grimmigen Mitarbeiterinnen zu mir ins Labor ein, trank mit ihnen friedlich Kaffee, vielleicht auch ein Gläschen Wein oder Weinbrand. In dieser gemütlichen Runde machte ich ihnen meine Lage klar, und die Mienen hellten sich schon etwas auf. Anschließend führte ich unsere technischen Anlagen vor und erläuterte deren Zwecke. Fast schieden wir als Freunde voneinander, und der „Krieg" war beendet.

Doch einmal hat mich der Rektor der Universität bei einer Dienstbesprechung vor allen Sektionsdirektoren und Prorektoren öffentlich „abgebürstet" wegen einer nach seiner Meinung rabulistischen Beschaffungsaktion. Dabei ging es in diesem Falle nur um eine simple elektrische Schreibmaschine für meine Sekretärin, die ich angeblich illegal für sie beschafft haben sollte. Mich ließ dies völlig kalt, denn wieder weggenommen wurde einem niemals etwas, was man bereits besaß.

Im Direktorat für Forschung unserer Universität saß eine Kollegin, die früher unsere Sekretärin in der Pädagogik gewesen ist. Sie hatte von unserer Unersättlichkeit und unseren Geldproblemen gehört. Daher gab sie mir den weisen Rat, ein Forschungsprojekt zu eröffnen. Dann könnten wir extra Geld für Geräte einplanen. Gesagt, getan. Forschung betrieb ich ohnehin, nur bisher ohne ein besonders registriertes und vor allem finanziertes Projekt. Auch unser Reisekostenfonds konnte auf diese Weise aufgestockt werden. Also unterzog ich mich den damit verbundenen bürokratischen Formalitäten. Diesmal tat ich dies sogar recht freudig.

Die Großzügigkeit nahm kein Ende. Jedes Jahr am Anfang Dezember rief mich die besagte Kollegin an und fragte nach, ob wir bis Jahresschluss noch Geld für technische Anschaffungen verbrauchen könnten. Bei Sektionen wäre solches übrig geblieben und sollte nicht verfallen. Gebrauchen konnten wir Geld immer. Aber dazu gehörte auch jemand, der uns dafür etwas Geeignetes verkaufte, noch dazu kurzfristig. Sonst nützte uns noch so vieles Geld nichts, und ich musste die so freigebige Kollegin enttäuschen. Das wollte ich aber partout nicht, sonst wäre diese so gut sprudelnde Quelle schnell versiegt.

Für Fernsehtechnik kam nur der VEB Studiotechnik Berlin in Frage. Der durfte jedoch nur liefern, wenn es sich um ein an einem höheren Ort geplantes und genehmigtes Vorhaben mit einer Staatsplan- oder Nomenklaturnummer handelte. Das traf für uns natürlich nicht zu. Aber ich hatte ein gutes Verhältnis zu dem Direktor für Absatz, der mit mir im Arbeitskreis Lehrfernsehen der DDR saß. Ihn überredete ich, uns bei der Verwertung des unverhofften Geldsegens zu helfen. Es klappte jedes Mal. Auf diese Weise kamen wir zusätzlich zu Technik. Als Gegenleistung stand ich dem Kollegen und seiner Firma für Werbevorträge im Ausland zur Verfügung. Das kam mir auch nicht gerade allzu ungelegen.

Inzwischen hatten wir gegenüber den Kosten für das Didaktische Labor, die damals vom Rektor so beklagt worden sind, ein Mehrfaches an Geldmitteln verbraucht. Aber das störte jetzt niemanden mehr, denn es geschah ja etwas mit den Investitionen.

Unsere Bemühungen um technische Vervollkommnung, gestalterisch hochwertige Aufzeichnungsarbeit und um eine breitere Verwendung unserer Möglichkeiten erforderte natürlich Personal. Wie vieles waren auch in der DDR gute Leute ständig knapp und daher stark gefragt. Aber vor allem musste man zum Einstellen von neuen Mitarbeitern erst einmal über die erforderlichen Planstellen verfügen. Solche zu beschaffen und dann Mitarbeiter dafür zu gewinnen, machte einen großen Teil meiner Arbeitszeit aus. Ich musste ständig auf Betteltouren bei der Sektionsleitung und bei der Universitätsverwaltung gehen. Doch zähes Ringen brachte Erfolg.

Die Anfangstruppe im Didaktischen Labor bestand außer mir und einem Wissenschaftlichen Assistenten nur aus einem Rundfunkmechaniker. Als erster stieß dann ein Kollege neu zu uns, der bis dahin Leiter der Film- und Bildstelle der Universität gewesen war. Als die Ansprüche an unseren Fernsehbetrieb stiegen, warb ich aus einer anderen Sektion den bereits erwähnten Diplomingenieur als technischen Leiter unseres kleinen Betriebes ab und organisierte für ihn ebenfalls eine Planstelle. Zu seiner Unterstützung stellten wir noch einen Fernsehmechaniker ein. Auch für solche Arbeiten wie die Kameraführung im Klassenraum, für die Katalogisierung und Archivierung der vielen Videoaufzeichnungen, die ja in zunehmendem Maße nicht nur Unterrichtsstunden umfassten, sondern daneben Inhalte für diverse Fachrichtungen unserer Universität, sowie für den Einspielbetrieb in die Lehrveranstaltungen benötigten wir Mitarbeiter, für die ich Planstellen schaffen musste. Dazu kam noch eine für eine Sekretärin in meinem Büro. Schließlich hatte ich unseren Personalbestand für den Videobetrieb von drei auf insgesamt zehn Mitarbeiter/innen aufgestockt.

Da wir alle auf dem Gebiet der Fernsehtechnik und Fernsehaufnahme nahezu völlige Laien waren und das auch wussten, nahmen wir an diversen Maßnahmen zur Qualifizierung teil. Einige Mitarbeiterinnen absolvierten ein Fernstudium im Fachschulteil der Hochschule für Film und Fernsehen in Potsdam-Babelsberg, andere, mich eingeschlossen, nahmen an mehrtägigen Kameralehrgängen an derselben Hochschule teil. Auf diese Weise konnten wir unsere Fähigkeiten für eine breit gefächerte Videoarbeit erheblich vervollkommnen.

Wertvolle Anregungen bei der Herstellung lebensechter Aufnahmen von Schülern erhielten wir von dem Dokumentarfilmer Winfried Junge. Ich habe ihn bei der Aufführung eines seiner ersten Filme über die Kinder von Golzow im Kinotheater Babylon kennengelernt und lud ihn zu einem Besuch in unser Studio ein. Dort hatten wir ein sehr anregendes Gespräch über seine und unsere Probleme und über Lösungswege.

Die von uns gewonnenen Erfahrungen und Erkenntnisse behielten wir nicht für uns, sondern vermittelten sie an die Kollegen an anderen Hochschulen der DDR und des Auslands weiter. Zu diesem Zweck veranstalteten wir ab 1978 jedes Jahr in der vorlesungsfreien Zeit im Februar bei uns ein einwöchiges Seminar zur Gestaltung und zum Einsatz von Videoaufzeichnungen in den Erziehungswissenschaften. Bis 1990 fand es in ununterbrochener Folge insgesamt dreizehnmal statt. Daran nahmen regelmäßig über dreißig Kollegen aus vielen Hoch- und Fachschulen der DDR teil.

Die Programmabläufe wechselten jährlich. Meist standen jedoch die Vorführung von Videoaufzeichnungen und das Vortragen von neuen Einsatzvarianten sowie deren kritische Diskussion im Zentrum. Als Referenten für spezielle Themen, wie z. B. Kameraführung und neue Technikangebote, luden wir entsprechende Fachleute ein. Um das Programm inhaltlich zu bereichern, organisierten wir die Teilnahme von Fachkollegen aus anderen Ländern, vor allem aus Tschechien, Polen und Ungarn, aber auch aus westlichen Ländern wie z. B. Finnland, Schweden, Frankreich und England und 1990 auch Kollegen aus Hochschulen in Westberlin. Somit zeichneten sich diese Seminare mehr und mehr durch Internationalität aus und brachten für alle Teilnehmer, egal, woher sie angereist waren, einen hohen Erkenntnisgewinn und wertvolle persönliche Erlebnisse ein. In einer kleinen Broschüre haben wir jedes Jahr die Beiträge der Teilnehmer publiziert.

Bei unserem allerersten dieser Seminare erlaubten wir uns etwas ganz Besonderes. Wir gestalteten einen Tag als praktische Übung in Kameraführung und Bildregie. An einem der wöchentlichen schulpraktischen Tage in unserem Studio stellten wir Seminarteilnehmer an die bewegliche Kamera und setzen sie an unser Bildregiepult. Die Aufzeichnungen wurden anschließend nach gestalterischen Gesichtspunkten kritisch ausgewertet. Auch diese Aktion erwies sich als sehr erfolgreich und wurde von allen dankbar begrüßt.

Wiederholt tauchte die Frage auf, ob die andersartige Raumsituation bei uns und die Anwesenheit einer bewegten Kamera und einer sie bewegenden Person im Unterrichtsraum das reale Geschehen nicht zu stark beeinflussen würde. Schüler und Lehrer könnten sich nicht ungehemmt bewegen und äußern. Wir haben die Erfahrung gemacht, dass dies keineswegs der Fall war. Wie ich bereits darlegte, kam ein und dieselbe Klasse ein ganzes Schuljahr hindurch regelmäßig einmal in der Woche zu uns ins Studio zu einem vollen Unterrichtstag mit den verschiedenen stundenplanmäßigen Fächern und Lehrern. Die Unterrichtssituation wurde auf diese Weise sehr schnell zu einer völlig normalen Angelegenheit. Die Schüler gaben sich so wie in ihrer heimischen Schule auch. Sie und ihre Lehrer dachten gar nicht mehr daran, dass etwas Besonderes passierte und was sie umgab. Somit bot der von uns aufgezeichnete Unterricht ein völlig unbeeinflusstes reales Bild. Ich selbst habe mehrmals vor den Kameras unterrichtet und kann diesen Eindruck aus eigenem Erleben bestätigen. Es war sogar so, dass bei weniger pädagogisch geschickt agierenden Lehrern und Studenten die Schüler Disziplinlosigkeiten an den Tag legten, wie Schwatzen, Albernheiten, Neckereien, Frechheiten oder andere Störungen, genauso wie in jedem Unterricht solcher Lehrer. Die Echtheit des Geschehens konnten wir also garantieren.

Die ständigen Lehrer der Schule wurden von uns in ihrem Handeln ebenso wenig beeinflusst wie die von ihnen unterrichteten Schüler. Es gab keinerlei Absprachen oder Vorschriften zu bestimmten Verhaltensweisen. Wir haben niemals in den Unterricht eingegriffen. Allerdings haben wir Lehrer und Schüler vor ihrem ersten Auftreten bei uns auf einige besondere technische Bedingungen und dementsprechende Verhaltensweisen hingewiesen. Das waren z. B. Anforderungen an die Kleidung. Weiße Blusen und Hemden sollten tunlichst vermieden werden. Auch wiesen wir sie darauf hin, sich so natürlich und ungezwungen wie im Unterricht in ihrer Schule zu benehmen und nicht in die Kameras zu schauen. Die Schüler haben solche Hinweise wohl verstanden und im Großen und Ganzen auch beherzigt. Eine sehr seltene Ausnahme entstand dann, wenn der Auftraggeber der Unterrichtsaufzeichnung damit etwas didaktisch nicht gerade Alltägliches oder völlig Neues demonstrieren wollte, wie z. B. Gruppenarbeit im Unterricht. Der gehörte nicht gerade zur Normalität in der Schule der DDR. Daher mussten Lehrer und Schüler speziell dahingehend eingewiesen werden. In der üblichen Schulsituation wäre dies ebenso nötig gewesen.

Wenn es die pädagogische Aufgabenstellung erforderte, einen einzelnen Schüler während einer Unterrichtsstunde nahezu ständig zu beobachten, haben wir die mobile Kamera neben ihm aufgebaut und nur auf ihn fixiert. Für eine exakte Tonübertragung wurde vor ihm, aber für den Zuschauer unsichtbar, ein spezielles Mikrofon installiert. Über die heute gebräuchlichen Mikroports verfügten wir anfangs noch nicht. Auch nichtständige Lehrer und Schüler haben sich in unserem Studio sofort, spätestens nach einer sehr kurzen Eingewöhnungszeit, nicht von den technischen Aggregaten beeinflussen lassen. Wenn eine Unterrichtsaufzeichnung auf den Betrachter steril wirkt, liegt dies in erster Linie weniger an dem Einfluss des technischen Umfeldes auf die Agierenden als vielmehr am Können der Lehrkraft, einen lebendigen, interessanten Unterricht zu gestalten. In ihrer angestammten Schulklasse wirkt eine solche Lehrkraft auch nicht anders. Ist dort der Unterricht langweilig, schauen die Kinder aus dem Fenster, bei uns vielleicht in die Kameras. Bei befähigten und voll engagierten Lehrern sind die Schüler zu hundert Prozent auf den Unterrichtsgegenstand fixiert, und lassen sich auch nicht durch Schwenken und Zoomen durch die Kamerafrau beeinflussen, wie viele unser Unterrichtsaufzeichnungen beweisen.

Aus den technischen Umständen in unserem Klassenraum haben wir gegenüber den Schülern niemals ein Geheimnis gemacht. Dass hier etwas Besonderes geschah, war ihnen ohnehin klar, denn sonst hätte man sie ja nicht in unser Studio geholt. Wir haben auch jeder Klasse die Technik offen erklärt und sie bewusst mit der besonderen Situation und den Zwecken unseres Vorhabens bekannt gemacht. Neu bei uns agierenden Schülern haben wir nach dem Ende einer Videoaufzeichnung Teile daraus vorgeführt, was ihnen natürlich ein besonderes Vergnügen bereitete. Nur dass sie am Abend in der „Aktuellen Kamera" des öffentlichen Fernsehens der DDR zu bewundern sein würden, konnten wir ihnen nicht versprechen.

Mit der Zeit sammelte sich ein größerer Fundus an Unterrichtsaufzeichnungen bei uns an, die vor allem von den Fachdidaktikern initiiert worden sind. Alle wurden von einer Mitarbeiterin sorgfältig katalogisiert. Das so entstandene Archiv enthielt gut gelungene, vielleicht sogar Musterstunden, ebenso wie schlechte, didaktisch fragwürdige Stunden, sowohl solche von Lehrern, die ihr Handwerk verstanden und die Schüler zu fesseln vermochten als auch solche, in denen die Lehrkraft sehr steif und ungeschickt agierte oder eine sehr unglückliche Figur abgab, solche mit begeistert mitgehenden als auch solche mit gelangweilten, uninteressierten oder gar störenden und lärmenden Schülern.

Aus diesem Verzeichnis suchten sich Fachdidaktiker und die Allgemein-Didaktiker für ihre Lehre geeignetes Material heraus, um es vor allem in den Vorlesungen einzusetzen. Auch ich selbst machte von dem Fundus Gebrauch. Nach wie vor engagierte ich mich in der Lehrerweiterbildung. So führte ich regelmäßig Veranstaltungen mit Lehrern unserer Fernseh- Kooperationsschule sowie mit Berufsschul- und Sonderschullehrern durch.

Über mehrere Jahre hinweg veranstaltete ich am Beginn der Sommerferien bei mir eine Woche lang gewissermaßen als Alleinunterhalter ein Seminar von dreißig Stunden mit etwa zwanzig Pädagogen aus verschiedenen Schulen. Die Themen betrafen solche didaktischen Fragen wie etwa Zielbestimmung, das Verhältnis von Ziel, Inhalt und Methoden, Zielorientierung der Schüler, Problemstellung, Aufgabenstellung, Motivierung, Schöpferische Tätigkeit der Schüler, Führung und Selbständigkeit und Gesprächsführung im Unterricht. In immer stärkerem Maße durchsetzte ich meine verbalen Darbietungen mit Videoaufzeichnungen von kurzen Unterrichtsszenen aus unserem Archiv. Das machte die Sache für die Lehrer wesentlich attraktiver, und sie entwickelten sogar Freude über die ansonsten oft als lästig empfundene obligatorische Weiterbildung in den Ferien. Mal benutzte ich die Videos als Einstieg in eine Problematik, mal als Beweis oder Illustration meiner Thesen und mal als Kontrollmittel, um zu prüfen, ob meine Zuhörer mit meinem Gerede auch etwas anzufangen wussten. Das gab mitunter sehr aufschlussreiche Effekte. Und auch mir selber bereitete das anstrengende Unternehmen hinreichend Spaß. Gleichzeitig konnte ich selbst ausprobieren, in welchen Varianten man Videos in Vorlesungen und Seminare einbauen kann, und darüber wieder die Anwender informieren.

Bei der Verwendung unserer Videos gab es Enthusiasten und Ignoranten. Trotz wiederholter Information durch mich taten sich viele Kollegen in der Pädagogik sehr schwer mit der Einbeziehung eines neuen Mediums wie des internen Fernsehens in das Kalkül ihrer Lehrtätigkeit. Den Studenten predigten sie das Prinzip der Anschaulichkeit, korrekt das der Verbindung von Theoretisch-Abstraktem mit Sinnlich-Konkretem in der Schule, ohne hierfür selbst beispielhaft zu wirken, allenfalls durch verbal vorgetragene Schulsituationen. Dabei gab es auch in ihrem eigenen Unterricht hierfür genügend Möglichkeiten, Videoaufzeichnungen einzusetzen. Sie wurden ihnen von uns fast in den Mund gelegt. Und die Realisierung gestaltete sich für sie so einfach. Unser Labor befand sich auf demselben Flur wie ihre Arbeitsräume.

Auch bei unseren Didaktikern, einem an sich guten „Kunden" bei uns, musste ich bei allem Engagement, das diese Kollegen zeigten, feststellen, dass sie die vielfältigen Verwendungsmöglichkeiten von Videos nicht auszuschöpfen verstanden, sie fest in den Kontext ihrer theoretischen Lehre zu integrieren, mal als induktive Basis, mal deduktiv als Beweisstück. Sie handelten eher nach der Devise wie mancher Lehrer am Ende einer Unterrichtsstunde: „Weil ihr so schön artig wart, zeige ich euch jetzt zur Belohnung einen Film." Oder Videos dienten bloß als Zusatz, „als die Petersilie auf der Bratenplatte", wie ein Kollege in anderem Zusammenhang sehr treffend zu sagen pflegte.

5 Trigger-Videos

Im Frühjahr 1988 begann ich ein Forschungsprojekt, das die Verwendung von sogenannten Auslöservideos, englisch Trigger-Videos, in der erziehungswissenschaftlichen Ausbildung zum Inhalt hatte. Kurze Szenen aus dem Unterricht, die Disziplinverstöße von Schülern zum Inhalt hatten, sollten dazu dienen, in einem entsprechenden theoretischen Umfeld Studenten und Lehrer mit Lösungsmöglichkeiten bekannt zu machen und in der Bewältigung solcher Konflikte zu trainieren. In der DDR-Pädagogik blieb ein derartiges Unternehmen sehr umstritten.

Es gab zwar Literatur über das Disziplinproblem in der Schule. Sie blieb meist aber im appellativen Theoretisieren über moralische Grundsätze zur „bewussten Disziplin", einem Idealbild „sozialistischer Pädagogik", stecken. Einige wenige behandelten auch praktische Beispiele, ein Lehrbrief sogar in programmierter Weise. Wir wollten aber die emotional stärker bewegende, konfrontierende, lebendige, optisch-akustische Konfrontation mit dem Geschehen.

Die Pädagogik verschanzte sich gern hinter dem Argument, alle Disziplinfälle seien singulär und ließen eine Generalisierung nicht zu. Ich vermutete dahinter eher das Bestreben, diesem für viele Lehrer und Studenten äußerst akuten, ja existentiellen, Problem mangels vernünftiger praxisrelevanter Konzepte aus dem Wege zu gehen.

Angeregt haben mich Versuche, die man bereits an der Universität Brno (Brünn) unternommen hatte. So recht konnten sie mich allerdings nicht befriedigen. Auf einem unserer jährlichen internationalen Fernsehseminare führte eine Kollegin von der Universität Leeds (England) Trigger-Videos für das Training von Bibliothekspersonal vor. In diesen kamen recht deftige Szenen vor. Das lief schon eher nach meinem Geschmack, zeigte aber leider keinen Unterricht. Wir offerierten diese Szenen aber unserer Universitätsbibliothek mit der Ankündigung, sie in deutscher Sprache nachzudrehen. Man zeigte jedoch kein Interesse. Bei der weiteren Bearbeitung des Themas „Trigger-Videos in der Pädagogik-Ausbildung" half mir eine Wissenschaftliche Assistentin. Wir studierten einheimische und internationale Literatur auf diesem Gebiet, soweit vorhanden. Danach stellten wir eine Liste typischer Fälle zusammen. Das waren nach unserer Auffassung solche, die sehr häufig vorkamen oder jeweils pars pro toto, d. h. für eine bestimmte Anzahl ganz ähnlicher Situationen, für einen Grundtypus standen. Wir orientierten uns etwas an den bekannten Standardsituationen beim Fußballspiel. Das Einfachste wäre nun gewesen, mit der Kamera in Unterrichtsstunden zu gehen und dabei Disziplinlosigkeiten aufzunehmen. Aber das hatte seine Tücken. Man wusste ja vorher nie, ob etwas und was passieren würde, und man war gänzlich auf Zufallsprodukte angewiesen. Zu typischen Fällen oder Standardsituationen gelangte man auf diesem Wege nicht, und wenn, dann nur auf eine lange und zeitraubende Weise sowie mit einer Engelsgeduld. Wie beim Angeln eines Fisches: Ob einer anbeißt und wie groß er dann ist, kann man nie vorhersehen. Wir konnten solche Geduld nicht aufbringen, sondern mussten aus technischen wie personellen Gründen wesentlich rationeller arbeiten, nämlich wie die englischen Bibliothekare mit ausgewählten und nachgestellten Szenen.

Im April 1988 begannen wir in der 5. Oberschule in Berlin-Mitte (heute John-Lennon-Gymnasium) mit Videoaufzeichnungen solcher kurzen Passagen aus unserer Liste. Wir benötigten einen leeren Klassenraum und eine hinreichend große Gruppe von Schülern aus den besonders kritischen Klassenstufen sechs bis acht. Diese Bedingungen konnten nur am Nachmittag nach dem offiziellen Schulschluss garantiert werden. Die Schulleitung half uns, geeignete Schüler für die Aufnahmen zu gewinnen. Jetzt fehlten nur noch willige Lehrkräfte als „Versuchskaninchen". Anfangs stellten sich Lehrer der ausgewählten Schüler zur Verfügung. Aber die agierten uns auf die Dauer zu eigenwillig und zu wenig flexibel. Deshalb wollten wir es mit Lehrerstudenten versuchen. Eine Kollegin der Sektion Pädagogik bot uns ihre Mitarbeit an und stellte uns Studenten aus ihrer Seminargruppe Deutsch/ Kunsterziehung zur Verfügung. Das hatte allerdings den Nachteil, dass wir damit auf nur eine Fächergruppe eingeengt waren. Aber ohne Kompromisse funktioniert bekanntlich gar nichts. Das Ganze lief nun so ab: Wir verabredeten uns jeweils mit vier Studenten in der Schule. Sie saßen in einem separaten Raum und warteten wie vor einer Prüfung auf die Dinge, die auf sie zukommen sollten, nämlich auf ihren Auftritt. Mit den Schülern besprachen wir inzwischen die Idee der von uns zu drehenden Szene. Die Wortwahl, Mimik und Gestik überließen wir ihnen. Nach einem genauen Drehbuch zu arbeiten, verbot sich nach den trüben Erfahrungen, die ich früher mit Fernsehprofis sammeln durfte. Eine Studentin bzw. ein Student wurde herein gerufen und musste ein Stück Unterricht eigener Wahl und nach eigener Vorbereitung praktizieren. Dann ließen die Schüler „ihren Affen heraus". Die Studentin/ der Student versuchte zu reagieren, was mehr oder weniger gut gelang. Dieses „dramatische" Geschehen haben wir mit einer Fernsehkamera aufgenommen, jedoch in zwei verschiedenen Varianten, das heißt aus zwei verschiedenen Perspektiven. Die erste war dem Informationsbedürfnis der Studenten geschuldet. Sie sollten zu ihrer eigenen Qualifizierung den Effekt der Selbstkonfrontation erleben, das heißt, sich selbst in Bild und Ton wahrnehmen und darüber urteilen. Dazu erwies es sich als nötig, die Kamera auf die agierende Lehrkraft zu richten. Dies war aber nicht die von uns beabsichtigte Einstellung. Wir benötigten die Sicht von der Lehrkraft auf die Schüler, da diese im Endeffekt zu simulieren war. Deshalb musste als zweite Variante dieselbe Szene noch einmal wiederholt werden, mit veränderter Kameraposition. Damit die Blickachsen und -richtungen stimmten, musste sich die Lehrkraft in Front der Schüler auf einen Stuhl setzen. Die Kamera wurde hinter ihr platziert. So konnte man über ihren Kopf hinweg Schwenks vollführen. Die Zoomoptik verbot sich selbstverständlich. Ein Lehrerauge verfügt über eine solche ja auch nicht, so wünschenswert dies vielleicht manchmal wäre. Die gesamte Szene ließen wir mit der neuen Kameraeinstellung noch einmal spielen. Auf die spontane Reaktion der Lehrkraft kam es jetzt nicht mehr an. Wir erhielten so die gewünschte Sicht des Lehrers auf die Klasse und auf den aufgetretenen Konflikt, die wir für Seminare und Übungen vor dem Bildschirm benötigten.

Nun kann man fragen, warum wir die Szene nicht nur einmal, nämlich gleichzeitig mit zwei Kameras aufgenommen haben. Die Antwort ist einfach. Dann hätten sich die beiden Linsen „ins Auge geschaut". Die Echtheitswirkung wäre verloren gegangen. Die weitere Arbeit vollzog sich am Schneidetisch. Wir wollten beide Varianten einer Szene verwenden, aber in umgekehrter Reihenfolge. Der Zuschauer sollte zuerst mit den Schülern konfrontiert werden, um an der kritischen Stelle die Möglichkeit zum eigenen Nachdenken und Entscheiden zu erhalten. Erst danach sollte als eine Alternative die real praktizierte Reaktion zu sehen sein. Also vertauschten wir die beiden Szenen in ihrer Reihenfolge. Auf diese Weise entstand in den folgenden Jahren eine ganze Sammlung solcher unterschiedlichen Szenen. Die eine gelang oder eignete sich mehr, die andere weniger. Wenn man genug an Vorrat besitzt, lässt sich leichter auswählen. Die Kollegin, die mir freundlicherweise die Studenten zur Verfügung gestellt hatte, erlaubte mir auch, die Szenen in ihrem Seminar einzusetzen und mit den Studenten zu testen.

Unser Verfahren und dessen Ergebnisse habe ich in diversen Vorträgen im In- und Ausland sowie in mehreren Publikationen unter die Leute gebracht. Ich fühlte mich damit als ein Innovator in der DDR und in anderen Ländern. Man hat es auch wohl so gesehen, denn viele Einladungen ergingen an mich just wegen dieses Themas.

Nachdem ich 1993 in den Rentnerstand getreten war, konnte ich das Arbeiten nicht sein lassen. Ich bemühte mich beim damaligen Dekan der Pädagogischen Fakultät darum, ein Seminar durchführen zu dürfen und schlug als Thema das Disziplinproblem im Unterricht vor. Er hat es akzeptiert. Nach fast einem Jahr theoretischer Studien hielt ich dann vier Semester lang pro Woche zwei Stunden Seminar auf Honorarbasis ab. Im Zentrum standen meine Triggervideos und deren Diskussion. Für die Studenten bedeutete eine solche Lehrveranstaltung etwas völlig Neues und vor allem Praxisnahes. Wie sie mir erzählten, theoretisierten die Lehrkräfte in der Pädagogik für gewöhnlich eher weniger als mehr fruchtbringend herum.

Als Problem zeigte sich aber bald auch bei mir eine gewisse Divergenz zwischen Theorie und Praxis. Zum einen wurde es auf die Dauer unergiebig, die praktischen Fälle nur so, ohne theoretisches Hinterland zu diskutieren und effektive Reaktionen zu validieren. Zum anderen sollten die Studenten auf Anweisung der Fakultät für den Erwerb eines Seminarscheines Referate halten. Also habe ich entsprechende Themen aufgestellt, vor allem aus allgemeinen und aus pädagogisch-psychologischen Kommunikationstheorien. Zu jedem Thema wählte ich aus meinem Fundus passende Videoszenen aus.

Jetzt tauchte ein neues Problem auf. Nachdem ein Student oder eine Gruppe das Referat gehalten hatte und darüber diskutiert worden war, blieb kaum noch

Zeit übrig für den Einsatz und eine effektive Besprechung der Videoszenen. Sie gerieten somit oftmals zu nicht viel mehr als zu der an anderer Stelle beklagten „Petersilie auf der Bratenplatte". Manchmal musste sogar darauf verzichtet werden. Da mein Lehrauftrag nach zwei Jahren nicht mehr verlängert worden ist, erhielt ich keine Gelegenheit, diese Problematik zu lösen. Wahrscheinlich wäre das auch nur in einer schöpferischen Diskussion mit anderen Kollegen gelungen. Im Gegensatz zu früher, als wir eine uneigennützig helfende Auseinandersetzung pflegten, stand mir eine solche Möglichkeit jetzt nicht zur Verfügung. Jeder machte seins. Nach dem Ende der DDR und im Jahre 1996 herrschten an der Universität ganz andere Verhältnisse und andere Autoritäten.

Ein weiteres Problem bestand darin, dass die Szenen fast alle noch aus der DDR-Schule mit ihren Inhalten stammten. Erforderlich wäre daher gewesen, meinen Fundus an Videoszenen zu modernisieren. Dazu fehlten mir als Nicht-Universitätsangehörigem die Möglichkeiten und als nunmehr fast Siebzigjähriger die Kraft. Auch für die Seminarführung schätzte ich dank meines Alters die pädagogische Wirksamkeit nicht mehr allzu hoch ein. Vielleicht wendet sich eine jüngere Generation wieder diesem nie veraltenden Thema zu. Ich denke, es lohnt sich. Zündstoff birgt die Materie noch genügend.

Auch mit der Frage, wie Videoaufzeichnungen von Unterricht für die empirische pädagogische Forschung zu verwenden sind, habe ich mich zeitweilig beschäftigt. Auf der Basis unserer vielen Aufzeichnungen von Unterrichtsstunden begann ich, mich nebenbei der Unterrichtsanalyse zu widmen. Ich hielt und halte ein solches wissenschaftliches Verfahren für sehr hilfreich, um intensive empirische didaktische Studien zu treiben und empirisches Material für das Finden theoretischer Lösungen von praktischen Problemen zu erhalten. Man ist nicht von der Flüchtigkeit der Unterrichtsbeobachtung in Live-Stunden abhängig. Allerdings muss man über ein gut gefülltes Archiv realen Unterrichtes verfügen und dieses erst einmal bereitstellen. Ich bewegte mich auf diesem Gebiet nur in Ansätzen. Durch die Analyse einiger Unterrichtsstunden entdeckte ich nach meiner Meinung allgemeine Grundstrukturen der Gesprächsführung, die ich schematisiert und graphisch dargestellt habe. In der führenden erziehungswissenschaftlichen Zeitschrift der DDR „Pädagogik" habe ich diese Ergebnisse 1990 publiziert.[2]

Die Erkenntnisse solcherart praxisnaher didaktischer oder erziehungswissenschaftlicher Forschung können dem Lehrer Hilfen geben, eine pädagogische Aufgabenstellung wie zum Beispiel die Gesprächsführung im Unterricht richtig zu planen und zu lenken, und den betreuenden Mentor besser in die Lage versetzen, seine Studenten in die Spezifik und Probleme pädagogischen Handelns

---

[2] Heun, Hans-Georg: Gespräche im Unterricht. In: Pädagogik (Berlin, Ost), 45 (1990) 7-8: 573-582.

einzuführen und die praktischen Versuche effektiv zu kontrollieren, zu bewerten und zu korrigieren. Wahrscheinlich gelingt eine pädagogische Qualifizierung dann besser als die Vermittlung von nur theoretischem Literaturwissen. Video-aufzeichnungen machen's möglich.[3]

---

[3] Eine Liste der Veröffentlichungen des Autors zu Einzelfragen ist in der Fassung auf der Homepage zu   finden: www.schulunterricht-ddr.de/pdf/Heun_Video_Erziehungswissenschaften.pdf (25.01.2013).

Anmerkungen zu den Unterrichtsaufzeichnungen in der APW (1978 bis 1986)

Volker Mirschel

Vor 35 Jahren begannen wir mit den ersten Videoaufzeichnungen von Unterrichtsstunden in der Forschungsschule der Akademie der Pädagogischen Wissenschaften (APW) der DDR, in der Polytechnischen Oberschule „Heinrich Heine" in Berlin-Mitte; unter meiner Leitung und nach meinen Vorstellungen.

Wie es sich gegenwärtig darstellt, so bilden die davon noch erhalten gebliebenen Unterrichtsaufzeichnungen einen Anteil jenes Fundus, der im Medienarchiv „Audiovisuelle Aufzeichnungen von Schulunterricht in der DDR"[1] für wissenschaftliche Auswertungen durch die heutige pädagogische Forschung zur Verfügung steht.

Wissenschaftliche Veranstaltungen dazu in Leipzig (2011) und in Wien (2012) durch die Träger dieses Internetportals veranlassen mich, sowohl zu den Unterrichtsaufzeichnungen aus der APW als auch zu einigen Möglichkeiten videografischer Unterstützung in der Lehrerbildung und in der Unterrichtsforschung Stellung zu nehmen.

Zu meiner Person ist zu sagen, dass ich in den oben genannten Jahren der Verantwortliche für die Unterrichtsaufzeichnungen der APW war, d.h. dass ich bei allen APW-Unterrichtsaufzeichnungen die medienpädagogische Regie führte und zugleich der Ansprechpartner für alle Lehrerinnen und Lehrer und die Schulklassen war, wenn es um die Vorbereitung solcher Aufzeichnungen, um deren Realisierung und ihre Nachbereitungen ging. Nachfolgend möchte ich zunächst einige Hintergrundinformationen zu den Unterrichtsaufzeichnungen aus dem Pädagogischen Labor der APW weitergeben.

1 Verortung

Akademie der Pädagogischen Wissenschaften der DDR, Berlin - Institut für Didaktik (Prof. Dr. Helmut Weck),
Abt. Allgemeine Didaktik (Prof. Dr. Wolfgang Thiem),
Forschungsschule des Instituts für Didaktik der APW
Polytechnische Oberschule „Heinrich Heine", Sebastianstraße, Berlin Mitte,
Pädagogisches Labor (Dr. Volker Mirschel)

---

[1] www.fachportal-paedagogik.de/forschungsdaten_bildung/ddr_filme.php?la=de

2 Konzeption und Aufbau

Dr. V. Mirschel (1976 bis 1978): Gesamtkonzeption und Untersuchungsschwerpunkte
Dipl.-Ing. Peter Zeisberg: Technische Gesamtkonzeption und technische Leitung

2.1 Arbeitszeitraum des Forschungslabors: 1978 bis 1986

Geplante Aufgabenstellungen des Pädagogischen Labors:

1. Vorbereitung, videotechnische Aufzeichnung (bzw. Mitschau) und Auswertung von Unterrichtsstunden mit spezifischen didaktischen Schwerpunkten (z.B. problemorientierte Unterrichtsgestaltung, Übungsprozessgestaltung, künstlerische Rezeptionsprozesse im Literaturunterricht, experimentelle Methode im naturwissenschaftlichen Unterricht, außerunterrichtliche Lernprozesse, Gestaltung von Arbeitsgemeinschaften als fakultativer Unterricht usw.).
2. Suche nach Möglichkeiten objektiveren Protokollierens (Erfassens) von Lehr-Lernprozessen, auch mit technischen Hilfsmitteln.
3. Untersuchungen zur Optimierung von Lehr- Lernprozessen im Anfangsunterricht der Klasse 1.
4. Erfassen unterrichtlich erkennbarer Entwicklungsprobleme in den Übergangsklassen von der Unterstufe zur Mittelstufe und von dieser zur Oberstufe.
5. Aufzeichnung typischer Verhaltensmuster lernbehinderter Kinder im Unterricht (speziell in der Unterstufe) zur Veranschaulichung für Lehrerinnen im Unter- und Mittelstufenbereich Polytechnischer Oberschulen.
6. Nutzung vorhandener unterrichtlicher Videoaufzeichnungen für die Lehrerweiterbildung insgesamt.
7. Zusammenschnitt ausgewählter Unterrichtssituationen aus mehreren Unterrichtsaufzeichnungen zu sogenannten Themenbändern (Beispiel: Erlernen der Schreibschrift durch die Schüler der Klasse 1, von der ersten Schreibübung bis zum ersten selbst geschriebenen Satz).
8. Verwendung geeigneter Unterrichtsaufzeichnungen zur Optimierung der Hospitationsmethodik von Didaktikern und Lehrern.

2.2 Wie entstand das Pädagogische Labor der APW an der Forschungsschule?

Nach meiner Lehrtätigkeit in der Ausbildung von Dipl.-Lehrern für Chemie bis 1976 (Pädagogische Hochschule Erfurt/ Mühlhausen – Fachbereich Chemiemethodik) erschien es mir sinnvoll, in der APW nach modernen Methoden in der Unterrichtsforschung zu suchen. Ich wurde seitens meines neuen Arbeitgebers, dem Institut für Didaktik, an der Forschungsschule des Instituts, der POS „H. Heine" positioniert und dieser Standort erwies sich als ein vortrefflicher Nährboden für alle praxisnahen Untersuchungen.

Die Ausbeute an neuen unterrichtlichen Forschungsmethoden hingegen war für mich nach einem Jahr empirischer Forschung im Institut für Didaktik ziemlich mager. Ich erlebte vielmehr eine ausgesprochen „konservative" Einstellung, vor allem gegenüber modernen Methoden und Verfahren empirischer Unterrichtsforschung. Offensichtlich bestanden große Ressentiments gegenüber moderneren Untersuchungsmethoden seitens des Ministeriums für Volksbildung, die zu dessen nahezu grundsätzlicher Ablehnung jeglicher international gebräuchlicher Tests und tiefer gehender wissenschaftlicher Untersuchungsmethodik beitrugen. Ihren Ursprung hatte diese grundsätzliche Ablehnung wohl in Befürchtungen, dass Ergebnisse eventuell die *herausragenden* Erfolge der DDR-Schulpolitik schmälern könnten. Selbst das international anerkannte Leipziger „Institut für Jugendforschung" wurde diesbezüglich seitens des Ministeriums und der APW skeptisch beäugt. Mein Befinden jedenfalls war unbefriedigend.

Teils kam wohl der ehemalige Chemiker in mir durch, teils inspirierten mich aber auch die Besuche im „Audiovisuellen Zentrum (AVZ)" der Humboldt-Universität zu Berlin, Leitung Doz. Dr. sc. Hans-Georg Heun, als ich mir 1977, zunächst einmal ganz persönlich, das Ziel setzte: ‚Ich konzipiere jetzt eine Art pädagogisches Labor, in dem vielfältigste Lehr-Lernprozesse unter einigermaßen definierbaren Bedingungen ablaufen und möglichst objektiv protokolliert werden können; ein Labor mitten in der Forschungsschule, in dem Unterrichtspraxis, sprich Schulklassen und erfahrene Lehrer, und pädagogische Forschung (Wissenschaftlerinnen des Instituts für Didaktik der APW) auf Augenhöhe miteinander kooperieren.'

Der Cheftechniker der APW, Herr Dipl.-Ing. Peter Zeisberg, machte mich in diesem Zusammenhang auf die vielfältigen Möglichkeiten der Videotechnik als lippensynchrone Bild-Ton Protokollierung aufmerksam und wurde im Prozess der Arbeit zusammen mit seinem Mitarbeiter mein treuester Verbündeter im Kampf um dieses Labor. So entstand zwischen 1977 und 1978 gegen vielerlei

Vorurteile und jede Menge Widerstände das „Pädagogische Labor der APW"
innerhalb der Forschungsschule „Heinrich Heine" in Berlin-Mitte.[2]
Das von mir in der Institutsleitung eingereichte Gesamtkonzept für das Pädagogische Labor fand dort eine positive Aufnahme, aber keine Unterstützung
bei der Realisierung. Sicherlich stand auch die Institutsleitung vor der großen
Frage, wie so etwas praktisch zu realisieren sei. Allein die Beschaffung der
Baumaterialien, der Studiotechnik, des Installationsmaterials und der erforderlichen Handwerkerleistungen glich streckenweise einem spannenden Wirtschafts-
krimi. Die Studio- und Regietechnik beispielsweise war, bis auf den Import-
Videorecorder, ausgesonderte Technik des Fernsehens der DDR in Adlershof
oder Amateurtechnik, die, wenn sie vorhanden gewesen wäre, dann im Angebot
jedes besseren Radioladens vorhanden war.

Im Schuljahr 1978/79 begannen Peter Zeisberg und ich mit der kontinuierlichen Aufzeichnung von Unterrichtsstunden im Labor. Wir zeichneten bis 1986
insgesamt etwa 500 bis 550 Unterrichtsstunden auf.

Abb. 1: Unterrichtsraum des Pädagogischen Labors der APW (Foto: V. Mirschel)

---

[2] Vgl. Hintergrundmaterialien auf der Projekthomepage: www.schulunterricht-ddr.de/?action=main,
insbesondere zur Anlage des Pädagogischen Labors: www.schulunterricht-
ddr.de/pdf/APW/Zusatzinformationen_zum_Paedagogischen_Labor_der_APW.pdf (26.01.2013).

Abb. 2: Regieraum in der Heinrich-Heine-Schule (Foto: V. Mirschel)

2.3 Wie wurden Unterrichtsaufzeichnungen im Pädagogischen Labor vorbereitet?

Die Forschungslehrerinnen der „Heine-Oberschule", so die umgangssprachliche Kurzfassung, waren unmittelbar in die Forschungsarbeit des Instituts für Didaktik dadurch einbezogen, so dass ihr Unterricht sowohl als „Problemfeld" (im Sinne des Erkennens und Abhebens didaktischer Problemstellungen) als auch als Experimentierfeld (zum Zwecke didaktischer Optimierung) genutzt wurde.

Aus dieser Grundkonstellation der Arbeit der Forschungslehrerinnen ergaben sich Fragestellungen zur didaktischen Gestaltung des Unterrichts ebenso, wie wissenschaftlich zu bearbeitende didaktische Zielstellungen z.B. die Suche, Auswahl und Erprobung schülerverständlicher unterrichtlicher Problemstellungen und geeigneter Problemlösungsstrategien (wie beispielsweise die Adaption der experimentellen Methode im naturwissenschaftlichen Unterricht auf andere Unterrichtsfächer). Solcher Unterricht war mittels unserer Videotechnik im Labor festzuhalten und nachfolgend auszuwerten.

Selbstredend mussten diese Vorhaben mehr (oder weniger) mit dem „Plan der Pädagogischen Forschung", dem zentralen Forschungsplan des Ministeriums für Volksbildung und der APW, korrespondieren.

Die Unterrichtsaufzeichnungen, die zu aktuellen Frage- und Problemstellungen in der Forschungsschule bzw. in unserem Institut für Didaktik von Forschungs-Lehrerinnen vorbereitet wurden, waren also ein Bestandteil aktueller Untersuchungen in der Schulpraxis. Ich kann es mir bis heute nicht verzeihen, dass ich keines dieser Untersuchungsvorhaben als Ganzes so dokumentiert habe, dass die Stellung der Unterrichtsaufzeichnung in einem solchen Gesamtprozess noch heute deutlich nachvollziehbar wird.

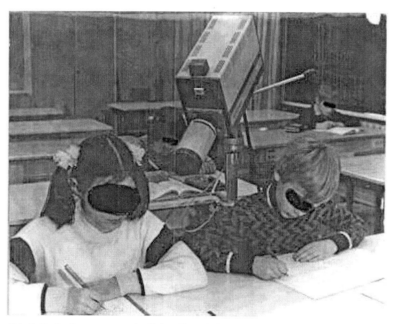

Abb. 3: Beobachtungszene an der Heine-Oberschule (Foto: V. Mirschel)

In den Untersuchungsprozessen an der Forschungsschule arbeiteten wissenschaftliche Mitarbeiter unseres Instituts mit Gruppen von drei bis fünf Forschungslehrern (Forschungsgruppe) zusammen. Dabei vereinbarten sie neben den inhaltlichen Schwerpunkten auch die Unterrichtsthemen und Termine für sinnvoll erscheinende Unterrichtsaufzeichnungen. Die dafür vorgesehenen Unterrichtsstunden wurden dann, vor allem in der Anfangsphase unserer Aufzeichnungsarbeit, längerfristig gemeinsam vorbereitet. Das Procedere änderte sich im

Verlauf der Arbeit des Pädagogischen Labors. Immer öfter kamen LehrerInnen von sich aus mit Angeboten, einzelne ihrer Unterrichtsstunden aufzuzeichnen. Wir haben versucht, diese Entwicklung nach Kräften zu fördern. So entstanden Unterrichtsaufzeichnungen wie beispielsweise die Literaturstunde „Linker Marsch" (Majakowski) (Videofile).[3]

Aber Inhalt, Termine, geplanter Stundenverlauf und Zielstellungen allein waren nicht ausreichend, eine Unterrichtsaufzeichnung vorzubereiten. Schließlich mussten im Vorfeld der Unterrichtsaufzeichnungen auch notwendige technische Details, wie der vorgesehene Einsatz von Unterrichtsmitteln, die geplante Art der Unterrichtsorganisation, die daraus resultierende Klassenraumeinrichtung für die Unterrichtsstunde, die Festlegung der Kamerastandpunkte usw. besprochen werden.

War eine Schulklasse zuvor noch nicht in unserem Aufnahmestudio unterrichtet worden, so wurden zwei bis drei Unterrichtsstunden terminiert, in denen diese Klasse dort Unterricht erhielt, damit sich die Schüler an den Raum und seine Spezifika gewöhnen konnten. In diesem Zusammenhang bekamen die Schüler auch erläutert, wie das Aufnahmestudio strukturiert ist und was bei einer Aufzeichnung so alles geschieht (einschließlich der Besichtigung der Regie).

Klassen, die bereits Aufzeichnungen hinter sich hatten, bekamen lediglich rechtzeitig den Aufzeichnungstermin mitgeteilt. Unangekündigte Aufzeichnungen hat es nicht gegeben. Da hätten vor allem die Schülerinnen in den höheren Klassen protestiert. Die Mehrheit von ihnen hat sich für diese Unterrichtsstunden entsprechend „hübsch" angezogen, was auch in den Aufzeichnungen durchaus ersichtlich ist.

Die ausführliche stoffliche, pädagogisch-didaktische und fachmethodische Unterrichtsvorbereitung für eine Aufzeichnung erfolgte, je nach Wunsch der Lehrerinnen, selbständig oder in Zusammenarbeit mit einem Mitarbeiter des Instituts. Die technische Vorbereitung des Studios, die „Verkabelung" des Lehrers mit einem transportablen Mikrofon mit Sender, die Mikrofontests, die Beleuchtung usw. waren praktisch die letzten Vorbereitungsarbeiten vor einer Aufzeichnung.

In der Pause vor Aufzeichnungsbeginn erschienen die Klasse und Lehrkraft im vorbereiteten Unterrichts-Studio, ich zog mich in die Regie zurück, und mit dem Klingelzeichen der Schule begann die Aufzeichnung des Unterrichts in Bild und Ton (vorausgesetzt, dass nicht genau in diesem Augenblick ein Teil der Technik versagte, was leider immer wieder einmal vorkam).

---

[3] Eine Interpretation des Gedichtes Linker Marsch. Interpretation dieser Stunde findet sich in: Schluß 2012.

Alle diese Vorbereitungsarbeiten nach der Zusammenkunft der Forschungsgruppe gehörten zu meinem Kompetenzbereich, weil ich zugleich auch mein einziger
Mitarbeiter war.

Deutlich arbeitsintensiver verliefen Unterrichtsaufzeichnungen zum Beispiel zu den unterrichtlichen Erscheinungsbildern körperlich oder geistig leicht
behinderter Schüler, die wir für die Lehrerweiterbildung beruflich noch unerfah-
rener Unterstufenlehrerinnen zur Verfügung stellten. Solche Aufzeichnungen
wurden mit Lehrerinnen und Schulklassen aus einer benachbarten sonderschul-
pädagogischen Einrichtung vorgenommen. Ihre Realisierung erwies sich deshalb
als besonders problematisch, weil ernstzunehmende Aufzeichnungsergebnisse
eine umfangreiche „Sozialisierung" dieser Sonderschulklassen in unserem Unterrichts-Studio erforderten und nur in enger Zusammenarbeit mit den Sonder-
schulpädagoginnen und der jeweiligen Schuldirektorin zu erzielen waren. Natürlich konnte auch die Auswertung und Interpretation solcher Aufzeichnungen, vor
allem in der Weiterbildung, ausschließlich nur Sache der beteiligten und hoch-
qualifizierten Sonderschulpädagogen sein.

Zur Einführung des elektronischen Taschenrechners in die POS der DDR
für alle Schüler gab es einen zweijährigen Forschungsvorlauf, in dem didaktisch-
methodische Fragestellungen der Nutzung, die technische Zuverlässigkeit der
Rechner, unterrichtsorganisatorische Varianten des Rechnereinsatzes, die Auswirkungen auf die Entwicklung von Rechenfertigkeiten, insbesondere des Kopf-
rechnens, Anforderungsänderungen an Lehrpläne, Lehrbuchtexte usw. untersucht
wurden. Die Untersuchungen dazu liefen republikweit. Ich selbst war darin in-
volviert und führte meine Untersuchungen in einer extrem großen POS in Chem-
nitz (zu der Zeit „Karl-Marx-Stadt") und in der „Heinrich-Heine-Oberschule",
unserer Forschungsschule, durch. Selbstverständlich wurden diese Untersuchungen in der Forschungsschule auch videotechnisch aufgezeichnet und wissenschaftlich ausgewertet.

2.4 Wie erfolgten die Aufzeichnungen?

In unserem pädagogischen Labor wurde jede Unterrichtsaufzeichnung in einem
Laborjournal dokumentiert. Dieses Laborjournal ist leider verloren gegangen. Ich
kann daher nur seine Struktur wiedergeben. Folgende Informationen wurden für
jede Unterrichtsaufzeichnung festgehalten:

Akademie der Pädagogischen Wissenschaften – Institut für Didaktik
Pädagogisches Labor — Forschungsschule "H. Heine", Berlin-Mitte

B E I B L A T T

zur Unterrichtsaufzeichnung auf dem Videoband Nr.: [illegible]
von Minute: 0 bis Minute: 45

Angaben durch den Lehrer:

1. Unterrichtsfach: Mathematik Klasse 7 2. Stoffgebiet: 1
3. Lehrer: ______ 4. Dienstalter: 20 Jahre
5. Unterrichtsstunde: 1 von 8⁰⁰ Uhr bis 8⁴⁵ Uhr.
6. Folge der bisherigen Unterrichtsfächer am Aufnahmetag:
   1. Std. / 2. Std. / 3. Std. /
   4. Std. / 5. Std. / 6. Std. /
7. Besondere psychische und physische Belastungen der Klasse am Aufnahmetag x):
   größere mdl. und schriftl. Leistungskontrollen : ___
   Produktionsarbeit : ___
   sportliche Wettkämpfe : ___
   Wandertage/Klassenfahrten am Vortag : ___
   ______ : ___
8. Thema der Unterrichtsstunde: ______

9. Geplante didaktische Hauptfunktion der Unterrichtsstunde x):
   Motivierung/Zielorientierung ___
   Bereitstellen von Wissen und Können ___
   Arbeit am Stoff (Weiterführung) ___
   Festigung (Konsolidierung durch Üben, Systematisieren, Einprägen usw.) X
   Anwenden ___
   Kontrolle und Bewertung ___
10. Planung der Unterrichtsstunde x):
   Entsprechend der Unterrichtshilfe ___
   In Anlehnung an die Unterrichtshilfe ___
   vorwiegend eigene Ideen und Planung ___
   In Zusammenarbeit m. wissenschaftl. Mitarbeiter X
   unter Nutzung von Fo.-Ergebnissen/Material ___
   Erprobung von Forschungsmaterial/vorgegeb. Hilfen ___

x) Zutreffendes ankreuzen ! III/AD/1/77/100

[illegible]

Abb. 4: Laborjournal für Unterrichtsaufzeichnungen (Vorderseite) Videofile (1979)

Abb.5: Laborjournal für Unterrichtsaufzeichnungen (Rückseite) Videofile (1979)

Zum Beginn einer Unterrichtsaufzeichnung lag mir die schriftliche, übersichtlich gestaltete Unterrichtsvorbereitung der Lehrkraft vor. Diese Vorbereitung war zugleich eine gewisse Orientierung für mich, damit eine möglichst adäquate Bildauswahl aus dem tatsächlichen Unterrichtsgeschehen erreicht werden konnte.

Im Regieraum standen mir vier bis fünf verschiedene Kamerabilder aus dem Unterrichtsstudio auf ebenso vielen Vorschau-Monitoren zur Verfügung. Die von den Kameras gelieferten Bilder waren während der technischen Vorbereitung voreingestellt worden; entsprechend dem zu erwartenden Unterrichtsverlauf. Zudem wurden die Mikrofonsignale über einen Mehrkanalverstärker und ein Ton-Mischpult auf einen leistungsfähigen Lautsprecher in der Regie übertragen. Diese anliegenden Bild- und Tonsignale, die übersichtliche (und von mir im Vorfeld mehrfach durchgearbeitete) schriftliche Unterrichtsvorbereitung und die mit den jeweiligen Lehrern vorgenommenen mündlichen Absprachen mussten ausreichen, den im Unterrichts-Studio laufenden Unterricht in der Aufzeichnung sinnvoll abzubilden und inhaltlich möglichst charakteristisch zu protokollieren. Dazu musste das für die jeweilige aktuelle Unterrichtssituation aussagefähigste Kamerabild zeitgleich ausgewählt und mitgeschnitten werden. Da unsere bescheidene Videotechnik keine Überblendungen von Kamerabildern (weicher Schnitt) hergab, sind alle erhalten gebliebenen Aufzeichnungen ausschließlich durch *harte Schnitte* (von einem Kamerabild zu einem anderen) charakterisiert. Allerdings waren zwei Kameras auf Schwenk- und Neigekopf-Montierungen installiert und konnten so direkt vom Mischpult in der Regie bedient werden. So war es z.B. möglich, den unterrichtenden Lehrer in seiner freien Bewegung im „Klassenraum" zu folgen. Wenn sich z.B. die Lehrkraft von der Tafel weg zu einem Schülerarbeitsplatz bewegte, konnte das mittels Schwenk- und Neigekopf verfolgt und aufgezeichnet werden, wenn es für diesen Moment des Unterrichts charakteristisch schien (z.B. individuelle Hilfestellung durch den Lehrer). Meine Aufgabe während einer Unterrichtsaufzeichnung bestand zusammengefasst also darin: Die aktuelle Unterrichtssituation zu erfassen, das dafür charakteristische Kamerabild auszuwählen und aufzuzeichnen. Das eine oder andere Kamerabild war gegebenenfalls auch noch mit einer Kamerafahrt verbunden. Es war eine sehr anstrengende, weil hochkonzentrierte Arbeit.

Als besonders vertrauensbildend erwies sich im Laufe der Jahre der unmittelbare Kontakt zwischen den Lehrkräften und dem Regiepädagogen direkt nach den Unterrichtsaufzeichnungen. Es war in unserem pädagogischen Labor ein ungeschriebenes Gesetz, sofort nach dem Aufzeichnungsende einen unmittelbaren Blickkontakt zwischen Lehrerin bzw. Lehrer und Regiepädagogen herzustellen. Mit einem einfachen zustimmenden Kopfnicken bzw. einem entsprechendem Verneinen entschied die Lehrkraft unmittelbar nach Aufzeichnungsende

über die weitere Existenz der gerade aufgezeichneten Stunde. Diese Entscheidung traf nur die Lehrkraft und sie war endgültig! Wenn ein Lehrer der Meinung
war, dass diese Stunde wieder zu löschen sei, dann erfolgte auch das Löschen
unverzüglich durch mich selbst.

Gebrauch davon, die Aufzeichnung wieder löschen zu lassen, haben nur
sehr wenige Lehrkräfte gemacht, aber dieser vertrauensvolle Umgang miteinander war einer der wesentlichen Gründe für die gute und kollegiale Zusammenarbeit zwischen den Forschungslehrern und unserem Pädagogischen Labor und
ermöglichte so manche Aufzeichnung, die es ohne dieses Vertrauen bestimmt
nicht gegeben hätte.

2.5 Welche Auswertungen der Unterrichtsaufzeichnungen wurden praktiziert?

Bei der Auswertung der Unterrichtsaufzeichnungen wurden verschiedene Wege
gegangen. Zunächst standen die Aufzeichnungen in aller Regel der Lehrkraft zur
Verfügung, die in der aufgezeichneten Stunde unterrichtet hatte. Ein Teil der
Forschungslehrerinnen wünschte diese erste Auswertung ihrer Stunden allein
vorzunehmen, andere baten um eine gemeinsame Auswertung, zusammen mit
einem Wissenschaftler aus unserem Institut. Nur wenige Aufzeichnungen, die
zugleich als Gruppenhospitationen organisiert waren, wurden auch kurze Zeit
nach ihrer Aufzeichnung in größerem Kreis, z.B. dem einer Kreisfachkommissi-
on, ausgewertet. Üblicherweise standen die Analysen der Unterrichtsaufzeichnungen vor deren „öffentlicher" Wiedergabe im Kreis anderer Lehrerinnen und
Lehrer (z.B. bei den sogenannten „Pädagogischen Wochen") bzw. von Wissenschaftlern (Fachkonferenzen) dem jeweiligen Lehrer und seinem Consultant aus
dem Institut zur Verfügung.

Zur didaktischen Analyse von Unterrichtsaufzeichnungen durch wissenschaftliche Mitarbeiter erarbeiteten wir uns einen Weg, der nach ausreichender
Beobachterschulung nach etwa einem Jahr weiterführende Erkenntnisse erbrach-
te. Dazu wurde nach der Erstauswertung durch die (bzw. mit der) Lehrkraft das
jeweilige Hospitationsteam zunächst mit der Gesamtaufzeichnung konfrontiert
und gebeten, didaktisch interessante Unterrichtsmomente festzulegen bzw. dabei
auch die didaktisch-methodische Feinstruktur des aufgezeichneten Unterrichts
und deren zeitliche Analyse vorzunehmen. Gerade solche Aufgabenstellungen
bereiteten auch den beteiligten wissenschaftlichen Mitarbeitern immer wieder
Probleme im Erfassen und im Interpretieren konkreter Unterrichtssituationen.

Nach dieser Übersichtsbeobachtung wurden die vom Hospitationsteam ausgewählten Unterrichtsabschnitte (teilweise mehrfach) für das Team erneut eingespielt und deren didaktisch-methodische Feinanalyse vorgenommen. Oftmals
wurden zur genauen Untersuchung der ausgewählten Unterrichtsabschnitte auch

Wortprotokolle angefertigt und herangezogen. Daraus entstanden, je nach Ergiebigkeit, knappe, ganzheitliche Ableitungen, die im Institut für Didaktik als „typische Beispiele" erfasst, bezeichnet, kommentiert und vielfältig verwertet wurden (z.b. in Publikationen).[4] Für die vom Institut vorgegebenen didaktischen Untersuchungsschwerpunkte (z.b. problemorientierte Unterrichtsgestaltung)[5] bemühten wir uns auch, sogenannte „Themenbänder" zu produzieren. Dazu wurden unterrichtliche Beispiele aus einzelnen Aufzeichnungen markiert und unter Zuhilfenahme des zweiten vorhandenen Videorecorders gleichen Bautyps in der APW (im Besitz des Instituts für Unterrichtsmittel, Leitung Prof. Dr. Weiß) „zusammengeschnitten". Diese Themenbänder waren nicht unbedingt für die „Ewigkeit", wohl aber für eine Dauer von etwa ein bis zwei Jahren gedacht. Ihre Funktion sollte es sein, sowohl in Problemdiskussionen als auch in der Weiterbildung von Lehrern eingesetzt zu werden.

Videoaufzeichnungen wurden auch den beteiligten Schulklassen oder zu Elternversammlungen (einzelne Aufzeichnungsabschnitte) eingespielt. Da wir bei allen Unterrichtsaufzeichnungen ebenso auf eine vertrauensvolle Zusammenarbeit mit den Schülern der jeweiligen Klasse angewiesen waren, achteten wir in diesen Einspielungen darauf, dass weder Unterrichtsabschnitte noch vollständige Unterrichtsstunden zu disziplinierender Kritik an den Klassen bzw. an einzelnen Schülern oder Lehrerinnen genutzt wurden. Die Schüler sollten sich als Agierende in „ihrem Unterricht" wiedererkennen. Ihre Selbstbeobachtung reichte bei einer ganzen Reihe von Schülern trotzdem aus, danach das Gespräch zum eigenen Erscheinungsbild im Unterricht zu suchen oder selbst Vorsätze zu fassen, sich zu verändern. Diese Form der Arbeit mit den Schulklassen muss wohl für die beteiligten Schülerinnen und Schüler einprägsam gewesen sein, denn selbst zwanzig Jahre später wurden bei der Vorbereitung von Treffen ehemaliger Schüler noch immer diesbezügliche Wünsche laut, wenn auch sicherlich mit veränderten Gründen.

Die Einspielung von Unterrichtsaufzeichnungen oder von Themenbändern wurde für Eltern nur im Zusammenhang mit Elternversammlungen praktiziert und sie sollten vor allem einen lebendigen Eindruck von Unterricht und dem Lernen und Arbeiten ihrer Kinder illustrieren. Etwas kann ich auch noch heute mit Gewissheit sagen: Die Elternversammlungen, in denen solche Einspielungen erfolgten, waren durchweg lebhafter, inhaltsreicher und länger als viele andere Veranstaltungen dieser Art.

---

[4] Die Behauptung von „typischen Situationen" in einem Aufsatz von Gerhard Neuner führte zu einer erstaunlich intensiven und teilweise kontroversen Debatte, die in Schluß/ Jehle 2013: 133f. nachgezeichnet ist.
[5] Vgl. Wiegmann in diesem Band, Jehle 2011.

Eine kurze Episode gehört noch zur Verwertung unserer Aufzeichnungen dazu. Das Fernsehens der DDR produzierte über viele Jahre die Sendereihe: „Von Pädagogen für Pädagogen", der es u. a. auch an schulpraktischer Authentizität ihrer Unterrichtsbeispiele mangelte. Die Beispiele der Sendereihe wurden strikt nach Drehbuch und Regieanweisungen mit Hilfe eines erheblichen technischen Aufwands gedreht. Dieses Material muss wohl selbst in Adlershof Problemdiskussionen ausgelöst haben. Im Jahr 1984 jedenfalls meldete sich die Redaktion der Sendereihe aus Adlershof bei uns und wollte erproben, Beispiele aus unseren realen Unterrichtsaufzeichnungen in ihre Sendungen aufzunehmen. Dazu wurden Unterrichtsaufzeichnungen aus unserem Labor in Adlershof technisch geprüft. Leider reichte die technische Qualität unserer Aufzeichnungen nicht aus. Sie waren nicht sendefähig.

2.6 Was ist zu den erhalten gebliebenen Aufzeichnungen der APW zu sagen?

Die noch vorhandenen Unterrichtsaufzeichnungen aus der APW stellen mehr oder weniger eine Zufallsauswahl dar, denn viele der Aufzeichnungen wurden im Verlauf der Jahre wieder gelöscht. *Warum?* Es mangelte uns vor allem an Video-Bändern. So standen mir in den ersten zwei Jahren ganze 20 solcher Bänder zur Verfügung! Man kann sich vorstellen, wie oft diese bespielt wurden. Einzelne Aufzeichnungen wurden, wie bereits ausgeführt, auf Wunsch von Lehrern sofort nach der Aufnahme wieder gelöscht.

An eine eventuelle Archivierung solcher Stunden als spätere historische Quellen dachte von uns Beteiligten damals, allein schon wegen der prekären Bandsituation, niemand. Auch die wenigen „Themenbänder" mit Beispielen zur problemorientierten Unterrichtsgestaltung usw., waren zur internen Verständigung bzw. für Weiterbildungsveranstaltungen für maximal ein bis zwei Jahre gedacht. Trotz zunehmendem Interesse an unserer Arbeit konnten weiterführende Untersuchungen z.B. zur lernpsychologischen Diagnostik (Prof. Witzlak), zum Chemieunterricht (Prof. Dr. Rossa) unter Mitarbeit unseres Labors nicht realisiert werden. Schließlich wurde ich 1986 mit der Einführung von PC-Technik in die Arbeit der Akademieinstitute beauftragt und damit war mein Weggehen von der Forschungsschule verbunden. Leider wurde das zugleich der Hauptgrund dafür, dass die Aufzeichnung von Unterrichtsstunden 1986 ihr Ende fand.

Der Anteil der einzelnen Unterrichtsfächer an der Gesamtzahl noch vorhandener Aufzeichnungen widerspiegelt in gewissem Maße die Rangfolge der einzelnen Fächergruppen in der POS und zeigt deutlich die Schwerpunktsetzung auf die muttersprachliche Entwicklung, auf den naturwissenschaftlich-mathematischen Fächerbereich und die Polytechnik in den Lehrplänen der DDR. Bei allen vorhandenen Aufzeichnungen handelt es sich um originale Unterrichtsstunden oder Teile von solchen, die im Rahmen des gültigen Stundenplans unterrichtet wurden. In den noch vorhandenen Unterrichtsaufzeichnungen ist also Unterricht mit allen seinen Stärken und Schwächen zu sehen; so, wie er sich so oder ähnlich auch massenweise in den anderen Schulen der DDR abspielte. Dass dabei so manche Stunde auch „in die Hose" ging, ist in den APW-Unterrichtsaufzeichnungen in unserem Portal ebenfalls gut dokumentiert. Damals störte uns das wenig, denn schließlich wollten wir realen Unterricht aufzeichnen, um aus ihm zu lernen. Wir wollten wirkliches Unterrichtsgeschehen erfassen und dabei in Erfahrung bringen:

- Was ist an didaktischen Ideen im realen Unterricht praktisch umsetzbar?
- Wie können unterrichtliche Lehr-Lernprozesse optimiert und schülernah realisiert werden?
- Sind die Lehrplanforderungen eigentlich realistisch?
- Welche Erfahrungen können evtl. an andere Kollegen vermittelt werden?

Potemkin'sche Dörfer von Unterricht, wie sie in der Sendereihe des DDR-Fernsehens „Von Pädagogen – für Pädagogen" massenweise produziert wurden, nützten uns wenig.

2.7 Was gilt es aus heutiger Sicht unbedingt noch zu den erhalten gebliebenen Unterrichtsstunden anzumerken?

Zum Grundverständnis des Unterrichtsgeschehens in den Aufzeichnungen und zu den Grundprinzipien, auf denen Unterricht derzeit beruhte, empfehle ich die überaus lesenswerte Arbeit von Elisabeth Fuhrmann (vgl. Fuhrmann 1998). Die darin als „zu DDR-Zeiten unumstößliche pädagogische Gewissheiten" aufgelisteten „Prinzipien" für den Unterricht bestimmten eben grundsätzlich und selbstverständlich auch unsere Unterrichtsarbeit im Labor und damit den aufgezeichneten Unterricht.

Als solche „unumstößlichen Gewissheiten" für die Gestaltung von Unterricht nennt Fuhrmann z.B.:

„Die Auffassung vom Verhältnis von Führung und Selbsttätigkeit,

die Forderungen nach Planmäßigkeit, Wissenschaftlichkeit und Systematik des Fachunterrichts,

die Auffassung vom Unterrichtsprozeß als Aneignungsprozeß, dessen Grundlinie durch den Erwerb von Wissen und Können bestimmt werde,

die Auffassung vom Primat von Ziel und Stoff gegenüber Organisation und Methode,

die Auffassung vom Primat der zentralen Vorplanung innerhalb des Verhältnisses von zentraler Vorplanung und schöpferischer Arbeit des Lehrer" (Fuhrmann 1998).

Bei genauerer Analyse der besprochenen Unterrichtsaufzeichnungen aus der APW sind die unterrichtlichen Ausformungen dieser „unumstößlichen Gewissheiten wiederzufinden. Es ging uns in unserer Arbeit im Pädagogischen Labor um die Suche nach besseren unterrichtlichen Lösungen, um optimalere Gestaltung von Lehr-Lernprozessen, um eine verändere Zusammenarbeit von Schulpraxis und pädagogisch-didaktischer Forschung. Die Suche nach modernen Methoden und Verfahren in der Unterrichtsforschung blieb bis auf wenige Ausnahmen ein Wunsch. Wer also allein diese Momente in den Unterrichtsaufzeichnungen aus der APW sucht, wird wenig finden.

Wirkliche Alternativen zum bestehenden pädagogischen und bildungspolitischen Regime der 80ger Jahre waren nicht unser Ziel, weil so etwas auch mit damaligem Blick auf die politischen Zwänge nicht vorstellbar war. Und so manches unserer experimentellen Vorhaben scheiterte auch daran, dass die in unseren Händen befindliche Technik versagte oder einfach nicht unseren Ambitionen gerecht werden konnte. Trotzdem war unsere Arbeit nicht erfolglos. Letztlich sind zahlreiche Aufzeichnungen von Unterrichtsstunden entstanden, die erstmals in der Geschichte der Erziehungswissenschaft als bildungshistorische Quellen nach nunmehr 35 Jahren direkte Einblicke in vergangenen Unterricht geben.

3 Aktuelle Überlegungen zur Arbeit mit Videotechnik in der Lehrerbildung und bei Unterrichtsprozess-Analysen

Dabei gehe ich von aktuellen Beobachtungen im Zeitraum etwa eines Jahres aus. In verschiedenartigen Einspielungssituationen von DDR-Unterrichtsaufzeichnungen der siebziger und achtziger Jahre aus unserem Fundus und für unterschiedliche Adressatenkreise stellte ich fest, dass diese historischen Unterrichtsdokumente noch immer sehr vielfältige und höchst interessante Diskussionen auszulösen vermögen. Ich beobachtete das bei der Vorführung von Unterrichtsabschnitten und vollständigen Unterrichtsstunden-Aufzeichnungen in Forschungszusammenhängen und ich erlebte das Interesse von Diplomanden, die sich qualifizierend mit solchen Unterrichtsaufzeichnungen auseinandersetzen. Als ich nunmehr die Möglichkeit bekam, erstmals Unterrichtsaufzeichnungen aus etwa dem angesprochenen Zeitraum aus der BRD anzuschauen, konnte ich meine Erregung nicht verbergen und hätte gern über meine Beobachtungen mit den anwesenden Kolleginnen und Kollegen gesprochen.

3.1 Was unterscheidet die heutigen Bedingungen für Unterrichtsaufzeichnungen von denen der siebziger und achtziger Jahre in der DDR?

Am auffälligsten ist da zuerst einmal der gewaltige Qualitätssprung bei der zur Verfügung stehenden Aufnahme- und Wiedergabetechnik und deren Dimensionierungen. Mit dieser heutigen Videotechnik (von der Bedienerfreundlichkeit über die Standardqualität in Bild und Ton bis zu der nahezu unbegrenzten Speicherkapazität und den Bearbeitungsmöglichkeiten solcher Aufzeichnungen) sind meines Erachtens beste Voraussetzungen für einen hocheffektiven Einsatz in der Lehrerbildung (Kompetenzentwicklung) wie in der Unterrichtsforschung gegeben.

Deutlich geringere Unterschiede wurden nach meinen Beobachtungen im Procedere und der technologischen Bewältigung von Unterrichtsaufzeichnungen erreicht. Sollen solche videografischen Aufzeichnungen von Lehr-Lernsituationen heute ebenso erfolgreich verlaufen, dann sind die erprobten Verfahren und Methoden der Vorbereitung, Realisierung und Nachbereitung von Unterrichtsaufzeichnungen, wie sie von Heun und mir dargestellt wurden, sicherlich auch heute noch eine Hilfe. Anders als bei den technischen Voraussetzungen sehe ich den Entwicklungsfortschritt in der objektiven Bewertung aufgezeichneter unterrichtlicher Prozesse noch immer nicht recht vorangekommen. Es gibt vielfältige Ansätze, diese Probleme durch einzelne Wissenschaftsdisziplinen näher zu untersuchen. Die auf dieser Wiener Konferenz dargestellten Ansätze zur quantitativen sprachlichen Analyse wörtlicher Unterrichtsprotokolle bzw. zur kommunikationstheoretischen Bewertung einzelner Unterrichtssituationen sind sicherlich anspruchsvolle Forschungsvorhaben, die aber bestimmt noch vieler Jahre bedürfen, bevor ihre Ergebnisse für das Training von Lehramtsanwärtern bzw. in der Fort- oder Weiterbildung von Lehrerinnen und Lehrern bei der Kompetenzentwicklung genutzt werden können. Selbstverständlich wird auch pädagogisch-didaktische Forschung zunehmend interdisziplinärer, aber kann sie dabei auf eigene disziplinäre Weiterentwicklungen mit schulpraktischer Relevanz verzichten? Und sollte nicht die Aus- und Weiterbildung von Lehrerinnen und Lehrern vielmehr wieder verstärkt auch die nachgewiesenen Vorteile der videografischen Untersuchungs- und Darstellungsverfahren nutzen, statt diese zu vernachlässigen?

Unbestritten bringt die Nutzung von Videotechnik in Lehr-Lern-Situationen erst einmal deutlich Mehrarbeit für die Beteiligten mit sich (als wissenschaftlich-technisch anspruchsvolle Aufgabenstellung). Unterrichtsaufzeichnungen für die Aus- und Weiterbildung sollten technisch anspruchsvolle Mittel zu wissenschaftlichen Zwecken sein. Schließlich geht es darum, mit Lehramtsanwärtern ebenso wie mit vielen praktizierenden Lehrkräften Brücken zu bauen, sich selbst mit ihrem eigenen Unterricht und seiner Verbesserung durch Kompetenzentwicklung und selbstorganisiertes Lernen befassen. Ob als Lehrende, als Moderierende oder als Korrektoren, unsere gegenwärtigen Lehrkräfte und ihr Wissen und Können bestimmt, wie zu allen Zeiten, letztlich die Qualität der heutigen Schule (ohne in irgendeiner Weise dem falschen Gedanken „Lehrerleistung gleich Schülerleistung" zu erliegen).

3.2 Wie ist die weitere Entwicklung denkbar?

Aber auch die Weiterentwicklung unserer pädagogischen Wissenschaften selbst sollte von einer Renaissance der Nutzung videotechnisch gestützter Untersuchungen profitieren. Das funktioniert nur im Zusammenspiel von Unterrichtspraxis und Wissenschaftlerinnen und Wissenschaftlern und erfordert ihre Teamarbeit auf Augenhöhe. Eine solche Zusammenarbeit wiederum schafft große gemeinsame Zeichenvorräte und damit besseres gegenseitiges Verstehen.

Vielleicht wäre damit auch eine weitere Annäherung an das Hauptkriterium pädagogisch-didaktischer Forschung möglich: Kommt unserem wissenschaftlichen pädagogisch-didaktischen Denken und Handeln ausreichend gegenständliche Tätigkeit zu?

Die pädagogischen Wissenschaften selbst verfügen über umfangreiche Abbildungs- und Erklärungskompetenzen zu nahezu allen pädagogischen Sachverhalten und Prozessen auf der Grundlage eigener Theorienbildung und besitzen eigenständige wissenschaftliche Verfahren und Methoden. Sie kooperieren mit Nachbarwissenschaften und gestalten so komplexe Untersuchungsvorhaben.

Trotz aller Kooperation und Integration sollte „Unterricht" aber die ureigenste Domäne der pädagogischen Wissenschaften bleiben. Die Videografie von Lehr-Lernprozessen betrachte ich nach wie vor als eine hilfreiche Herangehensweise an pädagogisch-didaktische Problem- bzw. Fragestellungen. Ich kann keinen vernünftigen Grund erkennen, auf die Vorteile für die Nutzung in der Schulpraxis wie in der Lehreraus- und Weiterbildung und in der pädagogisch-didaktischen Prozessforschung zunehmend zu verzichten. Unterrichtsaufzeichnungen sind viel mehr als nur bildungshistorische Quellen oder Lieferanten wissenschaftlich verwertbaren sprachlichen Rohstoffs. Sehr viele Lehrkräfte bemühen sich täglich in ihrem Unterricht darum, die ihnen anvertrauten Kinder und Jugendlichen zu wertvollen Persönlichkeiten zu entwickeln. Wer ihnen dabei konstruktiv behilflich sein kann, der sollte es tun.

Quellen und Literatur

Fuhrmann, Elisabeth (1998): Schüleraktivität, pädagogische Führung und Selbständigkeit im Unterricht vor und nach der Wende im Osten Deutschlands. In: www.sbg.ac.at/erz/salzburger_beitraege/fruehling98/fuhrmann.htm (09.01.2013).

Jehle, May (2011): Problemhafte Unterrichtsgestaltung in Naturwissenschaften und Staatsbürgerkunde – Einblicke in Unterrichtsaufzeichnungen der Akademie der Pädagogischen Wissenschaften der DDR. In: www.schulunterricht-ddr.de/pdf/Problemhafter_Unterricht.pdf (10.01.2013).

Schluß, Henning (2012): Störungen als Ermöglichung von Unterricht. In: Zeitsprung 3, 1: 13-14

Schluß, Henning/ Jehle May (2013): „Der Frieden war in Gefahr" – Reflexionen zur eschatologischen Dimension der Schola-Schallplatte. In: Zeitschrift für Pädagogik 59: 163-179.

Videofile: Interpretation des Gedichts ´Linker Marsch´ (v_apw_029). Schluß, Henning: Quellensicherung und Zugänglichmachung von Videoaufzeichnungen von DDR-Unterricht der APW und der PH-Potsdam (2010). In: Audiovisuelle Aufzeichnungen von Schulunterricht in der DDR. Forschungsdatenzentrum Bildung am DIPF, Frankfurt, Main. DOI: 10.7477/4:2:4 .

Videofile (1979): Prozentrechnung (v_apw_018). Schluß, Henning: Quellensicherung und Zugänglichmachung von Videoaufzeichnungen von DDR-Unterricht der APW und der PH-Potsdam (2010). In: Audiovisuelle Aufzeichnungen von Schulunterricht in der DDR. Forschungsdatenzentrum Bildung am DIPF, Frankfurt, Main. DOI: 10.7477/4:2:16 .

Verzeichnis der Autor_innen

Dr. Alexandra Budke ist Hochschullehrerin am Seminar für Geographie und ihre Didaktik der Universität zu Köln. Sie hat sich intensiv mit der ideologischen Erziehung im Geographieunterricht der DDR beschäftigt.
E-Mail: alexandra.budke@uni-koeln.de

Dr. Fabio Crivellari ist Lecturer für Medien und Geschichte an der Universität Konstanz mit Forschungsschwerpunkt Geschichtskultur, Geschichtsvermittlung, Public History; 2002-2007 war er Projektleiter und Referent am FWU Institut für Film und Bild und Redakteur beim Deutschen Bildungsserver.
E-Mail: fabio.crivellari@uni-konstanz.de

Dr. Tilman Grammes ist Hochschullehrer an der Fakultät Erziehungswissen-schaft/ Arbeitsbereich Didaktik sozialwissenschaftlicher Fächer der Universität Hamburg und hat kontinuierlich sozialkundliche Unterrichtsaufzeichnungen dokumentiert (u.a. Kommunikative Fachdidaktik, Opladen 1998; Politikdidaktik praktisch. Mehrperspektivische Unterrichtsanalysen. Ein Videobuch, zus. mit Walter Gagel, Andreas Unger, Schwalbach 1992).
E-Mail: Tilman.Grammes@uni-hamburg.de

Dr. sc. Hans-Georg Heun arbeitete bis zum Eintritt in das Rentenalter 1993 an der Humboldt-Universität zu Berlin als Hochschuldozent für Pädagogik und als Direktor des Zentrums für audiovisuelle Lehr- und Lernmittel (ZAL), einer dem Rektor unterstellte Zentraleinrichtung.
E-Mail: hgheun@freenet.de

May Jehle (M.A.) ist Universitätsassistentin an der Arbeitseinheit für Empirische Bildungsforschung und Bildungstheorie der Universität Wien und hat gemein-sam mit Henning Schluß, Julia Meike und Michael Kraitzitzek das Medienarchiv „Audiovisuelle Aufzeichnungen von Schulunterricht in der DDR" beim DIPF aufgebaut.
E-Mail: may.jehle@univie.ac.at

Susanne Kretschmer (Staatsexamen, Diplom-Kulturmanagerin) war bis August 2012 wissenschaftliche Mitarbeiterin im Arbeitsbereich Bildungswissenschaft an der Universität Bonn und betreut das Archiv für Unterrichtsaufzeichnungen.
E-Mail: skretsch@uni-bonn.de

Dr. Volker Mirschel, ausgebildeter Dipl.-Lehrer für Chemie, war seit 1969 in der Dipl.-Lehrerausbldung (Fachdidaktik Chemie), seit 1976 als Mitarbeiter bzw. Abteilungsleiter in der Akademie der Pädagogischen Wissenschaften der DDR tätig. Auf seine Initiative hin entstand das Pädagogische Labor des Instituts für Didaktik der APW, das er von 1978 bis 1986 leitete.
E-Mail: volker.mirschel@googlemail.com

Dr. Henning Schluß ist Hochschullehrer an der Arbeitseinheit für Empirische Bildungsforschung und Bildungstheorie der Universität Wien und hat gemeinsam mit Julia Meike, Michael Kraitzitzek und May Jehle Medienarchiv „Audiovisuelle Aufzeichnungen von Schulunterricht in der DDR" beim DIPF aufgebaut.
E-Mail: henning.schluss@univie.ac.at

Dr. Susanne Timm ist wissenschaftliche Mitarbeiterin am Institut für Allgemeine Pädagogik der Universität der Bundeswehr Hamburg und beschäftigt sich international und interkulturell vergleichend, historisch und theoretisch mit Differenz.
E-Mail: susanne.timm@hsu-hh.de

Dr. Paul Walter ist Hochschullehrer für Lehr-Lern-Forschung und Pädagogische Diagnostik an der Universität Bremen. Im Rahmen seines Forschungsschwerpunkts Unterrichtsbeobachtung beschäftigt ihn die vergleichende Analyse von Unterrichtsdokumenten aus der Bundesrepublik und der ehemaligen DDR.
E-Mail: pwalter@uni-bremen.de

Dr. habil. Ulrich Wiegmann ist Bildungshistoriker am Deutschen Institut für Internationale Pädagogische Forschung und apl. Prof. an der Humboldt-Universität zu Berlin, Abteilung Historische Bildungsforschung.
E-Mail: u.wiegmann@imail.de

Maik Wienecke ist Lehrer für Geographie und Politische Bildung an Gymnasien und zur Zeit wissenschaftlicher Mitarbeiter am Lehrstuhl der Didaktik der Geographie der Universität Potsdam, wo er zum Thema „Transformatives Lernen und Lehren von Geographielehrern in den ostdeutschen Bundesländern" promoviert.
E-Mail: wienecke@uni-potsdam.de

VS Forschung | VS Research
Neu im Programm Medien | Kommunikation

Roger Blum / Heinz Bonfadelli /
Kurt Imhof / Otfried Jarren (Hrsg.)
**Krise der Leuchttürme
öffentlicher Kommunikation**
Vergangenheit und Zukunft
der Qualitätsmedien

2011. 260 S. (Mediensymposium) Br.
EUR 34,95
ISBN 978-3-531-17972-8

Kristin Bulkow / Christer Petersen (Hrsg.)

Skandale
Strukturen und Strategien öffentlicher
Aufmerksamkeitserzeugung

2011. 315 S. Br. EUR 39,95
ISBN 978-3-531-17555-3

Olga Galanova

**Unzufriedenheits-
kommunikation**
Zur Ordnung sozialer Un-Ordnung

2011. 201 S. Br. EUR 39,95
ISBN 978-3-531-17674-1

Hans Mathias Kepplinger
Realitätskonstruktionen

2011. 235 S. (Theorie und Praxis öffentlicher Kommunikation Bd. 5) Br. EUR 34,95
ISBN 978-3-531-18033-5

Verena Renneberg
**Auslandskorrespondenz
im globalen Zeitalter**
Herausforderungen der modernen
TV-Auslandsberichterstattung

2011. 347 S. Br. EUR 39,95
ISBN 978-3-531-17583-6

Anna Schwan
Werbung statt Waffen
Wie Strategische Außenkommunikation
die Außenpolitik verändert

2011. 397 S. Br. EUR 49,95
ISBN 978-3-531-17592-8

Ansgar Thießen
**Organisationskommunikation
in Krisen**
Reputationsmanagement durch
situative, integrierte und strategische
Krisenkommunikation

2011. 348 S. Br. EUR 39,95
ISBN 978-3-531-18239-1

Erhältlich im Buchhandel oder beim Verlag.
Änderungen vorbehalten. Stand: Juli 2011.

Einfach bestellen:
SpringerDE-service@springer.com
tel +49 (0)6221 / 345 – 4301
springer-vs.de

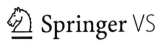
Springer VS

Printed by Printforce, the Netherlands